Projektmanagement in der Windenergie

Daniel Meier • Steffen Rietz
Hrsg.

Projektmanagement in der Windenergie

Strategien und Handlungsempfehlungen für die Praxis

- mit detaillierter Auflistung möglicher und typischen Stakeholder
- mit terminierten Vorgangsfolgen aus realen Projekten
- inkl. der notwendigen Schritte für Zulassung und Abnahme
- mit quantifizierter Ausweisung aller direkten und indirekten Projektkosten
- mit bebilderter Chronologie aller Errichtungsschritte und Templates zur Steuerung und Überwachung der Baustelle.

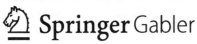

Hrsg.
Daniel Meier
Husum, Deutschland

Steffen Rietz
Offenburg, Deutschland

ISBN 978-3-658-27364-4   ISBN 978-3-658-27365-1 (eBook)
https://doi.org/10.1007/978-3-658-27365-1

Die Deutsche Nationalbibliothek verzeichnet diese Publikation in der Deutschen Nationalbibliografie; detaillierte bibliografische Daten sind im Internet über http://dnb.d-nb.de abrufbar.

Springer Gabler
© Springer Fachmedien Wiesbaden GmbH, ein Teil von Springer Nature 2019
Das Werk einschließlich aller seiner Teile ist urheberrechtlich geschützt. Jede Verwertung, die nicht ausdrücklich vom Urheberrechtsgesetz zugelassen ist, bedarf der vorherigen Zustimmung des Verlags. Das gilt insbesondere für Vervielfältigungen, Bearbeitungen, Übersetzungen, Mikroverfilmungen und die Einspeicherung und Verarbeitung in elektronischen Systemen.
Die Wiedergabe von allgemein beschreibenden Bezeichnungen, Marken, Unternehmensnamen etc. in diesem Werk bedeutet nicht, dass diese frei durch jedermann benutzt werden dürfen. Die Berechtigung zur Benutzung unterliegt, auch ohne gesonderten Hinweis hierzu, den Regeln des Markenrechts. Die Rechte des jeweiligen Zeicheninhabers sind zu beachten.
Der Verlag, die Autoren und die Herausgeber gehen davon aus, dass die Angaben und Informationen in diesem Werk zum Zeitpunkt der Veröffentlichung vollständig und korrekt sind. Weder der Verlag, noch die Autoren oder die Herausgeber übernehmen, ausdrücklich oder implizit, Gewähr für den Inhalt des Werkes, etwaige Fehler oder Äußerungen. Der Verlag bleibt im Hinblick auf geografische Zuordnungen und Gebietsbezeichnungen in veröffentlichten Karten und Institutionsadressen neutral.

Lektorat: Susanne Kramer

Springer Gabler ist ein Imprint der eingetragenen Gesellschaft Springer Fachmedien Wiesbaden GmbH und ist ein Teil von Springer Nature.
Die Anschrift der Gesellschaft ist: Abraham-Lincoln-Str. 46, 65189 Wiesbaden, Germany

Vorwort

Wozu brauchen wir Projektmanagement? Oder anders gefragt: Warum sollten wir in die branchenspezifische Professionalisierung des Projektmanagements investieren? Die wenigen sehr guten Projektmanager haben kaum einen erweiterten Bedarf. Und die unter permanentem Zeit- und Kostendruck Leidenden erkennen nicht, wie Ihnen der angemessene Einsatz von Prozessen, Methoden und Tools zu mehr Zeit und Geld im Projekt verhilft. Letzteres sicherlich nur indirekt, aber das vorliegende Buch möchte mit Missverständnissen aufräumen und stattdessen praxisnahe und branchenspezifische Unterstützung bei der Planung und Errichtung von Windkraftanlagen und Windparks anbieten.

Unzählige Projekte verfolgen das Ziel einer Produktentwicklung. Viele Experten haben aus der Perspektive des Projektmanagements schon Produkte entstehen sehen. Deutlich seltener als Produkte entstehen Unternehmen. Die Gründerkultur ist in Deutschland vielleicht nicht stark genug ausgeprägt, aber auch hierzulande ist es sehr wahrscheinlich, dass ein Arbeitnehmer in seinem Berufsleben ein Projekt zur Unternehmensgründung erlebt, dabei vielleicht sogar selbst zum Arbeitgeber wird. Aber noch seltener als die Entstehung eines Produktes oder eines Unternehmens ist die Entstehung einer ganzen Branche. In wenigen Jahren ist die Anzahl errichteter Windkraftanlagen pro Jahr so dramatisch gestiegen, dass ein ganzer Windenergiesektor sich herausgebildet und eine volkswirtschaftliche Relevanz erlangt hat.

Mit einer neuen Branche entstehen regelmäßig nicht nur neue Produkte und Dienstleistungen, sondern daraus auch gänzlich neue Wertschöpfungsketten, neue Gesetzmäßigkeiten, Prozesse und Arbeitsweisen, Normen und Standards, teilweise auch neue Berufsbilder und modifizierte Ausbildungs- oder Studienrichtungen. Aus dem innovativen Ansatz der neuen Branche Windenergie entstehen große Potentiale. Als Ende der 1970er Jahre die ersten kerntechnischen Anlagen in Deutschland in Betrieb genommen wurden, war klar, dass radioaktiver Müll entsteht. Heute, vier Jahrzehnte später, ist die Frage der Endlagerung nach wie vor nicht geklärt. Auch in der Automobilbranche werden die verkauften Autos am Ende Ihrer Nutzungsphase nicht zum Autohändler oder -produzenten zurückgebracht, sondern auf einen Schrottplatz, den zum Zeitpunkt des Neuwagenkaufs aber noch niemand benennen kann. Aus diesen und anderen Entwicklungen hat der Windenergiesektor gelernt: Es gibt Rückbauverpflichtungen, Bauausgleichsflächen und finanzielle Rückstellungen in der frühen Projektkalkulation, die diese Kostenpositionen mit weitem zeitlichen Vorlauf berücksichtigen. Viele Auflagen, Freigaben, Bau- oder Betriebsgenehmigungen haben einen ökologischen Ursprung. Vogelgutachten, Fledermausgutachten und zahlreiche andere Themen aus dem Tierschutz, Artenschutz, Naturschutz und Umweltschutz nehmen signifikanten Einfluss auf die Projektarbeit. Der Windenergiesektor ist anderen Branchen weit voraus – zumindest in diesen Themen.

Eher herausfordernd ist hingegen der sprunghaft angestiegene Personalbedarf. Mehrere 100.000 Arbeitsplätze wurden in sehr kurzer Zeit geschaffen. Zahlreiche unerfahrene Branchenfremde wurden in Projekten zusammengeführt, die auf keinen praxiserprobten Standardprozess oder ein Projektmanagementhandbuch zurückgreifen konnten. Die einzigen Hilfsmittel sind Projektmanagement-Normen des Deutschen Instituts für Normung (DIN) e.V. und der Internationalen Standardisierungsorganisation (ISO), sowie Richtlinien und Standards von einschlägigen Verbänden, wie der International Project Management Association (IPMA, in Deutschland vertreten durch die Deutsche Gesellschaft für Projektmanagement (GPM) e.V.), das Project Management Institute (PMI) und andere.

Das dort strukturierte Expertenwissen (siehe Abb. 1) – so wertvoll es als prozessuale oder methodische Klammer auch synchronisierend wirken mag – hat weder das richtige Detaillierungsniveau noch die branchenspezifische Orientierung, die ein Projektteam unmittelbar handlungsfähig macht. An welchen Branchen kann und muss man sich nun orientieren?

Abb. 1 Ablauf einer Windparkplanung – eine der ersten offiziellen branchenspezifischen Projektempfehlungen des Bundesverbandes Windenergie (BWE) in „Windenergie im Binnenland" (2013)

- Der Großmaschinen- und Anlagenbau ist wohl am ehesten die industrielle Heimat der Windenergie. Üblicherweise besteht hier aber die Herausforderung in der Entwicklung und Herstellung einer Anlage. In der Windenergie besteht die zusätzliche und auch deutlich größere Herausforderung im Transport, der Errichtung, insbesondere der Errichtungsplanung und der Integration (Windanlagenpooling in Windparks und deren Netzintegration).

  Nicht nur die logistischen Herausforderungen durch Großraum- und Schwerlasttransporte haben durch die Windenergie eine neue Dimension erlangt, auch die Standort- und Errichtungsplanung ist gänzlich neu gegenüber dem klassischen Maschinen- und Anlagenbau.
- Die Baubranche weiß mit den witterungsbedingten Grenzen der Planbarkeit umzugehen. Die durch Regen und Schnee, Starkwind und Nebel, Frost und ähnliche Wettereinflüsse verursachte Weather Downtime (witterungsbedingter Baustillstand) erfordert eine gute Planung bei gleichzeitiger Umsetzungsflexibilität. Die wetterabhängige Errichtungsphase ist aber zeitlich der kleinste Teil eines Windenergieprojektes. Und die Windkraftanlage selbst hat mit den üblichen Herausforderungen im Brücken-, Straßen- und Hausbau wenig gemeinsam.
- Die Elektrotechnik und Informationstechnik sind Kern der Funktionalität einer Windkraftanlage. Im Grunde ist es eine Kraftwerksplanung, bei der eine unter Hochspannung stehende Anlage sehr genau gesteuert und überwacht wird. Die Probleme im Projekt entstehen aber nicht aus Volt und Ampere, nicht aus Bit und Byte, sondern z. B. aus einem interdisziplinären Ansatz zum Risikomanagement und einem hoch komplexen Stakeholdermanagement. Erstmals hier sind nennenswert viele Stakeholder dauerhaft unkalkulierbar. Betroffene sind oft aktive Unterstützer des Projektes (weil sie Kernenergie und Kohleverstromung verhindern wollen) und die gleichen Mitbürger sind gleichzeitig aktive Projektgegner, weil Ihnen die optische Unversehrtheit des Landschaftsbildes oder auch Fledermäuse und der Rotmilan noch wichtiger sind als die großindustrielle Stromerzeugung.

Diese Situation – abstrakte Normen bieten keine operative Arbeitsunterstützung und die junge Branche tut sich schwer, eigene Projektmanagement-Best-Practices hervorzubringen – haben wir zum Anlass genommen, Projekterfahrung zu systematisieren, zu quantifizieren, zu visualisieren und letztlich in diesem Buch zu publizieren. Wir möchten Marktgesetzmäßigkeiten der Branche aufzeigen, die Auswirkungen der Produkt- und Dienstleistungscharakteristik auf den Projektverlauf aufzeigen und für branchentypische Kosten- und Teamstrukturen sensibilisieren. Die in diesem Buch vorgestellten Prozesse und Methoden, Richtwerte und Handlungsempfehlungen wurden von den einzelnen Autoren erfahrungsbasiert generiert oder angepasst und erfolgreich implementiert.

Und die internationale Windbranche entwickelt sich weiter, aktuell immer noch schneller als die meisten anderen Branchen: Neue politische Vorgaben, die Implementierung komplementärer Technologien, neue und internationale Absatzmärkte und auch die Einbindung der Menschen mit ihren natürlichen und infrastrukturellen Lebensräumen, um nur einige Aspekte zu nennen. Professionelles Projektmanagement kann sicherlich nur eine Teilantwort auf die anstehenden komplexen Herausforderungen sein, um Synergien, Expertenwissen und Effizienz zu fördern und sicherzustellen.

Daher wollen wir mit diesem Buch neue und teilweise innovative Aspekte des Projektmanagements für die Windbranche vorstellen, um die anstehende Energiewende, die Internationalisierung der Unternehmen und auch die Zusammenarbeit zwischen den Marktteilnehmern und ihren Technologien zu fördern und zu verbessern. Vor diesem Hintergrund haben wir mit Autoren aus der Branche die aus unserer Sicht wichtigsten strategischen und praxisnahen Themen ausgewählt, die die Windbranche bei den anstehenden Transformationsprozessen aus der Sicht eines Projektmanagers in einem ersten Schritt unterstützen sollen.

Kommentare, Anregungen, Verbesserungs- und Ergänzungsvorschläge zu diesem Thema sind uns Herausgebern und dem gesamten Autorenteam jederzeit willkommen.

Daniel Meier
Husum, Deutschland

Steffen Rietz
Offenburg, Deutschland

Inhaltsverzeichnis

1 **Projektmanagement in der Windenergie** 1
   Nicole Knudsen
   1.1   Einleitung. 1
   1.2   Die Anfänge: Windenergie-Projekte 1990er-Jahre bis 2010 3
         1.2.1   Das politische Umfeld 3
         1.2.2   Markt, Technik, wirtschaftliche Bedeutung. 4
   1.3   Die Professionalisierung: Windenergie-Projekte 2011 bis 2017 in
        Deutschland. 6
         1.3.1   Das politische Umfeld 7
         1.3.2   Markt, Technik, wirtschaftliche Bedeutung. 10
   1.4   Die Hauptkritikpunkte 14
         1.4.1   Kosten 14
         1.4.2   Schatten 16
         1.4.3   Schall 16
         1.4.4   Naturschutz und Landschaftsbild. 17
         1.4.5   Netzausbau. 18
         1.4.6   Recycling. 19
   1.5   Die Zukunft: Mehr als ein Windpark – die umfassende Erneuerbare
        Energieversorgung. 19
         1.5.1   Mobilität. 20
         1.5.2   Wärme 20
         1.5.3   Digitalisierung 21
   1.6   Windenergie und Akzeptanz: Die unterschätzte Bevölkerung im
        Projektmanagement. 22
   1.7   Fazit 23
   Literatur. 24

2 **Gesetzliche Grundlagen – Der Katalysator für die deutsche Energiewende** ... 27
   Christian Buchmüller
   2.1   Die Förderung der Windenergie im Überblick. 27
         2.1.1   Förderbedarf. 28

		2.1.2	Förderinstrumente	28
		2.1.3	Die Förderung durch das deutsche EEG	29
	2.2	Das EEG 2017		29
		2.2.1	Die Eckpfeiler des EEG 2017	29
		2.2.2	Mengensteuerung und Preisfestsetzung durch Ausschreibungen	30
		2.2.3	Ausschreibungsverfahren	31
		2.2.4	Privilegien für Bürgerenergieprojekte	36
	2.3	Rechtliche Risiken		37
		2.3.1	Änderungen des nationalen Rechts	38
		2.3.2	Einfluss des Europarechts	39
		2.3.3	Monitoring rechtlicher Entwicklungen	40
	2.4	Trends und Herausforderungen		40
		2.4.1	Sicherung der Akzeptanz	40
		2.4.2	Realisierung von Projekten ohne Förderung	41
	2.5	Exkurs: Die juristische Verantwortung des Projektleiters		42
	2.6	Fazit		44
	Literatur			44
3	**Typische Herausforderungen im Projektmanagement der Windenergiebranche**			47
	Daniel Meier und Ulf Ehlers			
	3.1	Herausforderungen im Projektmanagement im Allgemeinen		48
		3.1.1	Warum die Herausforderung ein Entwicklungsmaßstab ist	48
		3.1.2	Klassisches vs. agiles Projektmanagement	49
	3.2	Budget- und Ressourcenplanung		50
	3.3	Digitalisierung		51
	3.4	Energie- und Technologiewende		53
	3.5	Ertragsoptimierung		54
	3.6	Globalisierung		55
	3.7	Interdisziplinarität		57
	3.8	Konflikte		58
	3.9	Naturschutz		59
	3.10	Organisationsplanungen		60
	3.11	Qualitätsmanagement		61
	3.12	Sprache, Kultur und Werte		62
	3.13	Technische Infrastruktur		63
		3.13.1	Technische Infrastruktur der Gewerke	64
		3.13.2	Technische Infrastruktur des Projektmanagements	64
	3.14	Terminplanung		65
	3.15	Wissensmanagement		66
	3.16	Fazit		67

4 Stakeholdermanagement ... 71
Daniel Müller
- 4.1 Einleitung ... 71
- 4.2 Stakeholdermanagement ... 73
  - 4.2.1 Definition und Einordnung in das Projektmanagement ... 73
  - 4.2.2 Stakeholder Management im Unternehmen bzw. Projekt ... 75
- 4.3 Methoden des Stakeholdermanagements ... 78
  - 4.3.1 Identifikation ... 78
  - 4.3.2 Informationsbeschaffung und Analyse ... 84
  - 4.3.3 Aktionsplanung ... 90
  - 4.3.4 Kontrollieren in ganzheitlicher Betrachtung ... 92
- 4.4 Maßnahmen für Windenergieprojekte ... 94
- 4.5 Anlage 1: Mögliche Stakeholder in Projekten der Windenergie ... 98
- 4.6 Anlage 2: Stakeholderkommunikation am Beispiel von Bürgerwindparks ... 106
- Literatur ... 114

5 Risikomanagement in Projekten zur Errichtung von Windkraftanlagen ... 115
Steffen Rietz
- 5.1 Sensibilisierung für risikobehaftete Projekte ... 115
- 5.2 Risikomanagement als Teil des Projektmanagements ... 118
- 5.3 Risikomanagementprozess ... 120
  - 5.3.1 Projekt- und Risikostrategie ... 121
  - 5.3.2 Risikoidentifikation ... 122
  - 5.3.3 Risiken bewerten, visualisieren und priorisieren ... 123
  - 5.3.4 Maßnahmen generieren, bewerten und einleiten ... 124
- 5.4 Besondere Bedeutung des Risikomanagements in Projekten zur Windenergie ... 127
- 5.5 Typische und untypische konkrete Analysemethoden ... 128
  - 5.5.1 FMEA ... 129
  - 5.5.2 Monte-Carlo-Analyse ... 130
- 5.6 Zusammenfassung ... 132
- Literatur ... 133

6 Ressourcen- und Terminplanung für Windenergieprojekte – Ein vereinfachter Prozessüberblick ... 135
Günter Laubinger
- 6.1 Einleitung – Von Standortfindung bis Stilllegung ... 135
  - 6.1.1 Windenergie an Land und das Ausschreibungsverfahren ... 136
  - 6.1.2 Projektmanagementprozesse ... 137
  - 6.1.3 Netzplantechnik und PM-Systeme ... 138
  - 6.1.4 Windparkstruktur und Kennzeichnung für den gesamten Lebenszyklus ... 139
  - 6.1.5 Dokumentenmanagementsystem ... 140

6.2 Standortfindung 140
    6.2.1 Windressourcenkarte 141
    6.2.2 Weißflächensuche 141
    6.2.3 Projektinitiator 141
    6.2.4 Ressourcen- und Terminplanung in frühen Phasen der Projektentwicklung 142
6.3 Machbarkeit und Vorplanung 143
    6.3.1 Windertragsabschätzung 143
    6.3.2 Flächenverfügbarkeit 144
    6.3.3 Technische Konzepte 144
6.4 Detailplanung 145
    6.4.1 Windertragsgutachten 146
    6.4.2 Flächensicherung 146
    6.4.3 Netzanschluss 147
    6.4.4 Auswahl Windenergieanlagentyp 148
6.5 Genehmigungsplanung 149
    6.5.1 Genehmigungsverfahren 149
    6.5.2 Unterlagen und Fachgutachten 150
    6.5.3 Sonstige Genehmigungen 150
    6.5.4 Ausschreibungszuschlag 150
6.6 Ausführungsplanung 151
6.7 Beschaffung 152
6.8 Bau, Errichtung und Inbetriebnahme 154
    6.8.1 Lieferung, Bau und Errichtung 154
    6.8.2 Inbetriebnahme, Probebetrieb, Abnahme 155
6.9 Betrieb 156
6.10 Stilllegung, Rückbau, Repowering 157
6.11 Fazit 158
Literatur 159

7 Die Ausgabenstruktur eines Windparks während der Projektentwicklung ... 161
Daniel Meier
7.1 Einführung in das Thema 162
7.2 Gesamtübersicht über die wichtigsten Ausgaben der Projektentwicklung ... 163
    7.2.1 Indirekte Kosten 163
    7.2.2 Direkte Kosten 167
7.3 Fazit 171

8 Zertifizierung, Messung und Inspektion 175
Jochen Möller
8.1 Hintergrund 175

8.2	Zertifizierung		176
	8.2.1	Typenzertifizierung/Standsicherheit	177
	8.2.2	Projektzertifizierung	179
	8.2.3	Nachweisprozess bei den elektrischen Eigenschaften	180
	8.2.4	Einheitenzertifizierung	181
	8.2.5	Anlagenzertifikat	182
8.3	Messungen		190
	8.3.1	Leistungskennlinienmessung	190
	8.3.2	Lastenmessung	192
	8.3.3	Akustik	193
	8.3.4	Vermessung der elektrischen Eigenschaften	194
8.4	Inspektion		198
	8.4.1	Garantieabnahmen	198
	8.4.2	Wiederkehrende Prüfung (WKP)	199
8.5	Zukünftige Netzanschlussregeln		201
8.6	Anforderungen und Herausforderungen		201
8.7	Fazit		203
Literatur			203

9 Aufgaben und Anforderungen an die kaufmännische und technische Betriebsführung ... 205
Marco Lange

9.1	Kaufmännische Betriebsführung		205
	9.1.1	Aufgaben der kaufmännischen Betriebsführung	206
	9.1.2	Überblick über die Projektmanagementthemen der Betriebsführung	209
9.2	Betriebsführung – Lebenszyklus und Jahresverlauf der Betriebsführung		217
9.3	Anwendung von Projektmanagement in der Kaufmännischen Betriebsführung		224
9.4	Fazit		229

10 Projektmanagement-Office – Auf dem Weg zur Standardisierung ... 231
David Molch

10.1	Standardisierung		234
	10.1.1	Ziele einer Standardisierung	235
	10.1.2	Gründe für eine Standardisierung	236
	10.1.3	Vor- und Nachteile einer Standardisierung	237
	10.1.4	Kritische Würdigung zur Standardisierung	238
10.2	Reifegrad		239
	10.2.1	Reifegradmodelle	239
	10.2.2	Schritte zur Erreichung der nächsten Reifegradstufe	242
	10.2.3	Kritische Würdigung zum Einsatz von Reifegradmodellen	244

10.3 Projektmanagement-Office 244
    10.3.1 Gründe für ein PMO 245
    10.3.2 Aufgaben eines PMOs 246
    10.3.3 Vor- und Nachteile eines PMOs 247
    10.3.4 Voraussetzung zur Einführung und Betrieb eines PMOs 248
    10.3.5 Organisatorische Einordung und Verankerung eines PMOs 249
    10.3.6 Einführung eines PMOs 252
    10.3.7 Veränderung in der Wahrnehmung der Betroffenen bei Einführung eines PMOs 258
    10.3.8 Kritische Würdigung zum PMO 261
10.4 Standardisierung durch ein Projektmanagement-Office 262
    10.4.1 Projektmanagementprozesse 262
    10.4.2 Wertschöpfungskettenorientierte Betrachtung der Projektmanagementprozesse 269
10.5 Zusammenfassung 273
Literatur 274

11 Interview: Vorbereitung und Durchführung zum Bau eines Windparks aus der Sicht von Best Practice und Lesson Learned 277
Oliver Patent

12 Baustellenmanagement und -organisation in der Windenergie 293
Eike Frühbrodt
12.1 Baustellen-Ablauf 293
12.2 Planung und Organisation der Baustelle 294
12.3 Management von Health und Safety 295
12.4 Qualitätsmanagement auf der Baustelle 296
12.5 Management des Baustellen-Ablaufs 297
12.6 Baustellen-Ablauf 299
    12.6.1 Einrichten der Baustelle 299
    12.6.2 Civil Works 300
    12.6.3 Electrical Works 301
    12.6.4 Anliefern der Komponenten und des Zubehörs 302
    12.6.5 Errichten der Windenergieanlage 303
    12.6.6 Inbetriebnahme, Probebetrieb und Hochfahren 305
    12.6.7 Restarbeiten, Räumen der Baustelle und Übergabe 305
12.7 Verzeichnis einschlägiger Abkürzungen und branchenspezifischer Fachbegriffe 306
12.8 Anhang A: Beispielhafte Dokumente und Arbeitsunterlagen für die Planung und Steuerung der Baustellenaktivitäten 307
12.9 Anhang B: Fotodokumentation in groben, aber mit den wesentlichen Schritten der Errichtung einer Onshore Windenergieanlage 318

13 Kompetenzen im Internationalen Projektmanagement der Windenergiebranche... 345
Daniel Meier
13.1 Die wichtigsten Erfolgsfaktoren beim Aufbau eines Auslandsmarktes.... 346
    13.1.1 Die Einbindung von Auslandsprojekten in die Unternehmensstruktur 346
    13.1.2 Die Optimierung von Produkt- und Technologiemanagement 349
    13.1.3 Projektumfeld im Zeichen von Kultur und Werten 353
13.2 Die wichtigsten Erfolgsfaktoren bei der Umsetzung von Auslandsprojekten 357
    13.2.1 Projektanforderungen und Projektziele 357
    13.2.2 Projektorganisation, Projektstrukturen und Teamarbeit......... 359
    13.2.3 Qualitätssicherung 362
13.3 Fazit und Zusammenfassung 365

Abbildungsverzeichnis

Abb. 1	Ablauf einer Windparkplanung – eine der ersten offiziellen branchenspezifischen Projektempfehlungen des Bundesverbandes Windenergie (BWE) in „Windenergie im Binnenland" (2013)...........	VI
Abb. 1.1	Entwicklung der Stromerzeugung aus Erneuerbaren Energien 1990 bis 2012 [10]..	5
Abb. 1.2	Leistungssteigerung bei Windenergieanlagen......................	6
Abb. 1.3	Gesetze und Verordnungen im Energierecht (BWE 2014).............	7
Abb. 1.4	Wichtigste Projekte der Energiewende (BMWI 2016)	9
Abb. 1.5	Entwicklung Windenergieleistung und Anlagenleistung. (BWE/Deutsche Windguard 2017)	11
Abb. 1.6	Entwicklung Windenergieleistung und Anlagenleistung (BWE/Deutsche Windguard 2017)	11
Abb. 1.7	Gesamte kommunale Wertschöpfung durch Erneuerbare Energien 2009 und 2020 [10]	13
Abb. 1.8	Summe aus Börsenstrompreisen und EEG-Umlage (BMWI 2018b)	15
Abb. 1.9	Windenergie und Sektorkopplung (BWE)..........................	21
Abb. 2.1	Übersicht zu Strom- und Zahlungsflüssen für Neuanlagen im EEG 2017....	31
Abb. 3.1	Umgang mit Herausforderungen	48
Abb. 3.2	Klassisches Projektmanagement in Kombination mit agilem Projektmanagement	50
Abb. 3.3	Beispiel einer modularen Organisationplanung in allen Lebenszyklen....	61
Abb. 4.1	Hauptstufen des Stakeholdermanagement-Prozesses	76
Abb. 4.2	Aufmerksamkeitswert eines Issues und Bewältigungskosten vs. Handlungsspielraum..	77
Abb. 4.3	Einordnung der Stakeholdermanagement-Methoden in den SHM-Zyklus....	79
Abb. 4.4	Stakeholder-Mapping...	81
Abb. 4.5	House of Stakeholdermanagement (exemplarisch)..................	82
Abb. 4.6	Power-Interest-Matrix	86
Abb. 4.7	Qualitative Stakeholderklassen...................................	87

Abb. 4.8	Kommunikationsmatrix	92
Abb. 4.9	Änderung von Macht- und Interessenslagen im Projektverlauf	93
Abb. 4.10	Das Vier-Ohren-Modell nach Friedemann Schulz von Thun, bei dem der Projektleiter häufig der Sender ist und die vielen Empfänger der Bürgerversammlung erreichen muss	108
Abb. 4.11	Eskalationsstufen in Konflikten der Kommunikation.	109
Abb. 5.1	Risikomanagement als Teil des Qualitäts- und Projektmanagements	118
Abb. 5.2	Entstehung und Bekämpfung von Risiken (qualitative, idealisierte Betrachtung).	119
Abb. 5.3	Möglichkeiten des Umgangs mit Risiken.	121
Abb. 5.4	Risiko-Checkliste Personal (beispielhaft).	123
Abb. 5.5	Visualisierung der Risikobewertung – qualitativ im Portfolio (links) oder quantitativ im Diagramm (rechts) – zur Verdeutlichung der Risiken mit dem jeweils höchsten Risikowert	124
Abb. 5.6	Matrix zur Risikobegrenzung	125
Abb. 5.7	Technischer Schaden an einer Windkraftanlage (Symbolbild)	130
Abb. 5.8	Beispiel einer Monte-Carlo-Simulation (Aussagekraft beispielhaft)	131
Abb. 5.9	Einordnung des Risikomanagements in das Projektmanagement	132
Abb. 6.1	Ausgewählte Ressourcenmeilensteine in der Projektentwicklung als Übersicht, idealisiert.	137
Abb. 6.2	Phase 1: Standortfindung Windhöffigkeit	143
Abb. 6.3	Phase 2: Machbarkeit und Vorplanung	145
Abb. 6.4	Phase 3: Detailplanung	146
Abb. 6.5	Phase 4: Genehmigungsplanung	149
Abb. 6.6	Phase 5: Ausführungsplanung	152
Abb. 6.7	Phase 6: Beschaffung.	153
Abb. 6.8	Phase 7: Bau, Errichtung und Inbetriebnahme	156
Abb. 6.9	Phase 8: Betrieb	157
Abb. 8.1	Allgemeiner zeitlicher Ablauf des Typenzertifizierungsprozesses	178
Abb. 8.2	Allgemeiner Ablauf der gesamten Konformitätsbewertung am Beispiel Deutschland	181
Abb. 8.3	Allgemeiner Ablauf der Einheitenzertifizierung	183
Abb. 8.4	Allgemeiner Ablauf der Anlagenzertifizierung	184
Abb. 8.5	Ablauf der Anlagenzertifizierung A und B sowie Prototypenablauf.	186
Abb. 8.6	Beispielhafte Leistungskennlinie, Wirkleistung über frei angeströmte Windgeschwindigkeit.	190
Abb. 8.7	Schematische Darstellung einer Leistungskennlinienmessung mit Windmessmast.	191

Abbildungsverzeichnis

Abb. 8.8	Schematische Darstellung einer Leistungskurvenmessung mit LiDAR	192
Abb. 8.9	Blindleistungsanforderungen über die eingespeiste Wirkleistung	196
Abb. 8.10	Schematische Darstellung einer Spannungseinbruchseinheit	197
Abb. 9.1	Kommunikations- und Vertragsverhältnisse der Betriebsführung einer Windparkgesellschaft	213
Abb. 9.2	Lebenszyklusbereiche eines Windparks ohne Repowering	217
Abb. 9.3	Thematische Schwerpunkte im Jahresverlauf	218
Abb. 10.1	Planungsprozess Windenergieprojekte	233
Abb. 10.2	Module im PMR IPMA DELTA	240
Abb. 10.3	Wenn Veränderungen nicht als Veränderungsprojekt gesteuert werden	253
Abb. 10.4	Erfolgsfaktoren für IT-Projekte	254
Abb. 10.5	Veränderungsprozesse bei der Einführung eines PMOs	255
Abb. 10.6	Veränderungskurve in Adaption nach Fatzer	259
Abb. 10.7	Projektmanagement-Prozessmodell	263
Abb. 10.8	Konfliktquellen der Zusammenarbeit	270
Abb. 12.1	Beispielhaftes Protokoll zur Fundamentfreigabe vor Beginn der Erdanfüllung	309
Abb. 12.2	Beispielhaftes Reporting für Incidents und Near Misses auf der Baustelle	310
Abb. 12.3	Beispielhaftes Arbeitspaket für Logistik und Anlieferung	311
Abb. 12.4	Beispielhafte Qualifikationsmatrix für die Installationsteams	312
Abb. 12.5	Beispielhaftes Fehlererfassungsblatt für die Baustelle	313
Abb. 12.6	Beispielhaftes Arbeitspaket für die Inbetriebnahme	314
Abb. 12.7	Beispielhafte Checkliste „Site is Ready for Installation"	315
Abb. 12.8	Beispielhaftes Status-Reporting der Baustelle	316
Abb. 12.9	Streckenplanung	317
Abb. 12.10	Kranplanung	318
Abb. 13.1	Gliederung eines typischen Windportfolio- und Programmmanagements mit Auslandsprojekten	347
Abb. 13.2	Übersicht Schritte des Technologiemanagements mit Auslandsprojekten	351
Abb. 13.3	System der Modularisierung von Prozessen	353
Abb. 13.4	Beispielhafte Entwicklung einer Arbeitssprache in einem Auslandsprojekt	354
Abb. 13.5	Internationale Projektmanagementthemen im Zeichen von Compliance	356
Abb. 13.6	Praxisempfehlung eines Team-Kick-off-Meetings für ein internationales Projekt	361

Tabellenverzeichnis

Tab. 1.1	Ergebnisse der ersten drei Ausschreibungsergebnisse. (Quelle: Eigene Darstellung nach BWE 2017)	10
Tab. 1.2	Durchschnittliche Anlagenkonfigurationen in den Jahren 2012 und 2017. (Quelle: Eigene Darstellung nach BWE/Windguard)	12
Tab. 2.1	Systematische Darstellung der wesentlichen Fördersysteme. (Quelle: Eigene Darstellung)	28
Tab. 2.2	Stützwerte für die Berechnung des Korrekturfaktors nach § 36 h Absatz 1 EEG	33
Tab. 2.3	Beispiel zur Kalkulation des Gebotspreises	34
Tab. 4.1	Suchfelder im Portfolio der Umfeldanalyse (Umfeldfaktoren beispielhaft)	75
Tab. 4.2	Parametrierung der Stakeholder im Power, Legitimacy and Urgency Model	87
Tab. 4.3	Typologie monologischen und dialogischen Verhaltens. (Quelle: nach Friedrich 2005)	91
Tab. 4.4	Kommunikationsmatrix im Kontext des Stakeholdermanagements und zur Abbildung der Informations- und Kommunikationswege	92
Tab. 4.5	Maßnahmen zur Information, Beteiligung (Einbindung) und finanziellen Beteiligung von Betroffenen	96
Tab. 4.6	Mögliche Stakeholder in Projekten zur Errichtung von Windenergieanlagen und Windparks	99
Tab. 7.1	Exemplarische Übersicht der Gemeinkosten	163
Tab. 7.2	Exemplarische Projekteinzelkosten einer Windparkplanung	166
Tab. 8.1	Zeitlicher Ablauf Netzanschlussbegehren. Der Begriff „Planer" wird hier äquivalent benutzt für Anschlussnehmer/Betreiber/Errichter. (Quelle: FNN 2018a)	187

Tab. 8.2	Dokumente, die für die Erstellung des Anlagenzertifikates erforderlich sind.	189
Tab. 8.3	Dokumente, die für die Erstellung der EZA-Konformitätserklärung erforderlich sind.	189
Tab. 10.1	Reifegradstufen des IPMA DELTA. (Quelle: Schütz 2014)	241
Tab. 10.2	Unterschied zwischen PMO und PO. (Quelle: Molch 2018).	245
Tab. 10.3	Wesentliche Vor- und Nachteile einer zentralen Stabsstelle. (Quelle: Molch 2018).	250
Tab. 10.4	Wesentliche Vor- und Nachteile einer dezentralen Stabsstelle. (Quelle: Molch 2018).	251
Tab. 10.5	Wesentliche Vor- und Nachteile einer zentralen und mehrerer dezentralen Stabsstellen. (Quelle: Molch 2018)	252
Tab. 10.6	Prozesshaus. (Quelle: in Anlehnung an DIN 69901-2 2009, S 6)	262

Projektmanagement in der Windenergie

Nicole Knudsen

> **Zusammenfassung**
>
> Von den ersten Windenergieanlagen im Hinterhof bis hin zu einem bedeutenden Wirtschaftsfaktor war es ein langer und stürmischer Weg. Noch sind nicht alle Fragen beantwortet und noch nicht alle Herausforderungen bewältigt, die zu einer kompletten nicht-fossilen und nicht-atomaren Energiewelt führen. Der folgende Text gibt einen Überblick über den wirtschaftlichen, ökologischen und sozialen Status der Branche der Erneuerbaren Energien, erläutert die rechtlichen Rahmenbedingungen und weist darauf hin, dass Energiewende nicht ohne Akzeptanz funktioniert. Im Mittelpunkt steht der Mensch.

1.1 Einleitung

Die Windparkplanung gliedert sich in viele Teilprozesse. Die Komplexität dieser ineinandergreifenden Teilprozesse und aufgrund der zeitlichen Vorgaben auch Kompliziertheit des Gesamtprojektes erfordern neben Kenntnissen über Projektmanagement auch Branchenwissen über die Windenergie allgemein und über die Ziele der Energiewende. Dieses Kapitel soll hierfür Impulse geben.

Die langsame Etablierung einer neuen Branche ist nicht nur von historischem Interesse. Um aktuelle Intentionen der Branche und Politik einordnen und extrapolieren zu können, ist eine Herkunftsbetrachtung nützlich. Die Kraft des Windes wurde wohl schon vor über 1000 Jahren genutzt, wahrscheinlich, um Felder zu be- und entwässern. Doch wann begann die Geschichte der modernen Windenergie? Vielleicht im Frühjahr 1972, als der

N. Knudsen (✉)
BWE, Bundesverband Windenergie e.V., Landesgeschäftsstelle Schleswig-Holstein, Kiel, Deutschland
E-Mail: N.Knudsen@wind-energie.de

© Springer Fachmedien Wiesbaden GmbH, ein Teil von Springer Nature 2019
D. Meier, S. Rietz (Hrsg.), *Projektmanagement in der Windenergie*,
https://doi.org/10.1007/978-3-658-27365-1_1

Club of Rome erstmals in seinem Bericht „Grenzen des Wachstums" unter anderem die Wechselwirkungen zwischen Bevölkerungsentwicklung und Energieverbrauch beschrieb? [1]

Man kann als Beginn auch 1983 definieren – das Jahr, in dem GROWIAN im Kaiser-Wilhelm-Koog in Betrieb ging. Bereits damals wurde geraunt, dass diese **Große Windenergieanlage** mit ihren damals spektakulären drei Megawatt installierter Leistung zum Scheitern verurteilt war. Eine nicht-authentische Motivation der Geldgeber, ein laienhaftes technisches Verständnis und fehlende Erfahrung sorgten dafür, dass die Anlage nach knapp vier Jahren Teilzeit-Betrieb wieder abgebaut wurde.

Oder doch erst im Jahr 1986, als wegen des Reaktorunfalls im ukrainischen Tschernobyl Zweifel an der bisherigen atomaren Energieversorgung in allen Bevölkerungsschichten lauter wurden und die Politik zum Umdenken zwang? Oder als die rot-grüne Bundesregierung unter Bundeskanzler Schröder und Umweltminister Trittin Mitte 2000 den Atomausstieg beschloss? Abschn. 1.1 dieses Kapitels beginnt vielleicht etwas willkürlich Anfang der 1990er, als sich die Nutzung der Windenergie als Geschäftsmodell zu entwickeln begann und als eine probate Alternative zur Stromerzeugung angesehen wurde – anfangs jedoch noch nicht von allen.

Diese ersten beiden Dekaden der Windenergie 1990 bis 2010 werden häufig als die goldenen Jahre bezeichnet: Eine politisch festgelegte Einspeisevergütung sicherte den Betreibern feste Renditen und sorgte für planbare Investitionen. Die Nutzung der Windenergie wurde auch außerhalb windstarker Standorte zunehmend attraktiv, neue Märkte und Marktteilnehmer entwickelten sich.

Durch die Tsunami-Katastrophe im japanischen Atomkraftwerk Fukushima im Jahr 2011 wurde zum zweiten Mal innerhalb von 25 Jahren das wahr, was es eigentlich nicht hätte geben dürfen: Mit verheerenden Folgen für Mensch und Umwelt wurde die Unbeherrschbarkeit der atomaren Energieversorgung deutlich und brachte einen zweiten Schub für eine Erneuerbare Energieversorgung.

Hersteller von Erneuerbaren Energieanlagen, Betreiber, Projektierer und alle anderen Branchenteilnehmer auch im weiteren Umfeld sahen sich jedoch in den vergangenen rund fünf Jahren einer ständigen Änderung politischer und wirtschaftlicher Rahmenbedingungen gegenüber. Unsichere Investitionsbedingungen als Folge daraus waren und sind Gift für einen neuen Industriezweig und erschweren dessen Etablierung in ökonomischer und sozialpolitischer Hinsicht. Eine Beschreibung dieses Kontextes erfolgt in Abschn. 1.2.

Heute geht es schon längst nicht mehr um das Aufstellen von Erneuerbaren Energieanlagen allein. Wer sich nur auf das Errichten von Windenergieanlagen beschränkt und dabei das eigentliche Ziel und den Kontext der Energiewende aus den Augen verliert, wird am Markt nicht lange überleben. Abschn. 1.3 wagt einen Ausblick auf kommende Herausforderungen oder besser: Geschäftsfelder, denen sich der Markt stellen muss, mit den Stichworten Systemdienstleistungen und Sektorkopplung.

Projektmanagement bedeutet auch und immer gleichzeitig Stakeholdermanagement. Das heißt, dass die an Projekten Beteiligten nicht nur technisches Know-how benötigen, nicht nur die Einbettung ihres Tuns in einen viel größeren Kontext verstehen müssen, sie müssen auch mit viel Fingerspitzengefühl am Prozess Beteiligte und Betroffene kommunikativ begleiten. Nur wenige Projekte sorgen in der Bundesrepublik für ein ähnliches Aufregungslevel wie die Errichtung von Windparks. Der letzte Abschnitt ruft in Verbindung mit dem Abschnitt über Stakeholdermanagement die allgemeinen Grundlagen der Kommunikation in Erinnerung und beschreibt die Ansprüche und Befindlichkeiten von Windenergie-Gegnern und -Befürwortern. Zahlreiche sozialwissenschaftliche Studien beschäftigen sich seit Jahren mit einem Thema, das bei dem Bau konventioneller Kraftwerke bisher nur lokal eine Rolle spielte, bei Erneuerbaren Energieanlagen hingegen zu hitzigen Debatten in Landtagen und im Bundestag führt: der Akzeptanz.

1.2 Die Anfänge: Windenergie-Projekte 1990er-Jahre bis 2010

Die Erfolgsgeschichte der Windenergie beginnt nach Meinung der Autorin an der Westküste Schleswig-Holsteins. Mit dem Bau des ersten Bürgerwindparks 1991 hat sich nicht nur die Windenergie als Grundstein für die spätere Energiewende herauskristallisiert, sondern es hat sich ebenfalls ein neues Geschäftsmodell in Schleswig-Holstein etabliert: der Bürgerwindpark – heute stellvertretend für das Sinnbild einer demokratischen und dezentralen, von Bürgern getragenen Energieversorgung.

1.2.1 Das politische Umfeld

Anfang der 1990er-Jahre erließ die damalige CDU/CSU/FDP-Regierung unter Bundeskanzler Kohl zwar noch kein Erneuerbare-Energien-Gesetz (EEG), jedoch schon ein Gesetz, das Elektrizitätsversorgungsunternehmen verpflichtete, elektrische Energie aus regenerativen Umwandlungsprozessen von Dritten abzunehmen und zu vergüten. Das „Gesetz über die Einspeisung von Strom aus erneuerbaren Energien in das öffentliche Netz – Stromeinspeisegesetz" (BGBl. I S. 2633) trat am 1. Januar 1991 in Kraft. Ziel der gesetzlichen Regelung war die verpflichtende und vergütete Abnahme von Strom aus Erneuerbaren-Kraftwerken. Letztendlich war das die Voraussetzung für einen Bau-Boom der Windenergieanlagen.

Von Anfang an blies der Erneuerbaren-Branche ein scharfer Gegenwind ins Gesicht. Auf der einen Seite stand eine atomare und fossile tradierte Wirtschaftsmacht mit exzellenten Kontakten in die Bonner Politik und auf der anderen Seite eine neue Branche mit Idealismus und Unternehmergeist. So schreibt das Bundeswirtschaftsministerium:

> „Von Anfang an wurde das Stromeinspeisegesetz von den großen EVU's gerichtlich bekämpft. Im Januar 1996 wurde es dann letztlich vom Bundesverfassungsgericht und 2001 vom Europäischen Gerichtshof bestätigt. Die Befürworter erneuerbarer Energien hatten sich durchgesetzt." [2]

Anfang 2000 wurde das Stromeinspeisegesetz dann von der rot-grünen Bundesregierung unter Bundeskanzler Schröder abgelöst vom ersten Erneuerbare-Energien-Gesetz (EEG). Kaum ein anderes Gesetz ruft seitdem einen so hohen Reformeifer hervor. Bis zum heutigen Tag wurde das EEG sechs Mal novelliert. Das Ziel des ersten „Gesetz für den Vorrang Erneuerbarer Energien" vom 31. März 2000 (BGBl. I S. 305) war es, „im Interesse des Klima- und Umweltschutzes eine nachhaltige Entwicklung der Energieversorgung zu ermöglichen und den Beitrag Erneuerbarer Energien an der Stromversorgung deutlich zu erhöhen, um entsprechend den Zielen der Europäischen Union und der Bundesrepublik Deutschland den Anteil Erneuerbarer Energien am gesamten Energieverbrauch bis zum Jahr 2010 mindestens zu verdoppeln." (EEG 2000)

Bis zum Atomausstieg, der 2001 von der damaligen rot-grünen Bundesregierung beschlossen wurde, war es zwar kein langer, jedoch ein steiniger Weg. So heißt es in der „Vereinbarung zwischen der Bundesregierung und den Energieversorgungsunternehmen" vom 14. Juni 2000:

> „Der Streit um die Verantwortbarkeit der Kernenergie hat in unserem Land über Jahrzehnte hinweg zu heftigen Diskussionen und Auseinandersetzungen in der Gesellschaft geführt. Unbeschadet der nach wie vor unterschiedlichen Haltungen zur Nutzung der Kernenergie respektieren die EVU die Entscheidung der Bundesregierung, die Stromerzeugung aus Kernenergie geordnet beenden zu wollen. Vor diesem Hintergrund verständigen sich Bundesregierung und Versorgungsunternehmen darauf, die künftige Nutzung der vorhandenen Kernkraftwerke zu befristen. Andererseits soll unter Beibehaltung eines hohen Sicherheitsniveaus und unter Einhaltung der atomrechtlichen Anforderungen für die verbleibende Nutzungsdauer der ungestörte Betrieb der Kernkraftwerke wie auch deren Entsorgung gewährleistet werden." (VBV 2000)

Die EEG Gesetznovelle 2009 (BGBl. I S. 2074), beschlossen von der großen Koalition unter Bundeskanzlerin Merkel, stellte eine grundlegende und umfassende Überarbeitung des bis dahin bestehenden EEG dar. Sie „ordnete den Aufbau und die Gliederung neu und vergrößerte die Paragraphenmenge von 24 auf 66. Die wesentlichsten Erweiterungen der EEG-Novelle 2009 beziehen sich auf die Regelungen zum Härteausgleich bei Nichteinspeisung wegen Kapazitätsengpässen (§ 12) und zur Direktvermarktung von Strom aus erneuerbaren Energien (§ 17)." [3]

Durch das EEG 2009 „sollte der Anteil der Erneuerbaren Energien an der Stromversorgung bis 2020 auf mindestens 30 Prozent und danach kontinuierlich weiter gesteigert werden. Der Ausbau der Erneuerbaren Energien erfolgt insbesondere im Interesse des Klima- und Umweltschutzes zur Entwicklung einer nachhaltigen Energieversorgung. Daneben sollen die volkswirtschaftlichen Kosten der Energieversorgung verringert, die fossilen Energieressourcen geschont und die Technologieentwicklung im Bereich der Erneuerbaren Energien vorangetrieben werden." [4]

1.2.2 Markt, Technik, wirtschaftliche Bedeutung

1990 hatten die Windenergieanlagen in ganz Deutschland eine installierte Leistung von 55 Megawatt. Windenergie an Land sorgte mit einer Bruttostromerzeugung von rund 71

1 Projektmanagement in der Windenergie

Gigawattstunden für einen Anteil von 0,01 Prozent am Bruttostromverbrauch. Offshore, d. h. Windenergieanlagen in der deutschen Nord- und Ostsee, gab es zu der Zeit noch nicht. Andere alternativen Erzeugungsarten wie Wasserkraft oder die Nutzung von Abfällen waren damals zu größeren Anteilen an der gesamten Bruttostromerzeugung von knapp 19.000 Gigawattstunden beteiligt. Der Anteil aller Erneuerbarer Energien am Bruttostromverbrauch belief sich auf lediglich etwas mehr als drei Prozent. Die gesamten vermiedenen CO_2-Emissionen wurden 1990 bereits mit 27.550.000 Tonnen berechnet. (AGEE 2017)

Zwanzig Jahre später betrug die Bruttostromerzeugung von Wind an Land bereits fast 38.000 Gigawattstunden, die installierte Leistung kam auf fast 27.000 Megawatt. 2010 kam mit einer installierten Leistung von 80 Megawatt zum ersten Mal auch eine erwähnenswerte Leistung Wind auf See dazu. Damit hatte die Windenergie im Jahr 2010 den größten Teil an der gesamten installierten Erneuerbaren-Leistung von knapp 56.000 Megawatt (AGEE 2017, vgl. Abb. 1.1)

Im Vergleich zu heute erscheinen die ersten Windenergieanlagen mit ihren wenigen Kilowattstunden Leistung klein. Sie waren eher als Hofanlagen konzipiert, von einer flächendeckenden Stromversorgung war man noch meilenweit entfernt. Die Entwicklung der Höhenzunahme und der Zunahme der durchschnittlich installierten Leistung verlief rasant, parallel und kontinuierlich. Bis zum Jahr 2000 betrug die durchschnittlich installierte Leistung unter einem Megawatt. In den darauffolgenden zehn Jahren wuchs sie um ein weiteres Megawatt (vgl. Abb. 1.2).

Weitere Indizien für einen sich etablierenden Industriezweig sind wirtschaftlicher Natur: 2010 wurden bereits mehr als zwei Milliarden Euro in die Errichtung von Erneuerbare-Energien-Anlagen investiert und lösten weitere wirtschaftliche Impulse von rund einer Milliarde Euro aus. (AGEE 2017) Mit positivem Effekt auf die Beschäftigung – die Windenergie schaffte Arbeitsplätze: Ende 2010 waren mehr als 96.000 Menschen in der On- und

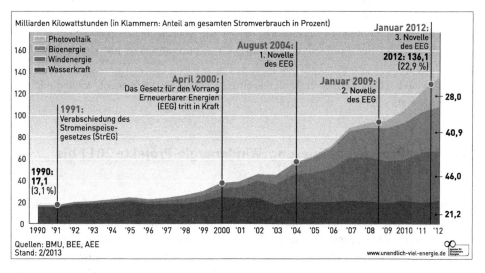

Abb. 1.1 Entwicklung der Stromerzeugung aus Erneuerbaren Energien 1990 bis 2012 [10]

	1980	1985	1990	1995	2000	2005	heute
Max. Nennleistung (kW)	30	80	250	600	1500	3000	7000
Max. Rotordurchmesser (m)	15	20	30	46	70	90	130
Überstrichene Retorfläche (m^2)	177	314	707	1662	3848	6362	13.273
Max. Nabenhöhe (m)	30	40	50	78	100	105	150
Max. Jahresenergieertrag (MWh/a)	35	95	400	1250	3500	6900	15.000

Abb. 1.2 Leistungssteigerung bei Windenergieanlagen. (Quelle: BWE)

Offshore-Branche beschäftigt. (BWE 2011) Und: Von den rund 1500 Patentanmeldungen im Bereich der Erneuerbaren Energien im Jahr 2010 kam die Windenergie allein auf gut 500 – nur übertroffen von der Solartechnik. (DPMA 2010)

Das alles kostete auch den Verbraucher Geld. Die erstmals im Jahr 2000 auf den Strompreis für Endkunden aufgeschlagene EEG-Umlage stieg von knapp 0,2 Cent pro Kilowattstunde auf das über zehnfache im Jahr 2010 an. (BDEW 2010) Das waren noch keine 9 Prozent des durchschnittlichen Strompreises eines drei-Personen-Haushalts – die Kostendebatte und das Stimulanz von den Erneuerbaren Energien als Preistreiber begann erst zwei Jahre später.

Der sich rasant entwickelnde Markt, eine Aufbruchstimmung und die Investitionsbereitschaft der Branche riefen zunehmend Skeptiker auf den Plan, insbesondere aus den Reihen der konventionellen Energiewirtschaft – mit weitreichenden politischen Folgen, wie zum Beispiel der Laufzeitverlängerung für Atomkraftwerke um durchschnittlich zwölf Jahre. [5]

Doch auch bei der Energiewende ist das einzig Beständige der Wandel, wie der nächste Abschnitt zeigt.

1.3 Die Professionalisierung: Windenergie-Projekte 2011 bis 2017 in Deutschland

Der Ausbau der Windenergie nahm in den letzten sechs Jahren rasant zu, wenn auch regional nicht gleichmäßig. Aufgrund der guten Windverhältnisse konzentrierte sich der Ausbau vorerst vorwiegend auf die norddeutschen Länder Schleswig-Holstein, Niedersachsen, Mecklenburg-Vorpommern und Brandenburg. Durch an windschwache Standorte angepasste Windenergieanlagen und letztendlich durch das EEG 2017, welches den

Ausbau in den sogenannten Netzausbaugebieten reglementierte, konzentrierte sich der Zuschlag anschließend auf die Bundesländer Brandenburg und Niedersachsen. Die Ausschreibung bedingte neben rasanten Preisverfällen ebenfalls eine Veränderung der Marktteilnehmer. Meldungen vom Nicht-Erreichen der Klimaziele, von Standortschließungen und Entlassungen bestimmten die Branche. Sie hat sich zwar sehr schnell professionalisiert und konsolidiert, ist effektiv und im Markt mit konventionellen Energieerzeugern wettbewerbsfähig geworden, aber sie hat dabei ihr Gesicht verändert.

1.3.1 Das politische Umfeld

„Energiepolitisch war 2011 ein Jahr der Superlative. Nach der Reaktorkatastrophe von Fukushima hatte die Bundesregierung im Sommer in atemberaubendem Tempo ein energiepolitisches Gesetzespaket verabschiedet, das hinsichtlich des Umfanges seinesgleichen sucht. Darunter der schwarz-gelbe Ausstieg aus der Atomenergie, der die nur wenige Monate zuvor beschlossene Laufzeitverlängerung für alte Atomkraftwerke wieder wettmachen sollte, ein neues Energiewirtschaftsgesetz und ein Netzausbaubeschleunigungsgesetz." (BWE 2012)

Der Novellierungsrhythmus energiepolitischer Regelwerke blieb die nächsten Jahre weiterhin hoch und hielt die Branche in Atem. Es zeichnete sich ab, dass der Ausbau der Windenergie nicht für sich stehen konnte. Es ging um nicht weniger als um die Energieversorgung der größten Volkswirtschaft Europas – und das in einem hochvermaschten europäischen Stromnetzverbund.

Die Vielzahl der beständig anwachsenden von der Branche zu beachtenden Gesetze und Verordnungen (vgl. Abb. 1.3) führten auch politisch noch nicht zu einem die Strategie umsetzenden Konzept. Ein undynamischer Netzausbau, fehlende rechtliche Schnittstellen und wechselnde Zuständigkeiten wirkten sich bremsend auf die Euphorie und den Investitionswillen der Branche aus.

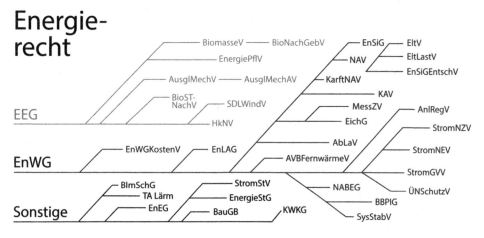

Abb. 1.3 Gesetze und Verordnungen im Energierecht (BWE 2014)

Doch mit der vom BMWi vorgelegten 10-Punkte-Energie-Agenda wurden immerhin „*die EEG-Reform 2014 und die weiteren energiepolitischen Projekte der 18. Legislaturperiode zeitlich und inhaltlich verzahnt. Zusätzlich zu den Projekten im Stromsektor enthielt sie auch die wichtigsten Vorhaben bei der Energieeffizienz und im Gebäudebereich.*" (BMWI 2014, vgl. Abb. 1.4)

Im Koalitionsvertrag der 18. Legislaturperiode wurde auch festgelegt, im Jahr 2016 erstmalig einen nationalen Klimaschutzplan 2050 zu verabschieden. „Neben einem Leitbild für 2050 sollte der Klimaschutzplan 2050 für alle Sektoren Transformationspfade beschreiben und das Zwischenziel für 2030 mit konkreten Reduktionsschritten und Maßnahmen unterlegen. Am 14. November 2016 wurde der Klimaschutzplan vom Bundeskabinett verabschiedet." (UBA 2016)

Für das Jahr 2020 sollten die Erneuerbaren Energien einen Anteil von 18 (2050: 60) Prozent am Bruttoendenergieverbrauch haben, der Anteil am Bruttostromverbrauch soll mindestens 35 (2050: mindestens 80) Prozent betragen, der Anteil am Wärmeverbrauch 14 Prozent. Für den Verkehrsbereich wurden keine Ziele definiert. (BMWI 2016a)

Mit dem EEG 2017 (BGBl. I S. 2532) wurde eine weitere grundlegende Änderung zur Systemintegration der Windenergie vorgenommen. Die Vergütungshöhe des erneuerbaren Stroms wurde ab 2017 nicht wie bisher staatlich festgelegt, sondern durch Ausschreibungen am Markt ermittelt. Ziele des Gesetzgebers waren eine bessere finanzielle Planbarkeit, mehr Wettbewerb und eine hohe Akteursvielfalt. (BMWI 2016a) Zudem wurde ein neuer Begriff eingeführt, das sogenannte Netzausbaugebiet. In diesen Regionen, in denen der Gesetzgeber großflächig aufgrund mangelnder Einspeisekapazitäten Abschaltungen von Windenergieanlagen vermutete, wurden die bezuschlagten Mengen nochmals reduziert.

Am 22. November 2017 veröffentlichte die Bundesnetzagentur (BNetzA) die Ergebnisse der bis dato bezuschlagten Bieter und legte anschließend den Höchstpreis für das Jahr 2018 auf 6,3 Cent/Kilowattstunde fest (siehe Tab. 1.1).

Alle drei Ausschreibungsrunden für Wind an Land wurden von Bürgerenergiegesellschaften im Sinne des Gesetzgebers dominiert. Eine unzureichende Definition des Begriffes Bürgerenergie führte jedoch dazu, dass diese vor allem von drei größeren Projektierern ausgingen, was keine wirkliche und erwünschte Akteursvielfalt garantierte. Aufgrund langer Umsetzungsfristen (54 Monate) und fehlender Genehmigungsreife der Projekte bei Zuschlag wurde der gesamte weitere Ausbau der Windenergie für die kommenden vier bis fünf Jahre komplett unkalkulierbar.

Der vom Gesetzgeber erwünschte deutschlandweite Zubau wurde ebenfalls nicht erreicht. Von den bisherigen 198 Zuschlägen gingen mehr als ein Viertel nach Brandenburg, jeder fünfte nach Niedersachsen, nur 17 Prozent verteilten sich auf Mittel- und Süddeutschland.

Innerhalb von nur sechs Monaten sank der Zuschlagswert um mehr als ein Drittel. Hierfür wird vor allem als Grund angeführt, dass die erfolgreichen Bieter durch die nicht vorhandene Genehmigung nach Bundesimmissionsschutzgesetz auf zukünftig sinkende Systemkosten spekulieren. (BWE 2017b)

1 Projektmanagement in der Windenergie 9

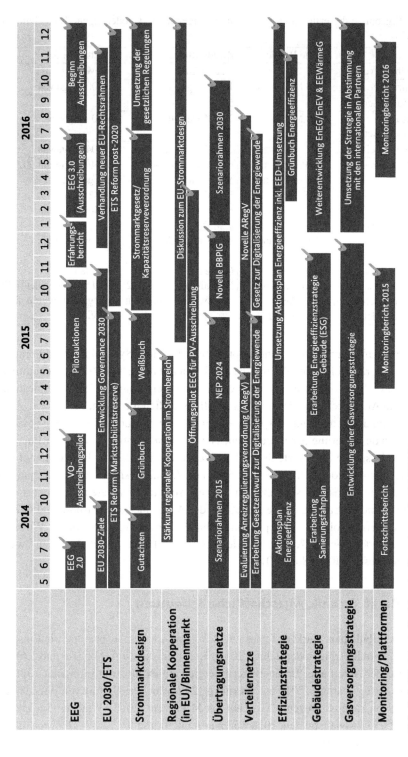

Abb. 1.4 Wichtigste Projekte der Energiewende (BMWI 2016a)

Tab. 1.1 Ergebnisse der ersten drei Ausschreibungsergebnisse. (Quelle: Eigene Darstellung nach BWE 2017)

	Erste Runde	Zweite Runde	Dritte Runde
Ausschreibung von	Mai 2017	August 2017	November 2017
Ausgeschriebene Menge	800 Megawatt	1000 Megawatt	1000 Megawatt
Erteilte Zuschläge	70	67	61
Obergrenze Netzausbaugebiet	258 Megawatt	322 Megawatt	430 Megawatt
Bezuschlagte Leistung	807 Megawatt	1013 Megawatt	1004 Megawatt
Davon Bürgerenergie	65 Projekte mit 776 Megawatt	60 Projekte mit 962 Megawatt	60 Projekte mit 992,4 Megawatt
Höchstes Gebot mit Zuschlag	5,78 Cent/ Kilowattstunde	5,29 Cent/ Kilowattstunde	3,82 Cent/ Kilowattstunde
Durchschnittlicher mengengewichteter Zuschlagswert	5,71 Cent/ Kilowattstunde	4,28 Cent/ Kilowattstunde	3,82 Cent/ Kilowattstunde
Höchster Zuschlag im Netzausbaugebiet	5,58 Cent/ Kilowattstunde	Quote im Netzausbaugebiet (322 Megawatt) wurde nicht erreicht	Quote im Netzausbaugebiet (430 Megawatt) wurde nicht erreicht
Niedrigster Zuschlag im Netzausbaugebiet	5,25 Cent/ Kilowattstunde		

Ein wirtschaftlicher Betrieb, Innovationsbereitschaft und Systemintegration brauchen einen Mindestgrad an Kontinuität, welche durch den mit dem EEG 2017 vorgenommenen Paradigmenwechsel – weg von einer festen Einspeisevergütung für Windenergieanlagen hin zu einem Ausschreibungssystem – bisher offensichtlich nicht gegeben ist.

Im Rahmen der Sondierungsgespräche für die 19. Legislaturperiode hat die geschäftsführende Bundesregierung trotz ihres grundsätzlichen Bekenntnisses zu den Klimazielen zugegeben, dass diese 2020 verfehlt werden. Die Klimaziele 2030 sollen jedoch auf jeden Fall eingehalten werden. Um die sich ergebene *Handlungslücke* zur Erreichung des 40-Prozent-Reduktionsziels schließen zu können, sind unter anderem Sonderausschreibungen für Wind an Land und eine Anhebung des Ausbaudeckels Onshore und Offshore vorgesehen. Ferner soll eine Gruppe „unterschiedlicher Akteure aus Politik, Wirtschaft, Umweltverbänden, Gewerkschaften sowie betroffenen Ländern und Regionen" weitere Maßnahmen beschließen. (Sond 2018)

1.3.2 Markt, Technik, wirtschaftliche Bedeutung

Trotz eines turbulenten Marktumfeldes entwickelten sich der Ausbau und die Einspeiseleistung der Windenergie in den Jahren 2011 bis 2017 rasant (vgl. Abb. 1.5 und 1.6).

Während der Anteil aller Erneuerbarer Energien am Bruttostromverbrauch 2011 rund 20 Prozent betrug, waren es 2016 bereits knapp 32 Prozent. Der Beitrag von Wind an Land daran stieg von knapp 8 Prozent (2011) auf gut 11 Prozent (2016). Wind auf See erzeugte 2011 noch 577 Gigawattstunden, 2016 waren es immerhin schon 12.274 Gigawattstunden. (AGEE 2017; DWG 2018)

1 Projektmanagement in der Windenergie

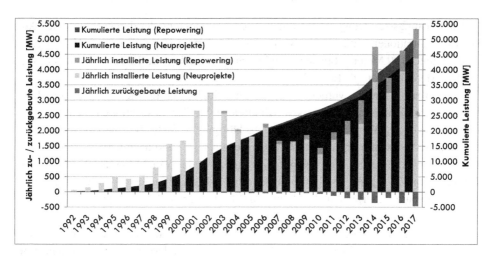

Abb. 1.5 Entwicklung der jährlich installierten und kumulierten Leistung Windenergie an Land. (BWE/Deutsche Windguard 2017)

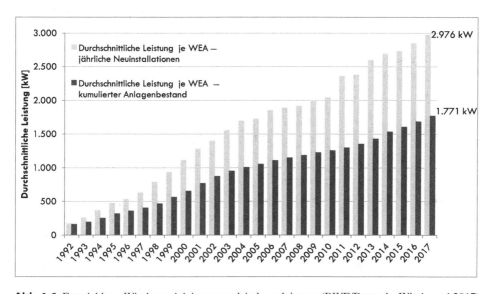

Abb. 1.6 Entwicklung Windenergieleistung und Anlagenleistung (BWE/Deutsche Windguard 2017)

Ende 2017 erzeugten die 28.675 Windenergieanlagen in Deutschland mit ihrer installierten Leistung von 50.877 Megawatt rund 86 Milliarden Kilowattstunden pro Jahr, genug für 28,7 Millionen Haushalte. Damit hielt Wind an Land 2017 bereits mehr als 12 Prozent am Gesamtstromverbrauch Deutschlands. (BWE 2018)

Windenergie ist zum Leistungsbringer der Energiewende geworden. Das liegt nicht nur am inzwischen deutschlandweiten Ausbau. Auch die effiziente Windausbeute hatte dank optimierter Technik und für unterschiedliche Windhöffigkeiten angepasste Anlagentypen daran ihren Anteil.

Die Leistungssteigerung wird deutlich an der Entwicklung der durchschnittlichen Anlagenkonfigurationen: Einzig das Bundesland Schleswig-Holstein ist bei Nabenhöhen deutlich unter 100 Meter geblieben, eine Durchschnittsanlage in Baden-Württemberg war rund 50 Meter höher (vgl. Tab. 1.2).

Erneuerbare Energien wurden in der letzten Dekade auch für die Kommunen und die Volkswirtschaft allgemein interessant. Zahlreiche Studien beschäftigten sich mit dem Thema (regionale) Wertschöpfung oder Beschäftigungseffekte. Beispielsweise stieg die kommunale Wertschöpfung durch Windenergieanlage an Land nach Untersuchungen des Instituts für ökologische Wirtschaftsforschung von rund zwei Milliarden Euro im Jahr 2009 auf rund 2,25 Milliarden Euro im Jahr 2011. Die kommunale Wertschöpfung über alle Erneuerbaren Energien in allen Sektoren (Strom, Wärme, Mobilität) betrug 2011 rund neun Milliarden Euro. (IÖW)

Die Wertschöpfung (vgl. Abb. 1.7) wird nicht nur durch Nachfrageeffekte bei Planung, Bau und Betrieb einer Windenergieanlage bestimmt, sondern auch durch sogenannte Substitutionseffekte fossiler Energieträger (der Ausbau der erneuerbaren Energien führte im Jahr 2015 zu einer Verminderung der Energieimporte in Höhe von knapp neun Milliarden Euro) oder Importe bzw. Exporte von Produkten und Dienstleistungen. Auf Europa

Tab. 1.2 Durchschnittliche Anlagenkonfigurationen in den Jahren 2012 und 2017. (Quelle: Eigene Darstellung nach BWE/Windguard)

Bundesland	Durchschnittliche Anlagenleistung in Kilowatt 2012	2017	Durchschnittlicher Rotordurchmesser in Meter 2012	2017	Nabenhöhe in Meter 2012	2017
Baden-Württemberg	2100	2929	83	119	130	143
Bayern	2475	2756	94	118	134	138
Berlin	–	–	–	–	–	–
Brandenburg	2255	3035	88	113	113	136
Bremen	2.850	–	93	–	113	–
Hamburg	–	2657	–	115	–	130
Hessen	2309	2851	87	119	128	140
Mecklenburg-Vorpommern	2483	3011	91	106	108	124
Niedersachsen	2341	2841	85	105	106	120
Nordrhein-Westfalen	2055	2750	80	111	101	126
Rheinland-Pfalz	2875	3011	96	114	129	142
Saarland	2107	2832	90	119	103	138
Sachsen	2081	3125	82	109	98	119
Sachsen-Anhalt	2152	3034	87	116	111	135
Schleswig-Holstein	2464	2958	84	104	82	92
Thüringen	2177	2854	92	113	115	137
Offshore Ostsee	–		–		–	
Offshore Nordsee	5000		120		90	
Gesamt	**2420**	**2887**	**89**	**111**	**110**	**127**

1 Projektmanagement in der Windenergie

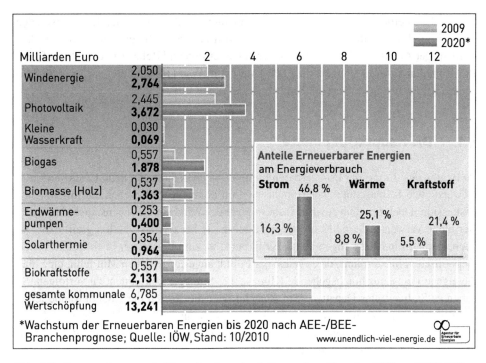

Abb. 1.7 Gesamte kommunale Wertschöpfung durch Erneuerbare Energien 2009 und 2020 [10]

bezogen schätzt der Europäische Verband Wind Europe, dass pro 1000 Euro Umsatz der Branche rund 250 Euro wirtschaftliche Aktivitäten in anderen Wirtschaftssektoren ausgelöst werden. Durch Energieeffizienzmaßnahmen wurden 2015 rund 16 Milliarden Euro eingespart. (BMWI 2016b) Diese Werte, die zu einer umfassenden volkswirtschaftlichen Kosten-Nutzen-Analyse dazugehören, lassen sich noch einigermaßen seriös bestimmen. Die Vermeidung externer Kosten zur Begegnung des Klimawandels allerdings oder zur Vermeidung von Gesundheitsschäden durch Feinstaub sind nicht zweifelsfrei zu beziffern, müssten der Vollständigkeit und Ehrlichkeit halber jedoch dazu gerechnet werden.

Die Onshore- und Offshore-Windindustrie in Deutschland zählte 2015 insgesamt 143.000 direkte und indirekte Arbeitsplätze und erwirtschaftete etwa 13 Milliarden Euro Umsatz. (BWE 2017b) Für ganz Europa ermittelte Wind Europe knapp das Doppelte. Dabei haben sich in den Bereichen Produktion und Bau, Wartung und Betrieb neue Berufsfelder etabliert. Fast 400 Studiengänge mit Fokus auf Erneuerbare Energien werden inzwischen an Universitäten und Hochschulen in Deutschland angeboten. 2016 investierte die Branche mehr als neun Milliarden Euro in neue Anlagen. Darüber hinaus erzielten die deutschen Windenergie-Anlagenhersteller 2016 eine Exportquote von über 70 Prozent. Über 80 Prozent betrug laut statistischem Bundesamt der Weltmarktanteil der deutschen Offshore-Windenergieanlagenhersteller. (BWE 2018)

Das Zentrum für Sonnenenergie- und Wasserstoff-Forschung Baden-Württemberg (ZSW) und der Bundesverband der Energie- und Wasserwirtschaft (BDEW) gaben an, dass die Erneuerbaren Energien 2017 voraussichtlich fast 217 Milliarden Kilowattstunden erzeugen und damit über 36 Prozent des Bruttostromverbrauchs in Deutschland decken werden. Der Anteil Windenergie macht deren Dimension und Relevanz deutlich: Auf rund 18 Milliarden Kilowattstunden stieg der Anteil von Wind Offshore und auf rund 87 Milliarden Kilowattstunden der von Wind Onshore. (ZSW 2017)

1.4 Die Hauptkritikpunkte

Zu Beginn des Booms der Erneuerbaren Energien standen die eigentlichen Ziele der Energiewende wie Klimaschutz und Atomausstieg im Fokus der politischen und öffentlichen Diskussion. Doch mit dem Ausbau insbesondere der Windenergie wuchs auch die Kritik. Der bloße Verweis auf eine Kohorte einer „not in my backyard"-Fraktion greift dabei jedoch zu kurz. Ein häufig angebrachter Kritikpunkt ist zum Beispiel das Fehlen eines energiepolitischen Masterplans, da es selbst der Politik am erforderlichen Mut fehlt, eine über die eigene Legislatur hinausgehende Klimaschutz-Strategie konsequent zu verfolgen. So haben es Stellvertreter-Debatten zum Beispiel über die Kosten der Energiewende leicht und sorgen für allgemeine gesellschaftliche Verunsicherung. Gleichwohl gibt es auch spezifische Kritikpunkte an regionalen Projekten. Im Folgenden werden einige der am häufigsten genannten Kritikpunkte erläutert.

1.4.1 Kosten

Die „Energiewende könnte bis zu einer Billion Euro kosten" [6] sagte Ex-Umweltminister Peter Altmaier 2013. Der BDI erneuerte diese Rechnung 2018, als er die Energiewende als „Billionenprojekt" benannte. (BDI 2018) Auch wenn diese Zahlen unvollständig und deswegen nicht ehrlich scheinen, fällt es der Politik schwer, die tatsächlichen Kosten der Energiewende zu beziffern. Größenordnungsmäßig liegen sie wohl bei 25 bis 30 Milliarden Euro pro Jahr. Doch sind die Auffassungen über die miteinzuberechnenden Faktoren unterschiedlich. Während eine Diskussion über die Kosten der Energieversorgung zu Zeiten der Kohle- und Atomverstromung nur bei deren Gegnern eine Rolle spielte, kam mit der Energiewende also bereits früh eine Debatte über deren Bezahlbarkeit auf. Einen öffentlichen Schub erhielt diese im Jahr 2012, als die Initiative Neue Soziale Marktwirtschaft, eine arbeitgebernahe Lobby-Organisation, den Begriff Strompreisbremse prägte und den damaligen Bundesumweltminister Peter Altmaier zur politischen Offensive drängte.

Tatsächlich ist die EEG-Umlage von rund 0,2 Cent/Kilowattstunde Anfang der 2000er-Jahre auf 6,79 Cent/Kilowattstunde im Jahr 2018 gestiegen. Bei einem durchschnittlichen Stromverbrauch eines Vier-Personen-Haushalts mit 3500 Kilowattstunden bedeuten das rund 238 Euro im Jahr EEG-Umlage bei Gesamtstromkosten von rund 1000 Euro pro Jahr. Doch: „Für die Stromkunden ist die Summe aus Börsenstrompreis und EEG-Umlage relevant. Sie erreichte 2013 mit 10,55 Cent/Kilowattsunde ihren Höchstand. Auch im Jahr 2018

1 Projektmanagement in der Windenergie

wird dieses Niveau voraussichtlich nicht überschritten – trotz eines Anstiegs der vergüteten Stromerzeugung aus erneuerbaren Energien um über 50 % (2013–2018)." (BMWI 2018a; siehe Abb. 1.8)

Aber ob die EEG-Umlage, die von den Übertragungsnetzbetreibern jährlich festgelegt wird, tatsächlich ein hinreichendes Indiz für den Ausbau der Erneuerbaren Energien ist, ist fraglich, denn weniger als die Hälfte der Umlage sind reine Förderkosten. Der größere Teil setzt sich zusammen aus Netzentgelten, Steuern, Abgaben und Umlagen.

Während die Einspeisung Erneuerbarer Energien an der Strombörse für einen Dauertiefst-Preis von drei bis vier Cent pro Kilowattstunde sorgt, haben die privaten Haushalte davon allerdings keinen Vorteil. Dieser bleibt bei den Netzbetreibern und den Unternehmen, die ihren Strom direkt von der Börse beziehen. Zudem sind mehr als 2000 Unternehmen ganz oder teilweise von der EEG-Umlage befreit. Die EEG-Umlage wird nur zu rund einem Viertel von der Industrie finanziert. Zu einem leichten Absinken der EEG-Umlage 2018 trug auch das Guthaben des EEG-Kontos von rund 3,3 Milliarden Euro bei (Stand Ende 2017).

Schon immer wurde die Energieversorgung staatlich alimentiert. Deutschland zahlt zum Beispiel für Öl, Kohle und Gas jährlich 46 Milliarden Euro Subventionen. Zu diesem Ergebnis kommt das Forum Ökologisch-Soziale Marktwirtschaft (FÖS) in einem Bericht im Auftrag der Umweltorganisation Greenpeace. (GP 2017) Ob Kohlepfennig oder Milliarden-Subventionen für die Atomindustrie: bereits seit langem wird diskutiert, ob es nicht im Sinne eines fairen und transparenten Wettbewerbs wäre, auch die Förderungen, Subventionen und somit Vollkosten der atomaren und fossilen Stromerzeugung mit einer Art „konventioneller Energie-Umlage" in der Stromrechnung auszuweisen. Greenpeace

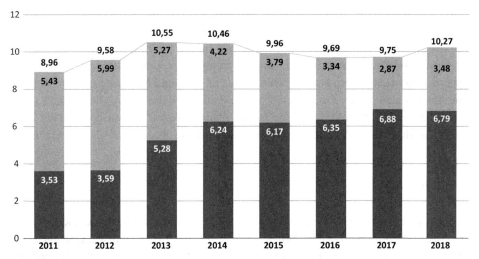

Abb. 1.8 Summe aus Börsenstrompreisen und EEG-Umlage (BMWI 2018b)

Energy und das Forum Ökologisch-Soziale Marktwirtschaft haben berechnet, dass dann der Strompreis um mehr als 10 Cent pro Kilowattstunde steigen müsste – ohne die unberechenbaren Risiken eines erneuten atomaren GAU. (GP 2012)

Im Rahmen einer echten Kostendebatte müsste man den Aufwendungen auch sogenannte Erträge gegenüberstellen. Bei der Energiewende wären das laut Greenpeace die Einsparungen der Importe fossiler Energieträger (rund sieben Milliarden Euro 2011), vermiedene Umwelt- und Klimaschäden durch Emissionen der Kohlekraftwerke (rund 10 Milliarden Euro 2011) und der Gewinn an regionaler Wertschöpfung (rund 25 Milliarden Euro 2011). Würde man die Einsparungen der Subventionen für konventionelle Erzeuger mit einberechnen, kämen noch einmal 46 Milliarden Euro pro Jahr hinzu. Angesichts dieser Gegenüberstellung muss die Frage erlaubt sein, ob man statt über Kosten der Energiewende nicht doch besser von Investitionen spricht. Und ob die Frage nach den Kosten der Energiewende überhaupt richtig gestellt ist. Vielmehr muss man sich fragen, was *keine* Energiewende kostet.

1.4.2 Schatten

Ein von Anwohnern häufig angebrachter Kritikpunkt ist die Belästigung durch periodischen Schattenwurf. Damit ist die wiederkehrende Verschattung des direkten Sonnenlichtes durch die Rotorblätter einer Windenergieanlage gemeint. Der Schattenwurf ist dabei abhängig von den Wetterbedingungen, der Windrichtung, dem Sonnenstand und den Betriebszeiten der Anlage. Als erheblich belästigend und somit immissionsschutzrechtlich relevant wird der zu erwartende periodische Schattenwurf angesehen, wenn die astronomisch maximal mögliche Beschattungsdauer der Summe aller Einzelanlagen innerhalb eines Windparks in einer Bezugshöhe von 2 m über dem Erdboden nicht mehr als 30 Stunden pro Kalenderjahr und nicht mehr als 30 Minuten pro Kalendertag beträgt. Da die Prognosen zum erwartbaren Schattenwurf im Rahmen der Genehmigungsverfahren gutachterlich zu belegen sind, können behördliche Auflagen und Anordnungen zum Beispiel eine Abschaltautomatik vorschreiben. Diese orientiert sich dann an die tatsächliche, reale Schattendauer („meteorologische Beschattungsdauer") von acht Stunden pro Jahr. (LAI 2002) Unterhalb dieses Wertes wird die Beeinträchtigung als unerheblich angesehen.

1.4.3 Schall

Da von hörbarem und nicht-hörbarem Schall Gesundheitsgefahren ausgehen können, erhalten diese Beeinträchtigungen bei der Planung und dem Betrieb von Windenergieanlagen eine besondere Relevanz. Wie bei den zu erwartenden Schattenwürfen sind auch Schallprognosen mit dem Antrag zur immissionsschutzrechtlichen Genehmigung gutachterlich zu belegen. Ein Jahr nach Inbetriebnahme müssen reale Messergebnisse vorgelegt werden. Abhängig von der Nutzung am Emissionsort (Privatwohnungen oder reine Gewerbegebiete) sind tagsüber zwischen 45 dB(A) und 70 dB(A) erlaubt, nachts zwischen 35 dB(A) und 70 dB(A). Konkrete Schallleistungspegel werden in den Genehmigungen festgelegt. Überschreiten die Windenergieanlagen zu bestimmten Zeiten diese Werte, müssen sie im schallreduzierten Modus fahren oder ganz abgeschaltet werden. Für die Berechnung der Schallausbreitung im Prognoseverfahren und im Realbetrieb hat die Länderarbeitsgemeinschaft Immissionsschutz Empfehlungen veröffentlicht. (LAI 2016) Diesen Empfehlungen können die für die Genehmigung zuständigen Behörden folgen.

Neben dem hörbaren Schall ist der Infraschall zu berücksichtigen. Als Infraschall werden Schallwellen mit Frequenzen unter 20 Hertz bezeichnet, die künstlich (Klimaanlagen) oder natürlich (Meeresrauschen) erzeugt werden. Sie sind so tief, dass der menschliche Hörsinn sie nicht mehr als Geräusch erfassen kann. Obwohl die Empfindlichkeit des menschlichen Gehörs zu tiefen Frequenzen hin stark abnimmt, können Luftdruckschwankungen bis zu einer Frequenz von etwa einem Hertz wahrgenommen werden. Je tiefer die Frequenz wird, umso lauter muss das Ereignis sein, um vom Menschen wahrgenommen werden zu können. Infraschall breitet sich im Raum aus und ist kaum dämmbar. Windenergieanlagen erzeugen neben dem hörbaren Schall auch ggfls. Infraschall in Abhängigkeit von Windstärke und Windrichtung durch Verwirbelungen am Ende der Rotorblätter oder an Kanten, Spalten und Verstrebungen. Auch die am Turm vorbeistreichenden Rotorblätter können tieffrequenten Schall erzeugen. Zahlreiche Untersuchungen belegen, dass der von Windenergieanlagen erzeugte Infraschall in üblichem Abstand allerdings deutlich unter den Wahrnehmungsgrenzen des Menschen liegt. Nach heutigem Stand der Wissenschaft sind schädliche Wirkungen nicht zu erwarten. Gleichwohl sind weitere Forschungen im Bereich tieffrequenter Geräusche notwendig, um insbesondere das Zusammenspiel der zahlreichen künstlich erzeugten Quellen von Infraschall innerhalb der menschlichen Umgebung bewerten zu können. (BWE 2017)

1.4.4 Naturschutz und Landschaftsbild

Für die Umsetzung der energiepolitischen Ziele im Stromsektor wäre die Nutzung von rund zwei Prozent der Fläche Deutschlands für den Ausbau der Windenergie erforderlich bei einem Potenzial von rund 20 Prozent (Landesflächen ohne Restriktionen). Für die vollständige Umstellung auf Erneuerbare Energien könnte dieser Wert höher liegen. Doch auch für die Nutzung dieser relativ gesehen kleinen Fläche müssen hohe fachliche Standards zur Berücksichtigung Natur- und Artenschutzrechtlicher Belange eingehalten werden. Das führt häufig zu komplexen Spannungsfeldern, die an dieser Stelle nicht hinreichend beschrieben werden können. Allerdings gibt es zwischenzeitlich zahlreiche Studien zu Lösungsvorschlägen für mögliche Konfliktsituationen.

Wie bei allen Baumaßnahmen sind auch bei Windenergieanlagen beeinträchtigende Eingriffe in den Natur- und Landschaftshaushalt möglichst zu vermeiden oder auszugleichen. Bereits auf Ebene der Regionalplanung werden dabei für den Natur- und Landschaftsschutz hochwertige Bereiche für die Windenergienutzung ausgeschlossen. Auf

Ebene der Genehmigungsplanung erfolgt dann eine detaillierte Betrachtung des Standortes und der Wirkungszusammenhänge. In den vergangenen Jahren sind Aufwand und Kosten für die Berücksichtigung naturschutzfachlicher Belange enorm gestiegen. Nicht selten entscheiden das Ergebnis der Gutachter oder die Einschätzungsprärogative der Genehmigungsbehörden über die Wirtschaftlichkeit des gesamten Projektes. (BWE 2016)

Als vertikale Objekte sind Windenergieanlagen in manchen Gebieten Landschaftsbildprägend geworden. Ob sie dabei störend wirken oder nicht liegt in der Regel an der Wertigkeit der Landschaft, der Sichtbarkeit der Anlagen oder der Einstellung des Betrachters zur Windenergie allgemein. Zahlreiche behördliche Auflagen und regionalplanerische Maßnahmen führten in den letzten Jahren zu landschaftsbildentlastenden Regelungen, wie zum Beispiel die Berücksichtigung der weiteren Siedlungsentwicklung (Vermeidung von Umzingelung und Riegelbildung), der optischen Bedrängungswirkung oder Arrondierungsgebote.

Auch das Repowering führt deutlich zur Entlastung, da häufig verstreut und nahe an bebauten Gebieten stehender Bestandsanlagen durch weniger aber leistungsstärkerer Windenergieanlagen ersetzt werden. Optisch verträglicher wirken ebenfalls die deutlich geringeren Umdrehungszahlen neuerer Anlagen. (BWE 2017a)

1.4.5 Netzausbau

Deutschland ist mit den anderen europäischen Ländern durch ein hochvermaschtes Stromnetz verbunden. Die Stabilität des Netzes, das heißt der Spannungs- und Frequenzerhalt, ist für eine Volkswirtschaft existenziell. Der Anschluss von Windenergieanlagen findet in der Regel in den Verteilernetzen (Mittel- oder Hochspannungsebene) statt. Lediglich vier Prozent der Windenergieanlagen sind direkt am Übertragungsnetz (Höchstspannungsebene) angeschlossen, aufgrund der hohen Leistung hauptsächlich Offshore-Anlagen. [7]

Trotz der zunehmenden Einspeisung Erneuerbarer Energien betrug der Stromausfall in Deutschland weniger als 12 Minuten im Jahr 2017, während er im Rest Europas bei mehr als 15 Minuten lag. Ein angemessener und mit dem Ausbau der Erneuerbaren Energien Schritt haltender Netzausbau ist ein Garant für Stabilität.

Doch führen fehlende Netzkapazitäten momentan immer wieder zu Abschaltungen der Windenergieanlagen durch die Netzbetreiber. Im Jahr 2016 wurden gut drei Gigawattstunden Windenergieanlagen abgeregelt, dies entspricht geschätzten Entschädigungsansprüchen von 320 Millionen Euro. [7]

Der politische Wunsch nach einem mit dem Ausbau der Windenergie parallel laufenden Netzausbau führte 2017 zu Sonderregelungen und Ausbaudeckeln in sogenannten Netzzubaugebieten im Rahmen der Ausschreibung. Doch führt gerade die Ausschreibung zu einer Nicht-Planbarkeit für die Netzbetreiber, da nicht dort Windenergieanlagen errichtet werden, wo eine ausreichende Netzinfrastruktur vorhanden ist, sondern wo der bezuschlagte Bieter sein Projekt verwirklicht. Eine bundesweite Netzbeschleunigungsinitiative soll zukünftig eine Ausbau-Harmonisierung zumindest auf höheren Spannungsebenen gewährleisten. Doch zusätzlich müssen netzoptimierende Maßnahmen wie zum Beispiel ein Temperaturmonitoring, ein besseres Auslastungsmanagement, die Nutzung von Hochtemperatur-Leiterseilen oder der Verzicht auf eine n-1-Sicherheit bei spezifischen Anschlüssen kurzfristig zur Netzentlastung führen. (BWE 2004)

1.4.6 Recycling

Zurzeit werden nur wenige hundert Windenergieanlagen deutschlandweit pro Jahr abgebaut. Für einen Großteil abgebauter Altanlagen gibt es einen funktionierenden Zweitmarkt. Nicht wieder einsetzbare Windenergieanlagen lassen sich fast vollständig verwerten: Sie bestehen zu über 80 Prozent aus Stahl und Beton. Recyclingbeton lässt sich problemlos im Straßenbau einsetzen. Stähle, Kupfer oder Aluminium haben einen positiven Marktwert und werden eingeschmolzen. Rotorblätter, für die es keinen Zweitmarkt gibt, können ebenfalls recycelt werden. Sie bestehen in der Regel aus Verbunden wie Glasfaser und Polyester-, Venylester- oder Epoxydharz. Für neue Blätter wird nur noch Epoxydharz verwendet. Diese Blätter und jene, die mit Kohlefaser verarbeitet sind, sind in einer Epoxydmatrix eingebettet, um eine Wasseraufnahme durch Osmose und somit eine Gewichtszunahme zu vermeiden. Unterschieden werden also glasfaserverstärkte Kunststoffe (GFK), die vorwiegend im Onshore-Bereich genutzt werden, und kohlenstofffaserverstärkte Kunststoffe (CFK), die vorwiegend im Offshore-Bereich eingesetzt werden. (BWE 2018) Aufgrund der mineralischen Zusammensetzung (Calcium, Silicium, Eisen und Aluminium) und der hochkalorischen Organik werden Rotorblätter vorwiegend in der Zementindustrie zu 100 Prozent thermisch und stofflich recycelt. Auch wenn zukünftig Rotorblattlängen zwischen 60 und 70 Metern und Blattgewichte von circa 10 Tonnen anfallen, stehen offensichtlich genügend Recyclingkapazitäten zur Verfügung. Zu den weiteren Forschungen und Investitionen in Materialoptimierungen für Rotorblätter sollte trotzdem die Recyclingfähigkeit zukünftig eine noch stärkere Rolle spielen.

1.5 Die Zukunft: Mehr als ein Windpark – die umfassende Erneuerbare Energieversorgung

Der Ausbau der Erneuerbaren Erzeugungsanlagen ist das eine – eine umfassende Energiewende ist das andere. Sie beinhaltet neben der Stromversorgung auch die Sektoren Mobilität und Wärme. Dass deutsche oder europäische Klimaziele nicht durch einen Zubau Erneuerbarer Erzeugungsanlagen allein zu erreichen sind, gilt als sicher. Energieeffizienz- und Sparmaßnahmen müssen flankierend wirken und als feste Säulen der Energiewende gelten. Zusätzlich braucht es ein kluges Miteinander von Verbraucher- und Erzeugerseite, von Netzen und unterschiedlichen Speicherformen. Nur so können der Strom-, der Wärme- und der Mobilitätssektor künftig ohne atomare oder fossile Energieträger auskommen und der Zielkorridor einer Minderung der Treibhausgasemissionen bis 2050 um 95 Prozent erreicht werden.

1.5.1 Mobilität

Nach dem Energiesektor ist der Verkehr Hauptverursacher von CO2-Emmissionen in Deutschland. Das Potenzial zur Dekarbonisierung im Verkehrsbereich ist somit groß. (BWE 2018) Werden Elektrofahrzeuge mit Erneuerbarem Strom betrieben, emittieren sie kaum CO2. Sie fahren schon heute klimafreundlicher als vergleichbare Fahrzeuge mit Verbrennungsmotoren.

„Die durchschnittlichen Emissionen des Elektroautos lagen im Jahr 2015 zwischen 12 bis 23 Prozent und werden im Jahr 2020 zwischen 20 bis 29 Prozent unter denen des verbrennungsmotorischen Vergleichsfahrzeugs liegen. Das gilt auch dann, wenn die Fahrzeugproduktion und der von fossilen Energien dominierte deutsche Strommix berücksichtigt sowie reale Energieverbräuche auf der Straße und Energieverluste zwischen Kraftwerk, Steckdose und Fahrzeugbatterie in die Berechnungen einbezogen werden." [8]

Zudem können Elektrofahrzeuge als mobile Speicher dienen und somit einen Beitrag zur Netzstabilität leisten. Sie gleichen Schwankungen in der Erzeugung aus und können bei Bedarf eine Lücke zwischen Erzeugung und Verbrauch schließen.

Wasserstofffahrzeuge mit Brennstoffzelle scheinen sich ebenfalls am Markt zu etablieren. Antriebe mit Wasserstoff haben zwar den Nachteil einer schlechteren Energieeffizienz, jedoch den Vorteil, dass Wasserstoff transportierbar und vielfältig einsetzbar ist, auch außerhalb des Verkehrssektors. So ist der „Speichereffekt" für zurzeit im Strommarkt nicht nutzbare Energie noch größer.

Unabhängig von der Antriebsart der Elektromobilität stehen Ladeinfrastrukturen und eine ganzheitliche Systemintegration noch nicht in ausreichendem Maße zur Verfügung – diesen werden zukünftig Schlüsselrollen zukommen.

1.5.2 Wärme

Sowohl im Mobilitäts- als auch im Wärmesektor hatte von allen Erneuerbaren Energien bisher die Bioenergie mit jeweils rund 89 Prozent den größten Anteil. Im Jahr 2016 deckten Erneuerbare Energien rund 13 Prozent des gesamten deutschen Wärmebedarfs. Ziel der Bundesregierung ist es, den Anteil der Erneuerbaren Energien an der Wärmeversorgung bis 2020 auf 14 Prozent zu erhöhen. [9]

Doch auch mit Windenergie lässt sich der Wärmebedarf zum Teil decken. Schnittstellen sind die Nutzung von Windstrom zur Wärmebereitstellung (Power-to-Heat) oder zur Erzeugung von Windgas (Power-to-Gas). In Gas umgewandelte Energie ist einfach zu transportieren und kann wie konventionelles Gas ins Erdgasnetz für die Nah- und Fernwärmeversorgung eingespeist werden.

Laut einer vom Bundesverband Windenergie und der Initiative Erdgasspeicher e.V. (INES) erstellten Studie benötigt ein im Jahr 2050 treibhausgasneutrales Energiesystem in Deutschland in etwa 930 Terrawattstunden Erneuerbare Gase. Mit der Gaserzeugung und -nutzung ist darüber hinaus ein volkswirtschaftlicher Kostenvorteil von 19 Milliarden

1 Projektmanagement in der Windenergie

Euro verbunden. Der Studie nach kann Deutschland so alle Ziele der Energiewende und der Dekarbonisierung bis 2050 erreichen. [9]

Der im zukünftigen Energiesystem notwendige zeitliche und räumliche Flexibilisierungsbedarf kann ebenfalls durch die vorhandenen Gasspeicher und Gasnetze gedeckt werden.

Ein Ausbau der Erneuerbaren Energien wird für die Sektorenkopplung auch weiterhin zwingend erforderlich sein, es werden aber trotzdem nicht mehr als zwei Prozent der Fläche der Bundesrepublik für jeweils Wind- und Solarenergie benötigt. (INES 2017)

1.5.3 Digitalisierung

Die zukünftig unabdingbare Flexibilisierung des Energiemarktes kann nur gelingen bei einer weitergehenden Digitalisierung.

Erforderliche datengetriebene Analysen der Strommärkte benötigen einen zunehmenden und hochwertigeren Datenaustausch zwischen den verschiedenen Akteuren (siehe Abb. 1.9). Durch die Zunahme der dezentralen Energieerzeugung bei variabler Erzeugungsleistung, durch das Agieren zu virtuellen Großkraftwerken oder durch die gezielte

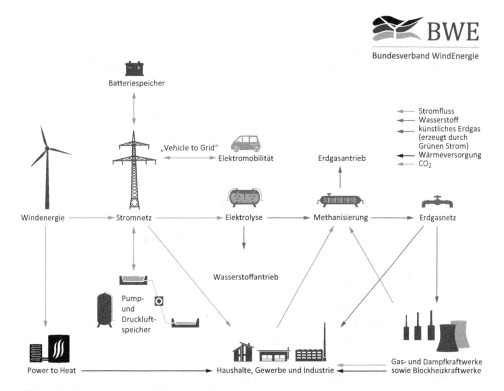

Abb. 1.9 Windenergie und Sektorkopplung (BWE)

Steuerung von Erzeugung und Verbrauch („Demand Side Management") zeichnen sich neue datenbezogene Herausforderungen ab. Mit dem „Gesetz zur Digitalisierung der Energiewende" (BGBl I S. 2034) machte die Bundesregierung zwar einen ersten Schritt zur Regulierung von Smart Grids, Smart Metern oder Smart Homes, allerdings sind neben technischen noch weitere rechtliche und regulatorische Fragen zur Datensicherheit und dem Datenschutz offen.

1.6 Windenergie und Akzeptanz: Die unterschätzte Bevölkerung im Projektmanagement

Kaum einer anderen Industrie ist es in den vergangenen 20 Jahren gelungen, so große (vor allem) technische Fortschritte zu erzielen, wie der Erneuerbaren Branche. Die politischen Rahmenbedingungen können mit dieser Entwicklung kaum Schritt halten.

Und ein weiterer Aspekt wurde in den Anfangsjahren übersehen: die Ansprüche der Bevölkerung. Denn auch Gesellschaft ändert sich. Zahlreiche sozialwissenschaftliche Studien beschäftigten sich in den vergangenen Jahren mit der Herkulesaufgabe Energiewende oder Detailfragen hierzu, mit der Idee der Bürgernähe und Partizipation in einer regionalen, dezentralen und demokratischen Energielandschaft. Forderten die Menschen von ihrem Energieversorger früher vor allem Versorgungssicherheit, was zu Zeiten von stundenlangen Stromausfällen verständlich war, später dann Bezahlbarkeit, erwarten Verbraucher neuerdings zum ersten Mal in der Energiepolitik, dass Lasten fair verteilt sein und als gerecht empfunden werden müssen. Das ergab unter anderem beispielhaft für viele sozialwissenschaftliche Erkenntnisse eines der FONA-Projekte zur Umwelt- und gesellschaftsverträglichen Transformation des Energiesystems. Insgesamt widmeten sich 33 Forschungsprojekte mit 102 beteiligten Verbundpartnern über drei Jahre den Fragen nach Gerechtigkeit und Teilhabe, Akzeptanzkriterien und der Verwirklichung von Gemeinwohlzielen. (BMBF 2014)

Fünf Adressatenkreise und Handlungsfelder lassen sich demnach für ein besseres Gelingen der Energiewende identifizieren:

- **Punkt Eins: Das Dorf**
  Das dörfliche Miteinander ist sehr stark auf Gemeinsinn und Konsens angewiesen. Bei Energiewendeprojekten im ländlichen Raum geht es also nicht nur um die üblichen Fragen nach bspw. technischer Machbarkeit und Rentabilität, sondern immer auch um die Frage, inwiefern konkrete Projekte zur (Re-)Produktion des dörflichen Konsenses geeignet sind.
- **Punkt Zwei: Die Politik**
  Die Politik muss sich Fragen stellen lassen zu Glaubwürdigkeit und Legitimität politischer Prioritätensetzungen und nach der Koordination der relevanten politischen Ebenen und Politikfelder. Mit anderen Worten: Politik muss erklären, was sie will (und dann auch so handeln).
- **Punkt Drei: Die Projektierer/Betreiber/Investoren**
  Diese müssen nicht nur sagen, sondern auch zeigen, was sie warum tun. Zum Beispiel durch transparente aktuelle Status-Visualisierungen des Projektes, durch Veröffentlichungen der

Ergebnisse von Gutachten und Messungen oder durch das Aufzeigen aktueller Einspeisedaten in Kilowattstunden, der Einsparung klimarelevanter Gase etc.
(Hilfestellung zur Visualisierung findet sich z. B. unter http://www.energiewende-akzeptanz.de/wp-content/uploads/2017/12/KomMA_P_Abschlussbericht.pdf)

- **Punkt Vier: Der Mensch**
Es gibt bereits Millionen von Energiewendern, zum Beispiel die rund 1,6 Millionen Besitzer von Photovoltaikanlagen (FhG ISE 2018) sowie zigtausende Betreiber von (Klein-)Windanlagen sowie stromerzeugenden Blockheizkraftwerken. Sie sind heute schon ein wichtiger aktiver Teil des Gesamtsystems, insbesondere, wenn die Anlagen gegebenenfalls mit Speichersystemen und modernen Energiemanagementmaßnahmen ergänzt werden. Nur: diese Menschen sehen sich häufig singulär und sind sich ihrer Relevanz im Gesamtsystem noch nicht bewusst.

- **Punkt Fünf: Der Energieversorger**
Neben dem klassischen energiewirtschaftlichen Zieldreieck (Preis, Umwelt, Versorgungssicherheit) spielen „weiche Faktoren" wie Vertrauen, Service und Regionalität zunehmend eine entscheidende Rolle als Erfolgsfaktoren eines Energieversorgers. Weitere Bewertungskriterien sind regionale Wertschöpfung, Eigentumsverteilung, Akzeptanz und stärkere demokratische Kontrolle des Energiesystems.

Bei einem klugen Zusammenspiel aller Akteure – und nur dann – wird die Bevölkerung weiterhin hinter der Energiewende stehen. Viel Zeit bleibt hierfür nicht, denn auch bei den Befürwortern schwindet die Akzeptanz. Häufige Gesetzesänderungen, hoher Investitionsbedarf bei gleichzeitiger Planungsunsicherheit, eine nicht ambitionierte Klimapolitik, politisches Störfeuer, fehlende Beteiligungsdiskurse oder schwer lösbare Verteilungskonflikte wirken zermürbend.

Einen Garant für Akzeptanz allerdings kann es nicht geben. Akzeptanz lässt sich auch nicht „erschaffen". Vielmehr müssen die verantwortlichen Akteure um Verständnis für ihr Tun werben – daraus könnte dann Akzeptanz als ein intrinsischer Prozess entstehen. Erst Akzeptanz ist dann eine Voraussetzung von vielen, damit Beteiligung entstehen kann. Die Beteiligungs- und Entscheidungsmöglichkeiten wiederum können ein Weg zur Akzeptanz sein. So bleibt die Zählweise der Reihenfolge zu gehender Schritte offen. (FAW 2017)

Es braucht eine geführte und legitimierte breite, interdisziplinäre Debatte über das WIE einer Zukunft, in der wir und unsere Nachfolger leben wollen. Über den Wert von Landschaftsbildern als soziale Konstrukte, über die Definition von Gerechtigkeit. Das trifft sicherlich nicht nur auf das Thema Energiewende zu. Was fehlt sind professionelle, geeignete kleinräumige formelle und informelle Informations- und Beteiligungsformate und -Strukturen.

1.7 Fazit

Die Wind- und natürlich auch die gesamte Erneuerbaren-Branche sind mit hohem Tempo gestartet und haben seitdem nichts von ihrer Dynamik verloren. Sowohl technische Fortschritte als auch stark fluktuierende politische und gesellschaftliche Rahmenbedingungen mit kurzer Taktung erfordern eine blitzschnelle Anpassung. Die nächsten Herausforderungen, zu denen das kluge „smarte" Zusammenwirken von Erzeugung und Verbrauch, Netzen, Speichern, Vermarktungen und Systemdienstleistungen gehören, liegen wohl in der digitalen (Energie-) Welt. Virtuelle Kraftwerke, Smart Homes, Blockchain, Internet der Dinge sind die Schlagworte, die eine steile Lernkurve erfordern. Damit verbunden kommen auf die Branche ganz andere Themen und Chancen zu, wie Datensicherheit und Datensicherung.

Und hier wie auch in der analogen Welt werden diese Überschriften nicht in den Bundesländern und auch nicht in Berlin geschrieben, sondern in Brüssel. Das EU-Parlament hat Anfang 2018 die Reform des EU-Emissionshandels beschlossen, mit Auswirkungen sowohl auf den Strombörsen-Preis als auch auf die weitere Lebensdauer fossiler Energieträger. In Brüssel werden Einspeisevorrang, Marktregeln und Subventionen für konventionelle Energieträger geregelt. Auch das macht deutlich, dass der Strommarkt bei aller Dezentralität der Erzeugungsanlagen auch immer ein grenzüberschreitender und europäischer ist. Was die Energiewende nur noch komplexer macht.

Sicher ist jedoch (nach Jacques Delors, Präsident der EU-Kommission bis 1993): Die Energiewende ist wie ein Fahrrad: Hält man sie an, fällt sie um.

Literatur

AGEE. (2017). Arbeitsgruppe Erneuerbare Energien-Statistik (AGEE-Stat), Stand: 12/2017: Daten und Zeitreihen zur Entwicklung der erneuerbaren Energien in Deutschland.
BDEW. (2010). Bundesverband der Energie- und Wasserwirtschaft (bdew), 2010: Siehe Durchschnittlicher Strompreis eines Drei-Personen-Haushaltes.
BDI. (2018). Bundesverband der deutschen Industrie (BDI) e.V., 2018: Klimapfade für Deutschland.
BMBF. (2014). Bundesministerium für Bildung und Forschung (BMBF), 2014: Fördermaßnahme „Umwelt- und gesellschaftsverträgliche Transformation des Energiesystems".
BMWI. (2014). Bundesministerium für Wirtschaft und Energie (BMWI), 2014: Vorhaben zur Energiewende für die 18. Legislaturperiode.
BMWI. (2016a). Bundesministerium für Wirtschaft und Energie (BMWI), 2016: Klimapolitische Ziele der Bundesregierung.
BMWI. (2016b). Bundesministerium für Wirtschaft und Energie (BMWI), 2016: Bruttobeschäftigung durch erneuerbare Energien in Deutschland und verringerte fossile Brennstoffimporte durch erneuerbare Energien und Energieeffizienz.
BMWI. (2018a). Bundesministerium für Wirtschaft und Energie (BMWI), 2018: EEG-Umlage 2018: Fakten & Hintergründe.
BMWI. (2018b). Bundesministerium für Wirtschaft und Energie (BMWI), 2018: EEG-Umlage 2018: Fakten & Hintergründe.
BWE. (2004). Bundesverband Windenergie (BWE) e.V., 2004: Studie Netzverstärkungs-Trassen zur Übertragung von Windenergie.
BWE. (2011). Bundesverband Windenergie (BWE) e.V., 2011: Beschäftigte in der Windindustrie.
BWE. (2012). Hermann Albers im Tätigkeitsbericht des Bundesverbandes Windenergie (BWE) e.V. 2012.
BWE. (2016). Bundesverband Windenergie (BWE) e.V., Sept. 2016: intergrundpapier Windenergie im Zeichen des Naturschutzes.
BWE. (2017a). Bundesverband Windenergie (BWE) e.V., Mai 2017: Informationspapier Repowering.

BWE. (2017b). Bundesverband Windenergie (BWE) e.V., Juli 2017: Hintergrundpapier Windenergie und Infraschall.
BWE. (2018). Bundesverband Windenergie (BWE) e.V., 2018: Wind bewegt, Argumente für die Energiewende.
DPMA. (2010). Deutsches Patent- und Markenamt (DPMA), Agentur für unendlich viel Energie: Siehe: Anzahl der Patentanmeldungen im Bereich der Erneuerbaren Energien.
DWG. (2018). Deutsche Windguard im Auftrag von BWE und VDMA, Januar 2018: Status des Windenergieausbaus in Deutschland.
EEG. (2000). Gesetz für den Vorrang Erneuerbarer Energien (Erneuerbare-Energien-Gesetz) sowie zur Änderung des Energiewirtschaftsgesetzes und des Mineralölsteuergesetzes (29.03.2000).
FAW. (2017). Fachagentur Windenergie an Land, Januar 2017: Ergebnisse der anwendungsorientierten Sozialforschung zu Windenergie und Beteiligung.
FhG ISE. (2018). Fraunhofer ISE, Institut für Solare Energiesysteme, Januar 2018: Fakten zur Photovoltaik in Deutschland.
GP. (2012). Greenpeace, August 2012: „Was Strom wirklich kostet, Vergleich der staatlichen Förderungen und gesamtgesellschaftlichen Kosten von konventionellen und erneuerbaren Energien".
GP. (2017). Greenpeace (im Rahmen der G20), Juni 2017: Subventionen für fossile Energien in Deutschland, Beitrag für eine transparente Berichterstattung.
INES. (2017). Initiative Erdgasspeicher (INES) e.V. und Bundesverband Windenergie (BWE) e.V., Dezember 2017: Erneuerbare Gase – ein Systemupdate der Energiewende.
IÖW. Institut für ökologische Wirtschaftsforschung (IÖW), Schriftenreihe Kommunale Wertschöpfung durch Erneuerbare Energien (Ausgabe 196/10).
LAI. (2002). Bund/Länder-Arbeitsgemeinschaft Immissionsschutz (LAI), 2002: Hinweise zur Ermittlung und Beurteilung der optischen Immissionen von Windenergieanlagen.
LAI. (2016). Bund/Länder-Arbeitsgemeinschaft Immissionsschutz (LAI), 2016: Hinweise zum Schallimmissionsschutz bei Windkraftanlagen.
Sond. (2018). Sondierungsgespräche von CDU, CSU und SPD; Ergebnisse und Finale Fassung vom 12.01.2018.
UBA. (2016). Umweltbundesamt (UBA), 2016: Klimaschutzziele Deutschlands.
VBV. (2000). Vereinbarung zwischen der Bundesregierung und den Energieversorgungsunternehmen vom 14. Juni 2000.
ZSW. (2017). Zentrum für Sonnenenergie- und Wasserstoff-Forschung (ZSW) und Bundesverband der Energie- und Wasserwirtschaft (bdew): Gemeinsame Pressemeldung am 20.12.2017 zum Anteil der Erneuerbaren Energien am Stromverbrauch.

Online-Quellen

[1] www.nachhaltigkeit.info/artikel/entstehung_des_berichtes_541.htm?sid=mj36656nscdmcsl06sj5bg62v5
[2] www.erneuerbare-energien.de/EE/Redaktion/DE/Dossier/eeg.html?cms_docId=72462 (Informationsportal Erneuerbare Energien des BMWI).
[3] www.erneuerbare-energien.de/EE/Redaktion/DE/Dossier/eeg.html?cms_docId=71120
[4] www.erneuerbare-energien.de/EE/Redaktion/DE/Standardartikel/FAQ/faq_eeg_2009.html
[5] www.bundestag.de/dokumente/textarchiv/2010/32009392_kw43_de_atompolitik/203098
[6] www.faz.net/aktuell/politik/energiepolitik/umweltminister-altmaier-energiewende-koennte-bis-zu-einer-billion-euro-kosten-12086525.html

[7] www.wind-energie.de
BWE 2017: Thema Netze.
BWE 2017: Thema Einspeisemanagement.
[8] www.nationale-plattform-elektromobilitaet.de/themen/umwelt/
[9] www.unendlich-viel-energie.de/themen/waerme/waermewende-fuer-die-breite-bio-masse-voranbringen
[10] www.unendlich-viel-energie.de. Studie der Agentur für Erneuerbare Energien (AEE).

Nicole Knudsen war erst mehr als sieben Jahre EQHS-Managerin (Environmental, Quality, Health & Safety) bei einem amerikanischen Konzern, bevor sie sich auf Politik und Kommunikation konzentrierte. So leitete sie über zehn Jahre die Gesamtkommunikation sowie das Qualitäts- und Umweltmanagementsystem für eine bundesweit tätige Umweltstiftung. Einem Master-Studium der Integrierten Kommunikation an der Fakultät für Kommunikation und Globalisierung schloss sich die Leitung der BWE-Landesgeschäftsstelle Schleswig-Holstein an. Seit 2016 ist Nicole Knudsen in Pflegezeit und seitdem für den BWE SH für Projektentwicklung verantwortlich.

2 Gesetzliche Grundlagen – Der Katalysator für die deutsche Energiewende

Christian Buchmüller

> **Zusammenfassung**
>
> Die Errichtung und der Betrieb von Windenergieanlagen sind in erheblichem Maße durch die gesetzlichen Rahmenbedingungen geprägt. Ohne eine gesetzliche Förderung sind Windenergieprojekte derzeit (noch) nicht wirtschaftlich. Der Beitrag gibt einen Überblick über die Förderung der Windenergie allgemein sowie die Förderung durch das deutsche Erneuerbare-Energien-Gesetz (EEG) im Speziellen. Desweiteren werden Risiken sowie aktuelle Trends und Herausforderungen für die Realisierung von Windenergieprojekten aus rechtlicher Sicht aufgezeigt.

2.1 Die Förderung der Windenergie im Überblick

Windenergieanlagen an Land (im Folgenden WEA abgekürzt) lassen sich in Deutschland derzeit nur mithilfe einer gesetzlichen Förderung realisieren. Für ein erfolgreiches Projektmanagement sollten daher auch Nichtjuristen zumindest über die im Folgenden dargestellten Grundkenntnisse der eher „trockenen" gesetzlichen Förder- und Rahmenbedingungen verfügen.

▶ **Weitere rechtliche Rahmenbedingungen** Neben der in diesem Beitrag beleuchteten gesetzlichen Förderung gibt es weitere rechtliche Rahmenbedingungen, die für den Erfolg eines Projekts von erheblicher Bedeutung sind. Diese umfassen insbesondere das gesetzlich vorgeschriebene Verfahren zur Genehmigung von WEA nach dem Bundes-Immissionsschutzgesetz (BImschG)

C. Buchmüller (✉)
Fachhochschule Westküste, Heide, Deutschland
E-Mail: buchmueller@fh-westkueste.de

sowie vertragliche Vereinbarungen, z. B. gesellschaftsrechtliche Vereinbarungen zur Gründung von Projektgesellschaften sowie Projektverträge (Flächensicherung, Anlagenkauf, Finanzierung, Wartung, Versicherung, etc.). Insoweit wird aus Kapazitätsgründen auf die entsprechende rechtliche Fachliteratur verwiesen (vgl. etwa Schulz 2015; Herbes und Friege 2015; Maslaton 2018).

2.1.1 Förderbedarf

Der Förderbedarf für WEA ergibt sich daraus, dass die Gestehungskosten für eine Kilowattstunde (kWh) Windstrom (derzeit noch) über den Großhandelspreisen für Strom liegen. Zwar sind die spezifischen Stromgestehungskosten für Windstrom sowohl national als auch international in den letzten Jahren kontinuierlich gesunken. Eine Marktparität ist aber – nicht zuletzt aufgrund ebenfalls gesunkener Großhandelspreise für Strom – zumindest für die derzeit am Terminmarkt liquide gehandelten Frontjahre 2019, 2020 und 2021 bislang nicht absehbar.

2.1.2 Förderinstrumente

Die meisten Staaten weltweit haben mittlerweile Systeme zur Förderung der Stromerzeugung aus erneuerbaren Energien eingeführt (REN21 2017, S. 119 ff., 130 ff.). Diese lassen sich systematisch zum einen danach unterscheiden, ob die Förderung auf der Angebotsseite (d. h. bei den Grünstromerzeugern) oder auf der Nachfrageseite (d. h. bei Stromhändlern oder Stromverbrauchern) ansetzt (dazu sowie zum Folgenden Buchmüller 2013, S. 79 ff.; Glenz 2015, S. 9 ff.). Zum anderen ist danach zu differenzieren, ob das jeweilige Fördersystem eine Preissteuerung oder eine Mengensteuerung einsetzt. Im Rahmen einer Preissteuerung wird ein Preis für ein Handelsgut (hier: kWh grüner Strom) staatlich festgesetzt, der Umfang des Zubaus von Erneuerbare-Energien-Anlagen aber dem Markt überlassen. Im Rahmen einer Mengensteuerung wird dagegen eine Zielmenge gesetzlich festgelegt (hier: installierte oder zuzubauende Kapazität Erneuerbare-Energien-Anlagen) und die Preisbildung für grünen Strom dem Markt überlassen. Tab. 2.1 fasst die systematische Einordnung der wesentlichen Fördersysteme zusammen:

International etabliert sind zunächst **Einspeisevergütungsmodelle**. Diese stellen ein angebotsseitiges Instrument der Preissteuerung dar. Durch eine gesetzliche Regelung wird festgeschrieben, dass die Erzeuger von Grünstrom für jede in das öffentliche Stromnetz eingespeiste kWh eine (oberhalb des Großhandelspreises für Strom) liegende feste Mindestvergütung

Tab. 2.1 Systematische Darstellung der wesentlichen Fördersysteme.

	Preissteuerung	**Mengensteuerung**
Angebotsseite	Einspeisevergütungsmodelle	Quotenmodelle (Verpflichtung Erzeuger) Ausschreibungsmodelle
Nachfrageseite	Ökologische Steuern	Quotenmodelle (Verpflichtung Lieferant/Verbraucher)

oder einen Aufschlag (Prämie) auf den Marktpreis erhalten. Verbreitet sind darüber hinaus auch **Quotenmodelle**, die in der Regel nachfrageseitig eine Mengensteuerung vorsehen. So werden etwa Stromlieferanten oder Stromverbraucher verpflichtet, einen gewissen Anteil im Lieferportfolio oder des eigenen Verbrauchs aus erneuerbaren Energien zu beziehen. Eine Mengensteuerung erfolgt in der Praxis zudem in sog. Ausschreibungsmodellen. In diesen führt der Staat ausgehend von einer bestimmten Zielmenge (z. B. installierte Erzeugungskapazität) Ausschreibungen durch. Eine Förderung erhalten die Bieter, die die geringste Förderung benötigen. Die konkrete Förderung kann unterschiedlich ausgestaltet sein. So kann der Zuschlag in einer Ausschreibung als „Eintrittskarte" für eine Förderung in einem Einspeisevergütungsmodell dienen (so in Deutschland seit 01.01.2017). Möglich ist aber auch, dass der erfolgreiche Bieter Investitionskostenzuschüsse für die Errichtung seiner Anlage erhält (vgl. dazu Glenz 2015, S. 15 ff.).

2.1.3 Die Förderung durch das deutsche EEG

In Deutschland wird die Stromerzeugung aus erneuerbaren Energien seit dem Jahr 2000 durch das **Erneuerbare-Energien-Gesetz (EEG)** gefördert. Zu Beginn war das EEG als klassisches Einspeisevergütungsmodell konzipiert, in dem der Anlagenbetreiber für jede in das öffentliche Stromnetz eingespeiste kWh eine vom Gesetzgeber festgelegte Einspeisevergütung erhielt. Ab dem EEG 2012 hatten Anlagenbetreiber dann die Möglichkeit einer optionalen Direktvermarktung. Sie konnten auf freiwilliger Basis ihren Strom am Markt veräußern. Ergänzend erhielten sie in diesem Fall eine sog. Marktprämie, die das Delta zwischen am Markt erzieltem Strompreis und gesetzlicher Einspeisevergütung ausgleichen sollte, sowie eine Managementprämie, mit der Zusatzkosten für die Direktvermarktung aufgefangen werden sollten. Im Zuge der fortschreitenden Heranführung der erneuerbaren Energien an den Markt führte der Gesetzgeber mit dem EEG 2014 dann für alle Neuanlagen eine grundsätzlich verpflichtende Direktvermarktung ein. Zum 01.01.2017 wurden vorgeschaltete Ausschreibungen in das EEG eingeführt.

2.2 Das EEG 2017

Im Folgenden werden die gesetzlichen Grundlagen des EEG 2017 dargestellt, das am 01.01.2017 in Kraft trat und seitdem nur geringfügig angepasst wurde. Die im Folgenden zitierten gesetzlichen Regelungen stammen jeweils aus dem EEG 2017.

2.2.1 Die Eckpfeiler des EEG 2017

Durch das EEG 2017 werden Stromnetzbetreiber verpflichtet, WEA vorrangig an ihr Netz anzuschließen (§ 8 EEG) und den eingespeisten Strom vorrangig abzunehmen, zu übertragen und zu verteilen (§ 11 EEG). Eine Ausnahme vom Abnahme- und Übertragungszwang besteht lediglich im Fall von Netzengpässen (§ 14 EEG). Doch selbst im Fall der Abregelung von WEA aufgrund von Netzengpässen (sog. Einspeisemanagementmaßnahmen) haben die Anlagenbetreiber einen Anspruch gegen den Netzbetreiber auf Erstattung der durch die Abregelung entgangenen Einnahmen (§ 15 EEG).

Die Betreiber von branchenüblichen WEA, die seit dem 01.01.2017 in Betrieb genommen werden, erhalten nur noch dann eine Förderung, wenn sie den von ihnen erzeugten Strom in das öffentliche Stromnetz einspeisen und an einen Dritten (in der Regel sog. Direktvermarkter) veräußern (sog. verpflichtende Direktvermarktung, §§ 19 I Nr. 1, 20 EEG). Die Förderung setzt für Neuanlagen mit einer elektrischen Leistung von mehr als 750 kW grundsätzlich zudem voraus, dass die Anlage zuvor in einer Ausschreibung der Bundesnetzagentur einen Zuschlag erhalten hat (vgl. Abschn. 2.2.2).

Die finanzielle Förderung durch das EEG besteht in einem Anspruch auf die sog. „Marktprämie". Die Marktprämie stellt einen vom Stromnetzbetreiber zu zahlenden Zuschlag auf den vom Anlagenbetreiber im Rahmen der Direktvermarktung des Stroms an Dritte am Markt erzielten Strompreis dar. Die Förderdauer des EEG beträgt 20 Jahre ab Inbetriebnahme der WEA (§ 25 EEG).

Berechnung der Marktprämie
Die Marktprämie (MP) wird berechnet nach der Formel MP = AW − MW. Ausgangspunkt der Berechnung ist der sog. „anzulegende Wert" (AW), der für jeden Anlagenbetreiber individuell aus seinem Gebot im Rahmen der Ausschreibung ermittelt wird (vgl. Abschn. 2.2.3.4). Der AW stellt dabei den Gesamterlös dar, den der Anlagenbetreiber für die erzeugte und eingespeiste kWh Windstrom erhalten soll. Da der Anlagenbetreiber im Rahmen der verpflichtenden Direktvermarktung den Strom am Markt veräußert und er dadurch bereits Einnahmen generiert, wird vom AW ein jeweils kalendermonatlich ermittelter „Monatsmarktwert" (MW) abgezogen, der die Einnahmen des Anlagenbetreibers aus dem Stromverkauf am Markt abbilden soll. Allerdings handelt es sich beim MW um einen Durchschnittswert für alle WEA in Deutschland. Die tatsächlich erzielten Erlöse des einzelnen Anlagenbetreibers können höher, aber auch geringer ausfallen als der MW. Da der MW jeden Monat unterschiedlich hoch ist, ist auch die für den jeweiligen Monat vom Netzbetreiber im Nachhinein ermittelte und ausgezahlte Marktprämie pro kWh jeden Monat unterschiedlich hoch.

Die aus der Förderung durch das EEG entstehenden Kosten werden durch einen sog. Ausgleichsmechanismus gewälzt und in Form einer sog. EEG-Umlage letztlich von den Stromverbrauchern in Deutschland – Stromlieferkunden sowie in gewissen Grenzen auch Strom-Eigenversorgern – getragen (§§ 56 ff. EEG). Abb. 2.1 zeigt die durch den Gesetzgeber sowie vertragliche Vereinbarungen begründeten Strom- und Zahlungsflüsse noch einmal im Überblick.

2.2.2 Mengensteuerung und Preisfestsetzung durch Ausschreibungen

Das EEG in seinen bis Ende 2016 geltenden Fassungen stellte für WEA ein reines Einspeisevergütungsmodell dar. Jeder Anlagenbetreiber, der eine förderfähige WEA errichtete, hatte einen Anspruch auf eine Förderung nach dem EEG, deren Höhe gesetzlich festgelegt

2 Gesetzliche Grundlagen – Der Katalysator für die deutsche Energiewende   31

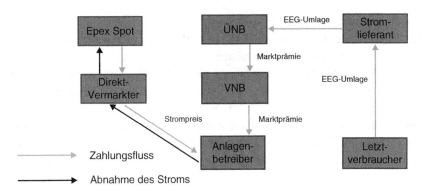

Abb. 2.1 Übersicht zu Strom- und Zahlungsflüssen für Neuanlagen im EEG 2017.

war. Für Bestandsanlagen, die bis Ende 2016 in Betrieb genommen wurden, gelten diese Grundsätze fort. Für Neuanlagen, die seit dem 01.01.2017 in Betrieb genommen werden, führte der Gesetzgeber im EEG 2017 dagegen Ausschreibungen ein. Zwar ist auch das EEG 2017 in seiner Abwicklung weiterhin als Einspeisevergütungssystem ausgestaltet; neu sind seit dem Jahr 2017 jedoch die vorgeschalteten Ausschreibungen. Mithilfe dieser Ausschreibungen steuert der Gesetzgeber nunmehr zum einen gezielt den Zubau von WEA. Zum anderen sollen Ausschreibungen zu einem Preiswettbewerb zwischen den Anlagenbetreibern und damit zu einer Kostensenkung im Rahmen der EEG-Förderung insgesamt führen.

Der Gesetzgeber hat im EEG 2017 das Ziel definiert, dass der Anteil des aus erneuerbaren Energien erzeugten Stroms am Bruttostromverbrauch auf 40–45 % bis zum Jahr 2025, 55–60 % bis zum Jahr 2035 und mindestens 80 % bis zum Jahr 2050 steigen soll. Zur Erreichung dieser Ausbauziele hat der Gesetzgeber im EEG 2017 erstmals konkrete Ausbaupfade für einzelne Erzeugungstechnologien festgelegt. Für Windenergieanlagen an Land ist grundsätzlich ein Brutto-Zubau einer installierten Leistung von 2800 MW in den Jahren 2017 – 2019 sowie von 2900 MW ab dem Jahr 2020 vorgesehen. Der Begriff „Brutto-Zubau" beschreibt dabei das Volumen neuer Anlagen, deren Förderung in den jeweiligen Jahren ausgeschrieben wird; der etwaige Abbau von Altanlagen im selben Zeitraum wird nicht in Abzug gebracht.

Es wurde vielfach bezweifelt, dass sich mit den festgelegten Ausbaupfaden die Treibhausgasminderungsziele Deutschlands aus dem Pariser Klimaschutzabkommen erreichen lassen. In der Folge wurde einer stärkerer Zubau von WEA gefordert (vgl. etwa Quaschning 2016, S. 34). Als Reaktion beschloss der Gesetzgeber im Rahmen des sog. Energiesammelgesetzes für die Jahre 2019 – 2021 die Durchführung zusätzlicher Sonderausschreibungen für WEA in einem Umfang von 1000 MW (2019), 1400 MW (2020) sowie 1600 MW (2021).

2.2.3 Ausschreibungsverfahren

Neue WEA mit einer installierten elektrischen Leistung von mehr als 750 kW erhalten nach dem EEG 2017 nur noch dann eine finanzielle Förderung, wenn der Anlagenbetreiber für die Anlage im Rahmen einer Ausschreibung zuvor einen Zuschlag erhalten hat.

Ausgenommen sind lediglich Pilot-WEA sowie Anlagen, die spätestens bis zum 31.12.2016 genehmigt und bis spätestens 31.12.2018 in Betrieb genommen wurden. Auf diese Ausnahmen wird im Folgenden nicht näher eingegangen.

Im Folgenden werden die Ausschreibungen für WEA in Grundzügen dargestellt (für eine ausführliche Darstellung vgl. Fachagentur Windenergie an Land 2017). Der Fokus liegt dabei auf den Regelausschreibungen für WEA. Nicht eingegangen wird auf weitere, besondere Ausschreibungen, die für WEA ebenfalls interessant sein können, nämlich gemeinsame Ausschreibungen für Wind- und Solaranlagen (§ 39i EEG), Innovationsausschreibungen (§ 39j EEG) sowie perspektivisch auch grenzüberschreitende Ausschreibungen.

2.2.3.1 Termine und Ausschreibungsvolumina

Die Bundesnetzagentur führt pro Kalenderjahr mehrere Ausschreibungsrunden durch. Das gesetzlich festgelegte Ausschreibungsvolumen zuzüglich der Sonderausschreibungsmengen für das jeweilige Kalenderjahr wird entsprechend der gesetzlichen Festlegungen in § 28 EEG auf die Gebotstermine aufgeteilt. Die Bundesnetzagentur veröffentlicht Einzelheiten zur jeweiligen Ausschreibung frühestens acht und spätestens fünf Wochen vor dem jeweiligen Gebotstermin auf ihrer Internetseite (www.bundesnetzagentur.de).

2.2.3.2 Materielle und finanzielle Präqualifikation

Die vom Gesetzgeber festgelegten Ausbaupfade für WEA können nur dann eingehalten werden, wenn die im Rahmen von Ausschreibungen bezuschlagten Projekte auch tatsächlich realisiert werden. Um dies sicherzustellen, hat der Gesetzgeber spezielle Teilnahmevoraussetzungen definiert, von denen lediglich für Bürgerenergiegesellschaften bestimmte Ausnahmen bestehen (vgl. dazu Abschn. 2.2.4).

In materieller Hinsicht sind nur solche WEA zuschlagsberechtigt, für die spätestens drei Wochen vor dem Gebotstermin eine Genehmigung nach dem **BImSchG** erteilt wurde und die spätestens drei Wochen vor dem Gebotstermin als genehmigt an das Marktstammdatenregister gemeldet wurden (§ 36 EEG). Der Gesetzgeber hat sich damit für eine hohe inhaltliche Hürde (sog. *materielle Präqualifikation*) für eine Teilnahme an einer Ausschreibung entschieden. Damit soll die Realisierungswahrscheinlichkeit der bezuschlagten Projekte erhöht werden.

Neben der materiellen hat der Gesetzgeber auch eine *finanzielle Präqualifikation* vorgesehen. Bieter, die bezuschlagte Projekte nicht bzw. nicht fristgerecht realisieren, müssen Pönalen in Höhe von bis zu 30 Euro/kW bezuschlagter Leistung an den regelverantwortlichen Übertragungsnetzbetreiber entrichten (§§ 55, 55a EEG). Um etwaige Strafzahlungen zu besichern, müssen Bieter bereits bis zum Gebotstermin bei der Bundesnetzagentur eine Sicherheit in Höhe von 30 Euro für jedes kW der Gebotsmenge leisten (z. B. 90.000 Euro für eine 3 MW-Anlage). Die Sicherheitsleistung kann durch eine Bürgschaft oder durch Zahlung einer Sicherheit auf ein Verwahrkonto bewirkt werden (§ 31 EEG). Wenn ein Bieter eine bezuschlagte WEA innerhalb der vorgesehenen Realisierungsfrist in Betrieb nimmt und keine Ansprüche des Übertragungsnetzbetreibers auf Pönalen entstanden sind, erhält der Bieter seine Sicherheiten zurück.

2.2.3.3 Anforderungen an die Gebote

Die Bieter müssen bis zum Gebotstermin ihre Gebote bei der Bundesnetzagentur einreichen. Dabei sind die Formatvorgaben der Bundesnetzagentur zwingend zu beachten.

Ein vollständiges Gebot muss darüber hinaus bestimmte gesetzlich vorgeschriebene Angaben enthalten (§§ 30, 36 EEG), nämlich Angaben zu

- Bieter bzw. Gesellschaft,
- Energieträger,
- gewünschtem Gebotstermin,
- Gebotsmenge,
- Gebotswert,
- Standort der Anlage,
- Übertragungsnetzbetreiber,
- Meldung an das Marktstammdatenregister,
- BImSchG-Genehmigung und Genehmigungsbehörde

sowie bestimmte Eigenerklärungen. Desweiteren hat der Bieter eine Verfahrensgebühr in der jeweils geltenden Höhe (2018: 522,00 Euro) an die Bundesnetzagentur zu entrichten.

2.2.3.4 Gebotswert und Anzulegender Wert

Als Teil ihres Angebots müssen Bieter einen Gebotswert anbieten. Damit die eingehenden Angebote vergleichbar sind, haben alle Bieter auf einen sog. „100 %-Referenzstandort" zu bieten. Im Fall eines Zuschlags wird zur Berechnung der tatsächlichen Förderhöhe (anzulegender Wert, vgl. Abschn. 2.2.1) vom auszahlenden Stromnetzbetreiber jedoch die tatsächliche Güte (Windhöffigkeit) des Anlagenstandorts berücksichtigt (§ 36h EEG). Ist der Standort der WEA besser als der Referenzstandort, für den das Gebot anzugeben war, hat der Netzbetreiber aufgrund der erwartbar höheren Erträge den vom Anlagenbetreiber angebotenen Gebotswert für die Ermittlung des anzulegenden Werts mithilfe eines Korrekturfaktors herabzusetzen. Für Standorte, die schlechter sind als der Referenzstandort, erfolgt eine Korrektur des anzulegenden Werts nach oben. Für Gütefaktor und Korrekturfaktor sind im EEG die in Tab. 2.2 aufgeführten Stützwerte festgelegt, wobei für die Ermittlung der Korrekturfaktoren zwischen zwei Stützwerten eine lineare Interpolation stattfindet.

Wichtig ist für den Betreiber, die spätere Korrektur durch den Netzbetreiber bei der Kalkulation des Gebotswerts einzurechnen (vgl. dazu ausführlich und mit weiteren Beispielrechnungen Fachagentur Windenergie an Land 2017, S. 12 ff.). Das Beispiel in Tab. 2.3 illustriert die Kalkulation des Gebotswerts durch die Bieter und die beabsichtigte Erhöhung der Chancengleichheit für Bieter mit unterschiedlich windhöffigen Standorten durch das einstufige Referenzertragsmodell.

Tab. 2.2 Stützwerte für die Berechnung des Korrekturfaktors nach § 36 h Absatz 1 EEG

Gütefaktor	70 %	80 %	90 %	100 %	110 %	120 %	130 %	140 %	150 %
Korrekturfaktor	1,29	1,16	1,07	1,00	0,94	0,89	0,85	0,81	0,79

Tab. 2.3 Beispiel zur Kalkulation des Gebotspreises

	Bieter A (120 %-Standort)	Bieter B (80 %-Standort)
Für Wirtschaftlichkeit erforderlicher AW (in ct/kWh)	5,0	6,5
Gebotspreis (in ct/kWh)	5,62 (5,0/0,89)	5,60 (6,5/1,16)

Zu beachten ist weiterhin, dass der anzulegende Wert anhand des tatsächlichen Standortertrags der WEA ab Beginn des 6., 11. und 16. auf die Inbetriebnahme folgenden Kalenderjahres für die Zukunft angepasst wird. Bei einer Abweichung des tatsächlichen Gütefaktors um mehr als zwei Prozentpunkte kommt es zu einer Nach- oder einer Rückzahlung zugunsten bzw. zulasten des Anlagenbetreibers (§ 36h Absatz 2 EEG).

Der zulässige Gebotswert wird nach oben durch einen Höchstwert begrenzt. Für das Jahr 2017 war der Höchstwert gesetzlich auf 7,00 ct/kWh (für einen 100 %-Referenzstandort) festgelegt. Ab dem Jahr 2018 ergibt sich der Höchstwert grundsätzlich aus dem um acht Prozent erhöhten Durchschnitt aus den Gebotswerten des jeweils höchsten noch bezuschlagten Gebots der letzten drei Gebotstermine (§ 36b Absatz 2 EEG). Die Bundesnetzagentur ist allerdings berechtigt, den Höchstwert in Abweichung vom ermittelten Durchschnittswert festzulegen. Sie darf dabei maximal zehn Prozent vom zum Zeitpunkt der Neufestlegung geltenden Höchstwert abweichen (§ 85a EEG).

> **Festlegung des Höchstwerts durch die Bundesnetzagentur für 2018**
> Die Bundesnetzagentur hat beispielsweise für die Gebotstermine des Jahres 2018 von ihrer Kompetenz zur abweichenden Festlegung des Höchstwerts Gebrauch gemacht. Anstelle des eigentlich als Durchschnittswert zu ermittelnden Höchstwerts von 5,0 ct/kWh für die erste Ausschreibungsrunde 2018 legte sie für sämtliche Gebotstermine des Jahres 2018 einen Höchstwert von 6,30 ct/kWh fest. Damit trug sie der Tatsache Rechnung, dass im Jahr 2017 aufgrund besonderer Privilegien (v.a. verlängerte Realisierungsfrist von 54 Monaten, vgl. Abschn. 2.4) nahezu ausschließlich Bürgerenergiegesellschaften Zuschläge und zudem zu äußerst niedrigen Gebotswerten erhielten. Da die Privilegien für Bürgerenergiegesellschaften ab Anfang 2018 ausgesetzt wurden, wären zu einem rein rechnerisch ermittelten Höchstwert kaum noch kostendeckenden Angebote zu erwarten gewesen.

Im Fall einer Zuschlagserteilung hat ein erfolgreicher Bieter für den gesamten Förderzeitraum von 20 Jahren einen Anspruch auf eine finanzielle Förderung in Form der Marktprämie. Die Marktprämie wird dabei im gesamten Förderzeitraum ausgehend von demselben anzulegenden Wert ermittelt (sog. einstufiges Referenzertragsmodell). Für jeden Bieter wird vom Anschlussnetzbetreiber ausgehend vom Gebotswert ein individueller anzulegender Wert ermittelt (sog. pay as bid). Eine Ausnahme besteht lediglich für Bürgerenergiegesellschaften, deren Förderung ausgehend vom Gebotswert des letzten in der Ausschreibungsrunde noch bezuschlagten Gebots berechnet wird (sog. uniform pricing, dazu Abschn. 2.2.4).

2.2.3.5 Angebotswertung und Zuschlagserteilung

Nach dem jeweiligen Gebotstermin öffnet die Bundesnetzagentur die eingegangenen Gebote. Gebote, die formelle oder materielle gesetzliche Anforderungen nicht erfüllen, werden vom Zuschlagsverfahren ausgeschlossen (§ 33 EEG). Auch Gebote bestimmter Bieter können – etwa bei Absprachen des Bieters mit Mitbewerbern - im Einzelfall von der Bundesnetzagentur ausgeschlossen werden (§ 34 EEG).

Alle wertbaren Angebote werden nach dem Gebotswert in aufsteigender Reihenfolge sortiert; bei gleichem Gebotswert werden Angebote mit niedrigerer Gebotsmenge vorrangig gereiht. Im Anschluss erteilt die Bundesnetzagentur Zuschläge – beginnend mit dem Gebot mit dem niedrigsten Gebotswert – bis das Ausschreibungsvolumen der jeweiligen Ausschreibungsrunde vergeben ist. Das letzte bezuschlagte Gebot ist dasjenige, durch welches das Ausschreibungsvolumen des Gebotstermins erstmals erreicht oder überschritten wird (§ 32 EEG).

Eine Besonderheit gilt für Anlagen, die im sog. **Netzausbaugebiet** errichtet werden. In diesem Gebiet, in dem die Übertragungsnetze stark überlastet sind, hat der Gesetzgeber den Zubau von WEA durch das EEG 2017 durch eine Obergrenze vorerst gedeckelt (§ 36c EEG). Dadurch sollen der Ausbau der erneuerbaren Energien und der Ausbau der Stromnetze besser aufeinander abgestimmt werden. Das Netzausbaugebiet wird durch Verordnung festgelegt und umfasst derzeit die Bundesländer Schleswig-Holstein, Mecklenburg-Vorpommern, Hamburg, Bremen sowie das nördliche Niedersachsen. Pro Kalenderjahr dürfen im Netzausbaugebiet höchstens 58 % der installierten Leistung bezuschlagt werden, die im Jahresdurchschnitt in den Jahren 2013 – 2015 in Betrieb genommen wurde. Dies entspricht insgesamt 902 MW/Jahr, die auf die Gebotstermine eines Kalenderjahres aufgeteilt werden. Eine Anpassung der Obergrenze und der räumlichen Ausdehnung des Netzausbaugebiets ist erstmals zum 01.01.2020 möglich.

Nach Abschluss des Zuschlagsverfahrens gibt die Bundesnetzagentur die Zuschläge auf ihrer Internetseite bekannt und unterrichtet die erfolgreichen Bieter. Die erteilten Zuschläge sind an die im Gebot bezeichnete genehmigte WEA gebunden. Die Zuschläge können nicht gesondert gehandelt werden. Möglich ist allein eine Veräußerung der genehmigten und bezuschlagten WEA-Projekte.

Erfolgreiche Bieter müssen bezuschlagte Projekte grundsätzlich innerhalb von 30 Monaten ab öffentlicher Bekanntgabe der Zuschläge realisieren. Nach Ablauf der **Realisierungsfrist** erlöschen die Zuschläge. Erfolgt die Inbetriebnahme einer bezuschlagten WEA erst nach mehr als 24 Monaten, hat der Bieter Pönalen zu entrichten (§ 55). Ein Verlängerung der Realisierungsfrist durch die Bundesnetzagentur kommt in engen Grenzen dann in Betracht, wenn ein Bieter ein Gebot für eine WEA abgegeben hat, deren Genehmigung zum Zeitpunkt der Gebotsabgabe noch nicht bestandskräftig war und gegen die Dritte nach Gebotsabgabe Rechtsbehelfe eingelegt haben (§ 36e EEG). Allerdings ist zu beachten, dass die Förderdauer von 20 Jahren in diesem Fall trotz verlängerter Realisierungsfrist mit Ablauf von 30 Monaten ab Bekanntgabe des Zuschlags beginnt (§ 36i EEG). In der Folge ist der Vorteil der Verlängerung der Realisierungsfrist auf über 30 Monate mit dem Nachteil einer Verkürzung der Förderdauer verbunden. Das Risiko eines solchen Nachteil lässt sich nur dann sicher vermeiden, wenn Bieter erst nach Bestandskraft ihrer Genehmigung ein Angebot abgeben.

2.2.4 Privilegien für Bürgerenergieprojekte

Bürgerenergieprojekte sind im Rahmen von Ausschreibungen strukturell im Nachteil. Bürgerenergiegesellschaften oder -genossenschaften verfolgen in der Regel nur ein Projekt. Sie können daher anders als größere Projektierer keine Skaleneffekte realisieren und auch Projektrisiken (z. B. das Risiko der Nichtbezuschlagung) nicht auf mehrere Projekte verteilen. Um Bürgerenergieprojekten dennoch eine Chance im Ausschreibungsmodell zu geben und die Akteursvielfalt im Rahmen der Energiewende zu erhalten, hat der Gesetzgeber in § 36g EEG bestimmte Privilegien für Bürgerenergiegesellschaften vorgesehen.

Bürgerenergiegesellschaft
Bürgerenergiegesellschaften müssen nach § 3 Nummer 15 EEG zum Zeitpunkt der Gebotsabgabe folgende Merkmale erfüllen:

- Mindestens 10 stimmberechtigte Mitglieder/Anteilseigner sind natürliche Personen
- ≥ 51 % der Stimmrechte bei natürlichen Personen mit Hauptwohnsitz seit ≥ 1 Jahr in kreisfreier Stadt/Landkreis
- Kein Mitglied/Anteilseigner > 10 % der Stimmrechte an Gesellschaft

Die beiden wesentlichen Privilegien für Bürgerenergiegesellschaften im EEG 2017 bestanden ursprünglich darin, dass sie unter bestimmten Voraussetzungen auch für WEA noch ohne BImSchG-Genehmigung ein Gebot abgeben durften. Zudem wurde ihnen eine verlängerte Realisierungsfrist von 54 anstatt 30 Monaten eingeräumt (§ 36g EEG). Mit diesen Privilegien wollte der Gesetzgeber Bürgerenergiegesellschaften vor dem Risiko bewahren, zunächst hohe Kosten in sechsstelliger Höhe in ein Genehmigungsverfahren zu investieren, um anschließend im Ausschreibungsverfahren möglicherweise keinen Zuschlag zu erhalten.

> **Gebote von Bürgerenergiegesellschaften in den Ausschreibungsrunden im Jahr 2017**
> In der Praxis führte die Privilegierung von Bürgerenergiegesellschaften jedoch dazu, dass einige Projektierer gezielt zahlreiche Bürgerenergiegesellschaften gründeten, um in den Genuss der Sonderregelungen zu kommen. Die Folge war, dass in den ersten drei Ausschreibungsrunden für WEA, die im Jahr 2017 durchgeführt wurden, zahlreiche – zum Teil erst kurz vor den Gebotsterminen gegründete – Bürgerenergiegesellschaften teilnahmen. Insbesondere aufgrund der für diese Gesellschaften verlängerten Realisierungsfrist von 54 Monaten waren die Bieter in der Lage, sehr niedrige Gebotswerte anzubieten. Die Bieter spekulierten dabei insbesondere darauf, dass zum Zeitpunkt der Realisierung größere WEA (4 MW-Klasse) am Markt verfügbar sein werden, mit denen sich höhere Stromerträge realisieren lassen. Aufgrund der sehr niedrigen Gebotswerte erhielten Bürgerenergiegesellschaften in den Ausschreibungsrunden des Jahres 2017 jeweils über 90 % der Zuschläge. Die als Ausnahme gedachte Gebotsabgabe durch Bürgerenergiegesellschaften mit noch nicht genehmigten Projekten wurde zur Regel.

Die massive Ausnutzung der Privilegien für Bürgerenergiegesellschaften durch findige Projektierer entsprach nicht dem Willen des Gesetzgebers. Zum einen sah der Gesetzgeber angesichts der vielen noch nicht genehmigten Projekte ein erhebliches Risiko hinsichtlich der Realisierungswahrscheinlichkeit der Projekte und damit letztlich auch hinsichtlich der Einhaltung des Ausbaupfades für erneuerbare Energien. Zum anderen führte die Tatsache, dass die bezuschlagten Bürgerenergiegesellschaften ihre Projekte voraussichtlich erst gegen Ende ihres 54-monatigen Realisierungszeitraums realisieren werden, zu Auftragseinbrüchen bei Windanlagenherstellern in den Jahren 2018 und 2019. Dies veranlasste den Gesetzgeber dazu, die Ausnahmeregelung des § 36g EEG bis zum 2. Gebotstermin des Jahres 2020 teilweise auszusetzen (vgl. § 104 Absatz 8 EEG). Seit den ersten beiden Ausschreibungsrunden 2018 können nur für bereits genehmigte Anlagen Gebote abgegeben werden. Im Fall einer Zuschlagserteilung sind die WEA zudem innerhalb der Regelfrist von 30 Monaten zu realisieren.

Auch wenn die beiden wesentlichen Vorteile für Bürgerenergiegesellschaften somit (vorerst) entfallen sind, bleiben einige weitere Privilegien (vorerst) erhalten:

- Aufteilung der Sicherheitsleistung in Erstsicherheit (bei Gebotsabgabe) und Zweitsicherheit (nach Bekanntgabe des Zuschlags) in Höhe von jeweils 15 Euro/kW
- Zuschlagswert ist nicht der vom Bieter angebotene Gebotswert, sondern der des höchsten in der Ausschreibungsrunde noch bezuschlagten Gebots, sofern der Gebotswert der Bürgerenergiegesellschaft darunter lag (Anlagen im Netzausbaugebiet erhalten den für dieses höchsten bezuschlagten Gebotswert) (sog. uniform pricing).

Zu weiteren Einzelheiten und den besonderen Pflichten für Bürgerenergiegesellschaften wird auf die einschlägige Fachliteratur verwiesen (z. B. Hoffmann 2017; Fachagentur Windenergie an Land 2017).

Für „echte" und vor Ort gewachsene Bürgerenergiegesellschaften ist die dargestellte Entwicklung höchst unbefriedigend. Wenn nun auch sie für eine Gebotsabgabe eine BImSchG-Genehmigung vorweisen müssen, sind sie doch wieder genau den Risiken unterworfen, die der Gesetzgeber ihnen gerade abnehmen wollte. Abzuwarten bleibt daher, ob der Gesetzgeber eventuell einen neuen Versuch unternimmt, „echte" Bürgerenergieprojekte im Rahmen des Ausschreibungsmodells zu privilegieren, verbunden etwa mit höheren Anforderungen an das Vorliegen einer „Bürgerenergiegesellschaft", die von Projektierern nicht derart einfach und kurzfristig erfüllt werden können wie bislang.

2.3 Rechtliche Risiken

Da WEA-Projekte derzeit nur aufgrund staatlicher Förderung wirtschaftlich sind, können Änderungen der rechtlichen Rahmenbedingungen erhebliche Auswirkungen auf die Wirtschaftlichkeit von Projekten haben.

2.3.1 Änderungen des nationalen Rechts

Ein wesentliches Projektrisiko besteht in Deutschland darin, dass der Gesetzgeber das deutsche EEG ändert. Die letzten EEG-Novellen mit jeweils erheblichen Änderungen (Einführung verpflichtende Direktvermarktung, Einführung Ausschreibungsmodell, Einführung EEG-Umlage für Eigenversorger, etc.) traten in relativ kurzen Abständen von jeweils ca. zweieinhalb Jahren in Kraft.

- EEG 2012 zum 01.01.2012
- EEG 2014 zum 01.08.2014
- EEG 2017 zum 01.01.2017

Doch auch zwischen den „großen" Novellen griff der Gesetzgeber immer wieder steuernd ein. Insgesamt sind die Änderungen des Rechtsrahmens immer schnelllebiger geworden. Dies ist unter anderem darauf zurückzuführen, dass selbst kleinste Gesetzeslücken und (aus Sicht des Gesetzgebers) „Fehlanreize" von Marktteilnehmern in der Regel schnell erkannt, möglichst breit genutzt und anschließend vom Gesetzgeber möglichst schnell wieder geschlossen werden. Geradezu exemplarisch zeigt sich dies an den Privilegien für Bürgerenergiegesellschaften (v.a. Gebotsabgabe ohne BImSchG-Genehmigung, vgl. dazu Abschn. 2.2.4), die der Gesetzgeber zum 01.01.2017 einführte, aber bereits im Sommer 2017 teilweise wieder einfror.

Veränderungen des Rechtsrahmens sind für WEA-Projekte vor allem deshalb eine Herausforderung, da sie vergleichsweise kurzfristig erfolgen können (Gesetzgebungsprozesse von in der Regel wenigen Monaten), während die Planung, Genehmigung und Realisierung von WEA mehrere Jahre in Anspruch nimmt. Da für eine Förderung nach dem EEG grundsätzlich die gesetzlichen Rahmenbedingungen zum Zeitpunkt der Inbetriebnahme sowie seit dem EEG 2017 zudem zum Zeitpunkt der Ausschreibungsrunden maßgeblich sind, kann sich während der Planungs- und Projektierungsphase der Förderrahmen potenziell erheblich ändern.

Bestandsschutz und Übergangsregelungen
Abgemildert wird das Risiko von Rechtsänderungen dadurch, dass der Gesetzgeber sich zumindest bislang bemüht hat, für bereits weit gediehene Projekte Vertrauensschutz zu gewährleisten. So wurde etwa im Rahmen der Einführung von Ausschreibungen zum 01.01.2017 für WEA, die spätestens zum 31.12.2016 genehmigt waren, unter bestimmten Voraussetzungen das Recht gewährt, auch ohne Teilnahme an einer Ausschreibung eine finanzielle Förderung zu erhalten. Denn im Zeitraum der Planung dieser Anlagen war die Einführung eines Ausschreibungssystems und das damit verbundene Risiko, keinen Zuschlag zu erhalten, für Planer und Projektierer noch nicht hinreichend konkret ersichtlich. Für bereits in Betrieb genommene Anlagen (Bestandsanlagen) hat der Gesetzgeber den Förderrahmen bei der Novellierung des EEG aus Gründen des Bestandsschutzes bislang ebenfalls weitgehend unberührt gelassen und Übergangsregelungen eingeführt (vgl. z. B. die §§ 100 ff. EEG).

2.3.2 Einfluss des Europarechts

Vergleichsweise neu sind konkrete rechtliche Projektrisiken, die sich aus dem Einfluss des Europarechts ergeben.

Risiken folgen zunächst aus den Vorgaben der EU-Verträge, insbesondere aus dem europäischen **Beihilferecht** der Artikel 107, 108 des Vertrags über die Arbeitsweise der Europäischen Union (AEUV). Nach dem EU-Beihilferecht sind staatliche Subventionen, die den Wettbewerb in der EU zumindest potenziell verzerren (sog. „Beihilfen") grundsätzlich verboten, sofern sie nicht unter eine Ausnahme des AEUV fallen oder von der EU-Kommission genehmigt werden. Beihilfen, die von EU-Mitgliedstaaten ohne vorherige Notifizierung gegenüber der EU-Kommission und/oder ohne deren Genehmigung gewährt werden, sind rechtswidrig. Die EU-Kommission kann EU-Mitgliedstaaten verpflichten, rechtswidrige Beihilfen für einen Zeitraum von bis zu zehn Jahren von den begünstigten Unternehmen zurückzufordern.

Seit Ende 2013 vertritt die EU-Kommission die Auffassung, dass es sich beim deutschen EEG um eine Beihilfe handelt, die einer Genehmigung bedarf. Zwar wehrt sich Deutschland gerichtlich gegen die Einordnung des EEG als Beihilfe. Das Gericht der Europäischen Union (EuG) hat die Rechtsauffassung der EU-Kommission im Jahr allerdings 2016 bestätigt. Eine letztinstanzliche Entscheidung durch den Europäischen Gerichtshof (EuGH) steht noch aus. Für den Fall, dass das EEG auch vom EuGH als Beihilfe qualifiziert werden sollte, sorgt Deutschland bereits vor. Es hat seit dem Jahr 2014 sämtliche Änderungen des EEG der EU-Kommission zur Genehmigung vorgelegt, um eine Rechtmäßigkeit der finanziellen Förderung von Anlagenbetreibern durch das EEG sicherzustellen und eine spätere Rückforderung ausgezahlter EEG-Förderungen sicher zu vermeiden. Um eine Genehmigung durch die EU-Kommission zu erhalten, mussten im Rahmen der Gesetzgebungsprozesse zum EEG 2014 und 2017 zahlreiche Forderungen der EU-Kommission in das EEG aufgenommen und dieses an die Umwelt- und Energiebeihilfeleitlinien (UEBLL) der EU-Kommission angepasst werden. Die – für Außenstehende hochgradig intransparente – erforderliche Abstimmung zwischen Bundesregierung und EU-Kommission führt dazu, dass Änderungen des EEG immer schwerer zu prognostizieren sind. Zudem ist zu beachten, dass die EU-Kommission selbst im Fall einer Zustimmung das EEG immer nur für eine gewisse Dauer genehmigt, wobei die Dauer sich auch für einzelne Regelungen unterscheiden kann.

Einen wichtigen Einfluss auf das deutsche EEG sowie die Energiegesetzgebung insgesamt hat zudem das sog. EU-Sekundärrecht, d. h. die Richtlinien und Verordnungen der EU. Im Rahmen des sog. „EU-Winterpakets" werden auf EU-Ebene seit Ende 2016 zahlreiche Richtlinien und Verordnungen der EU für den Energiesektor novelliert. Insbesondere umfasst der Rechtsetzungsprozess auch Änderungen der Erneuerbare-Energien-Richtlinie, die wiederum bei der zukünftigen Ausgestaltung des deutschen EEG zwingend zu berücksichtigen sein werden.

2.3.3 Monitoring rechtlicher Entwicklungen

Angesichts der erheblichen Bedeutung der rechtlichen Rahmenbedingungen für die Realisierbarkeit und Wirtschaftlichkeit von WEA-Projekten empfiehlt es sich für Planer und Projektierer, potenzielle Rechtsänderungen im Blick zu behalten und frühzeitig zu erkennen. Dies gilt zum einen für Änderungen des deutschen Rechts, die sich in Papieren der Bundesregierung und ihrer Ministerien, aufgrund von Positionen der Regierungsfraktionen im Bund, aufgrund von Initiativen der Bundesländer oder Forderungen einflussreicher Verbände (BWE, BEE, BDEW, VKU, etc.) abzeichnen können. Zu einem umfassenden Montoring gehört es zum anderen, auch die Entwicklungen des europäischen Energierechts mitzuverfolgen. Dies gilt insbesondere für die Regelungen des EU-Winterpakets, da diese nach ihrer endgültigen Verabschiedung auf europäischer Ebene auch in Deutschland entweder direkte Anwendung finden werden (EU-Verordnungen) oder innerhalb weniger Jahre als nationales Recht umgesetzt werden müssen (EU-Richtlinien). In jedem Fall werden die europarechtlichen Regelungen das nationale Energierecht der EU-Mitgliedstaaten und damit auch Deutschlands entscheidend beeinflussen.

2.4 Trends und Herausforderungen

Fragt man nach wesentlichen Trends und Herausforderungen im Rechtsrahmen für den Ausbau von WEA in Deutschland, lassen sich insbesondere zwei Punkte identifizieren: die Sicherung der Akzeptanz für WEA einerseits und der Übergang in eine Phase ohne gesetzliche Förderung andererseits.

2.4.1 Sicherung der Akzeptanz

Zur Erreichung der Pariser Klimaschutzziele ist in Deutschland ein weiterer, erheblicher Ausbau der Stromerzeugung aus erneuerbaren Energien und insbesondere der Windenergie erforderlich. Der weitere Zubau von WEA wird jedoch nur gelingen, wenn es eine entsprechende Akzeptanz in der Bevölkerung gibt. Zwar belegen Umfragen, dass der weitere Ausbau der Windenergie an Land von einer Bevölkerungsmehrheit befürwortet wird; konkrete Projekte stoßen allerdings zunehmend auf Widerstände lokal, aber auch überregional organisierter Windkraftgegner (Agora Energiewende 2018, S. 11 f.).

Vor diesem Hintergrund zeichnen sich verschiedene rechtliche Entwicklungen zur Sicherung der Akzeptanz von WEA ab. Teilweise handelt es sich noch um theoretische Überlegungen, teilweise aber auch schon um geltendes (Landes-)Recht. Ganz grob lassen sich folgende Stränge unterscheiden:

- *Verschärfungen des Planungsrechts* (z. B. durch größere Abstände von WEA zur Wohnbebauung; vgl. etwa 10H-Regelung in Bayern, Änderung und Verschärfung Windener-

gielass NRW zu Anfang 2018, laufende Diskussion zu Abständen im Rahmen der Neufassung der Regionalplanung für Schleswig-Holstein, Diskussion Regierungsfraktionen im Bund zu Abstandsregelungen und Höhenbegrenzungen)
- *Vorschläge zur Modifikation des Genehmigungsverfahrens für WEA* (z. B. frühere Öffentlichkeitsbeteiligung, Änderung der Grenzen für formale Verfahren, etc. Vgl. Agora Energiewende 2018)
- *Neue technische Regelungen zur Immissionsreduktion* (z. B. Verpflichtung zur bedarfsgerechten Nachtkennzeichnung für Neuanlagen in Mecklenburg-Vorpommern, Einführung einer Pflicht zur bedarfsgerechten Nachtkennzeichnung ab 01.07.2020 für alle WEA in Deutschland – § 9 Absatz 8 EEG)
- *Neue gesetzliche Anforderungen an wirtschaftliche Beteiligung betroffener Bürger und Standortkommunen* (Bürger- und Gemeindebeteiligungsgesetz Mecklenburg-Vorpommern; Vorschläge für eine bundesweit geltende Regelung, z. B. für eine Sonderabgabe zugunsten der Standortkommune, vgl. Agora Energiewende 2018).

Offen ist noch, in welchen Bereichen es zukünftig neue gesetzliche Pflichten zur Akzeptanzsicherung geben wird. Zur Aufrechterhaltung der Chancengleichheit der Bieter im Ausschreibungsmodell spricht aber in jedem Fall viel für eine oder mehrere bundesweit einheitliche Regelungen. Für die Planung neuer WEA-Projekte sind etwaige Neuregelungen zur Akzeptanzsicherung zwingend im Blick zu behalten.

2.4.2 Realisierung von Projekten ohne Förderung

Vor dem Hintergrund stark gesunkener Stromgestehungskosten in den ersten Ausschreibungsrunden für WEA unter dem EEG 2017 stellt sich die Frage, ob und gegebenenfalls wie lange WEA noch einer gesetzlichen finanziellen Förderung bedürfen. Die Beantwortung dieser Frage hängt entscheidend von zwei Faktoren ab, nämlich den Stromgestehungskosten für WEA und den Großhandelspreisen für Strom. Sobald eine **Marktparität** von Stromgestehungskosten aus WEA und den Großhandelspreisen für Strom erreicht wird, bedürfen WEA keiner finanziellen Förderung mehr.

Für die drei am Terminmarkt liquide gehandelten Frontjahre (derzeit 2019, 2020, 2021) zeichnet sich noch keine Marktparität ab (dazu auch Energy Brainpool 2018). Mittelfristig erwarten viele Marktteilnehmer jedoch einen Anstieg der Großhandelspreise für Strom aufgrund eines knapper werdenen Angebots (Atomausstieg, Kohleausstieg), infolge einer Reform des EU-Emissionshandels und damit verbunden steigenden Stromgestehungskosten fossiler Kraftwerke sowie gegebenenfalls auch infolge der Einführung einer verstärkt diskutierten zusätzlichen CO_2-Bepreisung. Mittelfristig ist daher zu erwarten, dass neue WEA auch ohne finanzielle Förderung am Strom- bzw. Energiemarkt wirtschaftlich betrieben werden können und müssen. Eine Möglichkeit dazu sind sog. Power Purchase Agreements (PPAs).

Power Purchase Agreement

PPAs bezeichnen Stromlieferverträge zwischen dem WEA-Betreiber und einem (Groß-)Verbraucher mit einer langen Vertragslaufzeit von zehn oder mehr Jahren. Die Strompreise – gegebenenfalls mit Preisanpassungsklausel – oder zumindest Preiskorridore werden für die gesamte Vertragslaufzeit fixiert.

Für den Anlagenbetreiber bieten PPAs vergleichbar dem EEG die Vorteile einer Entlastung vom Mengen- und vom Preisrisiko. Für den Stromkunden (z. B. stromintensive Unternehmen) bestehen die Vorteile insbesondere in einer Planungssicherheit aufgrund der Preisfixierung sowie dem ökologischen Vorteil eines echten und direkten Grünstrombezugs (vgl. dazu Buchmüller, EWeRK 2018).

In energiewirtschaftlicher Hinsicht besteht die Herausforderung bei PPA insbesondere darin, auf Basis der volatilen Erzeugung einer WEA eine Vollstromlieferung des Endkunden herzustellen. In rechtlicher Hinsicht sind bei der Ausgestaltung von PPA ebenfalls für die Windbranche neue Aspekte zu beachten (vgl. dazu den Überblick bei Hilpert 2018). Die für die Windbranche „neuen" Rechtsfragen sind jedoch aus dem Bereich langlaufender Stromlieferverträge aus konventionellen Kraftwerken weitgehend bekannt und lösbar (vgl. dazu etwa Schöne 2014).

Die Diskussion um PPAs steht in Deutschland noch ganz am Anfang und wird in den nächsten Jahren im Rahmen der Projektrealisierung von WEA voraussichtlich zunehmend an Bedeutung gewinnen (vgl. auch Energy Brainpool 2018; Herrmann und Peschel 2018).

Für eine Übergangszeit, in der der wirtschaftliche Betrieb von WEA über den Großhandelsmarkt für Strom zwar zeitweise, aber noch nicht durchgängig möglich ist, werden zunehmend Wege einer nur noch unterstützenden Förderung durch das EEG diskutiert (vgl. z. B. BDEW 2018). Die Diskussion über ein mittelfristiges Auslaufen der Förderung nach dem EEG für Neuanlagen nimmt zu. Planer und Projektierer sollten sie genau mitverfolgen.

2.5 Exkurs: Die juristische Verantwortung des Projektleiters

Die Abschn. 2.1, 2.2, 2.3 und 2.4 beziehen sich auf die wichtigsten und branchentypischen Fragestellungen in der Windenergie, sind aber nicht die einzigen zu beachtenden rechtlichen Aspekte. Wie auch in anderen Branchen gilt auch bei der Errichtung von WEAs der gesamte Kanon von Gesetzen und Verordnungen (Arbeitszeitgesetz, Arbeitsschutzgesetz, Zulassungen/Freigaben/Betriebserlaubnisse u.s.w.). Aus der Charakteristik des Projektes und des Produktes ergeben sich einige Fälle besonderer Relevanz:

- Arbeit in großer Höhe (Absturzgefahr)
- Arbeit unter schwebenden Lasten (regelmäßig sind Kräne im Einsatz)
- Arbeit an Systemen unter elektrischer Spannung
- Arbeitszeiten und Arbeitswege (Mitarbeiter haben lange Arbeitswege oder müssen ggf. nahe des schlecht erreichbaren Einsatzortes untergebracht werden.)
- Organisation von Großraum- und Schwerlasttransporten (Abstimmung mit Logistikdienstleistern, der Polizei etc.)

… um nur exemplarisch ein paar Themen zu nennen. Siehe auch Kap. 12.3 Management von Health und Safety. Hinzu kommen Aspekte, die sich nicht systematisch ergeben müssen, aber in der Praxis trotzdem häufig vorkommen. Witterungsabhängige Arbeiten unter freiem Himmel unterliegen schwer kalkulierbaren Bedingungen:

- Bei Wind kann mit frei schwebenden Lasten nicht gearbeitet werden.
- Bei Nebel sieht der Kranführer seine Last nicht.
- Bei Regen trocknen Fundamente schlechter.

Diese und andere Enflussfaktoren führen zu Realisierungsverzögerungen oder -unterbrechungen. Ist die Arbeitsfähigkeit dann wieder hergestellt, sind die in Verzug geratenen Terminpläne Basis von Umplanungen, durch die verloren gegangene Zeit wieder eingeholt werden muss. Überstunden, Wochenendarbeit, Nachtschichten/Flutlichteinsätze sind keine Seltenheit. Über oganisatorische Lösungsmöglichkeiten werden an anderer Stelle detallierte Aussagen getroffen. Wichtg für den Projektleiter ist aber auch das Bewusstsein, dass Arbeitszeitgesetze Restriktionen setzen und der Abeitsschutz auch unter Termindruck nicht vernachlässigt werden darf.

Üblicherweise sind Projektleiter keine Juristen oder Wirtschaftsjuristen, sie werden die rechtlichen Grundlagen also nicht im Detail kennen, haben aber die Gesamtverantwortung für das Projekt und alle innerhalb des Projektes getroffenen Entscheidungen. Empfehlenswert ist daher die regemäßige Abstimung mit Experten und die Schaffung rechtlicher Sicherheit durch die Nutzung standardisierter Vorgehensweisen, d. h.:

- Projektübergreifende Abstimmung im Unternehmen mit Juristen/Spezialisten zum EEG. Die Durchführbarkeit und Wirtschaftlichkeit eines Projektes zur WEA-Errichtung ist in hohem Maße von rechtlichen Rahmenbedingungen abhängig, aber nicht projektspezifisch. Hier gilt es für das gesamte Projektportfolio oder das gesamte Unternehmen beratende und unterstützende Experten zu installieren.
- Für Fragen des Arbeitsschutzes und der Abeitssicherheit sollten kompetente Ansprechpartner im Projektteam benannt werden. Diese müssen mit den aktuellen gesetzlichen Forderungen vertraut sein und insbesondere deshalb projektspezifisch definiert werden, weil
  - die örtlichen Gegebenheiten der Errichtungsstelle zu berücksichtigen sind und
  - projektspezifisch eine Verantwortungsteilung mit Komponentenlieferanten, Logistikdienstleistern u. ä. vorgenommen wird.

Unternehmensinitiativen wie ‚Safety First' haben Unfallzahlen deutlich und nachhaltig reduzieren können. Der Projektleiter – in Projektgesamtverantwortung – muss sich jederzeit seiner Verantwortung auch für die juristischen Themen bewußt sein. Das ist insofern ein eher unangenehmes Thema, weil der juristische Rahmen in der Regel keine Chancen für das Projekt bietet, sondern Restriktionen setzt und damit betriebswirtschaftlich eher negative Konsequenzen hat. Die Lösung heiß daher, durch eine intelligente Teamstruktur, die Benennung der notwendigen Rollen und die Besetzung der notwendigen Schnittstellen zum Projektumfeld die rechtlichen Aspekte auf dem erforderlichen Mindestniveau abzudecken und in sozialen Bereichen (Jugendschutzgesetz, Mutterschutzgesetz etc.) auch freiwillig gern deutlich über das erforderliche Mindestmaß hinaus zu agieren.

2.6 Fazit

Windenergieanlagen an Land lassen sich derzeit nur mithilfe einer gesetzlichen Förderung wirtschaftlich realisieren und betreiben. Vor diesem Hintergrund ist es für Planer und Projektierer unerlässlich, sich mit den Einzelheiten der Förderregelungen im deutschen EEG vertraut zu machen. Etwaige Änderungen und Fortentwicklungen des Rechtsrahmens müssen laufend mitverfolgt und möglichst frühzeitig im Rahmen der Projektplanung berücksichtigt werden. Mittelfristig müssen Planer und Projektierer damit rechnen, dass die gesetzliche finanzielle Förderung durch das EEG auslaufen wird. In diesem Fall werden neuartige vertragliche Lösungen am Energiemarkt erforderlich, um WEA wirtschaftlich zu betreiben (z. B. Power Purchase Agreements). Die Diskussion über die Ausgestaltung derartiger Verträge steckt in Deutschland noch in den Anfängen, wird aber in den nächsten Jahren voraussichtlich stark zunehmen.

Literatur

Agora Energiewende. (2018). *Wie weiter mit dem Ausbau der Windenergie? Zwei Strategievorschläge zur Sicherung der Standordakzeptanz von Onshore Windenergie*. Berlin: Agora Energiewende.

BDEW Bundesverband der Energie- und Wasserwirtschaft e.V., (2018). *Investitionsrahmen für den Erneuerbare-Energien-Ausbau – Drei Säulen für den weiteren Ausbau der Stromerzeugung aus erneuerbaren Energien*. Berlin: BDEW.

Buchmüller, C. (2013). Strom aus erneuerbaren Energien im WTO-Recht, Baden-Baden: Nomos.

Buchmüller, C. (2018). Plattformökonomie und Blockchain-Technologie – Neue Impulse für die Peer-to-Peer-Lieferung von Ökostrom? *EWeRK, 4*, 117–124.

Energy Brainpool. (2018). *Power Purchase Agreements: Finanzierungsmodell von erneuerbaren Energien*, White Paper. Berlin: Energy Brainpool.

Fachagentur Windenergie an Land. (2017) *EEG 2017: Ausschreibungsbedingte Neuerungen für Windenergieanlagen an Land* (2., ak. Aufl.). Berlin.

Glenz, C. (2015). Kapitel 1: Regulierung. In T. Schulz (Hrsg.), *Handbuch Windenergie*. Berlin: Erich Schmidt.

Herbes, C., & Friege, C. (2015). *Handbuch Finanzierung von Erneuerbare-Energien-Projekten*. Konstanz/München: UVK.

Herrmann, N., & Peschel, D. (2018). Wirtschaftlich ohne EEG. *Erneuerbare Energien, 1*, S. 53.

Hilpert, J. (2018). Rechtliche Bewertung von Power Purchase Agreements (PPAs) mit erneuerbaren Energien, *Würzburger Studien zum Umweltenergierecht* Nr. 12, Würzburg: Stiftung Umweltenergierecht.

Hoffmann, I. (2017). Die Sonderregelungen für Bürgerenergiegesellschaften im EEG 2017, *Würzburger Berichte zum Umweltenergierecht* Nr. 26, Würzburg: Stiftung Umweltenergierecht.

Maslaton, M. (2018). *Windenergieanlagen – Ein Rechtshandbuch* (2. Aufl.). München: C.H. Beck.

Quaschning, V. (2016). *Sektorkopplung durch die Energiewende*. Berlin: HTW.

REN21. (2017). *Renewables 2017 Global Status Report*. Paris.

Schöne, V. (2014). *Vertragshandbuch Stromwirtschaft* (2. Aufl.). Frankfurt a. M.: VDE.

Schulz, T. (Hrsg.), (2015). *Handbuch Windenergie*. Berlin: Erich Schmidt.

Prof. Dr. Christian Buchmüller, Maître en droit (Aix-en-Provence), ist seit Oktober 2014 Professor für Europäisches Wirtschaftsrecht an der Fachhochschule Westküste in Heide und dort Leiter des interdisziplinären Masterstudiengangs „Green Energy" sowie stellvertretender wissenschaftlicher Leiter des Instituts für die Transformation des Energiesystems (ITE). Am ITE verantwortet er den Bereich „Energiewenderecht". Er beschäftigt sich unter anderem in interdisziplinären Forschungsprojekten mit Rechtsfragen der Energiewende (z. B. Sektorkopplung, Energiespeicherung, Wärme- und Verkehrswende, Digitalisierung der Energiewende). Er hat Rechtswissenschaften in Heidelberg und Aix-en-Provence studiert und wurde von der Universität Erlangen-Nürnberg promoviert. Von 2007 bis 2014 war er als Rechtsanwalt mit Spezialisierung im Energie-, Klimaschutz und Vergaberecht in Berlin tätig.

Typische Herausforderungen im Projektmanagement der Windenergiebranche

Daniel Meier und Ulf Ehlers

Zusammenfassung

Die häufigsten und typischen Herausforderungen der Windbranche zu nennen und zu ergründen, in welcher Art und Weise Sie auf das Projektmanagement wirken, ist ein Thema, das zahlreiche Marktteilnehmer sehr bewegt. Wer möchte nicht gerne wissen, wohin sich die Branche entwickelt und welche Anpassungsmöglichkeiten es gibt und noch geben wird?

Professionelles Projektmanagement ist daher ein wichtiger Baustein, um die bestehenden und zukünftigen Herausforderungen zu erkennen und Maßnahmen im Umgang mit diesen zu entwickeln. Dabei steht sich das Projektmanagement selbst im Weg, weil es in seiner Wichtigkeit einerseits wie auch in seiner Durchführung andererseits in den jeweiligen Unternehmen höchst unterschiedlich gelebt wird und darüber hinaus in einer Branche wirken muss, die noch recht jung ist im Vergleich zu zahlreichen anderen Branchen.

Aus den unterschiedlichsten Blickwinkeln betrachtet werden die (teilweise mal mehr und mal weniger miteinander verknüpften) herausfordernden Themen dargestellt und Ihre Bedeutung für das Projektmanagement wird kurz thematisiert.

Dabei werden immer wieder Handlungsmöglichkeiten genannt, die den Beteiligten des Projektmanagements eine Perspektive im Umgang mit eben diesen Herausforderungen bieten soll.

D. Meier (✉)
Husum, Deutschland
E-Mail: d.meier@gpm-ipma.de

U. Ehlers
GP JOULE GmbH, Reußenköge, Deutschland

3.1 Herausforderungen im Projektmanagement im Allgemeinem

3.1.1 Warum die Herausforderung ein Entwicklungsmaßstab ist

Als Herausforderung bezeichnet man im Allgemeinen eine Aufgabe, die einen fordert, oder auch einen bestimmten Anlass, um tätig zu werden. In der Windbranche gibt es auch immer wiederkehrende Herausforderungen, die hier kurz dargestellt werden und deren Ursachen und Wirkungen zu weiteren Herausforderungen in der Zukunft führen werden.

„Man wächst mit seinen Herausforderungen", sagt der Volksmund und sicherlich findet sich viel Wahres in dieser Aussage. Es geht jedoch nicht nur um einen reinen Lernprozess, in dem Erfahrungen und Wissen für die Zukunft gesammelt werden, sondern auch um den Umgang mit gesellschaftlichen, politischen und technischen Änderungen, deren Einfluss häufig zeitnah und unvermittelt die weitere Entwicklung der Windbranche prägt.

„Was einen nicht umbringt, macht einen stärker", sagt ebenso der Volksmund und er hat wiederum recht, wenn man davon ausgeht, dass den Herausforderungen erfolgreich begegnet wird und Unternehmen und ihre Mitarbeiter im Wettbewerb mit anderen Firmen wirtschaftlich gestärkt werden.

Die logische Konsequenz wäre, dass Unternehmen und alle anderen Marktteilnehmer, die die Herausforderungen der Branche aktiv erkennen und damit umgehen lernen, einen deutlichen Wettbewerbsvorteil erhalten sollten (vgl. Abb. 3.1).

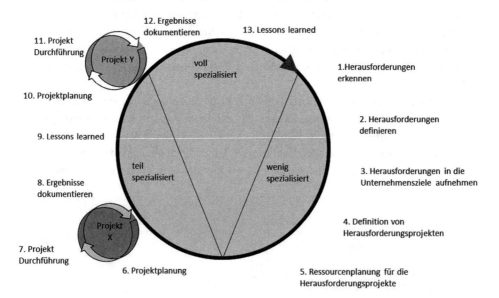

Abb. 3.1 Kreisläufe der Wettbewerbsspezialisierung

Dies kann im Wesentlichen auf zwei Wegen geschehen:

- Die Marktteilnehmer definieren die zukünftigen bekannten und unbekannten Herausforderungen, leiten hieraus neue Unternehmens- bzw. Organisationsziele ab, die in den jeweiligen Projekten aktiv umgesetzt werden und dabei helfen, das Unternehmen auf die Veränderungen vorzubereiten, und begleiten diese aktiv, und/oder
- die Marktteilnehmer definieren die zukünftigen bekannten und unbekannten Herausforderungen, spezialisieren sich auf einzelne Themenfelder, schaffen eine Dominanz in diesem Bereich durch Innovationen und bieten Produkte an, die anderen Unternehmen helfen sollen, eben diese (speziellen) Herausforderungen zu lösen.

Der erste Weg beschreibt also im Wesentlichen eine defensive Entwicklung, um allgemeine Herausforderungen als Ganzes zu bewältigen, während der zweite Weg eine Entwicklung aufzeigt, bei der einzelne Herausforderungen zu einer offensiven Spezialisierung führen.

3.1.2 Klassisches vs. agiles Projektmanagement

Um den zukünftigen Herausforderungen aktiv zu begegnen, kann man die Maßnahmen sicherlich in Projekte gliedern und durchführen. Dabei wird in der letzten Zeit immer häufiger darüber diskutiert, inwieweit man Projekte klassisch nach z. B. IPMA[1] ICB4 oder PMI[2] PMBoK 6th ed. durchführen sollte oder aber nach dem Ansatz des sogenannten „agilen Projektmanagements". Interessanterweise stellt diese Diskussion ebenfalls eine Herausforderung dar, wenn nicht klar zu sein scheint, welcher Lösungsansatz und Arbeitsweg im Projektmanagement hilfreicher sein wird. Zudem wird diese Herausforderung umso mehr verschärft, je kleiner die Gruppe, die Organisation oder das Unternehmen ist, da das Verständnis einer gemeinsamen Arbeitsgrundlage im Projektmanagement fehlt. Dabei sollte es doch wichtig sein, beide Systeme zu kennen und anzuwenden, um in letzter Konsequenz eine Verschmelzung zu provozieren mit dem Ziel, das Beste aus beiden Projektmanagementphilosophien zu nutzen.

Das klassische Projektmanagement zeichnet sich im Wesentlichen dadurch aus, dass komplexe und langfristige Ziele mit den notwendigen Werkzeugen geplant und umgesetzt werden können.

Das agile Projektmanagement zeichnet sich im Wesentlichen dadurch aus, dass der Auftraggeber laufend mit in die Planung einbezogen wird und damit dynamischere Projektanpassungen geplant und umgesetzt werden können.

Es ergibt durchaus Sinn, sich der Herausforderung zu stellen, zwischen einer langfristigen und einer kurzfristigen Betrachtungsweise zu differenzieren und daraus die jeweiligen Ziele und Projekte für das klassische und das agile Projektmanagement abzuleiten (Abb. 3.2).

---

[1] International Project Management Association.
[2] Project Management Institute.

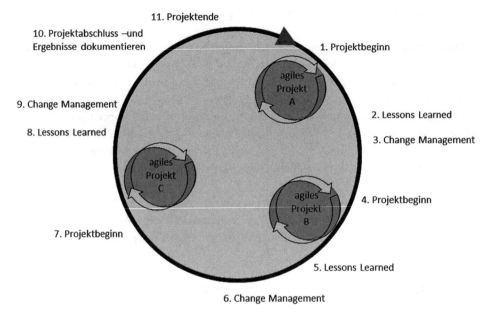

Abb. 3.2 Klassisches Projektmanagement in Kombination mit agilem Projektmanagement

3.2 Budget- und Ressourcenplanung

Anders als in vielen anderen Branchen erfolgen die Einnahmen aus einem Windpark in der Regel erst nach seiner Fertigstellung. Das bedeutet, dass alle Ressourcen vorfinanziert werden müssen. Bei Investitionsprojekten, die mehrere Millionen Euro kosten, kann dies eine echte Herausforderung in der Finanz- (Kosten- und Liquiditäts-)planung eines Unternehmens darstellen. Dazu zählen beispielsweise Ausgaben …

- für den Kauf von vorentwickelten Projekten
- für die Büros und deren Einrichtung
- für die Mitarbeiter
- an die Grundstückseigentümer
- für die öffentliche Verwaltung
- für das Projektmarketing
- für externe Gutachter und Berater
- für den Netzanschluss
- für den Vertriebsprozess
- für den Finanzierungsprozess
- für den Einkauf der Windkraftanlagen
- für den Einkauf der Baugewerke
- für mögliche juristische Auseinandersetzungen

Frei nach dem grundsätzlichen ökonomischen Prinzip richten sich dabei die geplanten Ausgaben nach den geplanten Einnahmen.

Bedingt durch die teilweise sehr langen Entwicklungszeiten eines Windparks, basieren diese Annahmen jedoch häufig auf Schätzungen und den bisherigen Erfahrungen. Das wiederrum bedeutet, dass bei sinkenden Renditen bzw. Verkaufspreisen die Ausgaben durch Einsparungen gekürzt werden müssen, oder aber die Rendite durch Effizienzsteigerungen steigen muss. Die eigentliche Herausforderung besteht also darin, das Renditeziel über den gesamten Wertschöpfungszeitraum beizubehalten.

Das steht im Widerspruch zu den tatsächlichen Entwicklungen, denn meistens nehmen die Kosten über den Projektzeitraum ungeplant kontinuierlich zu, bspw. durch zahlreiche zu erfüllende, veränderte und zusätzliche Genehmigungsauflagen und die damit verbundenen Wiederholungen der Genehmigungsprozeduren, steigende Gehälter und Materialkosten und auch durch die Zunahme der Produktentwicklungszeiträume als Ganzes.

Mit anderen Worten: Die Kosten insgesamt wie auch die Mehrkosten nehmen über die Projektentwicklungszeit nicht selten zu, unabhängig vom zu erwartenden Gewinn.

▶ Um sich dieser Herausforderung zu stellen, gibt es im Wesentlichen nur zwei Möglichkeiten:
  - Es müssen im Projektablauf laufende Kosten durch Kostensenkungsmaßnahmen oder Effizienzgewinne eingespart werden.
  - Das Produkt muss so verändert werden, dass die Ausgaben reduziert werden können oder eine höhere Rendite zu erreichen ist.

Zu Projektbeginn sollte ein Risikobudget eingeplant werden, um die typischen Kostensteigerungen im Projekt zu benennen und hierfür Gegenmaßnahmen zu definieren.

3.3 Digitalisierung

Die Digitalisierung ist ein weitreichendes Themenfeld, das geprägt ist von zahlreichen technischen Innovationen in kürzester Zeit. Typische Herausforderungen der Digitalisierung für die Windbranche sind:

- neue Kommunikationsformen
- neue Arbeitsformen
- neue Geschäftsformen
- neue Standards
- neue Soft- und Hardwareprodukte
- Automatisierung und Vernetzung
- Verhaltensveränderungen beim Menschen
- Zunahme von Informationen
- Zunahme von agilen Arbeitsprozessen
- Zunahme von Fort- und Weiterbildung

Diese Auswahl an Digitalisierungsthemen ist an sich schon komplex und anspruchsvoll. Daher verwundert es nicht, wenn die Summe aller Themen die Herausforderung(en) noch deutlich verstärkt.

Sicherlich sind diese Prozesse laufend und nicht abschließend und erfordern eine dauerhafte Anpassung der Projektsteuerung. Jedoch bleibt die Frage „Was kommt als Nächstes?" eher unbeantwortet. Häufig überholen sich die Innovationen und die Zeit für eine schnelle Anpassung ist nicht gegeben.

▶ Damit die Windbranche sich den Herausforderungen der Digitalisierungen dauerhaft öffnen und mit den Änderungen Schritt halten kann, sind die folgenden Maßnahmen von großer Bedeutung.
- Durch Reinvestitionen eine eigene Digitalisierungskompetenz aufbauen.
- Durch die Verbandsarbeit Industrie-, Arbeits- und Organisationsstandards schaffen
- Digitalisierung als Wertschöpfungselement gewinnbringend in die Produktentwicklung einbinden

Tatsächlich wird die Windbranche von den Möglichkeiten der Digitalisierung regelrecht überrollt. Das klassische Geschäftsmodell wird durch zahlreiche neue Möglichkeiten erweitert. So hat man die Option, mit Big Data in der Meteorologie die Wetterprognosen und damit die Ertragsprognosen zu optimieren. Mit Softwarelösungen sind Anwendungsbereiche möglich von der effizienten Teamkommunikation über die globale Produktentwicklung bis hin zu eigenen Sicherheitslösungen für die digitale Infrastruktur. Die Vernetzung von Geräten ermöglicht es, die Stromnetze besser auszulasten, den Strom zu speichern und bedarfsgerecht dem Kunden zur Verfügung zu stellen.

Dies sind nur einige wenige Beispiele, die aufzeigen sollen, dass die Geschäftsentwicklung der Windbranche nicht mehr nur die „klassische" Planung, Errichtung und den Betrieb von Windkraftanlagen beinhaltet, sondern sich wandelt in ein Gesamtangebot der ganzheitlichen Stromproduktion durch Wind und deren marktwirtschaftliche Nutzung innerhalb des Gesamtenergiesystems.

Um diese umfangreiche Aufgabe zu bewältigen ist es notwendig, die Digitalkompetenz innerhalb einer Organisation selbstständig aufzubauen oder sie im Netzwerk mit anderen einheitlich zu definieren und zu teilen.

Innerhalb einer Organisation hat man den Vorteil, sehr spezifische Lösungen finden zu können, während man im Netzwerk eher in der Lage sein wird, übergeordnete Lösungen zu erschließen.

In beiden Fällen gilt, dass nicht nur die technische Lösung bzw. Perspektive beachtet werden sollte, sondern eben auch die Perspektive des Kunden. Die Kundenwünsche, die sich sicher im Laufe der Zeit ändern, sollten bei allen Entscheidungen eine wichtige Rolle einnehmen, und daher ist eine enge und dauerhafte Einbeziehung der Kunden in die Projekte von großer Bedeutung.

Wie immer gilt, dass Veränderungen durch eigene Digitalisierungsprojekte begleitet werden sollten, um die u. a. darin definierten Ziele, Stakeholder und Risiken sinnvoll abzustimmen und in den gesamten Geschäfts- und Wertschöpfungsprozess einzubinden.

3.4 Energie- und Technologiewende

Die mit der Digitalisierungs- und Renditeoptimierung einhergehenden Veränderungsprozesse bewirken auch die Entwicklung neuer Technologie- und Energiekonzepte zur Nutzung dieser. Die typischen Herausforderungen der Windbranche in diesem Bereich sind:

- neue branchenfremde (konkurrenzfähige) Produktangebote
- wechselnde politische Agenda
- schnell wechselnde Innovationen
- neue Marktteilnehmer
- Standardisierung und Normierung
- Energiepreisentwicklungen
- Infrastrukturqualität

Windparks sind zwar in sich geschlossene technische, wirtschaftliche und juristische Systeme, diese sind aber wiederum eingebunden in ein ganzheitliches System der Energiewirtschaft.

Aus der ursprünglichen Sicht besteht die Bereitstellung der Technologie zur Energieerzeugung ausschließlich aus den Komponenten der Projektierung eines Windparks, dessen Errichtung und der anschließenden Betriebsführung. In dieser vereinfachten Weltdarstellung gab es in der Vergangenheit zahlreiche Herausforderungen, die es zu bewältigen galt, aber immer in einem festen Rahmen der Gesetzgebung, die der Windkraft einen Vorzug gab und diese geschützt hatte.

Dieses Weltbild verändert sich nun und neue Herausforderungen entstehen. Das neue gesellschaftliche Ziel ist es, Energieerzeugung ökologisch und ökonomisch zu gestalten und dabei jederzeit an jedem Ort zur Verfügung zu stellen. Das impliziert, dass die Windenergie in eine Konkurrenzsituation mit anderen Technologien eintritt, denn der Stromkunde orientiert sich vorwiegend am Strompreis und nicht an dessen Erzeugungstechnologie. Daraus resultiert ein (ungleicher) Preiskampf zwischen den verschiedenen Technologien und deren Fördersystemen. Die Lösung kann also nur darin bestehen, sich auf eine bestimmte Technologie zu spezialisieren und/oder sie innerhalb der bestehenden Wertschöpfungskette einzufügen.

Aus diesem Grund verändert sich das Produkt „Windpark" nicht, sondern wird stark in seinen Charaktereigenschaften verändert. So werden bspw. die Anlagen heute höher und größer gebaut, um den Ertrag am Standort zu optimieren, oder es werden Speichertechnologien verwendet, um den Strom über den Marktpreis zu optimieren. Auch werden Stromproduktionstechnologien komplementär verwendet, sodass Windkraft und Sonnenkraft gleichzeitig in einem Energiepark erzeugt werden.

Dadurch werden die Anforderungen auch an das Energienetz verändert und werden anspruchsvoller. Denn nicht nur die zahlreichen neuen Konzepte und Marktteilnehmer müssen sich in das Gesamtsystem einfügen, auch die Energienutzung als Ganzes verändert sich durch bspw. die Elektromobilität.

▶ Die Windbranche kann diesen Herausforderungen im Wesentlichen auf drei Wegen begegnen:
- Entwicklung neuer und effizienterer Energiesysteme
- Renditeoptimierte Zusammenführung der verschiedenen Technologien im Mix
- Neue Markt- und Absatzstrategien der Produkte sowie deren Dienstleistungen aus der Wertschöpfungskette

Die wohl größte Herausforderung dabei ist, anpassungsfähig zu bleiben, um die politischen Unwägbarkeiten laufend mit zu berücksichtigen und neue globale Megatrends in der Energiewirtschaft zu erkennen. Daher ist neben der engen Beziehung zum Kunden eine gute Lobbyarbeit für diese Branche von großer Bedeutung, um nicht nur die Zeichen der Zeit zu erkennen, sondern frühzeitig die Projekte auf die zukünftigen Entwicklungen vorbereiten bzw. anpassen zu können.

3.5 Ertragsoptimierung

Im klassischen Sinn ist bei einem Windparkprojekt der Windenergieertrag ausschlaggebend für den wirtschaftlichen Gesamtertrag des Windparks. Dabei wird besonders viel Wert gelegt auf die Windhöffigkeit eines geografischen Standortes, um die maximale Menge an Strom produzieren zu können.

Dabei stellen sich aber zunehmende Herausforderungen ein, die zukünftig berücksichtigt werden müssen. Dazu zählen insbesondere:

- Akzeptanz der örtlichen Bevölkerung
- Der Wettbewerb in der Fläche mit anderen Marktteilnehmern
- Neue (schwer zu erreichende) geografische Standorte
- Größere und höhere Anlagen sowie deren Transport und Errichtung
- Veränderungen der Wettersysteme durch den Klimawandel
- Unsicherheiten auf den Finanzmärkten
- Technologieunabhängiger Ertragswettbewerb

Wegen der Flächenwettbewerbe zwischen Windenergie und anderen Formen der Flächennutzung wird es immer schwieriger, den Ertrag eines Windparks allein durch die Fläche weiter zu optimieren, denn die Fläche steht nicht immer uneingeschränkt zur Verfügung und dort, wo sie zur Verfügung stehen könnte, ist möglicherweise der Ertrag durch den Wind nicht ausreichend, oder es gibt keine ausreichende örtliche Infrastruktur, oder man stößt auf den Widerstand der örtlichen Bevölkerung.

Daher versucht man, an den bestehenden Standorten die Erträge zu optimieren, indem man in die Höhe baut und so auf stetigeren Wind und höhere Windgeschwindigkeiten trifft. Doch dabei stößt man auf neue technische Herausforderungen für den Transport und der Errichtung der Anlagenkomponenten, die wiederrum das Bauvorhaben verteuern. Dies gilt auch für abgelegene Orte, die man erschließen möchte.

Da der Windenergieertrag über die Laufzeit schwankt und stark vom Wetter und auch vom Klima insgesamt beeinflusst wird, ist derzeit auch nicht abzusehen, inwieweit die Klimaveränderung zukünftig Auswirkungen auf den Ertrag haben wird. Diese Unsicherheit versucht man durch umfangreiche und langjährige Messungen mathematisch so genau wie möglich zu prognostizieren und dabei konservativ zu berechnen. Jedoch gibt es bislang keine historischen Erfahrungen zu den Auswirkungen des Klimawandels auf den Windertrag und daher auch keine einheitliche Berechnungsgrundlage.

Der wirtschaftliche Ertrag eines Windparks hängt auch von dessen Finanzierung ab. Je niedriger die Zinsen, desto ertragsoptimierter ist die Finanzierung und kommt der Wirtschaftlichkeit zugute. Steigen die Zinsen, dreht sich dieses Verhältnis dementsprechend um.

Im Wettbewerb um andere Energieerzeugungstechnologien und -unternehmen sind die Erträge der Windenergie zudem stark von externen Faktoren abhängig.

▶ Möglichkeiten, diesen Herausforderungen zu begegnen, sind durchaus schwierig zu bewerten. Dabei können im Wesentlichen zwei Lösungsansätze für das Projektmanagement eine Rolle spielen:
- Ertragsoptimierung durch komplementäre Technologien und deren Mix
- Aufbau einer dezentralen oder besonders zentralen und konzertierten Energieerzeugung (Miniprojekt vs. Großprojekt)

Da die Projektentwicklung einige Jahre dauern kann und der Lebenszyklus eines Windparks im Durchschnitt zwischen 20 und 30 Jahren beträgt, wäre es sicherlich sinnvoll, die bestehenden älteren Windparks im Zuge eines sogenannten „Repowerings" durch neue Anlagen und Techniken zu ersetzen und damit die bestehende Fläche weiter zu optimieren. Eine andere Möglichkeit wäre es, unerschlossene Räume großflächig durch Windkraft zu erschließen (z. B. ehemalige Tagebauregionen) und dabei die bestehenden technischen und wirtschaftlichen Möglichkeiten voll auszuschöpfen. Beide Möglichkeiten ergeben allerdings nur dann Sinn, wenn der Strom aus Wind günstiger ist als der Strom aus anderer Energieerzeugungen.

3.6 Globalisierung

Unter dem Begriff der Globalisierung ist im Wesentlichen eine Veränderung der geografischen Wertschöpfung zu verstehen, von einer kleinräumlichen hin zu einer eben globalen Arbeitsteilung und der Vernetzung der Akteure durch (neue) Technologien.

Die Herausforderung besteht also im Wesentlichen aus den folgenden Themen:

- Internationale Arbeitsteilung
- Produktion eines regional angepassten Produktes
- Normierung und Standardisierung von Arbeits- und Produktionsprozessen
- Fachlich und technische interdisziplinäre Zusammenarbeit
- Interkulturelle Zusammenarbeit
- Weltpolitik

Angesichts dieser Themen kann man den Eindruck bekommen, dass man innerhalb des Projektmanagements nur wenige Möglichkeiten hat, sich dieser Bereiche anzunehmen. Dem ist aber nicht so. Das Projektmanagement zeichnet sich ja gerade dadurch aus, die gegebenen Ziele ressourcenoptimiert in einer vorgegebenen Zeit zu erreichen. Dabei ist die Globalisierung Fluch und Segen zugleich.

Zu Beginn hat sich die Windkraft als ein regionales Produkt für einen regionalen Raum entwickelt und wurde erfolgreich international verkauft. Die Wertschöpfung blieb lange Zeit regional am Stammsitz des Unternehmens konzentriert. Mit dem regionalen und internationalen Wachstum der Windbranche wuchs der Markt lange Zeit in den jeweiligen Heimatmärkten und die Unternehmen konnten ihre Wertschöpfungsketten vor Ort ausbauen.

Um die Renditen weiter zu erhöhen und aufgrund politischer Auflagen wurde die Wertschöpfung der Windbranche weiter internationalisiert, indem man einzelne Dienstleistungen und Abteilungen an kostengünstigere Standorte verlagerte.

Mit diesem Schritt gewann die Windbranche eine Arbeitsteilung, die bislang noch nicht abgeschlossen ist, denn zahlreiche Unternehmen stehen mit ihren Produkten und Dienstleistungen immer stärker auch international im Wettbewerb.

Auf diese Weise müssen die Unternehmen die Produkte aber auch die Projektentwicklung immer weiter international normieren und standardisieren, damit diese Art der Arbeitsteilung auch gelingen kann. Die regionale Wertschöpfung wird weiter spezialisiert oder geht in der internationalen Arbeitsorganisation auf, sodass neben vielen anderen Branchen die Windbrache zu einem „Global Business" wird, mit weitreichenden Folgen für die Unternehmenskultur und die Anforderungen an ihre Mitarbeiter.

Um das Projektmanagement auf diese neuen Besonderheiten und Herausforderungen vorzubereiten ist es die Aufgabe des Projektmanagements, diese Prozesse konzentriert mit zu begleiten. Wenn der Wert des Projektmanagements innerhalb der Organisation nicht ausreichend erkannt wird, fehlt die unterstützende Wirkung des Projektmanagements für die Arbeitsabläufe der internationalen Arbeitsteilung.

▶ Daher kann den Herausforderungen im Rahmen der Globalisierung durch folgende Möglichkeiten begegnet werden:
- Bedeutungsgewinn eines einheitlichen internationalen Projektmanagements
- Kostenoptimierung durch örtliche Standortvorteile und Zeitzonen
- Internationale Standardisierung von Arbeits- und Produktionsprozessen
- Internationale modulare Produkt- und Projektentwicklung für die regionalen Bedürfnisse
- Austausch von Wissen und Erfahrungen
- Definition einer gemeinsamen Sprache
- Sicherung einer ganzheitlichen betrieblichen Qualität
- Sicherstellung der örtlichen Akzeptanz durch Einbindung der Lokalbevölkerung

Die Windkraft wird sicherlich zukünftig an internationaler Bedeutung gewinnen und auch weiterhin im Wettbewerb mit anderen Energiesystemen stehen, insbesondere mit der fossilen Energiewirtschaft.

Jedoch kann jederzeit der Zeitpunkt kommen, sei es, weil politisch gewollt oder wirtschaftlich sinnvoll, an dem die erneuerbaren Energien die fossilen Energieträger ablösen werden.

In diesem Fall müsste die Windbranche verstärkt ihre internationalen Strukturen nutzen, um auch dieser globalen Herausforderung zu begegnen.

3.7 Interdisziplinarität

Sowohl das Projektmanagement als Ganzes als auch der Projektmanager arbeiten in der Windbranche hoch interdisziplinär. Sicherlich sind auch andere Branchen von interdisziplinärem Charakter geprägt, jedoch sind sie häufig aus derselben Branche langjährig miteinander verbunden und fest eingespielt, wie bspw. die Baubranche, Automobilbranche oder Softwarebranche.

Für die Windbranche trifft dies nicht zu. Nicht nur die relativ kurze Branchenhistorie trägt dazu bei, sondern auch die Vielzahl komplexer Themen, die voneinander teilweise fachlich und disziplinarisch getrennt sind.

Besondere interdisziplinäre Herausforderungen für das Projektmanagement sind typischerweise:

- Unterschiedliches Expertenwissen
- Unterschiedliche Hochschulausbildungen
- Unterschiedliche Berufsschulausbildungen
- Unterschiedliche (wissenschaftliche) Techniken
- Unterschiedliche Wissensanwendungen
- Unterschiedliche Projektmanagementschulungen und Standards
- Unterschiedliche Lösungs- und Denkansätze

Folgendes Spezialwissen wird in der Regel angewendet.

- Archäologie
- Biologie (Vogel, Fledermaus, Pflanzen)
- Elektrotechnik
- Erd- und Tiefbau
- Finanzwirtschaft (Banken, Versicherungen)
- Geografie
- Geologie
- Hydrologie
- Logistik
- Maschinenbau
- Rechtswissenschaften
- Straßenbau
- Technische Zeichner
- Teilw. Ozeanografie

In der Summe müssen Projektmanager (und das Projektmanagement als Ganzes) die Vielzahl unterschiedlicher „Welten" in einem Projekt vereinen. Um eine stabile interdisziplinäre Grundlage zu schaffen ist es daher von besonders hoher Wichtigkeit, eine gemeinsame Arbeitsgrundlage zu schaffen, die sich an dem gewünschten Endprodukt – also einem wirtschaftlich, technisch und juristisch umsetzungsfähiges Infrastrukturprojekt – zu orientieren und alle Definitionen und Maßstäbe daraufhin auszurichten. Erfahrungsgemäß ist die Anwendung von klassischem Projektmanagement die dem agilen Projektmanagement vorzuziehen, da das klassische Projektmanagement eine Vielzahl von vordefinierten Werkzeugen einer interdisziplinären Zusammenarbeit für die tägliche Anwendung anbietet.

Das Zusammenfügen großen interdisziplinären Wissens und entsprechender Erfahrung ist gleichzeitig eine große Bereicherung. Problemlösungen und Innovationen können von den verschiedenen Personen schnell provoziert und umgesetzt werden. Die Erfahrung wird damit nicht nur am Produkt, dem „Windpark", gemacht, sondern sie entsteht selbst aus der Interdisziplinarität heraus (z. B. bedarfsgerechte Nachtbefeuerung). Anderseits kann die hohe Interdisziplinarität eine Gruppe schnell überfordern, wenn nicht die gleichen Ansichten, Sprache, Ziele und Erfahrungen geteilt werden.

Ein kluges Projektmanagement wird daher schon vorab über den interdisziplinären Austausch und die grundlegende Projektzusammenarbeit Überlegungen anstellen und dabei besonders die Zielbeschreibung und Aufgabenbeschreibungen im Projekt als Planungsgrundlage nutzen.

3.8 Konflikte

Immer wieder ist bei einem Windkraftprojekt von Spannungen und Konflikten die Rede. Dabei lassen sich die Konflikte im Wesentlichen auf zwei Ursachen zurückführen: a) Ängste und b) Missgunst, und sie treten dabei in zahlreichen Facetten auf.

Für das Projektmanagement stellt sich hierbei die Herausforderung, mögliche Konflikte frühzeitig zu erkennen und mögliche Gegenmaßnahmen zu definieren. Da sehr viele regionale als auch überregionale Konflikte auftreten können, ist es außerordentlich schwer, sich hierauf vorzubereiten. Es hat sich aber in der Vergangenheit gezeigt, dass bestimmte Konflikte wiederkehrend sind und damit auch planbar. So entstehen besonders häufig Konflikte zu den Themen:

- Flächenentwicklung
- Konkurrierende Wirtschaftszweige (z. B. Gewerbeentwicklungen)
- Landschaftsbild
- Naherholung
- Politische Einflussnahme
- Regionalentwicklung
- Schallemissionen
- Schattenemissionen

- Stromversorgungsqualität
- Tierschutz
- Wirtschaftliche Partizipation

Im Grunde wird dabei immer diskutiert, inwieweit Gewinne privatisiert werden (dürfen) und inwieweit die Kosten sozialisiert werden (dürfen).

Im Sinne der Spieltheorie wird man aus der Sicht der Projektsteuerung heraus immer versuchen, für alle Beteiligten einen Gewinn zu erreichen. Dies kann gelingen, indem man die Konflikte in sachlichen und geldwerten Argumenten zur Diskussion stellt, durch Aufklärung, durch eine Umverteilung von Einnahmen (und Ausgaben), und indem man die emotionalen Themen durch Fakten und Forschung versachlicht.

▶ Das Projektmanagement besteht daher im Wesentlichen darin, die Konflikte
  - monetär zu bewerten,
  - einen finanziellen Ausgleich zu schaffen und diese
  - mit belegbaren Fakten zu beweisen.

Diese Herausforderung kann das Projektmanagement allein nicht bewältigen und muss begleitet werden durch regionale, nationale und übernationale Verbandsarbeiten, Medienarbeiten und Forschungsarbeiten. Daher hat der Projektmanager die Aufgabe, eben diese übergeordneten Konfliktthemen für sein konkretes Projektvorhaben zu kennen und einzubeziehen.

3.9 Naturschutz

Häufig wird ein Konflikt zwischen dem Naturschutz und der Erzeugung von Windstrom gesehen. Sicherlich ist es eine Herausforderung, die Natur durch Technik zu schützen, ohne diese dabei zu zerstören. Dabei gibt es gleich mehrere komplexe Herausforderungen für die Windbranche zu beachten:

- Die Beibehaltung des Landschaftsbildes
- Lebensschutz von Pflanzen und Tieren
- Reinhaltung von Böden und Gewässern
- Recycling der Baukomponenten
- Messbare Emissionen durch die Technik
- Nicht-Messbare Emissionen durch die Technik

Ganz ohne Zweifel ist die Windparkplanung ein Eingriff in die Natur und inwieweit dieser gerechtfertigt ist, um den wirtschaftlichen und technischen Wohlstand klimaneutral beizubehalten, ist eher eine kulturelle als eine Frage des Projektmanagements.

Aus der Sicht des Projektmanagements gilt es, den Eingriff in die Natur so gering wie möglich zu halten. Einerseits muss es sich an die gesetzlichen und behördlichen Regelungen halten, anderseits kann es während der aktiven Planungsarbeiten bereits weitere Vorkehrungen treffen, um den damit verbundenen anstehenden Herausforderungen zu begegnen.

Zahlreiche investigative Gutachten gerade zu Beginn eines Projektes können bereits die anstehenden Herausforderungen im Detail aufführen, die in der weiteren Planung berücksichtigt oder näher untersucht werden müssten. Dazu zählen auch der Einfluss der lokalen Infrastruktur und der Bevölkerung auf das Projekt sowie der mögliche Einsatz von alternativen naturschonenden Technologien.

3.10 Organisationsplanungen

Die Organisationsplanung eines Windparks verändert sich laufend und passt sich dem jeweiligen Lebenszyklus an. Damit wird auch schon die Herausforderung erkennbar, wenn man aus der Sicht des Projektmanagements den „Staffelstab" sinnvoll weitergeben möchte.

Die lange Projektentwicklungszeit über mehrere Jahre, die komplexen Bauausführungen und die Betriebszeit des Windparks sind in sich geschlossene Organisationen, die zwar thematisch und fachlich aufeinander aufbauen, aber organisatorisch voneinander getrennt zu sehen sind.

Daher besteht die Herausforderung eher darin, die Organisationsplanung im Einzelnen so zu gestalten, dass das Projekt über die Zwischenschritte im Gesamtlebenszyklus wie im Staffellauf erhalten bleibt.

In den meisten Fällen stellen sich dabei folgende Herausforderungen:

- Wechselnde Auslandsmärkte
- Wechselnde Kompetenzen, Verantwortungen und Befugnisse
- Wechselnde Kundenanforderungen
- Wechselnde Organisationsformen des Unternehmens
- Wechselnde politische Rahmenbedingen und Anforderungen
- Wechselnde Projektteilnehmer
- Wechselnde technische, wirtschaftliche und juristische Annahmen
- Wechselnde Unternehmenskulturen
- Wechselnde Ziele bei gleichbleibendem Gesamtziel

▶ Für das Projektmanagement ergibt sich an der Stelle eine teilweise widersprüchliche Organisationsauswahl.
  - Die gewählte Organisationsform ist zu unflexibel und kann auf Änderungen nicht ausreichend reagieren, dafür schafft sie einen stabilen Rahmen und verspricht Kontinuität.
  - Eine agile bzw. projektorientierte Organisationsform vereinfacht die Projektsteuerung und gestaltet diese flexibel, dafür schafft sie langfristig keinen stabilen Rahmen und keine Kontinuität.

3 Typische Herausforderungen im Projektmanagement der Windenergiebranche

- Eine dritte Möglichkeit wäre das Konzept des modularen Projektmanagements, wie in der Abb. 3.3 dargestellt. In einer festen Organisationsform wird eine vordefinierte Gruppe von Arbeitspaketen zu einem Modul definiert und kann bei unterschiedlichen Projektanforderungen zu verschiedenen Varianten umdefiniert werden. Dies wäre der sinnvollste Kompromiss aus einer klassischen und einer agilen bzw. projektgesteuerten Organisationsplanung.

3.11 Qualitätsmanagement

In einem Windpark gibt es zahlreiche Normen, Zertifizierungen, Standards und Quoten, die eingehalten werden müssen. Die eigentliche Herausforderung besteht zum einen darin, diese Auflagen zu überblicken und zu erfüllen und zum anderen darin, den wechselnden Qualitätsansprüchen des Kunden gerecht zu werden.

Besonders folgende Qualitätsthemen aus der Sicht des Kunden stellen dabei eine Herausforderung für das Projektmanagement dar:

- Big Data
- Analytisches Wissen (Know-How)
- Dokumentation(sformen)
- Fachliche Kompetenzen
- Industrie 4.0
- Materialeigenschaften
- Produktinnovationen
- Soziale Kompetenzen
- Verfahrenstechniken
- Weiterbildung

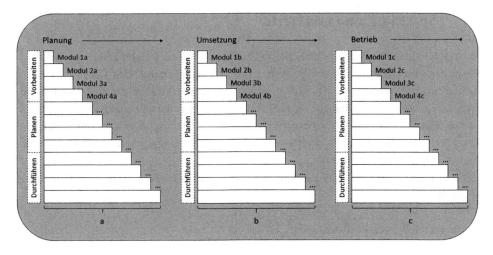

Abb. 3.3 Beispiel einer modularen Organisationplanung in allen Lebenszyklen

Das eigentliche Arbeitsumfeld eines Projektmanagers in der Windbranche ändert sich aufgrund zahlreicher neuer Anforderungen derzeit stark und wird dabei von neuen digitalen Medien, neuen Produkttechnologien und dem fortlaufenden gesellschaftlichen (internationalen) Wandel bestimmt.

Damit einhergehend verändert sich der Qualitätsanspruch an das Projektmanagement von einer einfachen Bereitstellung einer Projektinfrastruktur und Steuerung dessen Ressourcen und Prozesse hin zu einer ganzheitlichen Betreuung der Produktanforderungen des (zukünftigen) Kunden oder von mehreren Kunden durch begleitende Dienstleistungen und Technologien. Mit anderen Worten: Der Kunde wünscht sich nicht nur ein Produkt „Windpark", sondern alle ergänzenden Dienstleistungen, die technisch, wirtschaftlich und juristisch möglich sind, gesondert dazu. Dazu zählen bspw. die Sammlung aller Messdaten im Windpark zur Optimierung der Ertrags- und Wartungsprognosen, sowie die Überwachung und Speicherung der erzeugten Energie, um den höchsten Marktpreis zu erzielen oder Beratungsleistungen für die Finanzierung und den Vertrieb.

Auf diese Weise erweitert sich das Qualitätsspektrum des Projektmanagers um zahlreiche neue Bereiche, die der Windpark in Summe durch die Ansammlung von Einzelprodukten und deren Dienstleistungen bietet. Das Projektmanagement hat dann die Aufgabe, nicht nur ein Projekt und dessen Ressourcen für einen Kunden zu steuern („der Windpark"), sondern eben alle dazugehörigen technologischen Komponenten und deren Dienstleistungen für eine Vielzahl von Kunden. Aus einem großen Projekt können damit zahlreiche kleinere Projekte werden, die der Kunde sich in Einzelteilen von verschiedenen Anbietern auf dem Markt zusammenstellen lassen kann.

▶ Damit wäre eine Lösung zur Herausforderung für das Qualitätsmanagement:
   - Die hausinternen Qualitätsanforderungen erfüllen und
   - die des jeweiligen Kunden für die jeweils nachgefragten (Teil-) Projekte.

3.12 Sprache, Kultur und Werte

Zahlreiche Akteure in der Windbranche sind begeistert von der Vereinbarkeit von Technik, Wirtschaft und Ökologie, die mit der Windkraft verbunden sind. Damit waren schon von Anfang an branchentypische Grundwerte vorhanden, die sich zu einer eigenen Kultur und Sprache weiterentwickelt haben, wie sie auch in anderen Branchen üblich sind.

Das Besondere an der Windbranche ist aber der dynamische Wertewandel, den die Branche in der Vergangenheit durchmachte, derzeit durchmacht und sehr wahrscheinlich auch zukünftig durchmachen wird.

Besonders folgende Themen stellen dabei eine Herausforderung für das Projektmanagement dar:

- Bürgerbeteiligung vs. Großkapital
- Digitalisierung vs. Datenschutz

- Energiewende vs. Industrieerhalt
- Globale High-Tech- vs. lokale Low-Tech-Arbeitsmittel
- Kleinräumlicher vs. großräumlicher Ansatz
- Lokale vs. globale Wertschöpfung
- Muttersprache vs. internationale Sprache
- Naturerhalt vs. Flächennutzung
- Ökologie vs. Ökonomie
- Projektmarketing vs. Cybermobbing
- Regionale vs. nationale vs. internationale Projekte
- Werteorientierte vs. kundenorientierte Projekte
- Wissensaustausch vs. Industriespionage

▶ Für das Projektmanagement von Windenergieprojekte hat die Kombination dieser Themen im Wesentlichen drei Konsequenzen:
1. Projektarbeit in der Windbranche ist eine hochindividuelle Kraftwerksplanung mit sich wiederholenden Arbeitsabläufen, die sich aber an den zukünftigen politischen, wirtschaftlichen und gesellschaftlichen Bedürfnissen orientieren und daher im (zukünftigen) Projektablauf jederzeit angepasst werden müssen.
2. Im internationalen Kontext werden die vergleichbaren technischen und wirtschaftlichen Projekte von der örtlichen Politik, Kultur, Sprache, Moral und Weltanschauung mitgeprägt und erfordern daher die starke kulturelle und soziale Einbindung der Menschen vor Ort in die Projektplanung.
3. Die einzelne Arbeitskultur und die Nutzung der technischen Medien/Arbeitsmittel verändern sich im Allgemeinen laufend, aber regional unterschiedlich schnell. Dies erfordert ein eigenes und einheitliches Wissens- und Technologiemanagement innerhalb des Projektmanagements mit regional angepassten Lösungen.

Damit die Windtechnik und die damit zugehörige Infrastruktur auch zu einem Produkt wird, welches neue Werte, Sprache und kulturelle Eigenheiten in andere Regionen fördert, muss sie einen Beitrag leisten für eine multinationale, ökologische und ökonomische Zukunft. Dies gilt sowohl für das Produkt „Windpark" als auch für die Werte des durchführenden Projektmanagements.

3.13 Technische Infrastruktur

Die technische Infrastruktur stellt auf zwei unterschiedliche Arten eine Herausforderung für das Projektmanagement dar. Zum einen ist damit die technische Infrastruktur im Sinne der zu bauenden Gewerke gemeint und zum anderem die technische Infrastruktur zur Durchführung eines Projektes aus der Sicht des Projektmanagements.

3.13.1 Technische Infrastruktur der Gewerke

Die Bautechnik rund um die Windenergieanlagen verändert sich sehr schnell. Die Anlagen werden immer größer, leistungsfähiger und verfügen über immer mehr adaptive Technologien wie Sensorik und Speichertechniken.

Zu den typischen Herausforderungen der technischen Infrastruktur zählen dabei:

- Bestehende Anbindung an das Glasfasernetz oder das Mobilfunknetz
- Das Gewicht der schwersten Gewerke wie bspw. das Maschinenhaus
- Die Gesamtlänge der längsten Gewerke wie bspw. die Rotorblätter
- Die Vernetzung der Sensorik und deren Datenerfassung
- Gesamthöhe der Anlagen sowie die Größe ihrer Einzelkomponenten wie bspw. die Turmsegmente
- Infrastrukturelle Anbindung des Projektgebietes durch z. B. öffentliche Straßen, Brücken und Schienen
- Örtliche zivile und militärische Infrastruktur
- Zusätzliche Module zum Schutz vor dem Klima und dem Wetter sowie der behördlichen Auflagen

Bei typischen Projektzeiträumen von mehreren Jahren, können sich eben auch die technischen Spezifikationen der Anlagentechnik und der dazugehörigen Komponenten laufend verändern. Es gilt dabei regelmäßig in enger Abstimmung mit den Anlagenherstellern zu erfahren, wie sich die Anlagentechnik im Allgemeinen und speziell für das jeweilige Projekt ändern wird und somit optimiert werden muss. Die neuen Erkenntnisse fließen dann in die weitere Planung der Projekte mit ein.

Ebenso verhält es sich, wenn geplant wird, den bestehenden Windpark zu erneuern, also zu Repowern, oder noch während der Betriebsphase zu erweitern.

3.13.2 Technische Infrastruktur des Projektmanagements

Auch die Techniken zum Projektmanagement verändern sich, sind einem gewissen Zeitgeist unterlegen und müssen laufend den organisatorischen und gesellschaftlichen Veränderungen angepasst werden.

Zu den typischen Herausforderungen im Projektmanagement zählen beispielsweise:
- Äußerst diverse und teils sehr spezialisierte Projektmanagement-Softwarelösungen
- Einführung neuer innovativer Projektmanagement-Techniken und -standards
- Unterschiedliche bestehende Projektmanagement-Standards und Zertifizierungssysteme
- Veränderungen der Lehrinhalte von Zertifizierungen und der Ansprüche an Zertifikate
- Veränderungen des Berufsbildes des Projektmanagements
- Veränderungen von internationalen und nationalen Normen

Sicherlich ist eine mögliche Konsequenz aus all diesen Herausforderungen das lebenslange Lernen und die Anwendung von sog. „Best Practices", also erfolgreich getesteten Problemlösungen, jedoch dürfte wohl die größte Herausforderung für das Projektmanagement selbst, eine einheitliche Normierung von Branchenstandards sein. Die Normierung garantiert eine Langzeitanwendung von Projektmanagementwissen und -techniken. Daher macht es durchaus Sinn, wie bereits in den anderen Industrien der Chemie- und der Automobilbranche erfolgreich umgesetzt, für die gesamte Wertschöpfung innerhalb der Windbranche einen einheitlichen und allgemeingültigen Projektmanagementstandard zu entwickeln und zu definieren.

3.14 Terminplanung

Wie auch bei allen anderen Infrastrukturprojekten stellt die Terminplanung eine eigene und komplexe Herausforderung für das Projektmanagement dar. Die Terminplanung für das Projektmanagement in der Windbranche ist aus zwei unterschiedlichen Gründen sehr entscheidend für den erfolgreichen Ausgang des Projektes: zum einen, da der Projektentwickler in der Regel in die finanzielle Vorleistung geht und die Projektentwicklung vorfinanziert, zum anderen, weil die Errichtung und Inbetriebnahme des Projektes zu einem bestimmten Zeitpunkt erfolgen muss, um die technischen, juristischen und wirtschaftlichen Auflagen und Vereinbarungen zu erfüllen.

In beiden Fällen kann eine unzureichende Termin- und damit verbundene Ressourcenplanung zu empfindlichen Mehrkosten, Leistungseinschränkungen oder im Extremfall zu einem Projektabbruch führen.

Typische Herausforderungen der Terminplanungen in einem Windparkprojekt sind wesentlich auf die Entwicklungs- und Bauzeit eines Windparks konzentriert, welche sind:

- Bereitschaft zur Kooperation der Stakeholder
- Langwierige unternehmensinterne Projektentscheidungswege
- Langwierige Raumordnungsprozesse
- Lieferengpässe der Mess- und Anlagentechniken (Hardware)
- Mangelhafte Abstimmungen zwischen den Beteiligten der öffentliche Träger und Belange
- Mangelhafte Kommunikation der Stakeholder
- Mangelhafte unternehmensinterne und unternehmensexterne Projektvorbereitung
- Mitarbeiterfluktuation und damit verbundener „Brain Drain"
- Rechtsunsicherheiten und Gerichtsprozesse
- Sog. „Bottlenecks", also Ressourcenengpässe bei Mitarbeitern und externen Dienstleistern
- Unzureichende Anwendung von parallelen Arbeitsprozessen und Optimierung der Terminplanung anhand eines Projektstrukturplans oder der Netzplantechniken
- Unzureichende Projektfinanzierung oder Liquidität

- Veränderungen der gesetzlichen Auflagen und Verordnungen
- Wetter-, Vegetations- und Klimaeinflüsse
- Wiederholung der Arbeitsabläufe durch technische und wirtschaftliche Anpassungen/ Optimierungen

Man kann also erkennen, wie unterschiedlich die jeweiligen Herausforderungen innerhalb der Terminplanung sein können. Für jedes Einzelne kann natürlich im Rahmen einer Risikobewertung eine Gegenmaßnahme definiert werden, jedoch spielt auch die Erfahrung eines berufserfahrenen und gut geschulten Projektmanagers (m/w) eine wichtige Rolle dabei, die Terminplanung so realistisch und effizient wie möglich zu gestalten.

Dabei findet immer häufiger die Anwendung von Software für die Terminplanung statt, die jedoch eine digitale Spezialisierung des Projektmanagements in diesem Bereich erfordert. Natürlich ist die Planung mit Hilfe von Software nur so gut wie die Annahmen, die im Vorfeld der Projektplanung und Umsetzung getroffen worden sind.

Daher wird seit Neuestem auch die Anwendung einer zentralen digitalen Unternehmenssteuerungssoftware immer beliebter, bei der die zahlreichen hausinternen Schnittstellen miteinander verbunden sind (z. B. Controlling, Projektentwicklung, Bauleute, Buchhaltung, Vertrieb etc.), die dann jeweils Projektinformationen abrufen, ergänzen und aktualisieren können. Das Projektmanagement bekommt dann die zentrale Aufgabe, das Projekt im weitesten Sinn auf Unternehmensebene zu steuern und kann direkt auf die einzelnen Unternehmensbereiche zugreifen, um die Terminplanung (wie auch die Ressourcenplanung) damit effizienter zu steuern. Dies gilt insbesondere bei der Durchführung von Auslandsprojekten oder bei einer hausinternen internationalen Arbeitsteilung.

Letzten Endes hat die Terminplanung eine so zentrale und strategische Bedeutung für das Gesamtunternehmen, dass davon alle Unternehmensbereiche direkt oder indirekt betroffen sind und die gesamte Wertschöpfung sich daran ausrichten muss. Für das Projektmanagement bedeutet das im Wesentlichen eine organisatorische Anpassung der unternehmensinternen Gesamtprozesse eben an die Windparkplanung und ihre Umsetzung, sowie die Steuerung der gesamten Unternehmensressourcen entlang der chronologischen Wertschöpfungskette.

3.15 Wissensmanagement

Das Wissensmanagement (sowie das Technologiemanagement) in der Windbranche ist im Wesentlichen geprägt von der interdisziplinären und damit verbundenen Anwendung von fachlich sehr unterschiedlichem Expertenwissen über einen relativ langen Zeitraum.

Dazu kommen noch die zunehmende Internationalität sowie die Veränderungen in den jeweiligen Märkten und den (komplementären) Technologien.

Daher sind als besondere Herausforderungen der Windbranche folgende Wissensthemen zu nennen:

- Branchenerfahrungen werden wenig, teilweise unter starken Vorbehalten öffentlich ausgetauscht und diskutiert
- In Deutschland ist das Wissensmanagement noch stark von nationalen Erfahrungen geprägt, mit vergleichsweise wenig internationaler Erfahrung
- Neues und externes Wissen wird nur langsam und zögerlich absorbiert und steht nicht allen Marktteilnehmern gleichermaßen zur Verfügung.
- Noch kein einheitliches Verständnis von zukünftigen Branchenthemen und deren Anforderungen
- Stark heterogene Ausbildung der Branchenteilnehmer
- Unterschiedlicher Wissenstand innerhalb von Unternehmen
- Vergleichsweise (noch) wenig Erfahrung der Marktteilnehmer aufgrund der vergleichsweisen kurzen Branchenhistorie

Erst seit kurzem werden Datenbanken, IT-gestützte soziale Netzwerke und Plattformen für den öffentlichen Austausch sowie reale soziale Netzwerke für den persönlichen Erfahrungsaustausch aufgebaut, die damit einen Beitrag für die Gesamtbranche leisten können. Jedoch handelt es sich nicht um eine systematische Einbettung in die Forschungslandschaft, wie dies bei anderen Branchen wie der Medizin oder der Raumfahrt der Fall ist.

Sinnvoll wäre es, wenn die Energiewirtschaft insgesamt sich in diesem Bereich neu finden und aufstellen würde. Dies würde für die Vermittlung und den Austausch von Fachwissen sehr förderlich ein.

▶ Für das Projektmanagement bedeutet das im Wesentlichen:
   - Das bestehende Wissen in der Organisation laufend sichern (dokumentieren)
   - Das bestehende Wissen aktualisieren (durch z. B. Schulungen und Zertifizierungen)
   - Dazu ist es nötig, für das Wissensmanagement mindestens auf Projektebene, wenn nicht sogar auf Unternehmensebene einen eigenen Stellenwert zu schaffen.
   - Nach Netzwerkpartnern suchen, mit denen man gemeinsam Technologietransfers durchführen kann bzw. neue Produkte und Verfahren finden lassen

3.16 Fazit

Die Zukunft der Marktteilnehmer der Windbranche und die Branche als Ganzes werden im Wesentlichen geprägt von zahlreichen und unterschiedlichsten Herausforderungen aus Politik, Gesellschaft, Technik, sozio-kulturellen Einflüssen und globalen Zukunftsthemen.

Daher darf es nicht verwunderlich sein, dass für eine vergleichsweise junge Branche wie eben die der Windenergie die anstehenden Veränderungsprozesse sehr dynamisch, häufig kurzfristig und kostenintensiv verlaufen werden.

Für die betroffenen Unternehmen entsteht daraus eine neue Form des Wettbewerbs, der wesentlich geprägt sein wird durch die Erhöhung der Leistungen entlang der vertikalen wie auch der horizontalen Wertschöpfungskette, einhergehend mit der Optimierung der Prozesse und des Projektmanagements.

Dazu zählen im Wesentlichen:

- Kostensenkungen
- Renditen erhöhen
- Aufbau einer Digitalisierungskompetenz
- Definition einheitlicher Branchenstandards
- Gemeinsame Entwicklung neuer Produkte, technischer Systeme und Technologien
- Harmonisierung einer Markt- und Absatzstrategie
- Qualitätssicherung entlang der Wertschöpfungsketten, deren Prozesse und des Projektmanagements
- Reduktion nationaler und internationaler Konflikte
- Aktiver Aufbau und Pflege eines Wissensmanagements
- Austausch von Erfahrungen
- Internationalisierung aller Produkte und Dienstleistungen

In Folge einer verstärkten Vernetzung der Marktteilnehmer, der zunehmenden Standardisierung und den interaktiven Kooperationen auf zahlreichen Ebenen, kann es der Windbranche auf diese Weise gelingen, ihre Wertschöpfung optimal zu erschließen, die Renditen zu erhöhen und den zahlreichen Herausforderungen, gerade im internationalen Wettbewerb, zu begegnen.

Daniel Meier studierte Wirtschaftsgeografie mit den Schwerpunkten Wirtschaftsförderung, Volkswirtschaftslehre und internationale Zusammenarbeit an der RWTH Aachen und arbeitet seit 2007 in der Windbranche. In seiner Funktion als langjähriger Projektleiter verfügt er über ein sehr ausgeprägtes und interkulturell fundiertes Fachwissen in der Planung und Durchführung von Organisationsprojekten und ausländischen komplexen Infrastrukturprojekten, sowie bei der Entwicklung von neuen Geschäftsideen. Als zertifizierter Projektmanager nach IPMA Level B nutzt er sein Fachwissen zur Qualitätssicherung der Projekte und deren wirtschaftlicher und technischer Optimierung. Mit der Durchführung von Fachveranstaltungen durch seine ehrenamtliche Mitarbeit als Fachgruppenleiter bei der „Deutschen Gesellschaft für Projektmanagement e.V." engagiert er sich für die Weiterentwicklung des Projektmanagements innerhalb der Windbranche.

Dipl.-Wirt.-Ing. Ulf Ehlers studierte Energie- und Umweltmanagement an der Universität Flensburg. Zunächst war er Projektleiter bei der WKN AG (heute WKN GmbH) für Thüringen, dann Teamleiter und Marktverantwortlicher für Thüringen, Sachsen und Hessen sowie verantwortlich für die Organisationsentwicklung der Abteilung Deutschland. Jetzt ist er bei der GP JOULE GmbH verantwortlich für die Organisation des Projektmanagements für alle PV-, Wind- und Wärme-Projekte.

Stakeholdermanagement

4

Daniel Müller

> **Zusammenfassung**
>
> Für das Stakeholdermanagement in Projekten gibt es unzählige Methoden und Ansätze. In der Praxis findet es leider jedoch häufig nur in den Köpfen des Projektleiters und des Projektteams statt, vielleicht noch unterstützt mittels einer Stakeholderliste. Aus der Erfahrung, so eine oftmals geäußerte Einschätzung von den Marktteilnehmern, weiß man schon ungefähr, wer wie warum im Projekt relevant ist und wie man mit diesen Personen, Institutionen oder Gruppen umgehen muss. Solche intuitiven Überlegungen sind häufig richtig, aber selten vollständig. Aufgrund der Eigenschaft von Projekten, einzigartig zu sein – und dies gilt auch für jeden Stakeholder –, kann ein systematischer und frühzeitiger Ansatz jedoch durchaus unerwartete Aspekte aufzeigen und den Projekterfolg sichern. Ziel des nachfolgenden Beitrags ist es daher, einen Überblick über einige analytische Methoden des Stakeholdermanagements zu geben, inkl. des Aufzeigens, wie systematisch Strategien für den Umgang mit für das Projekt relevanten Personen entwickelt werden können. Den Projektmanagern soll damit ein Methodenkoffer für die frühzeitige und systematische Bearbeitung des Themas an die Hand gegeben werden.

4.1 Einleitung

Im Erneuerbare-Energien-Gesetz in der Novelle von 2017 sieht der Gesetzgeber einen Anteil des aus erneuerbaren Energien erzeugten Stroms am Bruttoverbrauch von 40–45 % bis 2025 vor. Im Koalitionsvertrag von CDU, CSU und SPD aus 2018 wird das Ziel genannt,

---

D. Müller (✉)
BayWa r.e. Wind GmbH, München, Deutschland
E-Mail: m.daniel@email.de

© Springer Fachmedien Wiesbaden GmbH, ein Teil von Springer Nature 2019
D. Meier, S. Rietz (Hrsg.), *Projektmanagement in der Windenergie*,
https://doi.org/10.1007/978-3-658-27365-1_4

den Anteil der erneuerbaren Energien auf 65 % bis 2030 auszubauen. Die Windenergie soll hierbei eine zentrale Rolle übernehmen (CDU 2019).

Gleichzeitig bedeutet dies aber auch, dass die notwendige Akzeptanz für diesen Ausbau in der Bevölkerung geschaffen werden muss. Dies hat auch die Bundesregierung erkannt und im Koalitionsvertrag eine stärkere Berücksichtigung berechtigter Bürgerinteressen und die Beteiligung der Standortgemeinden an der Wertschöpfung festgeschrieben. Auszug aus dem Koalitionsvertrag von CDU, CSU und SPD aus 2018:

> *„Wir führen die Energiewende sauber, sicher und bezahlbar fort: Zielstrebiger, effizienter, netzsynchroner und zunehmend marktorientierter Ausbau der Erneuerbaren Energien. Unter diesen Voraussetzungen: Steigerung des Anteils Erneuerbarer Energien auf 65 Prozent bis 2030. Modernisierung der Stromnetze.*
>
> *Wir gestalten die Energiewende mit den Menschen, Kommunen und Unternehmen: Stärkere Berücksichtigung des Naturschutzes und berechtigter Bürgerinteressen, u. a. durch mehr Erdverkabelung. Sicherung der Akteursvielfalt. Beteiligung Standortgemeinden an Wertschöpfung. Gewährleistung der Wettbewerbsfähigkeit energieintensiver Industrien. Bis zum Jahr 2020 soll der Anteil der Stromerzeugung aus erneuerbaren Energieträgern auf mindestens 35 Prozent steigen. Im Energiemix der Zukunft wird die Windenergie eine zentrale Rolle übernehmen. [...]"*

Allein das eine Wort „Akteursvielfalt" lässt schon jetzt erahnen, welche Komplexität die Windbranche zum Thema Stakeholdermanagement erwartet.

Auch wenn sich mit 95 % (Meinungsforschungsinstitut Kantar EMNID 2018) weiterhin ein großer Teil der deutschen Bevölkerung grundsätzlich für die Energiewende und auch für die Windkraft ausspricht, erleben Projektentwickler häufig Gegenwind durch die tatsächlich betroffenen Bürger und Gemeinden.

Klar ist, dass Windenergieprojekte (wie alle Kraftwerksprojekte) Auswirkungen auf ihre Umgebung haben. Neben objektiv messbaren Faktoren wie z. B. Schall und Schatten werden immer wieder auch subjektive oder nicht messbare Aspekte wie z. B. hinsichtlich Infraschalls ins Feld geführt. Die mit der Raumplanung befassten Behörden und Gemeinden, sowie später auch die Projektentwickler im notwendigen Genehmigungsverfahren nach Bundesimmissionsschutzgesetz bearbeiten heute schon in großer Tiefe alle vorgeschriebenen Aspekte.

Allerdings entsteht oft ein Defizit zwischen den gesetzlich notwendigen und technisch oder wissenschaftlich greifbaren Maßnahmen und den im Umfeld eines Windprojekts erwarteten Maßnahmen. Nicht immer ist dieses Defizit real, sondern auch auf unzureichende Information der interessierten Gruppen oder Personen und fehlenden Austausch zwischen den Behörden bzw. dem Entwickler und den Interessensgruppen zurückzuführen.

Hier können ein systematisches Stakeholdermanagement und umfangreiche Maßnahmen zur Akzeptanzsteigerung der Projekte vor Ort Abhilfe schaffen. Auch wenn hiermit zunächst ein größerer Aufwand für die Unternehmen verbunden ist, ergeben sich daraus auch viele Chancen. Nicht zuletzt können z. B. alternative Finanzierungen mit Beteiligung der Bürger für alle Parteien vorteilhaft sein. Auch ein reduziertes Klagerisiko ist für die wirtschaftlichen Interessen des Projektentwicklers von übergeordneter Bedeutung. Bereits in der frühen Projektentwicklung wird der Grundstein für die Betriebsphase und das Miteinander aller Beteiligten über die gesamte Projektlaufzeit bis zum Rückbau der Anlagen gelegt. So belegt die Studie „Understanding stress effects of wind turbine noise – the integrated approach" (Pohl et al. 2018), dass Anwohner, die in der Entwicklungs- und Bauphase des Windparks eingebunden bzw. umfangreich informiert waren, im späteren Betrieb über deutlich weniger Beschwerden durch zum Beispiel Lärmemissionen oder Schattenwurf klagen.

Stakeholder sind aber nicht nur im Zusammenhang mit der übergeordneten Akzeptanz von Windprojekten in der Bevölkerung relevant, sondern können im Projekt in vielfältiger Erscheinungsart und aus allen vom Projekt berührten Bereichen (angefangen im eigenen Unternehmen) heraus auftreten. Sie verändern sich und ihre Einstellungen über die Projektlaufzeit, weshalb eine umfassende Analyse und eine ständige Kontrolle und Anpassung von Aktionsplänen notwendig sind.

Die folgenden Abschnitte sollen zunächst einen Überblick über das Basiswissen zum Stakeholdermanagement geben, um dann mit einem Methodenpool Denkansätze und Vorgehensmodelle zum Stakeholdermanagement zusammenzutragen. Dieser Pool ist entlang eines Phasenmodells typischer Projektarbeit strukturiert. Beispielhaft sind Stakeholder, Stakeholdergruppen und mögliche Maßnahmen zur Information und Einflussnahme im Windprojekt dargestellt.

Die hohe Akzeptanz für die Energiewende in der Bevölkerung muss durch ein verantwortungsvolles Handeln von Politik und Unternehmen weiter gestärkt werden. Insbesondere die regionale Beteiligung der Bürger und lokale Wertschöpfung sind hierbei wichtige Mittel. Eine hohe generelle Akzeptanz in der Bevölkerung erlaubt jedoch keine Rückschlüsse auf die Gemengelage des einzelnen, konkreten Projekts und seines Umfelds. Hier kann ein systematisches Stakeholdermanagement Ansätze liefern und den Projektmanagern helfen, Strategien für die Identifikation und den Umgang mit Stakeholdern zu entwickeln.

Hinzu kommt, dass die Stakeholder in der Windenergie maßgeblich unkalkulierbarer sind als in zahlreichen anderen Branchen. Es gibt sehr engagierte Demonstranten vor AKWs, die den Wechsel auf erneuerbare Energien fordern – vermeintliche Unterstützer. Die gleichen Akteure stehen aber wenig später in Bereichen entstehender Windparks und versuchen, auch diese mit dem Hinweis auf die zu erhaltende Tier- und Pflanzenwelt zu verhindern. Unabhängig davon ob die Argumente in Art und Umfang richtig sind, so ist es typisch für die Branche, dass Stakeholder nur schwer zu verorten sind, während des Projektes ggf. mehrfach ihren Standpunkt wechseln und Zielkonflikte nicht nur erzeugen, sondern gänzlich in das Projekt hineintragen.

4.2 Stakeholdermanagement

4.2.1 Definition und Einordnung in das Projektmanagement

Für den Begriff des Stakeholders gibt es in der Literatur zahlreiche Definitionen. Nach der ICB sind **Stakeholder** „Personen oder Personengruppen, die am Projekt beteiligt, am Projekt interessiert oder von den Auswirkungen des Projekts betroffen sind. Sie haben ein begründetes Interesse am Projekterfolg und am Nutzen fürs Projektumfeld." (IPMA, International Project Management Association 2014). Bei der Betrachtung von Gruppen –

Gruppen aus Personen oder Gruppen aus weiteren Kleingruppen – ist große Vorsicht geboten. Für Außenstehende ist die Gruppenstruktur, sowie die Art und Stärke der Bindung innerhalb einer Gruppe oft nicht erkennbar. Es kommt hinzu, dass im Rahmen des Stakeholdermanagements Maßnahmen zum Umgang mit den Stakeholdern abgeleitet, dann eingeleitet werden sollen. Sind dabei alle Mitglieder einer Gruppe in ihrem Denken und Handeln identisch? Um an der Schnittstelle zu den Stakeholdern zielgenau kommunizieren und agieren zu können, empfiehlt es sich, immer Einzelpersonen zu betrachten.

Die ICB 3 der IPMA (IPMA, International Project Management Association 2014) fasst verschiedenen Definitionen zu Individuen oder Gruppen mit Beziehung zum Projekt und folgenden Merkmalen zusammen:

- Die direkte oder indirekte Beteiligung eines Stakeholders am Projektprozess
- Die Betroffenheit des Stakeholders durch Ziele und/oder Ergebnisse des Projekts, durch den Projektablauf und/oder die Umsetzung der Ergebnisse
- Wechselseitige Einflussnahme-Möglichkeiten
- Interesse und Erwartungen der Stakeholder
- Gefahren- und Kooperationspotenziale der Anspruchsgruppen hinsichtlich Strategien des Projekts

Auch das Projektteam selbst gehört zu den Stakeholdern. In der Praxis wird der Blick aber leider oft nur nach außen gerichtet.

In Windenergieprojekten gibt es eine große Anzahl an unterschiedlichen Stakeholdern deren Einfluss auch individuell sehr hoch sein kann und die daher eines Managements bedürfen, um den Projekterfolg zu sichern. Meist begegnen den Marktteilnehmern in ihren Projekten die gleichen Stakeholder- und Stakeholdergruppen in den verschiedenen Projekten, auch wenn deren Interessen und Auftreten natürlich höchst individuell sein kann. Diese Stakeholder sind in Anhang 1 (siehe Abschn. 4.5) exemplarisch gelistet, um dem Projektmanager eine Orientierung zu bieten. Der Anhang 1 ist dabei ideengebend zu verwenden, damit in Erstprojekten und von Branchenneulingen nichts Wesentliches vergessen wird, erhebt aber natürlich keinen Anspruch auf Vollständigkeit und ist immer individuell im Projekt zu prüfen.

Die Stakeholderanalyse ist im klassischen Projektmanagement verknüpft mit der Umfeldanalyse. Bei dieser werden das Projektumfeld, in dem das Projekt stattfindet, analysiert und sich daraus ergebende Chancen und Risiken gemanagt. Betrachtet werden verschiedene Aspekte, üblicherweise mindestens das natürliche, das technische, das ökonomische, das rechtlich-politische sowie das soziokulturelle Umfeld. Das politisch-rechtliche Umfeld hat hierbei sicher eine ganz besondere Bedeutung für die Windenergiebranche, insbesondere die fortlaufenden Novellen des EEG hatten und haben stets einen starken Einfluss auf die Projektplanung und -gestaltung und den Erfolg der Branche.

Häufig werden die Themen der Umfeldanalyse zur leichteren Identifikation noch in sachlich/sozial und intern/extern gegliedert (vgl. Beispiel Tab. 4.1), wobei die Grenze intern/extern nicht die Projekt-, sondern die Unternehmensgrenze ist.

Das darauf aufbauende Stakeholdermanagement betrachtet die Sozialfaktoren eines Projekts und seine Implikationen auf das Projekt in tieferem Detail.

Tab. 4.1 Suchfelder im Portfolio der Umfeldanalyse (Umfeldfaktoren beispielhaft)

	Intern	Extern
Sachlich	- PM-Handbuch - Richtlinien - Umsatzentwicklung	- Gesetze (z.B. EEG, BImSchG) - Normen und Standards (z.B. TR6) - Marktentwicklung
Sozial	- Vorstand, Geschäftsführung - Abteilungsleiter - Mitarbeiter (außerhalb des Projekts) - Projektleiter- und Team	- Lieferanten - Mitarbeiter der Mitbewerber - Investoren - Vertragspartner - Anwohner - Eigentümer

Die **Stakeholder-Analyse** ist ein strategisches Instrument zur Identifizierung und Bewertung aller Akteure, die von einem Vorhaben betroffen sind bzw. ein Interesse daran haben. Primär liefert sie eine Datengrundlage zur Ableitung von konkreten Maßnahmen (Aktionsplanung) zur Steuerung dieser Interessensgruppen. Weiterhin kann sie genutzt werden, um im Zuge des Monitorings Veränderungen in der Einstellung der Stakeholder zum Projekt oder zum Unternehmen festzustellen.

Stakeholdermanagement darf nicht als punktueller, in einer einzelnen Projektphase durchgeführter Baustein verstanden werden, sondern muss immer als projektbegleitender Prozess mit Feedbackschleifen aufgesetzt werden (vgl. Abschn. 4.3.2). Ziel ist das Erkennen von Problemen und Chancen in Bezug auf das Projektumfeld und die Stakeholder.

Es existieren mittlerweile mehrere nationale wie auch internationale Normen zum Projektmanagement, deren Definitionen des Stakeholdermanagements nicht vollständig deckungsgleich sind. Es soll an dieser Stelle exemplarisch die Definition aus dem Projektmanagement-Lexikon von Motzel (Motzel und Möller 2017) zitiert werden:

„Frühzeitige, vorausschauende, systematische Untersuchung von Zielen, Interessen, Einfluss, Einstellung, Betroffenheit der Projektstakeholder und Analyse möglicher Auswirkungen auf das Projekt – mit dem Ziel, alle diese Faktoren im Projekt angemessen zu berücksichtigen, ggf. darauf einzuwirken und rechtzeitige geeignete Maßnahmen zur Sicherung der Projektziele einzuleiten."

4.2.2 Stakeholder Management im Unternehmen bzw. Projekt

Die IPMA empfiehlt vier Hauptstufen des Prozesses bestehend aus Identifikation, Information und Analyse, Aktionsplanung und Monitoring (vgl. Abb. 4.1).

Mehrfach wird in der Literatur darüber hinaus auch der Planung des Stakeholdermanagements eine eigene Phase zugeordnet. Diese dient der Definition von Verantwortlichkeiten und der Planung von Ressourcen und kann daher ggf. auch in die übergeordnete Projektplanungsphase integriert werden. Die einzelnen Phasen sind durch folgende Inhalte geprägt:

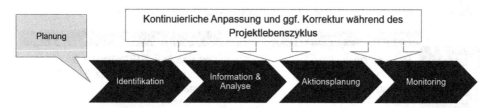

Abb. 4.1 Hauptstufen des Stakeholdermanagement-Prozesses

1. **Planen:**
   Definieren von Projektressourcen und Verantwortlichkeiten für das Stakeholdermanagement
2. **Identifikation:**
   Grundfrage: Welche Personen(-gruppen) tangieren das Projekt direkt oder indirekt?
   a. Organisationsstrukturelle Betrachtung
   b. Prozessbetrachtung im Hinblick auf Änderungen und Neukonzeptionierung
   c. Äußerliche Betrachtung des Projektumfeldes
      (gesetzlich, markttechnisch, politisch und technologisch)
3. **Information und Analyse:**
   Bewertung der Stakeholder aufgrund folgender Kriterien:
   a. Betroffenheit/Interesse
      Inwiefern sind Stakeholder durch Änderungen betroffen?
   b. Reaktion/Auswirkung
      Betrachtung von Verhaltensänderungen der Stakeholder und damit zusammenhängende Widerstände der Anspruchsgruppen
   c. Macht
      Im Vordergrund steht der Einfluss von Stakeholdern auf ein Projekt
4. **Aktionsplanung:**
   a. Priorisierung von Anspruchsgruppen mit der Notwendigkeit von:
      i. Sofortiger Aufmerksamkeit
      ii. Regelmäßiger Beobachtung
      iii. Prüfung in größeren periodischen Abständen
   b. Strategien und Maßnahmen für den Umgang mit Stakeholdern ableiten
      (z. B.: beobachten, informieren, involvieren, abwehren, zusammenarbeiten)
5. **Monitoring:**
   Aufgrund einer hohen Eigendynamik von Projekten und der Einflüsse auf Stakeholder durch den ständigen Austausch zur Umwelt entstehen neue oder wechselnde Meinungsbilder. Diese bedürfen einer Steuerung und Verfolgung. Wichtig sind folgende Fragestellungen:
   a. Sind neue Stakeholder aufgetaucht?
   b. Waren bisher ergriffene Maßnahmen erfolgreich?
   c. Haben sich Positionen von bereits identifizierten Stakeholdern geändert?

Projektmanager sollten darauf achten, dass eine ständige Aktualisierung von Informationen über die betroffenen Interessengruppen und ihre Vertreter durchgeführt wird, und dabei sehr sorgfältig vorgehen. Das gilt vor allem für den Fall, dass eine neue Interessengruppe auftritt oder ein Repräsentant wechselt. In diesem Fall sollte der Projektmanager die Auswirkung der Änderung einschätzen und sicherstellen, dass die Interessengruppe bzw. deren Vertreter ausreichend über das Projekt informiert sind. Die Überwachung abgeleiteter Maßnahmen und vor allem ihrer Auswirkungen auf die Stakeholder ist essenzieller Teil eines erfolgreichen Managements.

Jedem Handeln von Stakeholdern kann ein Issue, als Brennpunkt verschiedener Interessen, vorausgesetzt werden (Wadenpohl 2010). Wobei „Issue", oder übersetzt „Problem", ursprünglich aus dem Altgriechischen stammt und zunächst nichts anderes als „Aufgabe" bedeutet (Projektmanagement-Definitionen.de 2019). Im Zusammenhang mit dem Stakeholdermanagement kann abgeleitet auch von einem Anliegen gesprochen werden.

Der Zusammenhang von Issues zu wirtschaftlichen Faktoren in Verbindung mit den Stakeholdern als Interessenträger besteht darin, die Relevanz von Konfliktpotenzialen frühzeitig zu erkennen und diesen proaktiv, effektiv und effizient entgegenzuwirken (vgl. Abb. 4.2).

Handlungsspielraum und Kosten der Bewältigung sind gegenläufig ab- bzw. zunehmend mit fortlaufender Projektdauer. Es zahlt sich daher aus, möglichst früh die Issues der Stakeholder und Stakeholdergruppen zu kennen und entsprechend zu handeln.

Fazit
Beim Stakeholdermanagement handelt es sich um einen wichtigen Projektmanagementbaustein mit direkter Berührung zur Umfeldanalyse und dem Chancen- und Risikoma-

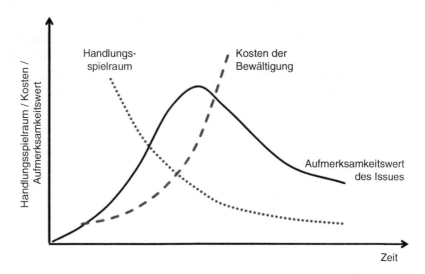

Abb. 4.2 Aufmerksamkeitswert eines Issues und Bewältigungskosten vs. Handlungsspielraum. (Quelle: Wadenpohl 2010)

nagement. Unbesehen der unzähligen in der Fachliteratur vorhandenen Definitionen ist der gemeinsame Nenner immer der strategische Umgang mit betroffenen Personen oder Gruppen. Es handelt sich um einen zyklischen Prozess, der über alle Projektphasen durchgeführt und aktualisiert werden sollte. In einem Windenergieprojekt begegnet man einer Vielzahl an Stakeholdern mit unterschiedlichen und auch wechselnden Interessenslagen. In Kombination mit dem oft großen individuellen Einfluss auf den Projekterfolg der einzelnen Stakeholder (z. B. Gemeinden, Landeigentümer, Naturschutzverbände ...) tragen eine hohe Aufmerksamkeit für das Stakeholdermanagement und die frühzeitige Implementierung zur Sicherung des Projekterfolgs bei.

4.3 Methoden des Stakeholdermanagements

Die Orientierung im Stakeholdermanagement ist nicht ganz einfach. Es sind beinahe so viele unterschiedliche Ansätze wie Stakeholder erforderlich, möchte man jedem einzelnen Stakeholder gerecht werden. Genormte Prozesse, standardisierte Vorgehensmodelle oder gar weitverbreitete Tools, die als Quasi-Standard angesehen werden könnten, existieren nur in begrenztem Umfang. Das Stakeholdermanagement bedient sich heute aus einem Pool von Methoden, die teils aus akademischen Vorbetrachtungen, teils aus mehrfach optimierten und verallgemeinerten Best Practice-Anwendungen erwachsen sind. Einige bestechen durch ihre selbsterklärende Schlichtheit. Andere erfordern den geübten Anwender.

Genau diese Heterogenität macht das Thema methodisch anspruchsvoll. Eine gesicherte und erfolgversprechende Anwendung entsteht nicht aus der Methode selbst, sondern immer durch die Ausbildung und Erfahrung des Stakeholdermanagers. In Mega-Projekten gibt es teilweise Projektassistenten für die Öffentlichkeitsarbeit und die Stakeholderkommunikation. Das ist aber selten. Oftmals liegt die Stakeholderkommunikation beim Projektmanager und das ganzheitliche Stakeholdermanagement daher häufig auch. Die Aufmerksamkeit des Projektmanagers ist aber oft in anderen Themen gebunden: bei größeren Projekten meist in der integrierten Termin-, Ressourcen- und Budgetplanung, in kleinen Projekten, insbesondere in kleineren Unternehmen, ist nicht selten der beste Fachmann zum Projektmanager „befördert" worden, d. h. er kümmert sich somit selbst noch maßgeblich um die Erreichung des Entwicklungsergebnisses und trägt signifikante fachliche Verantwortung.

Diesen Projektmanagern werden nachfolgend steckbriefartig einige, in Abb. 4.3 zusammengefasste Methoden des Stakeholdermanagements vorgestellt. Durch die Nennung von Zielen und Vorgehensweisen, aber insbesondere durch die Einordnung der methodischen Ansätze in den Stakeholdermanagement-Zyklus (SHM-Zyklus) soll eine Orientierungshilfe geben werden.

4.3.1 Identifikation

Im Folgenden sind zwei Methoden zur Identifikation von Stakeholdern aufgeführt. Neben diesen gibt es weitere Möglichkeiten, wie z. B. ein Brainstorming auf Basis vorgegebener

4 Stakeholdermanagement

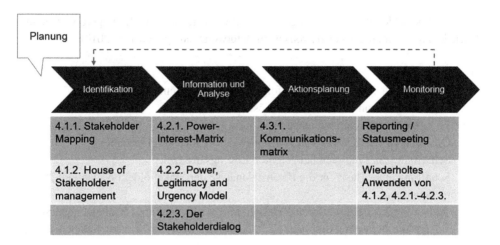

Abb. 4.3 Einordnung der Stakeholdermanagement-Methoden in den SHM-Zyklus

Stakeholdergruppen, die Entwicklung einer Mindmap und andere. Manche der Methoden erscheinen umfangreicher und akademischer, andere einfacher und pragmatischer. Alle haben aber ihre Einsatzgebiete. Manchmal ist es auch nützlich, zwei verschiedene Methoden anzuwenden und dann abzugleichen. Da der Projekterfolg oft ganz maßgeblich von der guten „Betreuung" der Stakeholder abhängt, ist die Phase der Stakeholder-Identifikation sehr wichtig. Man sollte daher angemessen Zeit hierauf verwenden und möglichst viele Projektmitarbeiter einbeziehen. Immer wieder ist festzustellen, wie leicht wichtige Stakeholder vergessen werden, weil man sich zu sehr auf nur eine/subjektive Sichtweise beschränkt.

Ein weiterer wichtiger Punkt, der Berücksichtigung finden muss, ist die genauere Untersuchung mancher der identifizierten Stakeholder. Oft endet die Suche mit der Identifikation einer Institution, Firma, Behörde oder Gruppe. Man führt den Prozess des Stakeholdermanagements weiter und stellt plötzlich fest, dass vieles nicht so funktioniert, wie man sich das gedacht hatte. Grund hierfür ist sehr oft, dass identifizierte Einheiten in sich ja nicht homogen sind, sondern häufig aus verschiedenen Individuen bestehen, die man als Einzelpersonen gar nicht im Fokus hatte. Jede dieser Einzelpersonen reagiert gegeben falls anders und verfolgt eigene Partikularinteressen. Zu Projektbeginn und insbesondere bei zunächst eher unbekannten Stakeholdern ist eine Detailanalyse oft noch nicht möglich. Dennoch sollte man sich gezielt darauf einstellen, eine solche Detailanalyse wichtiger Einzelpersonen innerhalb einer Stakeholdergruppe zu einem späteren Zeitpunkt durchzuführen.

4.3.1.1 Stakeholder-Mapping

Das Stakeholder-Mapping ist eine Brainstorming-Methode zur Identifikation von Stakeholdern und der dazugehörigen Issues. Sie dient der Kategorisierung der Anspruchsgruppen als Befürworter oder Gegner sowie der Abbildung von Problemen und Lösungen, wobei in einer vereinfachten Wahrnehmung die Klassifikation in Gegner und Befürworter anhand der Lösungsvorschläge (oder angenommener Lösungsansätze) des Stakeholders erfolgt. Man geht davon aus, dass jeder Stakeholder seine Belange mit dem Projekt hat (Issues) und dazu Lösungsvorschläge in seinem Sinne. Sind diese Lösungsansätze nicht mit den Lösungen des Projektteams vereinbar, wird der Stakeholder als „Gegner eingeordnet". Decken sich aber die Lösungsvorschläge mit denen der Projektleitung, geht man von einem Befürworter aus (Wadenpohl 2010).

a) Ziele:
Das Stakeholder-Mapping führt zu folgenden Ergebnissen:
- Identifikation von Problemen und Lösungen
- Erkennen von Zusammenhängen
- Quantitative Gewichtung von Problemen durch Stakeholderanzahl
- Schaffung von Synergien bei geteilten Lösungsansätzen
- Schaffung einer Basis für die Potenzialanalyse der Stakeholder (Wadenpohl 2010)

b) Vorgehensweise:
1. Auflistung der Befürworter und Gegner, aber auch der neutral erscheinenden Stakeholder (die sich später durchaus zu Befürwortern oder Gegnern entwickeln können) ausgehend von den eigenen Projekt- oder Unternehmenszielen
2. Identifikation einzelner und zusammenhängender Probleme beider Fraktionen
3. Quantitative Gewichtung der Probleme auf Basis der Stakeholderanzahl und des Problemgrads im Sinne der Zielerreichung
4. Ausarbeitung gezielter Lösungsansätze

Abb. 4.4 zeigt ein Beispiel für eine Stakeholder-Map. Als Brainstorming-Methode kann die Karte verschiedenste Ausprägungen annehmen und in der Darstellung deutlich abweichen.

Die Karte kann genutzt werden, um im Projektteam die Stakeholder in einem Workshop zu erarbeiten. Die Anordnung umeinander erlaubt es, Verbindungen herzustellen, Probleme und mögliche Lösungen zu erfassen und wie oben beschrieben anhand der quantitativen Anzahl der Beteiligten zu gewichten.

c) Nutzen im Projekt:
Der Vorteil liegt in der frühen Identifikation der Stakeholder und ihrer Belange. Im Sinne einer „Freund-/Feind-Kennung" müssen potenzielle Partner sowie potenzielle Gegner in Art und Stärke bekannt sein, um sich frühzeitig mit ihnen verbünden oder sich in anderer angemessener Weise mit ihnen auseinandersetzen zu können. Die bloße Identifikation der Stakeholder bietet noch nicht automatisch eine Lösung für das weitere Vorgehen, aber die Nicht-Identifikation ist die sichere Grundlage späterer Probleme im Projekt.

4.3.1.2 House of Stakeholdermanagement

Das House of Stakeholdermanagement (HoS, vgl. Abb. 4.5) ist ein mathematischer, trotzdem eher subjektiver Ansatz zur Bewertung der Anspruchsträger im Hinblick auf ihre Einflüsse. Aufgrund einer recht komplex wirkenden Visualisierung und der Notwendigkeit einiger Berechnungen erschließt sich die Methode dem Anwender nicht auf den ersten Blick und ist in der Praxis eher selten anzutreffen.

4 Stakeholdermanagement

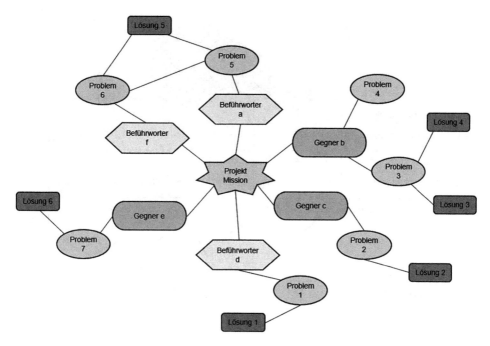

Abb. 4.4 Stakeholder-Mapping

Die notwendigen mathematischen Kenntnisse sind aber durchaus überschaubar, die Methode recht flexibel in der Handhabung. Die hohe Informationsdichte zu Stakeholdern inkl. deren Bewertung und Gruppierung in einer Darstellung ist bei der Erarbeitung wie auch bei einer späteren Präsentation sehr hilfreich.

In folgenden Situationen sollte man sich daher dennoch damit auseinandersetzen:

- Wenn im Projekt eine Vielzahl und große Vielfalt von Stakeholdern zu managen ist, die ggf. auch wechselnde Allianzen bilden, dann ist es ratsam, die Komplexität, Differenzierung und Priorisierung über eine Quantifizierung abzubilden. Dazu ist das HoS gut geeignet.
- Wenn ein oder mehrere Stakeholder das Potenzial haben, das Projekt zum Scheitern zu führen, dann wird das Stakeholdermanagement zu einem Kernelement des Projektreportings. Der Reportingempfänger wird dann nach Systematiken, Quantifizierung und Trends fragen. Auch hier bietet sich das HoS an.
- Teilweise gibt es externe Reportingempfänger (z. B. Fremdkapitalgeber), die auch ein erhöhtes Interesse an einem professionellen Umgang mit den Stakeholdern haben. Wenn der Reportingempfänger mit der Systematik des HoS vertraut ist, gibt es eine sehr gute Gesprächsbasis. (Wenn eher ein pragmatisches (ggf. ein Ampel-)Reporting verlangt ist, wäre vom HoS Abstand zu nehmen.)

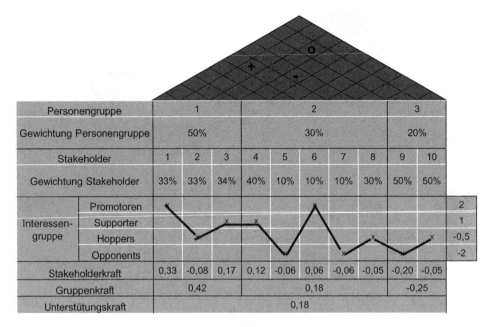

Abb. 4.5 House of Stakeholdermanagement (exemplarisch). (Quelle: nach Friedrich 2005)

Ziele

Dieser Ansatz der Identifikation zielt auf ein quantitatives Ergebnis der Unterstützungskraft durch Stakeholder im Projekt ab.

Vorgehensweise

1. Identifikation von Abhängigkeiten der Stakeholder untereinander und Abbildung im Dach des House of Stakeholdermanagement. Die Bewertung ist hier zweitrangig, im Vordergrund steht das Aufzeigen von möglichen Allianzen (+) und Konflikten (−) bzw. die Angabe einer weitgehenden Neutralität (o).
2. Einteilung der Anspruchsträger (im Bsp.: Stakeholder 1–10) in Anspruchsgruppen (im Bsp.: Personengruppen 1–3).
3. Bewertung der Anspruchsgruppen bzgl. der Stärke ihres Einflusses auf das Projekt (im Bsp.: Angabe der Gewichtung der Personengruppe)
4. Bewertung der Anspruchsträger bzgl. der Stärke ihres Einflusses auf das Projekt innerhalb ihrer Anspruchsgruppe (im Bsp.: Angabe der Gewichtung der Stakeholder) (ACHTUNG: im Schritt 3 und 4 ist die neutrale Bewertung der Stärke, nicht der Richtung des Einflusses gefragt. Diese ist bereits in Schritt 1 erfolgt. Anwender neigen dazu, die Stärke des Einflusses höher zu bewerten, wenn die Richtung des Einflusses negativ ist.)
5. Festlegung der Gewichtungsfaktoren für die Projekteinstellung vordefinierter Gruppen. Die Gruppen (im Bsp.: Interessengruppen) können geändert oder ergänzt werden. Gewichtungsfaktoren sind frei wählbar. Die Unterstützer werden mit positiven, Gegner mit negativen Faktoren belegt.

4 Stakeholdermanagement

Zur Orientierung seien die Gruppen und Faktoren der erfolgreichen Erstanwendung des House of Stakeholdermanagement exemplarisch genannt:

- Promotor: + 2,0 (aktive Unterstützer)
- Supplier: + 1,0 (wohlgesonnene, eher inaktive Unterstützer)
- Hopper: 0,5 (eher unkalkulierbare Parteien mit wechselndem Interesse)
- Opponent: 2,0 (bekennende, aktive Gegner).

Konsolidierung der Ergebnisse:

6. Ermittlung der Stakeholderkraft für jeden einzelnen Stakeholder
   (Produkt aus Gewichtung des Stakeholders × Gewichtung der Stakeholdergruppe × Gewichtungsfaktor der Interessensgruppe)
   (im Bsp.: 50 % × 33 % × 2 = 0,33 für Stakeholder 1)
7. Ermittlung der Gruppenkraft für jede Stakeholdergruppe
   (Summenbildung der Stakeholderkraft aller Stakeholder innerhalb der Gruppe)
   (im Bsp.: 0,33 − 0,08 + 0,17 = 0,42 für Stakeholdergruppe 1)
8. Ermittlung der Unterstützungskraft aller Stakeholder für das Gesamtprojekt
   (Summenbildung der Stakeholderkraft aller Stakeholdergruppen innerhalb des Projektes)
   (im Bsp.: 0,42 + 0,18 − 0,25 = 0,18 für das Gesamtprojekt)

Da die Unterstützungskräfte (positives Vorzeichen) und Widerstandskräfte (negatives Vorzeichen) einerseits von frei bestimmbaren Gewichtungsfaktoren abhängig sind und gleichzeitig Relativwerte innerhalb einer beliebig großen oder kleinen Grundgesamtheit sind, gibt es keine optimalen Zielwerte für das Ergebnis im House of Stakeholdermanagement. Sichtbar werden Tendenzen und Größenverhältnisse wie z. B.:

- Gibt es viele oder wenige Stakeholder? (Wird der Betreuungsaufwand eher groß oder bleibt er eher gering?)
- Lassen sich die Stakeholder in vielen Anspruchsgruppen (tendenziell heterogene Interessenslage) oder in wenigen Anspruchsgruppen (tendenziell homogene Interessenslage) zusammenfassen?
- Welche Anspruchsgruppen haben in Relation zu anderen einen relativ großen oder einen eher geringen Einfluss auf das Projekt? Welche Stakeholder haben in den einzelnen Gruppen den jeweils relativ größten Einfluss?
- Sind die Einflüsse der Stakeholder bzw. der Stakeholdergruppen positiv (kongruente Interessen zu den Projektinteressen bedeuten Unterstützungskraft) oder negativ (konfliktäre Interessen bedeuten Widerstandkraft)?
- Bringt man Stärke und Richtung der Unterstützungs- bzw. Widerstandskräfte einerseits in Relation zum Dach des House of Stakeholdermanagement andererseits, so wird ersichtlich, ob man das Aufeinandertreffen bestimmter Stakeholder oder -gruppen bewusst fördern oder weitgehend verhindern sollte.

Nutzen im Projekt

Neben den zuletzt genannten Aussagen, die dem House of Stakeholdermanagement direkt in quantifizierter Form entnommen werden können, kann die Methode wiederholt angewendet werden. Die Kennzahl Unterstützungskraft ermöglicht bei kontinuierlicher Neubewertung über längere Zeiträume eine Darstellung der Entwicklungsstände innerhalb eines Projektes. Dadurch wird nicht nur die Situationsbeschreibung ständig aktualisiert, sondern auch die Wirksamkeit eingeleiteter Maßnahmen wird erkennbar.

Weiterhin ist ein Vergleich zu anderen Projekten innerhalb eines Projektprogramms oder Projektportfolios möglich. Die Quantifizierung schafft eine projektübergreifende Vergleichbarkeit und ermöglicht damit die Priorisierung im Ressourceneinsatz innerhalb des Multiprojektmanagements.

4.3.2 Informationsbeschaffung und Analyse

Stakeholder können das Projekt sowohl auf direkte als auch auf indirekte Weise beeinflussen. Zur Erleichterung des Umgangs mit den betroffenen Interessengruppen können die Projektmanager sowohl formelle als auch informelle interne und externe Netzwerke zwischen den am Projekt Beteiligten (z. B. Unternehmen, Managern, Bürgerinitiativen, Behörden …) nutzen bzw. entwickeln.

Die drei hier vorgestellten Analyse-Methoden sind lediglich Beispiele; speziell zur Power-Interest-Matrix gibt es weitere Verfeinerungen, die z. B. auch noch nach der erwarteten Position gegenüber dem Projekt unterscheiden (positiv oder negativ) und/oder nach der Stärke dieser Ausprägung (stark, mittel schwach). Je komplexer die Projekte sind und je höher die Anzahl der identifizierten Stakeholder, desto mehr macht eine feinere Unterteilung Sinn. Möglich ist es auch, in der fortlaufenden Bearbeitung der Analysen sukzessive Verfeinerungen vorzunehmen, wenn man feststellt, dass die Aufteilung in vier Bereiche nicht aussagekräftig genug ist.

Auch in dieser Analyse-Phase ist sorgfältig zu prüfen, ob einzelne Stakeholdereinheiten in ihrer Gesamtheit überhaupt sinnvoll einzuordnen sind, oder ob sie als Individuen zu differenzieren bzw. zu behandeln sind. Es kann auch zu Mischformen kommen, wenn z. B. innerhalb einer relativ homogenen Stakeholdereinheit ein oder zwei Personen deutlich andere Profile hinsichtlich Macht und Interesse haben. Diese sollten dann auch getrennt betrachtet werden, da man ansonsten sehr schnell zu Verallgemeinerungen und Fehlschlüssen hinsichtlich der weiteren Betreuung kommen kann.

Nicht vergessen werden darf auch, dass die Analyse und ihre Ergebnisse immer von der subjektiven Einschätzung der durchführenden Personen beeinflusst wird, die Phasen Identifikation und Analyse also die Einschätzung der Situation seitens des Projektteams widerspiegeln. Diese deckt sich nicht unbedingt mit der tatsächlichen Sichtweise dieser Stakeholder. Gerade der fehlende Dialog in dieser Phase führte und führt häufig zu (teilweise massiven) unliebsamen Überraschungen, wenn sich später herausstellt, dass die eigenen Annahmen über z. B. die Macht und die Interessen nicht korrekt waren. Eventuell wurden aufgrund falscher Einschätzungen Maßnahmen geplant und durchgeführt, die sich dann als kontraproduktiv herausstellen. Vielleicht ist die Macht gar nicht so groß wie gedacht oder das Interesse gar nicht so negativ wie vermutet. Dennoch wird dem Stakeholderdialog nicht immer die notwendige Aufmerksamkeit entgegengebracht oder er wird bewusst vernachlässigt – aus einer häufig zu beobachtender Angst, mit der „Außenwelt" in Kontakt zu treten.

Neben den Anstrengungen der Entwickler und ggf. anderer Promotoren des Projekts (z. B. Bürgermeister) mit Interessierten und Betroffenen in den Dialog zu treten, sieht auch der Gesetzgeber an verschiedenen Stellen im Planungsrechtlichen Verfahren oder dem Genehmigungsverfahren nach Bundesimmissionsschutzgesetz einen „Dialog" vor. Wobei die hier stattfindenden, öffentlichen Erörterungstermine weniger individuellen Gestaltungsspielraum bieten als maßgeschneiderte Formate im Rahmen des Projektmanagements.

> **Bürgerbeteiligung im förmlichen Genehmigungsverfahren**
> Wird ein Genehmigungsverfahren nach Bundesimmissionsschutzgesetzt (BImSchG) im förmlichen Verfahren durchlaufen, muss auch eine Bürgerbeteiligung stattfinden. Nach der Prüfung auf Vollständigkeit des Genehmigungsantrags findet eine erste Prüfung der Antragsunterlagen durch die Behörde statt. Im Anschluss wird das Vorhaben im Amtsblatt, in der Zeitung und im Internet bekannt gemacht. Hier wird auf die öffentliche Auslegung hingewiesen und auf einen möglichen Erörterungstermin. Nach der öffentlichen Auslegung können schriftliche Einwendungen eingereicht werden. Findet ein Erörterungstermin statt, werden hier die Einwendungen mit den Einwendern, Antragstellern und Fachbehörden diskutiert.

4.3.2.1 Power-Interest-Matrix
Die Power-Interest-Matrix ist eine Weiterentwicklung des Ansatzes des Stakeholder-Mapping nach Johnson und Scholes (Wadenpohl 2010).

Ziele
Diese Methode zielt darauf ab, Stakeholder in vier Gruppen einzuteilen, in einem 2 x 2-Portfolio zu visualisieren und aus der Zuordnung geeignete Umgangsformen mit den Stakeholdern abzuleiten.

Vorgehensweise
1. Erstellung einer zweidimensionalen Matrix anhand der Indikatoren Macht und Interesse:
   Macht = Möglichkeit der Einflussnahme auf das Projekt, um Erwartungen durchzusetzen
   Interesse = Grad des Interesses, die eigenen Erwartungen durchzusetzen/Ausmaß der Betroffenheit durch das Projekt (Wadenpohl 2010)
2. Einteilung der Stakeholder in die in Abb. 4.6 dargestellten vier Gruppen.

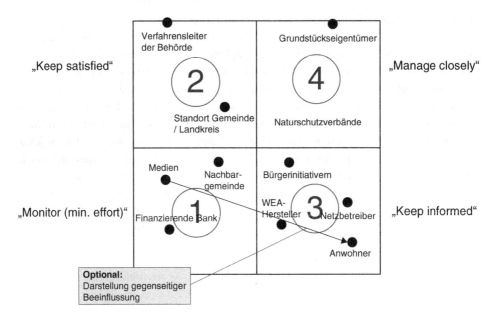

Abb. 4.6 Power-Interest-Matrix

Nutzen im Projekt

Die Positionierung innerhalb der Matrix gestattet Rückschlüsse darauf, welche Aufmerksamkeit den einzelnen Stakeholdern/-gruppen gewidmet werden sollte, d. h. welcher Aufwand in die Auseinandersetzung mit den Stakeholdern und deren Interessensabgleich investiert werden muss. Diese Übersicht ist daher ein wichtiger Input für die Projektplanung, insbesondere für die Kalkulation von Personal- und finanziellen Ressourcen innerhalb des Projektbudgets.

4.3.2.2 Power, Legitimacy and Urgency Model

Der „Power, Legitimacy and Urgency"-Ansatz ermöglicht die Kombination der Kriterien Macht und Legitimität. Hinzu kommt die dritte Dimension der Dringlichkeit.

Ziele

Der Anspruch dieser Methode ist die Differenzierung und Kategorisierung der Stakeholder im Hinblick auf eine Gewichtung für die Bedeutung dieser Anspruchsgruppen durch das Zusammenwirken der drei Kriterien.

Vorgehensweise

1. Identifikation der Stakeholder anhand der drei Bewertungsparameter Macht, Legitimität und Dringlichkeit
2. Typisierung anhand des Zusammenwirkens der Faktoren in die Gruppen in Tab. 4.2. (Wadenpohl 2010)

4 Stakeholdermanagement

Tab. 4.2 Parametrierung der Stakeholder im Power, Legitimacy and Urgency Model

Stakeholder	Macht	Legitimität	Dringlichkeit	Typ
Stakeholder 1	X			=> Typ 1
Stakeholder 2		X		=> Typ 3
Stakeholder 3	X		X	=> Typ 6
u.s.w.		X	X	u.s.w.

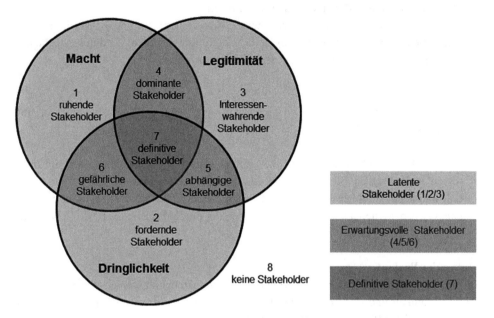

Abb. 4.7 Qualitative Stakeholderklassen. (Quelle: nach Wadenpohl 2010; Bruton 2011])

In Abb. 4.7 sind das Zusammenwirken bzw. die Überschneidung einzelner oder mehrerer der Faktoren und daraus ableitbare Stakeholder-Gruppen dargestellt.

Latente Stakeholder
Hier ist genau einer der drei Bewertungsparameter vorhanden. Diesem Anspruchshalter wird geringste Aufmerksamkeit zuteil.

- Typ 1: „Ruhende Stakeholder" besitzen Macht, jedoch keinen legitimen Bezug und keine dringenden Issues.
- Typ 2: „Fordernde Stakeholder" möchten ihre Interessen durchsetzen, besitzen jedoch weder Legitimität noch die Macht, dies zu tun.
- Typ 3: „Interessenwahrende Stakeholder" haben ein legitimes Verhältnis zum Projekt, besitzen jedoch weder Macht, noch ein Interesse, um dies durchzusetzen.

Erwartungsvolle Stakeholder
Hier sind genau zwei der drei Bewertungsparameter vorhanden. Dies ist die zweitwichtigste Gruppe von Stakeholdern. Je nachdem, welche zwei der drei Parameter vorhanden sind, unterscheidet man in die nachfolgenden drei Typen:

- Typ 4: „Dominante Stakeholder" können mittels Macht und Legitimität großen Einfluss ausüben, sehen jedoch noch keinen Anlass dafür.
- Typ 5: „Abhängige Stakeholder" bringen mit Legitimität ein dringliches Issue vor, haben jedoch nicht die Macht, dieses durchzusetzen.
- Typ 6: „Gefährliche Stakeholder" besitzen ein dringliches Issue und die Macht, diesem Nachdruck zu verleihen. Bei mangelnder Legitimität könnten sie durch Machtausübung ihre Interessen mit Gewalt durchzusetzen vermögen.

Definitive Stakeholder
Alle drei Bewertungsparameter sind signifikant ausgeprägt. Sie sind Stakeholder mit höchstem Aufmerksamkeitsanteil.

- Typ 7: „Definitive Stakeholder" können sich auf alle drei Merkmale berufen, um Interessen durchzusetzen. Sie gehen meist aus dominanten Anspruchshaltern hervor. Möglich sind auch Allianzen von abhängigen Stakeholdern, die dadurch ihren Status erhöhen. Ebenso können auch gefährliche Stakeholder durch das Erreichen von Legitimität sich in der Einordnung verändern.

Nutzen im Projekt
Insbesondere große, langlaufende und teure Projekte erzeugen automatisch eine gewisse Aufmerksamkeit und rufen damit eine Vielzahl von Stakeholdern mit einer Vielzahl von Interessen auf den Plan. Damit entsteht zwangsläufig die Frage, um wen sich das Projektteam zuerst und um wen am meisten kümmert. Das „Power, Legitimacy and Urgency"-Modell bietet einen qualitativen, systematischen, zugleich aber auch pragmatischen Ansatz, der unter Berücksichtigung verschiedener Kriterien eine schnelle Priorisierung der Stakeholder erlaubt. Hervorzuheben ist dabei das positive Verhältnis zwischen der vergleichsweise einfachen Anwendung bei geringem Ressourceneinsatz bei gleichzeitig sofort verwertbaren Ergebnissen.

4.3.2.3 Der Stakeholderdialog

Der Ansatz des Stakeholderdialogs bezeichnet die offene Kommunikation zwischen dem Unternehmen bzw. der Projektgruppe und deren Stakeholdern. Im Dialog können im Sinne eines Frühwarnsystems Trends aufgespürt werden und die eigenen Einschätzungen zu den Stakeholdern verifiziert werden. Ein verpflichtender Dialog, wie zum Beispiel im förmlichen Genehmigungsverfahren, ist Teil dieses Prozesses, die Projektkommunikation sollte aber auch nach (und vor) einem Erörterungstermin „freiwillig" fortgeführt werden.

4 Stakeholdermanagement

Ziele
Der Stakeholderdialog zielt auf die Untersuchung und Klärung verschiedener Interessenkonstellationen ab und die subjektive Wahrnehmung des Unternehmens bzw. des Projektes herausfinden. (Sirinkaya 2014)

Vorgehensweise
Der Dialog wird in Form eines oder mehrerer strukturierter Gespräche zwischen Unternehmensvertretern und Stakeholdern geführt. Die Fokussierung auf EIN Gespräch in der Darstellung der Vorgehensweise soll unterstreichen, dass jedes Gespräch eine individuelle Vorbereitung, Zielbestimmung und Auswertung erfordert. Das Ergebnis eines Erstgespräches wird eine geänderte Ausgangssituation für das Folgegespräch bedeuten.

Wichtige Anforderungen an das Gespräch sind:

- Den Gesprächspartner ernst nehmen
- Offenheit
- Zurückstellung von Marketingaspekten
- Richtiges und gutes Zuhören
- Wertschätzung und Geduld

Herausforderungen eines professionellen Stakeholder-Dialogs sind (Sirinkaya 2014):

- Interne Barrieren: Stakeholderdialog erfordert eine direkte und ehrliche Kommunikation im positiven sowie negativen Sinne
- Mangelnde/fehlende Information
- Verkennung „weicher" Faktoren
- Traditionell begründetes Misstrauen gegenüber der Öffentlichkeit

Vorteile des Stakeholder-Dialoges sind:

- Frühzeitiges Engagement führt zu Einflussnahme und Richtungsgebung gesellschaftlicher Diskussionen
- Vertrauensaufbau durch ehrliche und offene Kommunikation
- Aufbau eines Gefühls für Stimmungen und Einstellungen im Unternehmen und Projekt
- Motivation der Stakeholder, das Projekt aktiv zu unterstützen
- Vermeidung imageschädigender Kampagnen

Nutzen im Projekt
Am deutlichsten wird der Nutzen der Kommunikation mit Blick auf die internationale Weltpolitik. Hier sagt man: So lange die Konfliktparteien miteinander reden, schießen sie nicht aufeinander. Die Munition, mit der Stakeholder ggf. schießen, ist glücklicherweise nicht tödlich für das Projektteam, kann aber durchaus existenzbedrohend für das Projekt sein.

Der konkrete Nutzen des Stakeholderdialogs hängt davon ab, wer wann mit wem zu welchem Thema kommuniziert – ggf. ergänzt um die Fragen „Wo?" und „Warum?". Sicher wird man im Dialog mehr über die wahren Intentionen und Erwartungen der Stakeholder erfahren und kann seine Aktionsplanung entsprechend auf diese Bedürfnisse abstellen.

Fazit

In Windenergieprojekten eignet sich die Power-Interest-Matrix gut, da sie als Quelle auch auf Listen aufbauen kann, die z. B. in Frühphasen des Projekts bereits in unterschiedlichster Form und ggf. mit ganz anderer Zielsetzung zu beteiligten Personen angelegt wurde. Die Einschätzung zu den Stakeholdern kann dann in folgenden Projektphasen beliebig verfeinert und die Matrix aktualisiert werden. Sie ist einfach anzuwenden und liefert einen schnellen Überblick. Allerdings muss die Einschätzung zu den Stakeholdern verallgemeinert und vereinfacht werden. Ein komplexeres Bild wird sicher durch den Dialog mit Stakeholdern und Stakeholdergruppen aufgezeigt. Dialog findet in unterschiedlichster Form natürlich kontinuierlich und mit allen Projektbeteiligten statt. Da diese Dialoge aber selten systematisch vorbereitet und methodisch geführt werden, ist die Herausforderung hier, die Ergebnisse und Erkenntnisse zentral und systematisch zum Nutzen des Projekts zusammenzuführen. Mit der Erkenntnis, dass die Einbindung aller Projektbeteiligten und Projektbetroffenen immer wichtiger wird, um Projekte zum Erfolg zu führen, werden in einigen Bundesländern auch bereits staatlich unterstützte Dialogformate durch Energieagenturen zur Unterstützung von Entscheidern und Verantwortlichen beim Umgang mit Stakeholdern angeboten.

4.3.3 Aktionsplanung

Während in den zuvor dargestellten Phasen der Identifikation und Analyse der Stakeholder wichtige Erkenntnisse gewonnen wurden, gilt es nun, aus den Ergebnissen dieser Phasen Strategien für konkrete Maßnahmen abzuleiten.

Ein Unternehmen wird im Umgang mit seinen Stakeholdern meist eine Mischform von strategischen oder kommunikativen Ansätzen anwenden. Dabei hat es die Möglichkeit, diese Verfahrensweisen durch interne Kommunikation (der sogenannte Unternehmensmonolog) oder externe Kommunikation (Dialog zwischen der Organisation und den Stakeholdern) auszuführen. Die Anwendung hängt von den Unternehmenszielen und -interessen ab. Die Ausführung ist in Tab. 4.3 dargestellt.

Strategisches Ziel des Unternehmens ist hierbei, zu evaluieren,

- wie ein guter Unternehmensruf erhalten bzw. erworben werden kann (Grundlage für nationalen und internationalen Wettbewerbsvorteil) und
- dass die Unternehmensstrategie nachhaltig ist (Unfälle, Interessenskonflikte und Skandale müssen soweit wie möglich vermieden werden, um Schaden vom Unternehmen abzuwenden).

Tab. 4.3 Typologie monologischen und dialogischen Verhaltens. (Quelle: nach Friedrich 2005)

	Monolog (untenehmensintern)	Dialog (zwischen Organsiation und externen Stakeholdern)
Strategisches Handeln	**Zweck-Mittel-Abwägung** Strategisches Management (verhandeln, anpassen, manipulieren, zur Wehr setzen, ...)	**Beeinflussung und Informationsbeschaffung** Werbung, Surveys (Kompromissansatz bestärken, Lobbyismus, ...)
Kommunikatives Handeln	**Fiktiver Dialog** Abwägung von Zielen und Mitteln der Zielerreichung aus mehreren Perspektiven	**Stakeholderdialog** Offenheit für alle argumentativ begründbaren Ansprüche (Zugeständniss von Einflussnahme)

Die Einteilung von Stakeholdern in Opponenten und Promotoren in Verbindung mit ihrem Einfluss kann in einer Vier-Felder-Matrix dargestellt werden. Hieraus wird deutlich, dass Vier-Felder-Betrachtungen im Stakeholdermanagement ein guter erster Ansatz sein können, der Komplexitätsanforderung einer genaueren Betrachtung aber nicht gerecht werden. Dafür gibt es weitere Tools, die durch ihre höhere Genauigkeit ein besseres Bild ergeben können.

Auch ist bezüglich der Betreuung der Stakeholder zu unterscheiden, ob man diese

- lediglich beobachtet, um Veränderungen zu erkennen,
- sie durch ein Mindestmaß an Information zufrieden stellt,
- sie gut und laufend informiert hält oder
- sie aktiv betreut und individuell auf sie eingeht.

Es gilt, eine Aktionsmatrix oder auch Kommunikationsmatrix aufzubauen und festzulegen, wer wen wann und wie betreut und informiert. Ein Beispiel für eine praktische Methode wird in Abschn. 4.3.3 vorgestellt. In ein solches Vorgehen sind häufig mehrere Personen aus dem Projekt oder dem Unternehmen eingebunden. Bestimmte Stakeholder sind oft nur durch entsprechend in der Hierarchie gleich hoch oder höher angesiedelte Personen sinnvoll zu betreuen.

4.3.3.1 Kommunikationsmatrix

In einer Kommunikationsmatrix (vgl. Abb. 4.8) soll festgelegt werden, wer im Projekt mit wem worüber und in welcher Weise kommuniziert, außerdem, wann und wie häufig, wie genau, mit welchem Ziel und mit welcher Strategie (aktive Einbindung oder passive Einbindung) (ICB3.0). Hierzu werden die Stakeholder vertikal den unterschiedlichen Möglichkeiten der Einbindung horizontal gegenübergestellt.

Die einzelnen Verantwortlichkeiten und Aufgaben können dann den Projektphasen zugeordnet und in Arbeitspakete überführt werden.

	Aktive Einbindung			Passive Einbindung		
	Jour Fixe	Besuche	...	E-Mail	Soziale Medien	...
Stakeholder 1	- Zuständigkeit - Häufigkeit	- Zuständigkeit - Häufigkeit	- Zuständigkeit - Häufigkeit	- Zuständigkeit - Häufigkeit	- Zuständigkeit - Häufigkeit	- Zuständigkeit - Häufigkeit
Stakeholder 2	- Zuständigkeit - Häufigkeit	- Zuständigkeit - Häufigkeit	- Zuständigkeit - Häufigkeit	- Zuständigkeit - Häufigkeit	- Zuständigkeit - Häufigkeit	- Zuständigkeit - Häufigkeit
Stakeholder 3	- Zuständigkeit - Häufigkeit	- Zuständigkeit - Häufigkeit	- Zuständigkeit - Häufigkeit	- Zuständigkeit - Häufigkeit	- Zuständigkeit - Häufigkeit	- Zuständigkeit - Häufigkeit
...	- Zuständigkeit - Häufigkeit	- Zuständigkeit - Häufigkeit	- Zuständigkeit - Häufigkeit	- Zuständigkeit - Häufigkeit	- Zuständigkeit - Häufigkeit	- Zuständigkeit - Häufigkeit

Abb. 4.8 Kommunikationsmatrix

Tab. 4.4 Kommunikationsmatrix im Kontext des Stakeholdermanagements und zur Abbildung der Informations- und Kommunikationswege

Kommunikationsmatrix im Kontext des Stakeholdermanagements	Kommunikationsmatrix zur Abbildung der Information & Kommunikation im Team
relativ viele Stakeholder, aber nur grobe Kommunikationsbeschreibung	relativ wenige Projektbeteiligte, aber sehr detaillierte Kommunikationsbeschreibung
im Projektverlauf mehrfach bedarfsorientiert angepasst	im Projektverlauf weitgehend stabil (→ Regelkommunikation)
Bsp.: monatlicher online Newsletter Redakteur: Hr. Mustermann	*Bsp.*: Kernteammeeting jeden Montag 08:00–09:00 Uhr im Raum XY Einladung & Moderation: Fr. Musterfrau Protokoll: Hr. Mustermann

Die Kommunikationsmatrix im Kontext des Stakeholdermanagements ist nicht zu verwechseln oder zu verknüpfen mit der Kommunikationsmatrix zur Abbildung der Informations- und Kommunikationswege innerhalb des Projektteams (vgl. Tab. 4.4).

Im Windenergieprojekt wird die Kommunikation oft nicht zentral betreut und verschiedene Akteure aus dem Projektteam sind die ersten Ansprechpartner für unterschiedliche Stakeholdergruppen, zum Beispiel der Flächen-Akquisiteur bei den Eigentümern vor Ort, der Finanzierer bei der Bank etc. Noch komplexer wird es, wenn unterschiedliche Ansprechpartner die gleichen Gruppen betreuen. Ohne eine systematische Organisation dieser Kommunikation besteht weder ein Überblick über Inhalte und Umfang stattfindender Kommunikation, noch kann diese Kommunikation aktiv zum Nutzen des Projekts gesteuert werden. Eine Kommunikationsmatrix schafft hier Abhilfe und trägt dazu bei, alle im Projektteam auf dem gleichen Informationsstand bzw. auf dem für ihre jeweilige Aufgabe notwendigen Stand zu halten und gleichzeitig die Stakeholder richtig und ausreichend zu informieren.

4.3.4 Kontrollieren in ganzheitlicher Betrachtung

Passende Methoden oder Tools zur Kontrolle der Wirksamkeit ergriffener Maßnahmen für das Stakeholdermanagement hängen davon ab, welche Methoden zur Identifikation, Ana-

4 Stakeholdermanagement

lyse und Aktionsplanung angewendet wurden. Die größten Fehler, die hinsichtlich dieser Wirksamkeitskontrolle gemacht werden, sind entweder, sie überhaupt nicht, oder aber nicht kontinuierlich im gesamten Projektverlauf durchzuführen. Der größte Fehler, der gemacht wird (neben dem, das Stakeholdermanagement gänzlich zu vernachlässigen), ist mit großem Elan zu beginnen, Stakeholder zu identifizieren und zu clustern, dann aber die Überführung in einen kontinuierlichen projektbegleitenden Prozess zu vernachlässigen. Werden Maßnahmen durchgeführt, ohne ihre Wirksamkeit zu prüfen, so kann sich dies bisweilen als kontraproduktiv herausstellen. Ein Stakeholder mag sich durch falsche Maßnahmen im schlimmsten Fall nicht ernst genommen oder sogar düpiert fühlen. So kann man aus einem Befürworter einen Gegner machen, kann anderen durch eigene Aktionen eine Wichtigkeit vortäuschen, die sie eigentlich gar nicht haben, aber plötzlich anfangen, wahrzunehmen. Ebenso merkt man nicht, wenn Stakeholder sich verändern, neue hinzukommen oder andere wegfallen. In Abb. 4.9 ist eine mögliche Darstellung von Veränderungen der Stakeholder zu sehen. Je nach Maßnahme kann die Änderung in der Einstellung groß, mittel oder gering ausfallen.

Es sei an dieser Stelle auf zwei sehr einfache, aber typische Vorgehensweisen zur Kontrolle der Stakeholderentwicklung verwiesen.

1. Einführung eines Reportings/Statusmeetings im Sinne einer Fortschrittsmessung
   Sind die definierten Maßnahmen gestartet? Sind sie umgesetzt? Ist die erhoffte Wirkung/der angestrebte Zustand eingetreten? Diese und weitere Kontrollfragen können mit einem einfachen Ampelschema (rot/gelb/grün) hinterlegt sein oder mit einem beliebig komplexen Statusnetz. Die gesamte Überwachung sollte sich an der inneren Logik des Projektreportings orientieren, in die das Stakeholdermanagement-Reporting einzubetten ist.

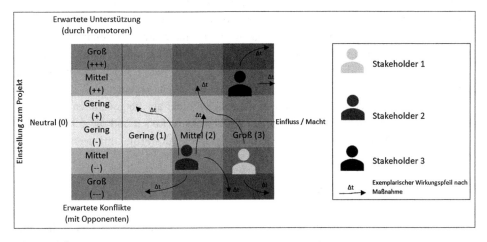

Abb. 4.9 Änderung von Macht- und Interessenslagen im Projektverlauf. (Quelle: nach Kompetenzbasiertes Projektmanagement (PM3) 2014)

2. Wiederholte Anwendung der Methoden und Vergleich der erzielten Ergebnisse
   Ähnlich dem Risikomanagement sollte auch das Stakeholdermanagement mit einem initialen Workshop zu Projektbeginn starten und anschließend in einen möglichst effizienten projektbegleitenden Prozess überführt werden. Werden die eingangs erfolgreich eingesetzten Methoden zu einem späteren Zeitpunkt wiederholt, so werden die Ergebnisse zu verschiedenen Zeitpunkten vergleichbar. Sind die Stakeholder mehr oder weniger geworden? Konnten Projektgegner zu einer neutralen Haltung bewegt oder gar zu Unterstützern gemacht werden? Hat der Einfluss einzelner Personen oder Personengruppen zu- oder abgenommen? Das quantifizierende House of Stakeholdermanagement (vgl. Abb. 4.4) eignet sich sehr gut für Fortschrittsbewertungen, aber auch andere Methoden (z. B. in Abschn. 4.3.2.1, 4.3.2.2 und 4.3.2.3) sind sinnvoll mehrfach wiederholbar.

Nicht betrachtet wird in diesem Kapitel die Verknüpfung von einzelnen Stakeholdern zu ganzen Netzwerken (z. B. Verbände, Lobbyisten, Netzwerke von Bürgerinitiativen). In großen und komplexen Projekten mit einer Vielzahl von Stakeholdern kann die Analyse von Netzwerken und gegenseitigen Einflussnahmen der verschiedenen Stakeholder wichtige Aufschlüsse geben. Dies ist aber auch mit einem deutlichen Zeitaufwand und entsprechenden Kosten verbunden. Die positiven Wirkungen auf ein Projekt können diesen Aufwand aber mehr als rechtfertigen. Speziell bei Projekten, bei denen die Politik eine wichtige Rolle spielt, lohnt sich ein solches Vorgehen. Auch hierfür gibt es Methoden und Tools, die eine Verknüpfung des Stakeholdermanagements mit der Netzwerkanalyse unterstützen.

Fazit
In der Praxis ist immer wieder zu beobachten, dass das Stakeholdermanagement intuitiv angewendet wird, d. h., ohne dass es als solches benannt wird. Projektmanager führen Listen der Beteiligten und machen sich Gedanken zum richtigen Umgang mit diesen Personen und Gruppen. Das führt i. d. R. zu zweierlei Problemen: a) Intuitives Stakeholdermanagement neigt zu extremen Maßnahmen. Extrem bedeutet: „enge Manndeckung" für die wichtigsten Projektgegner, Newsletter an alle und keine weiteren Maßnahmen. b) Problematisch wird es immer dann, wenn Wissens- und Erfahrungsträger ausscheiden und Projekte an andere Bearbeiter übergeben werden müssen. Allein hieraus kann sich die Notwendigkeit für ein systematisches Stakeholdermanagement ergeben.

In der Literatur, aber auch in der Praxis finden sich mehr als die genannten Methoden und Werkzeuge. Die richtigen für das jeweilige Projekt zu finden und diese konsequent anzuwenden, liegt im Ermessen und auch in der Erfahrung des Projektmanagers.

4.4 Maßnahmen für Windenergieprojekte

In den vorhergehenden Abschnitten wurden grundlegende Methoden zur Identifikation und Bewertung von Stakeholdern behandelt. Hat man im Projekt ein genaues Bild der Stakeholder gewonnen und die Einflussfaktoren festgehalten, gilt es spezifische Maßnahmen abzuleiten.

Nachfolgend werden einige Maßnahmen zur Information und Beteiligung von Stakeholdern im Windenergieprojekt nach Projektphasen gegliedert aufgeführt (vgl. Tab. 4.5).

Horizontal wird zwischen der Greenfield-Phase (Standortauswahl, Planungsrecht), der Planungs- und Genehmigungsphase, der Bauphase und der Betriebsphase unterschieden. Vertikal werden Maßnahmen zur Bereitstellung von Informationen, Maßnahmen Beteiligung (Einbindung) und Maßnahmen der finanziellen Beteiligung aufgeführt. Außerdem sind einige langfristige Maßnahmen, die zur grundsätzlichen Akzeptanzsteigerung von Windenergie in der Bevölkerung führen können, in die Tabelle aufgenommen.

Bei der Bewertung der Wirksamkeit von Maßnahmen sind auch regionale Unterschiede zu beachten, wie das Forschungsprojekt „Akzeptanzkriterien und Gerechtigkeitsvorstellungen in der Energiewende" 2016 in einer Umfrage (Forschungsprojekt 2016) ermittelte. Die Umfrage konzentrierte sich auf die Schwerpunktregionen Schleswig-Holstein, Brandenburg und Baden-Württemberg. Es zeigte sich, dass zum Beispiel eine finanzielle Beteiligung des Einzelnen oder der Standortgemeinde in Brandenburg einen deutlich höheren Einfluss auf eine positive Einstellung zum Projekt hatte als in den beiden anderen Bundesländern, während Gesundheitsrisiken in Schleswig-Holstein und Baden-Württemberg häufiger Grund für eine Ablehnung waren als in Brandenburg.

Dies zeigt, dass Maßnahmen individuell und projektspezifisch zu gestalten sind und keine pauschalen Erfolgsfaktoren für das Windenergieprojekt definiert werden können. Im politischen Diskurs erfolgt naturgemäß oft genau diese Pauschalisierung und allgemeingültige Lösungen werden gesucht. Auf Projektebene sind aber, wie auch in den vorausgehenden Abschnitten bereits geschildert, eine individuelle Analyse der Interessenslagen im Projektumfeld und daraus abgeleitete, maßgeschneiderte Maßnahmen für den Erfolg ausschlaggebend. Der notwendige Spielraum sollte den Entwicklern, aber auch Gemeinden und Behörden erhalten bleiben.

Nachdem in einer ersten Abschätzung am Schreibtisch potenziell für eine Projektentwicklung interessante Flächen identifiziert wurden, erfolgt meist ein erster Überblick vor Ort durch einen Außendienstmitarbeiter. Sollten keine augenscheinlichen Hinderungen für den Start einer Entwicklung erkennbar sein, wird das Unternehmen sehr schnell beginnen, um die erste große Stakeholdergruppe möglichst vollständig zu identifizieren – die Flächeneigentümer. In dieser Phase besteht ein starker Wettbewerb zwischen den unterschiedlichen in der Fläche aktiven Projektentwicklern, umso wichtiger ist es daher, positiv für sein Unternehmen zu werben, Meinungsführer zu identifizieren und für sich zu gewinnen. Ein guter Unternehmensruf kann hier den Unterschied machen.

Auch kleine Aufmerksamkeiten können den Unterschied machen
Weihnachtspräsente und -karten und auch andere Aufmerksamkeiten sollten nicht nur zufällig, sondern überlegt eingesetzt werden, um seine Partner gewogen zu halten. Unterstützen können hier technische Systeme für die Beziehungspflege mit Kunden (Customer-Relationship-Management-Systeme – CRM), um auch niemanden zu „vergessen", sonst hat man schnell gegenteilige Effekte. Hierbei ist auf die Compliance-Regelungen des Unternehmens und natürlich die Gesetze zu achten.

Achtung bei Amtsträgern, hier ist von Zuwendungen generell abzuraten, da die Strafgesetze hier sehr enge Grenzen setzen.

Tab. 4.5 Maßnahmen zur Information, Beteiligung (Einbindung) und finanziellen Beteiligung von Betroffenen

	Standortauswahl, Planrecht	Planungs- und Genehmigungsphase	Bauphase	Betriebsphase
Information	Briefe, E-Mail versenden Telefonisch Kontakt aufnehmen Soziale Medien nutzen Aushänge anbringen Homepage erstellen Eigentümerversammlungen abhalten	Briefe, E-Mail versenden Telefonisch Kontakt aufnehmen Aushänge anbringen Homepage erstellen/pflegen Eigentümerversammlungen abhalten Auslage von ?Unterlagen vorbereiten Postwurfsendungen zustellen Broschüren erstellen Soziale Medien nutzen	Aushänge / Bauschilder anbringen Anzeigen in lokalen Medien schalten Homepage pflegen Auslage von Unterlagen vornehmen Postwurfsendungen zustellen Soziale Mdien nutzen Windparkfest organisieren	Homepage pflegen Briefe, E-Mail versenden Telefonisch Kontakt halten Postwurfsendungen zustellen Soziale Medien nutzen
Beteiligung (Einbindung)	Mitarbeiter, die Engagement vor Ort steuern Online Q&A für Feedback bereitstellen Infoveranstaltungen durchführen Hausbesuche durchführen	Telefonzentrale Online Q&A Infoveranstaltungen Workshops Hausbesuche Straßenstände Road Show Ausstellungen	Telefonzentrale Online Q&A Mitarbeite, die Engagment vor Ort steuern Infoveranstaltungen Hausbesuche Road Show Ausstellungen Tag der offenen Tür	Telefonzentrale Online Q&A Tag der offenen Tür
Finanzielle Beteiligung	Pachtangebote (auch z. B. Gemeindeland) abgeben Beginnen die Betroffenen anzusprechen (Ausgleichszahlungen) Regionale Lieferanten ansprechen Regionale Genossenschaften o.a. Partner prüfen Anleihen prüfen Crowdfunding prüfen Sponsoring prüfen Vergünstigten Strom prüfen "Regionalen" Strom prüfen Gemeinschaftsfond prüfen	Die Höhe von Ausgleichszahlungen diskutieren Regionale Lieferanten ansprechen Regionale Genossenschaften o.a. Partner prüfen/Ansprechen Anleihen prüfen Crowdfunding Sponsoring Vergünstigten Strom prüfen "Regionalen" Strom prüfen Gemeinschaftsfond prüfen Regionale Lieferanten beauftragen	Ausgleichszahlungen leisten Regionale Lieferanten beauftragen	Renditen ausschütten Ausgleichszahlungen leisten gemeinschaftsfond bedienen Regionale Dienstleister einsetzen
langfristig	Veranstaltungen an Schulen und Kindergärten durchführen, um das Verständniss für Windenergie zu fördern Aufklärung zu Energiewende und Klimaschutz (z. B. Windenergie sparte in 2016 ca. 53,6 Mio Tonne CO2 ein) Technische Innovationen fördern und nutzen (z. B. Bedarfsgerechte Befeuerung) Preise/Auszeichnungen für Kommune, die die Energiewende unterstützen (z. B. Siegel faire Windenergie)			

4 Stakeholdermanagement

Die meisten Maßnahmen, die in der Tabelle unter „Information" aufgeführt wurden, sind für potenzielle und bekannte Stakeholder in diesem frühen Stadium wenig aufwändig und kostengünstig umzusetzen. Es bieten sich zum Beispiel Websites, Broschüren oder auch Soziale Medien des Unternehmens als Anlaufstelle für interessierte Flächeneigentümer, aber auch Bürger und Gemeinden an.

Finanziell kann hier z. B. eine regional begrenzte Beteiligung der Bürger angeboten werden. Auch über die Platzierung von Pachtangeboten können Stakeholder beeinflusst werden, allerdings bestehen hier natürlich auch technische Grenzen in der Flexibilität.

In der Planungs- und Genehmigungsphase bietet die Information der betroffenen Personen auch die Chance, frühzeitig Feedback zu erhalten und Konflikte proaktiv zu bearbeiten. Hier sei auf Abschn. 4.3.3 verwiesen, in dem die richtige Strategie mit den verschiedenen Stakeholdern herausgearbeitet wird. Neben dem Bedürfnis der Stakeholder nach Information muss gleichzeitig ein „Aufwecken schlafender Hunde" vermieden werden. Die regionale Wertschöpfung kann durch die Wahl regionaler Partner und Lieferanten gefördert werden und die Akzeptanz in der Region erhöhen. Auch können Maßnahmen der finanziellen Beteiligung bzw. Besserstellung wie z. B. vergünstigter Strom geplant und regional vermarktet werden.

Gesetz zur Beteiligung von Bürgern und Gemeinden an Windparks, Mecklenburg-Vorpommern
Der Landtag in Mecklenburg-Vorpommern hat 2016 ein Gesetz zur Beteiligung von Bürgern an Windparks beschlossen. Das Bürger- und Gemeindebeteiligungsgesetz (BüGemBeteilG) sieht vor, dass Bürger und Gemeinden im Umkreis von fünf Kilometern um einen Windpark zu beteiligen sind. Es sind 10 Prozent der Gesellschaftsanteile für die Gemeinden und 10 Prozent für die Bürger zur Verfügung zu stellen. Auch eine Kombination aus einer jährlichen Ausgleichsabgabe an die Gemeinden und einem Sparprodukt für Bürger ist möglich.

Hier sieht sich der Projektentwickler auch bürokratischen Hürden und wirtschaftlichen Belastungen gegenüber, die sehr genau in das Projekt eingeplant werden müssen.

Geht ein Projekt in die Bauphase über, so erhöhen sich die Sichtbarkeit und auch der direkte Einfluss auf das Umfeld schlagartig. Hier ist es wichtig, die durch die Nutzung von Flächen betroffenen Eigentümer ausreichend zu informieren und über Ausgleichzahlungen oder Ersatzmaßnahmen zu entschädigen. Als Abschluss der Baumaßnahmen und quasi als Start in die Betriebsphase bieten sich bspw. Windparkfeste als nach außen sichtbares Zeichen der Wertschätzung an.

Auch in der Betriebsphase sollte man die Stakeholder in der Region nicht vergessen. Es wird zwar ein Gewohnheitseffekt eintreten, aber die gefühlte Störung durch den neuen Windpark kann durch Information und Einbindung der Betroffenen reduziert werden. Die direkte finanzielle Beteiligung von Bürgern vor Ort z. B. in einer Bürgerenergiegesellschaft kann auch die Verwurzelung und Akzeptanz in der Region fördern.

Siehe dazu auch als Anlage 2 (siehe Abschn. 4.6) ein Interview, in dem sich Nicole Knudsen vom Bundesverband Windenergie/Landesverband Schleswig-Holstein am Rande einer GPM-Fachveranstaltung zu Art und Umfang der Kommunikation in Bürgerwindparks äußert. Stakeholderkommunikation, Bürgerwindparks und Bürgerbeteiligung werden hierbei von Frau Knudsen beleuchtet und sie erklärt, warum ein oftmals vermuteter NIMBY-Ansatz („Not in my backyard") als Erklärung für Wiederstände gegen Windenergieprojekte zu kurz greift und wie gute Kommunikation im Windenergieprojekt funktioniert.

Fazit

In einem Windenergieprojekt bieten sich zahlreiche unterschiedliche Wege an, um die Stakeholder für das Projekt zu gewinnen oder zumindest zu einer neutralen Haltung zu bewegen. Diese bieten sowohl Risiken als auch Chancen für das Projekt, weswegen eine gut überlegte Strategie dahinterstehen muss. Zunehmend verlangt auch der Gesetzgeber eine Beteiligung von Gemeinden und Bürgern am Projekt. Nachweislich fühlen sich in der Planungs- und Bauphase gut informierte Bürger, denen auch Foren geboten wurden, um ihre Bedenken vorzubringen, später weniger vom Windpark gestört als Bürger, die nicht eingebunden und informiert waren (Pohl et al. 2018).

4.5 Anlage 1: Mögliche Stakeholder in Projekten der Windenergie

Nachfolgend soll eine exemplarische Liste von Stakeholdern bereitgestellt werden, die von der Leitung der GPM-Fachgruppe „Projektmanagement in der Windenergie" – Steffen Rietz und Daniel Meier – initial entworfen und bereitgestellt wurde und heute von der gesamten Fachgruppe kontinuierlich gepflegt wird (Tab. 4.6). Es handelt sich um eine beispielhafte Darstellung von Stakeholdern, ohne Anspruch auf Vollständigkeit, und ist ideengebend zu verwenden, damit in Erstprojekten und von Branchenneulingen nichts Wesentliches vergessen wird. Die Darstellung zu Interesse und Vernetzung ist natürlich sehr verkürzt und in der Realität meist deutlich vielschichtiger und selbstverständlich auch individueller.

Bei Nutzung der nachfolgenden Tabelle ist daher Folgendes zu beachten:

1. Mehrfach werden Firmen, Institutionen, Verbände, Gewerke o. ä. genannt. Um wirklich Maßnahmen im Rahmen des aktiven Stakeholdermanagements einleiten zu können, muss die Transferleistung auf echte Stakeholder noch erfolgen, z. B. durch Umwandlung des Tabelleneintrags „Kranverleih" in „Herr Mustermann von der Baumaschinenverleih GmbH in XY-Stadt."
2. Die Tabelle dient als Unterstützung dabei, sich in der Vielzahl und Vielfalt der Stakeholder zu orientieren. Sehr typisch ist, dass
   - einerseits Personen mehrere Rollen verkörpern (Bsp.: Hr. Mustermann ist a) Mitglied im Gemeinderat, b) ehrenamtliches Mitglied in einem regionalen Naturschutzverband, c) Anwohner, d) investitionssuchend, … u. s. w.) und

4 Stakeholdermanagement

- andererseits auch die Eingruppierung in Promotoren und Opponenten sehr schnell und ggf. auch mehrfach wechseln kann. (Hr. Mustermann ist aktiver Gegner von Kernenergie und Kohleverstromung, gleichzeitig gegen die Errichtung von WEAs in einem bestimmten Gebiet, in dem er wohnt oder Feldhamster gesichtet wurden.) Die projektspezifische Eingruppierung der Stakeholder kann daher nicht mitgeliefert werden und ergibt sich auch nicht automatisch, sondern ist eine Fallentscheidung.
3. Bei vielen Stakeholdern ist zu unterscheiden, wie diese in das Projekt eingebunden sind. Möglich sind a) eine unverbindliche lose Bindung, b) eine projektspezifische Bindung (Werkvertrag, Dienstvertrag), c) eine projektübergreifende Bindung (Rahmenvertrag, Arbeitsvertrag). Das beeinflusst sowohl die Stakeholderschaft, als auch das Portfolio möglicher Maßnahmen im Umgang mit den Stakeholdern.

Tab. 4.6 Mögliche Stakeholder in Projekten zur Errichtung von Windenergieanlagen und Windparks

Intern	
unternehmensintern	
Geschäftsführung/Vorstand	Ist interessiert daran, Umsatz zu generieren und Gewinn zu erzielen; agiert über Delegation an Firmenmitarbeiter; häufig gut vernetzt mit Presse, Banken, Investoren
Aufsichtsrat/Beirat	Überwacht den Vorstand und/oder berät ihn (hat ein allgemeines Interesse am Projekterfolg)
Abteilungsleiter/Bereichsleiter/Regionalleiter	Hat ein Interesse an der Erreichung der Abteilungsziele und Jahreszielvereinbarungen; teilweise für den Verkauf des Projektes/des Projektergebnisses verantwortlich, häufig vernetzt in der Regionalpolitik und mit wichtigen Dienstleistern
Mitarbeiter PMO	Möchte den reibungslosen Ablauf der Prozesse und deren Qualität sicherstellen, Vernetzung: Unternehmensführung, Projektmanager paralleler Projekte
Shareholder/Eigenkapitalgeber	Interesse: Mehrung seines Vermögens und Verbesserung der Einkommensposition; teilweise auch intrinsisch motiviert über Klimaziele o. ä.
Kernteammitglieder	
Projektleiter/Projektmanager	Gesamtverantwortung über die gesamte Projektlaufzeit; damit meist hauptverantwortlich für das Stakeholdermanagement (ohne sich selbst managen zu können);
Mitarbeiter Flächensicherung	Interessiert/motiviert über Provisionen, verantwortlich für das Identifizieren, Bewerten und Sichern potenzieller Standorte für Windenergie; meist gute „Netzwerker" zwischen Projektleiter, Politik, Eigentümern ...
Bauleiter (intern)	Zuständig für den Erfolg in der Bauphase, oft auch in der Planungsphase intensiv eingebunden, häufig vernetzt mit Baufirmen und Anlagenherstellern

(Fortsetzung)

Tab. 4.6 (Fortsetzung)

Intern	
Interdisziplinäres Projektteam	Technische Bauzeichner, AviFauna-Experten, Mitarbeiter der Netzabteilung, … sind zu differenzieren je nach Projektphase, temporärer Arbeitsbelastung, sowie Qualifikation und Lohnmodell
Controller	Budget- und Finanzplanung, häufig übergeordnet agierend in Strategie-, Wirtschaftlichkeits- und Liquiditätsüberwachung
Teammitglieder erweitertes Team	
Presse- und Öffentlichkeitsarbeit	Zuständig für Presse- und Öffentlichkeitsarbeit. Oft auch für den Projektauftritt in den sozialen Medien verantwortlich. Aktiv an der Schnittstelle zu Presse, Verbänden und Öffentlichkeit
Rechtsanwalt/Rechtsberatung	Unterstützt Vertragsgestaltungen und dessen rechtliche Umsetzung/Einhaltung; häufig aktiv an der Schnittstelle zu Projektgegnern und/oder Flächeneigentümern sowie bei Projektverkäufen
Sales	Hat das Ziel, das Projekt am Markt meistbietend zu veräußern, hält Kontakt zu Investoren und informiert sich über Marktentwicklungen
Extern – Akquise	
Projektakquisiteur	Verantwortlich für die Akquisition neuer Projekte in unterschiedlichen Projektphasen, in der Regel sehr gut vernetzt mit Mitbewerbern
Makler, Grundstücks-/Flächenvermittler	Motiviert über Provisionen; häufig vernetzt mit Landeigentümern
Bürgermeister	Agiert in enger Abstimmung mit dem Gemeinderat (kann im Kontext wechselnder Öffentlichkeitsmeinung auch seine eigene Meinung wechseln (will ggf. Wiederwahl sichern)
Gemeinderat	Vertritt die Gemeinde und ist oft ebenfalls abhängig vom öffentlichen Meinungsbild; B-Plan (Bebauungsplan), F-Plan (Flächennutzungsplan); häufig vernetzt mit Presse, Verwaltung, Behörden
Flächensicherung	
Landeigentümer (inkl. Familie)	Erhalt/Verbesserung der eigenen Lebensqualität; wirtschaftliches Interesse über Verkauf/Verpachtung/Gesellschaftsanteile, ggf. Bedenken hinsichtlich Immissionen
Anwalt des Landeigentümers	Unterstützung der Landeigentümer bei Vertragsthemen, oft mit der Landwirtschaftskammer vernetzt
Nachbarn des Landeigentümers (direkte oder weitere)	Erhalt der Lebensqualität (typische Themen: Geräuschemission, Schlagschatten, Strahlung/Magnetfeld, Landschaftsbild/Fernsicht, …) – mal mehr, mal weniger objektiv nachvollziehbar
Katasteramt	Grundbuchverwaltung

(Fortsetzung)

Tab. 4.6 (Fortsetzung)

Intern	
Gericht	Rechtssprechung – oft überlastet
Notar	Sorgt für Vertragssicherheit
Vermessungsingenieur	Vermessungstechnische Leistungen für Windparks
Finanzierung	
Kreditgeber (Bank)	Kreditvergabe (inkl. finanzielle Sicherheiten und Gewinn), oft wie Projekteigentümer zu behandeln, Zustimmung zu wichtigen Entscheidungen notwendig
Extern – Raumordnungspläne, Flächennutzungspläne, Bebauungspläne	
Planungskommission/Staatskanzlei	Regionalplanung und Raumordnung
Politische Rahmenbedingungen	
Bund: Bundesministerium	Indirekter Rahmen des Projektes (Bsp.: Erneuerbare-Energien-Gesetz, Bundesministerium für Wirtschaft …)
Wirtschaft/Landwirtschaft/Umwelt	(Regionale) Wirtschaftsentwicklung (Einfluss auf Raumordnungsverfahren)
Land: Landesministerium	(Regionale) Wirtschaftsentwicklung (Einfluss auf Raumordnungsverfahren)
Bezirk: Bezirksregierung	Verwaltung, Zwischenebene, kann Vorgaben für untergeordnete Ebenen ausgeben und im Genehmigungsverfahren relevant sein
Kreis/Kreisverwaltung	Verwaltung, kann im Genehmigungsverfahren entscheiden
Gemeinde	Wird im Verfahren um Erteilung des Einvernehmens gebeten, ist vor Ort stark vernetzt und wird i. d. R. gehört
Verbände	
Internationale Branchenverbände	Förderung der Windenergie GWEA (Global World Wind Energie Association) WWEA (World Wind Energy Association) u. a.
Nationale Branchenverbände	Förderung der Windenergie BWE (Bundesverband Windenergie e.V.), Stiftung Offshore, FGW (Fördergesellschaft Windenergie), Wirtschaftsverband Windkraftwerke e.V. ggf. jeweils mit eigenen Landesverbänden mit starker lokaler Vernetzung
Industrienahe Fachverbände	VDMA (Verband Deutscher Maschinen- u. Anlagenbau e.V.), BEE (Bundesverband Erneuerbare Energie), VDI (Verein Deutscher Ingenieure), BDEW (Bundesverband Deutscher Energiewirtschaft), VKU (Verband Kommunaler Unternehmen), GPM, Deutsche Gesellschaft für Projektmanagement
Regulierungsbehörde	Regulation von Streitigkeiten
Allgemeine Öffentlichkeit	
Bürger	Erhalt der Lebensqualität; erhofft sich regionale Wertschöpfung durch das Projekt

(Fortsetzung)

Tab. 4.6 (Fortsetzung)

Intern	
Meinungsmacher	Können Windkraftgegner oder Unterstützer sein, die unorganisiert oder organisiert agieren; lokal oder überregional und nicht über Verbände (weil dort teilweise keine Mitglieder) erreicht werden können; (typischer Ursprung: Windkraftförderer = technikbegeistert und/oder von der Klimawende überzeugt; Windkraftgegner = themenunabhängige Krawalltouristen)
Extern – Umweltverfahren (§ 19 BImSchG, Bundes-Immissionsschutzgesetz)	
Naturschutzamt	Umweltamt des Kreises; behördlicher Umweltschutz-Fokus ist häufig Investitionskritisch
Naturschutzbehörde	Interesse am Naturschutz; oft gut vernetzt mit Vogelwarten/Naturschützern vor Ort
Regionale Verbände mit regional spezifischem Fokus	Bsp.: Wasserbehörde (ggf. im immissionsschutzrechtlichen Verfahren zu beteiligen)
Abfallbehörde	Bei der Entsorgung/dem Recycling von z. B. Aushub einzubinden
Immissionsschutzbehörde	Setzt die Einhaltung von Grenzwerten durch; oft auch Verfahrensleitung für immissionsschutzrechtliche Verfahren
Denkmalschutzbehörde	Interesse am Denkmalsschutz führt zu Einschränkungen bei der Errichtung von Windenergieanlagen in Denkmalbereichen
Ziviles Luftfahrt Bundesamt/Luftverkehrsbehörde	Verantwortlich für ordnungsgemäße Durchführung des zivilen Luftverkehrs
Flugsicherung	Muss Flughindernisse kennen und führen
Bundeswehr	Verantwortung für Schutzbereiche (Wehrbereichsverwaltung)
Militärische Luftfahrt	Verantwortet die militärische Flugsicherheit
Mobilfunkbetreiber	Informiert über Richtfunktrassen
Sonstige Vereine	
Wirtschaftsförderungsgesellschaft	Unterstützt inländische und ausländische Investitionsvorhaben in einer definierten Region
Bürgerinitiativen	Vertreten verschiedenste Anliegen, zu denen sich Bürger in einer Initiative zusammenschließen
Tourismusagentur	Ggf. besorgt um touristische Qualität einer Region im Falle eines Zubaus von Windenergieanlagen
Bauämter	
Bauverwaltung	Verantwortet die Vergabe von Bau- und sonstigen Leistungen
Bauaufsicht/Planung	Verantworteten die Bauberatung, Baugenehmigung und Bauüberwachung
Straßenverkehrsamt	Zuständig für die Sicherheit oder Leichtigkeit des Verkehrs
Amt für Landwirtschaft	Landwirtschaftliche Pflege instandhalten

(Fortsetzung)

Tab. 4.6 (Fortsetzung)

Intern	
Gesundheitsamt	Arbeits- und Gesundheitsschutz
Bodenamt	Bodenschutz und Bodenpflege
Externe Expertisen & Gutachter	
Meteorologe	Windgutachten/Ertragsgutachten, Micrositing, sowie Immissionsprognosen
Flora und Fauna	Viele Personen von diversen Vereinen, Firmen oder Institutionen; oft entscheidungsrelevant (erteilen Freigaben/ Unbedenklichkeitsbescheinigungen oder auch ein Veto)
Ornithologe/Vogelkundler	Voguntersuchungen für das Projekt, ggf. aber auch projektunabhängig und regional verankert, vernetzt mit Vogelwarten und Naturschutzvereinen
Fledermausspezialist	Fledermausuntersuchungen
Bodengutachter	Geologische Untersuchungen
Streckenprotokollisten (Bau Ing.)	Zuwegungsbericht und Logistikkonzepte (häufig vernetzt mit Anlagenhersteller)
Elektrotechniker/Netzgutachter	Netzgutachten (häufig vernetzt mit Netzbetreiber, Baufirmen, Kabelproduzenten)
Technische Bauzeichner	Ausführungsdokumentation
Windmessmastherstelller u. -zulieferer	Dienstleister für Technik im Umfeld des Windenergieprojekts
Windgutachter	Windgutachten/Energieertragsgutachten
Extern – Bau	
WEA-Hersteller	Anlagenverkauf/Dienstleistungen (ggf. bis zum Vollwartungsvertrag über Jahrzehnte); starke Marktstellung
Logistik-Dienstleister	Transport von Anlagen (häufig vernetzt mit Anlagehersteller, Polizei, Straßenbehörde)
Bauleiter (extern)	Repräsentant des Bau-/Hochbau-/Tiefbau-Unternehmens; inkl. Fundament- und Erdarbeiten (ggf. mehrere nach Bauphasen)
Kranverleih	Exemplarisch sei hier verwiesen auf Aspekte außerhalb des Projektes; z. B. über Rahmenverträge, die mehrere Projekte und mehrere Jahre umfassen
Straßenbaufirmen	Errichtung der einzelnen Spezialisierungen, um Zuwegung zu realisieren (ggf. erweiterte Relevanz, wenn zum Projektende ein Straßenrückbau – ganz oder teilweise – gefordert ist)
Umspannwerkbetreiber/-errichter	Errichtung durch den Netzbetreiber oder eine eigene/ beauftragte Gesellschaft
WEA Errichter/Kranfirma	Will seine Leistung erbringen und möglichst im eigenen Plan die Baustelle abschließen

(Fortsetzung)

Tab. 4.6 (Fortsetzung)

Intern	
Netzbetreiber	Primär: Stromnetz (sekundäre Beachtung, wenn durch die Errichtung Schnittstelen zu anderen Netzbetreibern (Telefon, Gas, Wasser) entstehen) Zuständig für Ermittlung des Tarifs nach EEG2017 auf Basis eingereichter Standortgütegutachten und Auszahlung der Einspeisevergütung
Holzfäller	Baumfällung bei Bedarf (am Ort der Errichtung oder zur Absicherung der Erreichbarkeit im Rahmen der Zuwegung)
Kabelproduzent	Will seine Leistung erbringen und entsprechend seines Vertrags liefern
Telekom/Breitbandbetreiber	Errichtung der einzelnen Spezialisierungen, Telefonanschluss bei WEA und Umspannwerk
Polizei	Verantwortet die Verkehrssicherheit über Begleitung von Großraum- und Schwerlasttransporten (Vorsicht bei spezifischer Landesgesetzgebung für Nachtfahrten o. ä.); oft mit vorrangigen Tätigkeiten ausgelastet
Private Sicherheitsfirma	Schutz vor Einbruch (Vandalismus) Diebstahl (Rohstoffe, Metalle, Brennstoff, …) und Objektschutz (nachts, Ostern, Weihnachten, …)
Akteure in Offshore-Projekten (Rollenkonzept nach dem GWPPM)	
GWPPM-Phase „Build"	
Baudienstleister	Übernimmt die Errichtung von Offshore-Windparks
Hafenbetreiber	Schnittstelle zwischen Land und Meer
Logistikdienstleister	Verantwortet Schwertransport
IKT-Unternehmen	Informationstechnische Auslegung und Umsetzung
Hersteller	WEA-Hersteller, Hersteller von Gründungsstrukturen, Seekabelhersteller und Hersteller von Umspannwerken
Betriebsgesellschaft	Administrative und technische Betriebsführung des Offshore-Windparks
GWPPM-Phase „Operate"	
Betriebsgesellschaft	Verantwortet administrative und technische Betriebsführung des Offshore-Windparks
Hersteller	Als WEA-Hersteller für die Instandhaltung zuständig
Transportunternehmer	Reedereien, Flugdienstleister und Speditionen (differenzieren, wenn signifikant viele ungeplante Einsätze absehbar sind)
Externe Instandhaltungsunternehmen	Bieten Komplett- und Teilangebote für Betriebsführung und Instandhaltung von Offshore-Windparks
Lieferanten Hilfs-/Betriebsstoffe, Ersatzteile	Vermeiden Materialengpässe, entsprechende Lieferanten, damit eine gleichmäßige Qualität erhalten bleibt
Zoll	Bzgl. der Anmeldung aller den Wirtschaftraum verlassenden (und ggf. in andere Wirtschafträume eingeführten) Waren; als administrativer und wirtschaftlicher Akt

(Fortsetzung)

Tab. 4.6 (Fortsetzung)

Intern	
Bundespolizei	Überwachen, dass alle Personen die einen Grenzübertritt vorhaben, angemeldet sind
Transportmittel mit Besatzung	Stellen einen Tageseinsatz mit agierenden Einheiten dar
GWPPM-Phase „Supply"	
Strombörse	Alle Akteure, mit denen Geschäfte abgeschlossen werden, um die im Offshore-Windpark erzeugten Strommengen zu verkaufen
Bilanzkreisverantwortlicher (BKV)	Schnittstelle zu Stromlieferungen
Verteilnetzbetreiber (VNB)	Betreiben die regionalen Stromnetze
Übertragungsnetzbetreiber (ÜNB)	Betreiben die überregionalen Stromnetze
Betriebsgesellschaft	Muss die gesamte administrative und technische Betriebsführung des Offshore-Windparks verantworten
Sonstige	
Versicherung(en)	Zu differenzieren nach dem versicherten Prozess oder Objekt und der Art der Versicherung (→ enge Wechselwirkung mit dem Risikomanagement)
Journalisten	Information der Öffentlichkeit (Interessen: Auflagen, Reichweite, Einschaltquote …)
Medien (Rundfunk, TV, Verlage, …)	Vertreten durch Redaktionsleiter, Intendanten, Bereichsleiter o. ä. (sehen sich als Multiplikatoren und Spiegel der gesellschaftlichen Meinung; sind aber oft selbst Meinungsmacher)
Käufer/Kunden	Kauf und Gewinnmaximierung (als Individuen oder vorstrukturiert z. B. in Bürgerwindparks), oft in Kombination mit ökologischen Motiven
Anwalt der Kunden	Vertragsrechtliche Absicherung des Kunden, je nach eigener Erfahrung des Kunden mehr oder weniger im Lead bei Verhandlungen
Steuerberater der Kunden	Transparenz und Optimierung
Bank/Kreditgeber der Kunden	Finanzielle und materielle Sicherung der Investition
Feuerwehr	Gewährleistung Brandschutz, Flucht- u. Rettungswege (Brandschutzkonzept und Feuerwehrplan nach DIN 14095)
Technischer Prüfer	Dienstleister im Umfeld des Projekts, formal unabhängig
Statiker	Dienstleister im Umfeld des Projekts
Bauleitüberwacher	Abstimmung mit Bauleiter
TÜV	Unabhängige Prüfstelle, übergeordnet als wirtschaftlich agierendes Unternehmen aber auch eigene Interessen
Vertreter u. Förderer der Kernenergie	Z. B.: Gesellschaft der Freunde und Förderer der Kernkraft, Internationale Atomenergie-Kontrollbehörde IAEO

4.6 Anlage 2: Stakeholderkommunikation am Beispiel von Bürgerwindparks

Ein ganz wesentlicher Bestandteil des Stakeholdermanagements ist die Stakeholderkommunikation. Dabei gelten alle bekannten Grundregeln der Kommunikation, die zwar immer öfter, aber immer noch zu selten Anwendung finden. Erst nach und nach wächst die Erkenntnis, dass gerade in Bürgerwindparks die Stakeholderkommunikation ein ganz wesentlicher Erfolgsfaktor ist. Eine professionelle Kommunikation ist von Beginn an von allen Beteiligten gezielt einzusetzen.

Nachfolgend finden Sie ein Interview, in dem sich Nicole Knudsen vom Bundesverband Windenergie/Landesverband Schleswig-Holstein am Rande einer GPM-Fachveranstaltung zu Art und Umfang der Kommunikation in Bürgerwindparks äußert.

Frage: Einen Windpark zu errichten ist doch zunächst klassische Ingenieurstätigkeit, ganz sicher begleitet von finanziellen und juristischen Fragestellungen. Aber warum ist ergänzend auch die Kommunikation so wichtig?
Nicole Knudsen: Abgesehen davon, dass wir in Schleswig-Holstein mit einem Ausbau-Moratorium noch eine planungsrechtliche Besonderheit haben: Stellen Sie sich vor, Sie haben drei Jahre lang Pläne gemacht, Konzepte entwickelt, Zeichnungen erstellt, alle Gutachten eingeholt, Unterlagen eingereicht, das ganze Energierecht eingehalten, alle technischen Anleitungen berücksichtigt, viel Geld investiert ... und müssen nun auch noch mit allen Trägern öffentlicher Belange, den sogenannten Stakeholdern sprechen und auch von denen das O.K. einholen.

Frage: Wer wäre das?
N.K.: Interessiert an der Projektrealisierung sind – oder eben auch nicht – die Denkmalschützer, Artenschützer, Naturschützer, die Bundeswehr, der Deutsche Wetterdienst, die Deutsche Flugsicherung, hier im Norden noch der Deich- und Haupt-Sielverband, ... Die Kette der involvierten Stakeholder ist ... ich hätte fast gesagt: endlos. Sie ist schon endlich, aber eben sehr lang. Wenn man auch von denen die Zustimmung bekommt, glaubt man sich am Ziel aller Pläne. Jetzt kann man den Windpark bauen, etwas für die Umwelt tun und alles wird gut, doch oftmals fängt dann die Kommunikation erst richtig an.

▶ Bürgerwindpark und Bürgerbeteiligung kommt von „Bürger-". Die wollen und sollen ihre Umgebung gestalten.

Frage: Und da es hier im Norden zahlreiche Bürgerwindparks gibt, geht man dann auf die Bürgerversammlung und bekommt dort Applaus für die geleistete Arbeit.
N.K.: Ja, vielleicht. Aber vielleicht sind Sie nicht nur von Freunden und Gleichgesinnten umgeben, sondern stehen vor aufgebrachten Bürgern, die teils sogar drohend auf Sie zukommen und bestimmte oder unbestimmte Bedenken oder Ängste äußern wegen Lärm, Schattenwurf oder Infraschall, die sich Sorgen machen um fallende Immobilienpreise oder

einen Einfluss auf die touristische Nachfrage. Es geht nicht mehr um die Legalität des Projektes – die wird nicht in Frage gestellt – sondern vielmehr um Legitimität.

Frage: Also das klassische „Ja zu Erneuerbaren Energien, aber bitte nicht vor meiner Haustür!"?
N.K.: Meistens ist es vielschichtiger. Kommunikativ haben sie einen Konflikt. Sie haben auf der Bürgerversammlung erzählt, wieviele Anlagen Sie bauen, wie groß und schwer die sind, wieviele Kilowattstunden Sie realisieren, wieviele Tonnen CO_2 Sie einsparen, … all die Zahlen/Daten/Fakten, die Ingenieure gern erzählen. Aber: niemand hört Ihnen zu! Kommunikation besteht eben nur zu einem kleinen Teil, nach Albert Mehrabin nur zu ca. 7 %, aus dem verbalen Sachinhalt der Botschaft. Der größere Teil der Kommunikation läuft nicht verbal – das wäre dem Gehirn zu langsam – sondern nonverbal.

Frage: Es geht also nicht nur darum was man sagt, sondern auch wie man es sagt.
N.K.: Richtig. Sogar hauptsächlich. Bereits wenn jemand zur Tür hereinkommt, hat das Gehirn in Sekundenbruchteilen für uns schon entschieden, ob man eine Person mag oder nicht, ob man ihr zuhört, ihr glaubt oder eben nicht. Das Gehirn funktioniert nach einer strengen hierarchischen Architektur. Die nonverbalen Signale wie Gerüche, Attraktivität, der soziale Habitus oder die Mimik funktionieren wie soziale Codes, die Schlüsselreize auslösen. Die Wahrnehmungsroutinen laufen so schnell ab und sind für das Gehirn so banal, dass sie nicht kognitiv hinterfragt werden. Die Gestik wird dann schon komplexer und ist schon sprachvorbereitender, aber immer noch unterhalb des mentalen Ereignishorizonts, d. h. hier läuft man noch immer auf Autopilot. Erst die Sprachverarbeitung ist so komplex, dass sie lange genug dauert, um kognitiv hinterfragt zu werden. Dann hat unser Gehirn aber bereits den Kontext geschaffen, in dem wir die Sprachinhalte wahrnehmen. Schlüsselreize lösen also Assoziationen aus, die bewusst nicht hinterfragbar sind.

▶ Die Grundlagen der Kommunikation sollten bekannt sein.

Frage: Das erinnert an das Vier-Ohren-Modell (vgl. Abb. 4.10), das viele aus den Grundlagen der Kommunikationslehre kennen. Wir kommunizieren auf der Sach- und der Beziehungsebene, ergänzt um die Selbstkundgabe und den Appell.
N.K.: Genau. Nach Schulz von Thun hat jede Nachricht vier Seiten. Der Absender einer Botschaft spricht also gleichzeitig immer mit vier „Schnäbeln", der Empfänger hört immer gleichzeitig mit vier Ohren. Und auf der Bürgerversammlung haben wir oft mehrere hundert Personen, die jeweils mit vier Schnäbeln sprechen und jeweils auf vier Ohren hören. Welche dieser Seiten der Nachricht beim Absender oder Empfänger gerade den größeren Anteil hat, kann sich sehr schnell und mehrfach ändern. Und der Absender einer Botschaft hat keinen Einfluss darauf, mit welchem Ohr der Empfänger gerade besonders gut hört. Das macht Kommunikation nicht nur komplex, sondern auch kompliziert. Deshalb ist Kommunikation in einer größeren Gruppe von Menschen grundsätzlich immer eine echte Herausforderung. Falls der Windparkplaner also auf der Einwohnerversamm-

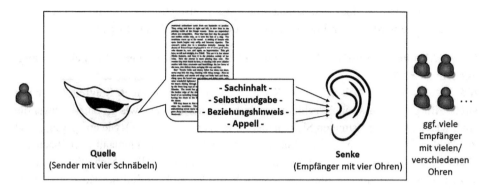

Abb. 4.10 Das Vier-Ohren-Modell nach Friedemann Schulz von Thun, bei dem der Projektleiter häufig der Sender ist und die vielen Empfänger der Bürgerversammlung erreichen muss

lung all die beeindruckenden Fakten erläutert, also auf der Sachebene spricht, die Zuhörer aber aufgrund ihres Kontextes gerade ein „Gefühlsohr" aufhaben, wird die Botschaft nicht oder nicht richtig ankommen.

Hinzu kommt, dass Menschen in Gruppen, also zum Beispiel auf der Bürgerversammlung, eine soziale Einheit bilden, d. h. jeder einzelne kalibriert seine Ohren ständig neu – am Meinungsführer, am Nachbarn, an der sozialen Dynamik. Es gibt sich ständig wiederholende Rückkopplungseffekte. Auch das passiert unterhalb der Wahrnehmungsschwelle, also des mentalen Ereignishorizonts.

Frage: Die Wahrscheinlichkeit der Entstehung von Konflikten ist also recht groß. Wie kann man diese Konflikte ggf. doch verhindern?
N.K.: Die Komplexität selber lässt sich nicht reduzieren. Aber einen Konflikt als solchen zu erkennen, ist schon hilfreich. Dann kann man ihn bewerten und mit Glück eine Eskalation vermeiden. Nach Friedrich Glasl gibt es neun vorhersehbare Eskalationsstufen (Abb. 4.11). Eine erste Verhärtung der Kommunikation merkt man daran, dass Informationen gelenkt werden, die Kommunikation wird förmlicher, Details werden wichtig. Man zitiert Paragraphen und beruft sich auf Regeln. Auf der zweiten Stufe kommt Misstrauen. Auf der dritten wird das Symbolverhalten wichtiger. Spätestens auf der sechsten Stufe ist dann die Kompromissbereitschaft weg, anschließend überwiegt nur noch die Schädigungsabsicht, es geht längst nicht mehr um Sachinhalte. Und in der letzten Stufe geht es dann nur noch darum, im Angesicht des drohenden eigenen Schadens, egal ob dieser real gegeben ist oder nur subjektiv als solcher empfunden wird, dem Gegner ebenfalls einen möglichst großen Schaden zuzufügen, ihn quasi mit in den Abgrund zu reißen. All diese Ebenen erfordern eine unterschiedliche Ansprache. Während ich mit jemandem, der sich zum Beispiel in der ersten Phase befindet, eine weitere Eskalation noch verhindern kann, wird es später immer schwieriger. Wichtig ist es also, schon frühzeitig die ersten Konfliktanzeichen zu erkennen, um angemessen reagieren zu können, wir brauchen sozusagen einen Konfliktradar.

1. Ebene: Win-Win-Situationen			2. Ebene: Win-Lose-Situationen			3. Ebene: Lose-Lose-Situationen		
Phase 1	Phase 2	Phase 3	Phase 4	Phase 5	Phase 6	Phase 7	Phase 8	Phase 9
Verhärtung	Polarisation und Debatte	Taten statt Worte	Sorge um Image und Koalition	Gesichtsverlust	Drohstrategien	begrenzte Vernichtungsschläge	Zersplitterung	gemeinsam in den Abgrund

Abb. 4.11 Eskalationsstufen in Konflikten der Kommunikation. (Quelle: nach Friedrich Glasl)

Frage: Spannende Theorie. Aber auf einer Bürgerversammlung bzw. im Kontext eines Bürgerwindparks geht es doch eher darum, Gegner zu überzeugen und Förderer zu gewinnen. Kommt es tatsächlich dazu, jemanden mit in den Abgrund zu reißen?
N.K.: Sprichwörtlich schon. Wenn ich keinen persönlichen Vorteil an dem Windpark sehe, soll ihn auch kein anderer haben. Wenn mein Grundstück vermeintlich an Wert verliert, will ich wenigstens nicht der einzige mit einem finanziellen Schaden sein. Wenn die angekündigten Arbeitsplätze mich und meine Familienmitglieder nicht aus der Arbeitslosigkeit holen, dann brauchen sie auch gar nicht erst zu entstehen, usw. Es gibt zahlreiche solcher rational nicht begründbaren Trotzreaktionen. Was die Kommunikation in diesen Situation erheblich erschwert ist, dass der Absender der Botschaft eigentlich wissen müsste, auf welcher Eskalationsstufe sich das Gegenüber gerade befindet. Nur dann kann er angemessen reagieren. Aber jeder Teilnehmer der Bürgerversammlung befindet sich in einer anderen Konfliktphase. Und auch hier kann jeder Einzelne innerhalb eines einzigen Abends zigmal zwischen den Phasen hin und her oszillieren. Die Dauer einer Phase ist nicht festgelegt, sie kann zwischen Sekunden und Jahren liegen. Und was auch wichtig ist und die Sache nicht wirklich einfacher macht ist: wann der Konflikt beendet ist, bestimmt nur der Empfänger.

▶ Medien können Einfluss auf Dauer und Verlauf des Konflikts haben.

Frage: Und wie kommt man aus dem Schlamassel dann wieder raus?
N.K.: Noch sind wir ja gar nicht so richtig drin. Richtig unangenehm wird es erst, wenn Ihnen die Führung der Kommunikation entrissen wird, z. B. durch die Medien. Aus den Fakten werden nur Auszüge berichtet. Ergänzend werden nur Gegner des Projektes zitiert und man hat selbst keine Chance, die eigenen Argumente anzubringen. Wenn die Berichterstattung gezielt gegen das Windparkprojekt läuft – in regionalen Zeitungen vielleicht als Titelstory zur Steigerung der Auflage – dann läuft es gerade richtig schief.

Frage: Und die Medien bestimmen dann auch die Dauer der Themenkarriere. Je länger das Thema in den Medien ist, umso enger wird der Handlungsspielraum.
N.K.: Der verringert sich sogar dramatisch, während gleichzeitig die Kosten exponentiell steigen, die benötigt werden, um die eigene Reputation oder das Image des Projekts wieder zu retten. Auf solchen Bürgerversammlungen gibt es Momente, in denen man – egal was man sagt oder tut – einfach nur verlieren kann. Dann muss man Beschimpfungen bis hin zu persönlichen Beleidigungen auch einfach mal nur aushalten.

Frage: Das löst aber das Problem nicht. Deshalb zurück zu meiner Frage: Wie komme ich aus dem Schlamassel wieder raus?
N.K.: Mit etwas Glück und kommunikativem Geschick pendelt der Meinungsführer oder die anderen Anwesenden von einer hohen in eine niedrigere Eskalationsstufe und es gelingt noch am gleichen Abend zu einem späteren Zeitpunkt, die Diskussion vom Kopf wieder auf die Füße zu stellen und die Bereitschaft für Sachargumente wieder herzustellen. Die Empfindungen der Menschen ernstzunehmen und die Kommunikation wertschätzend weiterzuführen ist dabei der erste Schritt. Falls Ihre Frage in Richtung eines Werkzeugkoffers geht, nach dem Motto: in Situation A muss man Methode B anwenden und wenn Herr C kommt, muss mit Argument D geantwortet werden: Einen solchen Werkzeugkoffer gibt es leider nicht. Die Gesamtsituation inklusive möglicher Randbedingungen und Einflussfaktoren gestattet keinen standardisierbaren Kommunikationsverlauf.

▶ Frühzeitig, offen, ehrlich, direkt und authentisch kommunizieren.

Frage: Den Worst Case haben wir jetzt verstanden. Keine rechtzeitige, ausreichende oder eine schlechte Kommunikation kann ein Projekt also deutlich verzögern und/ oder verteuern, im Extremfall bis hin zu einer Existenzgefährdung des Gesamtprojektes. Haben Sie Empfehlungen, wie man es besser macht?
N.K.: Hilfreich ist es, wahr, offen und authentisch zu kommunizieren. Nicht-Authentizität, auch wenn sie nur unterschwellig wahrgenommen wird, wird sofort bestraft. Man muss offen und ehrlich sein, darf im Falle eines verbalen Angriffs auch ruhig seine eigene Betroffenheit zeigen. Das bedeutet: Kommunizieren Sie direkt!

Frage: Was heißt direkt? Auf einer Bürgerversammlung steht man den Leuten doch direkt gegenüber.
N.K.: Das ist auch richtig. Aber hier fängt die Kommunikation nicht erst an. Meist gibt es eine Vorgeschichte. Diese besteht häufig aus Briefen, E-Mails oder Postwurfsendungen, aus Plakaten oder Homepages. Das sind alles bestenfalls ergänzende Kommunikationskanäle. Sie funktionieren nur indirekt oder sind schlimmstenfalls Monologe und Einbahnstraßen.

Frage: Also schon vor der Bürgerversammlung direkt und persönlich mit den Bürgern sprechen, zumindest mit den Entscheidern, Meinungsbildnern und Multiplikatoren. Was ist noch zu beachten?
N.K.: Vorher und projektbegleitend direkt mit den Betroffenen zu sprechen bedeutet nichts anderes, als redundant zu kommunizieren. Das gilt in zweierlei Hinsicht. Redundant im Sinne der Wiederholung wichtiger Botschaften. Redundant aber auch vor allem im Sinne der parallelen Nutzung non-verbaler Signale, die ohnehin eine viel größere Rolle spielen. Nur wenn Sie direkt kommunizieren, können Sie verbale und non-verbale Kommunikationskanäle gleichzeitig nutzen und sozusagen in alle vier Ohren senden. Vor Ort, Face-to-Face, durch das Senden und Ausnutzen aller genannten Schlüsselreize müssen die Sachinhalte transportiert werden.

> **Kommunizieren Sie ...**
> 1. Kommunizieren Sie wahr, offen, ehrlich und authentisch.
> 2. Kommunizieren Sie möglichst oft direkt, nicht nur schriftlich oder über Dritte.
> 3. Nur wenn verbale und non-verbale Kommunikationsinhalte deckungsgleich sind, erhält der Empfänger die notwendigen Redundanzen.

▶ Mit der Kommunikation sollte auch die Partizipation angeboten werden.

Frage: Wenn man dann vor Ort persönlich mit dem Menschen spricht, was sagt man ihnen? Sie sprachen schon neben der Kommunikation von der Partizipation. Wie kann die aussehen?
N.K.: Echte Partizipation heißt auch Entscheidungspartizipation. Und die beginnt am Projektanfang und nicht erst, wenn die wesentlichen Entscheidungen schon getroffen wurden. Nur dann kann man vermeiden, dass unhaltbare Erwartungen geweckt werden und nur dann kann man gemeinsam verbindliche Ziele verabreden. In diesem Stadium kann man vielleicht auch noch am ehesten erkennen, ob und wenn, welche Art von Konflikt sich anbahnen könnte. Auf Zielkonflikte muss man anders reagieren als auf Wertekonflikte.

Frage: Partizipation ist also die Einbindung der Bürger in Entscheidungsprozesse und konkret auch in die Entscheidungsfindung?
N.K.: Das ist eine Möglichkeit. Die Bürger sollen mitentscheiden, sie legitimieren das Projekt. Sie sollen aber auch mitverdienen. Ein Windparkprojekt im oberen Nordfriesland war z. B. zunächst auf Ablehnung gestoßen. Eine Bürgerinitiative hatte sich gebildet und gegen das Projekt gestellt. Als der Initiator des Projektes den Anwohnern ermöglichte, sich finanziell zu beteiligen, löste sich die Bürgerinitiative sehr schnell auf. Die vormals angebrachten Bedenken wegen einer Beeinträchtigung der Vögel, dem Lärm, dem Schattenwurf oder anderer dem Park unterstellter Nachteile waren plötzlich nicht mehr akut. Es waren also offensichtlich Stellvertreter-Argumente. Auch das ist wichtig in der Konfliktbewältigung: Man muss wissen, was für einen Konflikt man vor sich hat, Ziel- oder Wertekonflikt, Verteilungs- oder Informationskonflikt, um nur einige zu nennen. Erst nach dieser Analyse ergibt sich eine angemessene Kommunikationsstrategie.

Frage: Ist die monetäre Beteiligung tatsächlich eine so effektive Reißleine?
N.K.: Nicht in jedem Fall, aber im Prinzip funktioniert sie gut. Aber diese Reißleine sollte man nicht betätigen wie einen Reservefallschirm. Es geht primär um frühzeitige Partizipation. Natürlich bekommt die Gemeinde Steuereinnahmen und die Anwohner partizipieren direkt über die Rendite usw. Wer seinen eigenen Vorteil erkennt, wird üblicherweise zum Unterstützer. Die Menschen erhalten aber auch und nur so die Möglichkeit, ein ganz realer Teil der Energiewende zu werden. Die altruistischen Motive überwiegen bei den privaten Eigenkapitalgebern häufig. Aber da gibt es auch regionale Unterschiede. Bürgerwindparks in Schleswig-Holstein funktionieren etwas anders als Parks im Süden oder Osten der Re-

publik, was zum Teil daran liegt, dass es hier schon seit über zwanzig Jahren Erfahrungen mit Bürgerenergie gibt.

Frage: Aber in jedem Fall gilt es, Betroffene zu Beteiligten zu machen und frühzeitig zu informieren. Kann das aber nicht auch nach hinten losgehen? Je früher die Bürger eingebunden werden, umso größer der zeitliche Spielraum, in dem sich Initiativen gründen und formieren können. Und eine Bürgerbeteiligung gibt es dann ja auch innerhalb des formalen Verfahrens.
N.K.: Im Rahmen des Verwaltungsaktes ist eine Beteiligung natürlich möglich, aber für eine Partizipation wäre das deutlich zu spät. Dann ist zwar eine reine Information möglich, aber keine wertschätzende Kommunikation mehr. Dass sich Bürgerinitiativen bei einer frühen Beteiligung früh bilden, ist ja auch eine echte Chance für beide Seiten. Und daran ist ja auch nichts Schlimmes. Energiewende funktioniert ohnehin nur mit den Menschen, nicht gegen sie. Auch wenn man nicht alle Menschen überzeugen kann. Eine verspätete Beteiligung würde einen eventuellen Konflikt nicht lösen, sondern nur verschieben. Und ihn womöglich gleich auf eine höhere Eskalationsstufe katapultieren. Gesellschaft funktioniert heute eben so. Bürger fordern ihr Recht auf Entscheidungshoheit und Gestaltungskompetenz ein, sie wollen heute teilhaben. Sie wollen ihre Umwelt vom Verlauf der Autobahn bis zu Errichtung von Überlandleitungen einfach mitgestalten. Das ist eine der größten Chancen der Energiewende, insbesondere der Bürgerenergie. Je dezentraler und demokratischer sie funktioniert, desto akzeptierter ist sie. Menschen erhalten zum ersten Mal die Gelegenheit, eine gesellschaftliche Grundsatzentscheidung nicht nur strategisch, sondern auch taktisch zu gestalten. Möglich wurde das durch den breiten gesellschaftlichen Konsens zum Atomausstieg und Eindämmung des Klimawandels. So gibt es in den Bürgerversammlungen auch kaum Zielkonflikte, sondern eher Mittelkonflikte.

Frage: Wenn die Anlagen erst einmal stehen, ist der Konflikt dann beendet oder geht es dann erst richtig los?
N.K.: Das kann man nicht pauschal sagen. Dazu gibt es grundsätzlich zwei Thesen. Die eine besagt, dass Windkraftgegner, in deren Nähe eine Anlage errichtet wird, zu härteren Gegnern werden, weil sie dann ihre Argumente bestätigt sehen, vielleicht sogar Messwerte aus dem eigenen Umfeld haben. Man nennt das auch die sich selbst erfüllende Prophezeiung. Berücksichtigt werden muss, dass es natürlich auch unterschiedliche individuelle Störungsempfindungen gibt. Die mir bekannten Umfragen zu dem Thema zeigen allerdings ein anderes Bild. Demnach empfinden die Menschen, die in unmittelbarer Nähe von Erneuerbaren Energieanlagen leben, diese überhaupt nicht als Bedrohung, abstrakte Horrorszenarien haben sich nicht bewahrheitet. Schauen Sie, wie entspannt die Menschen an der Westküste Schleswig-Holsteins mit der Windenergie umgehen. Dort gehören Windparks mittlerweile zum Landschaftsbild.

▶ Und wenn die Situation völlig festgefahren scheint: Mediationsverfahren.

Da man den Typus Mensch nicht kennt, mit dem man es im konkreten Einzelfall zu tun hat, sollte man immer das wahrscheinlich erfolgversprechendere Szenario wählen. Das ist die frühzeitige Information und Integration. Erinnern Sie sich an Stuttgart 21? Die rationalen Probleme waren relativ klein. Die Unzufriedenheit der Bürger aber unendlich groß.

Das Ergebnis war ein Stammplatz für das Thema in der Tagesschau mit den entsprechenden Belastungen für den Zeit- und Budgetplan des Projektes.

Frage: Neben vielen kleinen parallelen Lösungsansätzen waren die mehrtägigen Schlichtergespräche, die auch live im Fernsehen übertragen wurden, sicher ein wichtiger Meilenstein der Konfliktbewältigung. Ist so etwas auf umstrittene Windparkprojekte übertragbar?
N.K.: Selbstverständlich, und man tut das auch schon. Einige versuchen es mit Mediatoren bzw. der Anwendung von Mediationsverfahren. Ziel ist es dann, die beiden Konfliktparteien auf eine konfliktfreie Ebene zu transportieren und wieder zu Gesprächspartnern zu machen. Man muss einfach lernen, wieder wertschätzend miteinander zu kommunizieren. Und es gibt auch Situationen, in denen man den Konflikt nicht lösen kann. Häufig ist ein Konflikt nur das Fieber. Die Ursache, also die Krankheit, ist vielleicht etwas ganz anderes. Wir haben nicht die gleichen Vorstellungen von den Mitteln oder der Herangehensweise, haben nicht die gleichen Werte, vertrauen dem Verfahren oder uns nicht o. ä. Dann kann es nur darum gehen, einen Zustand zu erreichen, in dem sich beide Parteien nicht als Dauerverlierer fühlen.

Frage: Ein Mediator ist also ab einem bestimmten Zeitpunkt richtig und wichtig und hilft, dem Ziel wieder ein Stück näher zu kommen.
N.K.: Ja, aber Vorsicht! Ein Mediator ist kein Dienstleister, der die Interessen des zahlenden Auftraggebers vertritt und umzusetzen versucht. Der Mediator kann versuchen, eine Plattform zu schaffen, auf der man wieder miteinander spricht. Dass der Windpark dann doch oder eine einzelne Anlage vielleicht 100 Meter weiter links gebaut wird oder 20 Meter niedriger wird, ist dann das mögliche Ziel in einem späteren Kompromissverfahren. Kompromisse können natürlich auch dazu führen, dass sich beide Parteien als Verlierer fühlen, denn letztendlich hat ja keiner seine (Maximal-)Forderung durchsetzen können. Eine wirkliche Win-Win-Situation wäre ein Konsens, der aber kaum Ziel sein kann und es auch eigentlich nicht ist. In der Mediation geht es zunächst allerdings nicht um Kompromisse, sondern nur um die Wiederherstellung einer gemeinsamen Kommunikationsebene.

Agieren Sie ...
1. Bürgerenergie ist eine echte Möglichkeit, Betroffene zu Beteiligten zu machen. Partizipation ist ein Zeichen von Fairness, Wertschätzung und ein Türöffner in vielen Projekten mit heterogenen Ziel- oder Mittelvorstellungen.
2. Bedenken Sie die unterschiedlichen Ausgangssituationen: Während der Projektierer nach Fertigstellung des Windparks wieder weg ist, müssen Anwohner noch Jahrzehnte mit dem Ergebnis leben. Sie haben also eine höherwertige Interessenslage.
3. Unterschätzen Sie weder den zeitlichen, noch den finanziellen Aufwand der Stakeholderkommunikation. Planen Sie mit steigender Größe und steigender Heterogenität der Stakeholdergruppe signifikante Ressourcen für die Kommunikation und Projektabsicherung mit ein.

Literatur

Bruton, J. (2011). *Unternehmensstrategie und Verantwortung* (S. 167). Berlin: Erich Schmidt.
CDU. (2019). Koalitionsvertrag. https://www.cdu.de/koalitionsvertrag-2018. Zugegriffen am 17.03.2019.
Forschungsprojekt. (2016). Energiekonflikte – Akzeptanzkriterien und Gerechtigkeitsvorstellungen in der Energiewende, Kernergebnisse und Handlungsempfehlungen eines interdisziplinären Forschungsprojekts.
Friedrich, D. (2005). *Projektmarketing – Grundlagen und Instrumente für den Projekterfolg*. Saarbrücken: VDM.
IPMA, International Project Management Association. (Hrsg.) (2014). ICB 3 – „IPMA Competence Baseline" Vers. 3.
Kompetenzbasiertes Projektmanagement (PM3). (2014). Handbuch für die Projektarbeit, Qualifizierung und Zertifizierung auf Basis der IPMA Competence Baseline Version 3.0.
Meinungsforschungsinstitut Kantar EMNID. (2018) Akzeptanzumfrage der Agentur für erneuerbare Energien.
Motzel, E., & Möller, T. (2017). *Projektmanagement Lexikon* (3. Aufl.). Weinheim: Wiley VCH.
Pohl, J., Gabriel, J., & Hübner, G. (2018). Understanding stress effects of wind turbine noise – the integrated approach. *Energy Policy*, ELSEVIER, *112*, 119–128.
Projektmanagement-Definitionen.de. (2019). Projektmanagement: Definitionen, Einführungen und Vorlagen. http://projektmanagement-definitionen.de/glossar/problem/. Zugegriffen am 20.06.2019.
Sirinkaya, S. (2014). www.hood-group.com. http://blog.hoodgroup.com/blog/2014/01/07/stakeholder-management-more-than-a-list-kraftfeldanalyse/. Zugegriffen am 16.05.2014.
Wadenpohl, F. (2010). *Stakeholder Management bei großen Verkehrsinfrastrukturprojekten* (S. 14–29). Zürich: vdf Hochschulverlag.

Daniel Müller, geboren 1980 in Stuttgart, arbeitet seit 2015 als Projektmanager bei der BayWa r.e. Wind GmbH. Seit 2017 leitet er die Abteilung Projektmanagement. Er absolvierte sein Studium der Geologie an der Universität Karlsruhe und der RWTH Aachen. Vor seinem Einstieg in die Branche der erneuerbaren Energien arbeitete er mehrere Jahre als Projektingenieur im Altlastenbereich und dann als Projektmanager für Altlastenprojekte bei der Deutschen Bahn AG. Hier vertiefte er sein Wissen im Projektmanagement und absolvierte 2015 erfolgreich die Level-C-Zertifizierung der IPMA als Projektmanager.

Risikomanagement in Projekten zur Errichtung von Windkraftanlagen

5

Steffen Rietz

Zusammenfassung

„Nichts geschieht ohne Risiko, aber ohne Risiko geschieht auch nichts", sagte der ehemalige Bundespräsident Walther Scheel. Der Ausspruch sensibilisiert dafür, dass in fast allen Themen und Prozessen Risiken stecken und die Akteure ein kalkulierbares Risiko eingehen sollten, um auch in komplexen Themen einen signifikanten Fortschritt zu erlangen. In unserem Fall sind die Akteure Projektleiter und Projektteammitglieder, die kaum eigene/persönliche Risiken eingehen, sondern Projektrisiken professionell managen müssen. Die Teammitglieder sind dabei von den Projekten selten persönlich bedroht, sondern das Projekt oder das Unternehmen und entsprechend sind die Risiken oft auch deutlich größer, als eine einzelne Person es sich vorstellen oder persönlich verantworten kann.

5.1 Sensibilisierung für risikobehaftete Projekte

Viele Projektdefinitionen verwenden Vokabeln wie Einmaligkeit, Neuartigkeit u. ä. und deuten damit eine gewisse Unkalkulierbarkeit des Projektverlaufs und der Projektergebnisse an. Eine Windkraftanlage ist nicht nur eine sehr große technische Einrichtung, eine der größten je von Menschenhand errichtete, größer als ein Airbus A380, sondern rund um das Produkt hat sich auch eine ganze Branche etabliert. Der Windenergiesektor, angetrieben von der gesellschaftlich geforderten Energiewende, ist eine der am schnellsten wachsenden Branchen weltweit. Die Gesetzgebung (in Deutschland das EEG) ändert sich nahezu jährlich. Diese stetige Entwicklung bringt auch regelmäßige Veränderungen im Detail mit sich.

S. Rietz (✉)
Offenburg, Deutschland
E-Mail: steffen.rietz@hs-offenburg.de

© Springer Fachmedien Wiesbaden GmbH, ein Teil von Springer Nature 2019
D. Meier, S. Rietz (Hrsg.), *Projektmanagement in der Windenergie*,
https://doi.org/10.1007/978-3-658-27365-1_5

Die daher häufig anzutreffende Formulierung „Hoffentlich klappt das alles!" ist Beleg dafür, dass unser Bauchgefühl oft bereits ein Risiko erkannt hat und auf eine konkrete Strategie gesetzt wird: Hoffnung. Auch wenn das Prinzip Hoffnung für einige wenige Risiken durchaus eine akzeptable Strategie sein mag, so ist sie häufig doch nicht ausreichend, einfach nicht angemessen. Risiken gibt es in vielen Bereichen (GPM 2014; Patzak und Rattey 2018), so z. B.:

- **Natürliche Risiken** (angefangen bei der Bodenbeschaffenheit und Fundstücken wie Munition oder Leitungen/Kabel/Verrohrungen bis hin zur Weather Downtime, wenn die Baustelle wegen Regen, Nebel oder Frost ruht)
- **Technische Risiken** (angefangen bei einem möglichen Elektrobrand, der einen Totalschaden der Windkraftanlage verursachen könnte, bis hin zu ggf. nicht passenden Steckverbindungen in der Errichtungsphase)
- **Rechtliche Risiken** (angefangen bei angekündigten Gesetzesänderungen, die eine teilweise oder vollständige Neuplanung erforderlich machen könnten, bis hin zu geänderten Arbeitsschutzvorschriften, die eine zusätzliche Beschaffung von Schutzkleidung oder geänderte Arbeitsabläufe erfordern könnten)
- **Organisatorische Risiken** (angefangen bei dauerhaft projektverhindernden Risiken wie dem Zerbrechen eines Konsortiums oder dem Nichtzustandekommen einer geplanten Bürgerwindparkgesellschaft, bis hin zu kleinen ablaufverzögernden Risiken an der Schnittstelle zwischen den zahlreichen Akteuren des Projektes)
- **Soziale Risiken** (angefangen bei unzufriedenen Mitarbeiten, deren Unmut sich in starker Fluktuation oder einem erhöhten Krankenstand bemerkbar machen könnte, bis hin zur individuellen sozialen Unverträglichkeit zwischen den Teammitgliedern oder zwischen Anwohnern und Betreibern von Windparks)
- **Wirtschaftliche/finanzielle Risiken** (angefangen bei Konjunkturschwankungen, Inflation und Währungsschwankungen bis zu Streiks oder wirtschaftlich spürbaren Verhaltensänderungen von Kunden, Lieferanten oder Partnern)
- … und zahlreiche weitere.

In der Aufzählung finden sich mehrfach Formulierungen wie „könnte" oder „würde", d. h. die geäußerten Befürchtungen könnten eintreten oder auch nicht. Diese Möglichkeit des Nichteintretens führt in Verbindung mit der bereits angesprochenen Strategie Hoffnung teilweise zu einer gefährlichen Mischung.

▶ Ein **Risiko** ist ein ungeplantes drohendes Ereignis (eine Situation, ein eintretender Zustand) in der Zukunft mit negativen Auswirkungen (GPM 2014). Bei Projektrisiken sind negative Auswirkungen auf den Projektverlauf und/oder auf das Projektergebnis möglich. Damit ist ein Risiko konsequent zu unterscheiden von einem bereits identifizierten Fehler oder einem bereits vorliegenden Problem.

Genau genommen gibt es auch Risiken mit umgekehrtem Vorzeichen, also Chancen. Auch Chancen sind zu identifizieren und jede nicht genutzte Chance kann als Risiko auf-

5 Risikomanagement in Projekten zur Errichtung von Windkraftanlagen

gefasst werden. So spricht man auch konsequent vom Chancen- und Risikomanagement. Es ist erforderlich, sehr differenziert mit dem Thema umzugehen. Da das Chancenmanagement methodisch analog verläuft und das Risikomanagement den erfahrungsgemäß deutlich wichtigeren Teil der Gesamtbetrachtung darstellt, wird der Fokus in den weiteren Betrachtungen auf den Umgang mit Risiken beschränkt.

Analogiebeispiel Straßenverkehr

Das größte Risiko im Straßenverkehr ist die Vielzahl und Vielfalt potenzieller Unfälle, die täglich passieren können. Das betrifft auch die regelkonform fahrenden Straßenverkehrsteilnehmer, die noch nie in einen Unfall verwickelt waren, was aber hypothetisch jeden Tag passieren könnte. Gar nicht erst aus dem Haus zu gehen und nicht am Straßenverkehr teilzunehmen, ist eine höchst wirksame, aber kaum praktikable Maßnahme. Einiges übernehmen die Automobilhersteller, indem Fahrzeuge z. B. mit Airbags und redundanten Bremssystemen ausgestattet sind. Die Verkehrsteilnehmer selbst müssen auch einen initialen Beitrag zur Risikoprävention leisten, indem sie sich z. B. anschnallen oder einen Helm aufsetzen. Andere Themen sollten permanent im Bewusstsein bleiben; so z. B. das stets der Verkehrssituation angepasste Verhalten bis hin zur Fahrtunterbrechung bei Müdigkeit oder zum Telefonieren. Werden all die genannten Maßnahmen nicht ergriffen, so passiert entweder trotzdem kein Unfall (Es ist eben nur ein Risiko. Glück gehabt!) oder es kommt zu einem Unfall, der zu einem leichten Lackschaden oder auch zum Tode aller Insassen mehrerer Fahrzeuge führen kann.

Das Risikomanagement selbst ist ein Zeit- und Kostenfaktor. Die beiden hauptsächlichen negativen Randerscheinungen sind a) der Mehraufwand in der Planungsphase und b) die Kosten für eingeleitete Maßnahmen zur Risikoabwehr. Ist die Fläche für einen Windpark identifiziert, so ist vor dem Start der arbeitsintensiven Planungsphase zu überlegen, was zwischen der mündlichen Zusage zahlreicher Landeigentümer und deren Unterschrift unter den Pachtvertrag noch alles passieren könnte? Während der Großraum- und Schwerlasttransport für die Rotorblätter und Turmsegmente in Deutschland solide kalkuliert werden kann, so gibt es in Südosteuropa oder in der kasachischen Steppe sicherlich andere und mehr Risiken. Die schlichte Auseinandersetzung mit diesen Themen kostet jeweils Zeit und Geld. Das Projekt verlängert und/oder verteuert sich. Werden die identifizierten Maßnahmen dann auch ergriffen, z. B. durch das zusätzliche Einschalten von Rechtsanwälten, Kommunikationsspezialisten und Verhandlungsführern, Logistikexperten und -spezialisten, so verursacht das nochmals Kosten. Diese Kosten für eingeleitete Maßnahmen stellen eine unwiederbringliche Ausgabe dar, ohne zu wissen, ob das Risiko jemals eingetreten wäre. Neben den Kosten sind also Wahrscheinlichkeiten ein ganz wesentlicher Faktor der Überlegungen.

Andere typische Projektszenarien sind die Variantenplanung und Simulation. Für einen Windpark mit nur einer Umsetzungsphase sind oft mehrere Planungsvarianten mit einigen

Dutzend technischen Ausführungsvarianten anzutreffen. Auch wenn der Planungsaufwand dadurch nur degressiv steigt, so wird doch mehr Zeit und Geld als unbedingt notwendig investiert, um das Risiko einer nicht umsetzbaren oder nicht optimalen Variante zu verringern und zu einem späteren Zeitpunkt ohne Zeitverlust auf eine günstigere Planungsvariante wechseln zu können. Auch das Konfigurations- und Änderungsmanagement sind somit stark mit dem Risikomanagement verbunden.

▶ **Tipp:** Aktives Risikomanagement kostet Zeit und ist ein eigener Kostenfaktor. Trotzdem ist eines der meist unterschätzten Risiken, das Risikomanagement nicht oder nicht professionell zu betreiben.

5.2 Risikomanagement als Teil des Projektmanagements

Das Risikomanagement hat es schwer, sich als eigene Disziplin zu behaupten. Häufig wird es als Teil des Projekt- oder des Qualitätsmanagements angesehen (siehe Abb. 5.1). Letzteres insbesondere dann, wenn Prozess- oder Unternehmensrisiken im Mittelpunkt stehen. Orientierung geben dann Gesetze (wie z. B. das Gesetz zur Kontrolle und Transparenz im Unternehmensbereich, KonTraG) oder Richtlinien (wie z. B. die Leitlinien zum Risikomanagement nach DIN ISO 31.000), auf denen basierend sich die Geschäftsführung bemüht, letztlich primär wirtschaftliche und rechtliche Risiken vom Unternehmen fern zu halten. Den Projektmanager mit seiner auf das Projekt beschränkten Verantwortung betrifft das nur bedingt. Zwei typische von wenigen offensichtlichen Berührungspunkten sollen exemplarisch genannt sein.

- **Liquidität**: Es gibt unterschiedliche Formen der Finanzierung von Windparkprojekten. Wird in hohem Maße Fremdkapital eingesetzt, so betrifft das nicht nur das Projekt, sondern bei sieben-/achtstelligen oder noch größeren Beträgen in signifikantem Umfang auch das gesamte Unternehmen. Hier wird der Projektleiter zum aktiven Partner in der Risikoabwägung der Geschäftsführung.
- **Langzeitorientierung**: Gesellschaften zur Planung und Errichtung von Windparks haben die Windparkplanungen früher üblicherweise im Auftrag umgesetzt bzw. an ex-

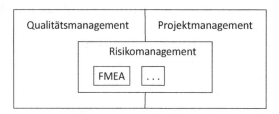

Abb. 5.1 Risikomanagement als Teil des Qualitäts- und Projektmanagements

5 Risikomanagement in Projekten zur Errichtung von Windkraftanlagen

terne Kunden verkauft. Mit zunehmender wirtschaftlicher Stärke wird es auch eine Option, die Windparks selbst zu halten und zu betreiben, über Jahrzehnte. Gibt es keinen Kunden und Auftraggeber, gibt es keine Zahlung und somit beschränkt sich das wirtschaftliche Risiko nicht auf die Projektlaufzeit, sondern liegt dauerhaft im Unternehmen. Risikoabschätzungen ändern sich dann und einige Formen der Risikoabwälzung auf den späteren Betreiber sind nicht mehr möglich.

Beim Risikomanagement im Rahmen des Projektmanagements liegt die Hauptverantwortung beim Projektleiter, unterstützt durch sein interdisziplinäres Projektteam. Hauptziel ist es, Risiken aus dem Projekt fern zu halten oder innerhalb des Projektes klein zu halten. Die Besonderheiten in einem zeitlich befristeten Projekt werden in Abb. 5.2 deutlich. Mit dem Initiieren eines Projektes entstehen – immer und zwangsläufig – Projektrisiken, sprunghaft am ersten Tag. Mit zunehmendem Projektfortschritt, durch menschliches Handeln, durch die Schaffung von neuen Randbedingungen und erreichten Zwischenergebnissen entstehen weitere Risiken im Projektverlauf (siehe Abb. 5.2, Kurve 1). Diese Risiken gilt es schnellst möglich und vollständig zu identifizieren und ein Bewusstsein dafür zu schaffen. Dies geschieht i. d. R. durch einen initialen Risikoworkshop zum Projektanfang, in dem zahlreiche Risiken erfasst und beschrieben werden. Wird das Risikomanagement nach dem initialen Workshop in einen kontinuierlichen Prozess überführt, so werden projektbegleitend weitere (neue oder bisher übersehene) Risiken identifiziert (siehe Abb. 5.2, Kurve 2). Je größer die Anzahl der Risiken, umso mehr sollten angemessene Maßnahmen eingeleitet werden. Mit geringer zeitlicher Verzögerung zum initialen Workshop werden die ersten Maßnahmen parallel eingeleitet. Im Laufe des Projektes werden immer mehr Risiken mit Maßnahmen belegt, sodass am Ende keine signifikante Bedrohung für das Projekt mehr vor-

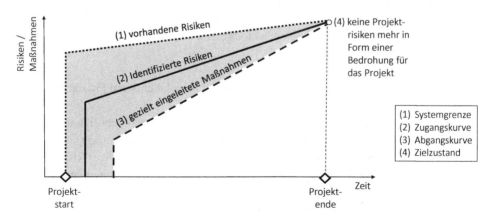

Abb. 5.2 Entstehung und Bekämpfung von Risiken (qualitative, idealisierte Betrachtung)

liegt (siehe Abb. 5.2, Kurve 3). Alle Gefahren sind abgewendet oder Risiken sind trotz Passivität nicht eingetreten, d. h. nach Ablauf des Projektes ist das Projekt nicht mehr durch Projektrisiken bedroht.

▶ **Tipp:** Hier ist es sinnvoll und notwendig, akademische Definitionen ernst zu nehmen und genau zu unterscheiden. Auch wenn das Projekt nach Projektende nicht mehr durch Projektrisiken beeinflusst werden kann, bedeutet das nicht, dass in dem thematischen Kontext keine Risiken mehr bestehen. Weiterhin bestehende Risiken für das Unternehmen sind nach Verantwortungsende des Projektteams dem Unternehmen bekannt zu machen und in geeigneter Weise zur weiteren Verfolgung zu übergeben.

Ziel des professionellen Risikomanagements muss es sein,

1. so viele bestehende Risiken wie möglich so früh wie möglich zu identifizieren (weitgehende Annäherung der Kurve 2 an Kurve 1),
2. die bekannten Risiken möglichst effektiv und effizient zu bekämpfen (weitgehende Annäherung der Kurve 3 an die Kurve 2).

Dies erfolgt durch ein konsequentes, strukturiertes, insgesamt professionelles und aktives Risikomanagement, dass in den nachfolgenden Abschnitten vorgestellt werden soll.

5.3 Risikomanagementprozess

Das Risikomanagement erfolgt permanent projektbegleitend und ist daher als Prozess innerhalb des Projektmanagements aufzusetzen. Abb. 5.2 ist der Schwerpunkt zu entnehmen, d. h. ein früher initialer Workshop platziert das Thema sprunghaft auf hohem Niveau und wird dann als Prozess projektbegleitend fortgesetzt. Folgende Schritte sind dabei mindestens zu durchlaufen (GPM 2014):

1. Risiko-(management)-strategie festlegen (→ aus Unternehmens- und Projektzielen ableiten)
2. Risikoidentifikation (→ strukturierte Suche in einem interdisziplinären Team)
3. Risikobewertung (→ systematische Einordnung, ggf. inkl. Visualisierung)
4. Risikopriorisierung (→ Festlegen handlungswürdiger bzw. -notwendiger Risiken)
5. Risikosteuerung (→ Ableitung und Empfehlung geeigneter Maßnahmen aus der Bewertung)
6. Risikocontrolling (→ Einleitung der ausgewählten Maßnahmen)
7. Absicherung Nachhaltigkeit (→ überführen der Punkte 1–6 in einen projektbegleitenden Prozess)

5.3.1 Projekt- und Risikostrategie

Wesentliche Bestandteile der Risikostrategie können der Unternehmens- oder Projektstrategie entnommen werden. Zahlreiche Gesellschaften scheuen z. B. das Risiko im Offshore-Bereich oder im internationalen Bereich, bleiben Onshore und in Deutschland oder sogar in wenigen Bundesländern aktiv, in denen die räumlichen Gegebenheiten, die lokale Gesetzgebung und die Stakeholder bekannt sind. Auch die Fremdkapitalquote, die Aktionärsstruktur, Art und Umfang der hausinternen Rechtsabteilung und ähnliche Indikatoren geben einen ersten Aufschluss über die grundsätzliche Einstellung des Unternehmens zum Thema Risiko.

Dabei ist a) risikoscheu zu sein nicht mit Angst zu verwechseln, sondern mit Umsicht und Gewissenhaftigkeit, wenn die Größe und Kapitaldecke einer Organisation bestimmte Risiken schlicht nicht abfangen kann. Und b) ist die unternehmensübliche Art Risiken zu begegnen auch immer eine Frage der Prägung der Firmeneigner. Technologiebegeisterte Ingenieure, renditeorientierte Investoren und nachhaltigkeitsorientierte Umweltaktivisten werden jeweils andere Risiken scheuen oder bereit sein einzugehen. Darüber hinaus gibt es Risiken, die mit gesetzlichen Handlungsvorschriften verbunden sind, allem voran potenzielle Personenschäden. Risiken für Leib und Leben entziehen sich üblichen Bewertungsmaßstäben und sind grundsätzlich zu vermeiden.

Letztlich bleibt die Frage, zu welchen Reaktionen das Unternehmen neigt, wenn Risiken erkannt werden. Die Bewertung von Einzelmaßnahmen erfolgt später im Abschn. 4.4, wobei es insgesamt eine (Unternehmens- oder Projekt-)Philosophiefrage ist, wie Risiken begegnet wird. Typische Risikostrategien sind Vermeiden, Verlagern (beides nicht immer möglich), Akzeptieren (immer möglich, aber selten empfehlenswert) und das Begrenzen (häufigste Reaktion) (siehe Abb. 5.3).

Gesamt-risiko	Risiko vermeiden				Rest – risiko
	Risiko ausschließen, z. B. Fokussierung des Onshore-Geschäfts; grundsätzlich keine Offshore-Projekte	Risiko verlagern			
		Risiken übertragen, i. d. R. auf Versicherungsgesellschaften (in seltenen Fällen auf Lieferanten, Kunden, Partner oder innerhalb des Netzwerkes)	Risiko begrenzen !		
			Eigenes Einleiten präventiver und/oder korrektiver Maßnahmen, um die Risiko-Eintrittswahrscheinlichkeit oder die potenzielle Schadenshöhe zu reduzieren	Risiko akzeptieren	
				Risikobewertung umwandeln in Planungsreserven oder Kalkulationszuschläge bei Zeiten / Ressourcen/ Kosten	
	Nicht identifizierte Risiken (siehe Abb. 5.2)				

Abb. 5.3 Möglichkeiten des Umgangs mit Risiken. (Quelle: GPM 2014, Schelle 2014)

Nicht zuletzt prägt die Persönlichkeit des Projektleiters den Umgang mit Risiken. Introvertierte gehen anders vor als Extrovertierte, einschlägig Ausgebildete anders als Quereinsteiger, Erfahrungsträger anders als Unerfahrene, vielleicht sogar Jüngere anders als Ältere und Männer anders als Frauen. Keines der beispielhaft genannten Kriterien soll eine Wertung darstellen, sondern lediglich dafür sensibilisieren, dass das Risikomanagement auch von der Persönlichkeit der Akteure geprägt ist.

5.3.2 Risikoidentifikation

Die Risikoidentifikation im Windparkprojekt sollte projektbegleitend kontinuierlich stattfinden (siehe Risikomanagementprozess im Kap. 4, Punkt 1+7). Die meisten Risiken werden in einem frühen initialen Workshop identifiziert und dokumentiert, wobei die dabei entstehende Risikoliste permanent ergänzt wird. Die mögliche Weiterentwicklung der verwendeten Technologie zwischen der Projektidee und dem Kauf der verwendeten Anlagen, inkl. der damit einhergehenden Preisentwicklung, sind früh und eindeutig als Risiko identifizierbar. Änderungen von Gesetzen oder die Erweiterung des Kataloges der Abnahmebedingungen können hingegen sehr plötzlich passieren, wenn sich bspw. bestimmte Unfälle in der Branche häufen.

- **Schritt 1:** Es empfiehlt sich immer, zunächst unbeeinflusst die projektspezifischen Risiken zu suchen. Womit muss konkret zum Zeitpunkt A am Standort B in Zusammenarbeit mit Partner C u.s.w. gerechnet werden? Das wichtigste Hilfsmittel dazu ist ein Suchraster, das durch seine innewohnende Struktur und Logik schon frühzeitig die Vollständigkeit der identifizierten Risiken sicherstellt. Gängige Systematiken sind, entlang der Wertschöpfungskette, der Projektphasen, der Teamstruktur, des Kalkulationsschemas oder des Ishikawa-Diagramms nach Risiken zu suchen. Eine professionelle Moderation des Risikoworkshops (insbesondere die Anwendung von Fragetechniken) unterstützt den Suchalgorhythmus deutlich.
- **Schritt 2:** Erst dann sollten erfahrungsbasierte Risikolisten Anwendung finden. Es werden z. B. Erfahrungsberichte aus der Errichtung von Windkraftanlagen des gleichen Herstellers (Enercon, Vestas, …) studiert oder aus der Errichtung an Wald- oder Gebirgsstandorten oder im Umgang mit Bürgerwindparks oder außereuropäischen Investoren u. s. w. Oft kann man diesen Erfahrungsberichten nicht nur die Risiken, sondern auch schon Empfehlungen für den Umgang mit den Risiken entnehmen. Was hat in den Vorprojekten gut funktioniert und was nicht?
- **Schritt 3:** Zuletzt kann eine Übersicht von Standardrisiken zurate gezogen werden. Bei Außenarbeiten ist es die nur bedingte Kalkulierbarkeit des Wetters, im Personaleinsatz der Krankenstand oder die Häufung von Urlaubsanträgen in der Schulferienzeit, bei internationalen Projekten die Sprach- und Kulturbarrieren sowie ggf. das Wechselkursrisiko in der Rechnungslegung etc. Das Positive: für Standardrisiken gibt es häufig Standardmaßnahmen, z. B. im Personalbereich die Teilprojektteamverantwortung mit Stellvertreterregelungen, im internationalen Business die Projektsprache Englisch und die Festlegung eines Währungsstandards ($ oder €) u. s. w.

> **Risiko-Checkliste Personal**
> - Gibt es kritische Aufgaben, für die noch niemand vorgesehen ist?
>   (z. B. für die Kommunikation mit der Vielzahl der Stakeholder eines Bürgerwindparks)
> - Gibt es Zwänge, bestimmte Mitarbeiter in das Projekt zu übernehmen?
> - Passen die Mitarbeiter des Projektteams zusammen?
>   (primär: soziale Kompatibilität, aber auch räumliche und arbeitszeitliche Synchronisation)
> - Haben die Teammitglieder realistische Erwartungen, welche Aufgaben sie im Projekt zu erledigen haben?
> - Sind die Teammitglieder für die ihnen übertragenen Aufgaben geeignet?
>   (Fach- und Sachkenntnis, Methodenkenntnis, ausreichende Projektmanagementerfahrung, etc.)
> - Stehen die (zumindest die wichtigsten) Teammitglieder für die gesamte Projektlaufzeit zur Verfügung? (vertraglicher Arbeitszeitumfang, Ressourcenkonkurrenz durch parallele Projekte oder das Daily Business in der Organisation, phasenweise wechselnde Prioritäten durch übersteuernden Programm- oder Portfoliomanager, etc.)
> - ...

Abb. 5.4 Risiko-Checkliste Personal (beispielhaft). (Quelle: in Anlehnung an (Schelle 2014))

Bei den einschlägigen Verbänden (z. B. GPM und BWE) finden sich zahlreiche Checklisten, von denen hier exemplarisch nur eine wiedergegeben sein soll (siehe Abb. 5.4).

▶ **Tipp:** An den Beispielen wird deutlich, warum die Reihenfolge der drei Schritte so wichtig ist. Die Versuchung ist groß, mit den Standardrisiken zu beginnen. So können schnell zahlreiche Risiken inkl. Lösungsvorschlag gelistet werden (auch dem Geschäftsführer/Wirtschaftsprüfer/Auditor vorgelegt werden). Dann fehlen aber die Motivation und die Phantasie, nach weiteren projektspezifischen Risiken zu suchen. Aber genau die sind die wichtigen, oft die überraschenden Risiken. Wenn z. B. der Partner für die Zuwegung des Standorts ein frisch gegründetes und nur aus Preisgründen beauftragtes Unternehmen ist, dann ist dessen Leistungsfähigkeit weitgehend unkalkulierbar. Und wenn in der Gemeinde ein Überraschungskandidat die Bürgermeisterwahl gewonnen hat, ist die Schwerpunktsetzung in der regionalen Entwicklung plötzlich wieder ergebnisoffen.

5.3.3 Risiken bewerten, visualisieren und priorisieren

Die identifizierten Risiken sind jetzt zu bewerten, im Idealfall quantifiziert. Dazu gibt es mehrere Möglichkeiten und viele Indikatoren/Kennzahlen. Zwei Bewertungsmaßstäbe haben sich durchgesetzt, weil sie erfahrungsgemäß immer anwendbar sind. Risiken werden i. d. R. bewertet über

- Eintrittswahrscheinlichkeit des Risikos   EW [%] und
- Potenzielle Schadenshöhe im Falle des Eintritts   pSH [€]

Daraus ergibt sich ein

- Risikowert RW [€] durch Multiplikation   z. B.: RW = 100 T€ x 20 % = 20 T€

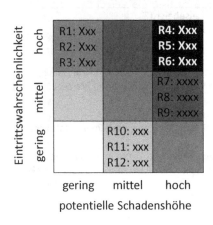
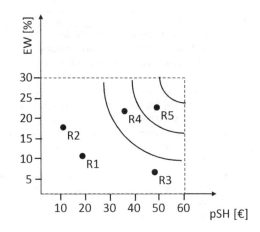

Abb. 5.5 Visualisierung der Risikobewertung – qualitativ im Portfolio (links) oder quantitativ im Diagramm (rechts) – zur Verdeutlichung der Risiken mit dem jeweils höchsten Risikowert

Einige Risiken sind sehr gut quantifizierbar. Wenn z. B. der Kran auf der Baustelle eine Woche länger gebraucht wird, sind die Mietkosten für eine Verlängerungswoche aus dem Angebot i. d. R. sehr konkret bekannt. Die Wahrscheinlichkeit des Personalausfalls kann aus der Langzeitkrankenstatistik entnommen werden. Wird ein zweites oder drittes Fledermausgutachten benötigt, ist auch das kostenseitig gut kalkulierbar. Spannend hingegen ist die Frage: Warum werden überhaupt weitere Fledermausgutachten benötigt? Weil demonstrierende Anwohner das fordern und parallel schon einen Baustopp bis zur Klärung des Sachverhalts erwirkt haben? Hier ist der finanzielle Schaden eines Baustopps von x Wochen oder Monaten (Jahren?) finanziell zu bewerten. Das Ergebnis hängt von zahlreichen Rahmenbedingungen ab und kann situationsspezifisch 5-, 6- oder 7-stellige Summen ergeben.

Zurückkommend auf potenzielle Personenschäden (sehr selten, aber sehr bedeutsam; bei Arbeiten an Hochspannungsanlagen und in über 100 m Höhe ist das leider nicht zu vernachlässigen) ist etwas Vorsicht geboten. Teilweise wird dann ausweichend auf eine nicht-quantifizierte Eingruppierung (potentielle Schadenshöhe ist dann gering, mittel oder hoch) verwendet (siehe Abb. 5.5), wobei Personenschäden grundsätzlich der höchsten Kategorie zugeordnet werden und per Definition zwingend Maßnahmen erfordern. Diese nur qualitative Bewertung ist dann deutlich ungenauer, aber nicht unbedingt problematisch. Es geht nur bedingt darum, die absolute Höhe des Risikos zu ermitteln, sondern auch darum, das relativ größte Risiko zu ermitteln, um zielgerichtet dafür die ersten und die meisten Maßnahmen einzuleiten.

5.3.4 Maßnahmen generieren, bewerten und einleiten

Für jedes einzelne Risiko ist nun zu prüfen, welchen Handlungsbedarf es hervorruft, beginnend mit dem höchsten Risikowert. (Anm.: In diesem Bereich hat sich die Branche sehr

5 Risikomanagement in Projekten zur Errichtung von Windkraftanlagen

schnell und äußerst positiv entwickelt. In den Anfängen waren die Projekte von Ökologie-orientierten „Überzeugungstätern" dominiert, die wenig bis kein Risikomanagement betrieben, weil jedes Windenergieprojekt besser erschien, als Energie aus Kernkraft oder Kohle zu generieren. Mit zunehmender Professionalisierung der Akteure wurden die methodischen Grundlagen erlernt und jedem Risiko wurde eine Maßnahme zugeordnet (nicht selten zur Befriedigung von Auditoren, Assessoren und Investoren). Heute wird ein wirkungsvolles und gewinnbringendes Risikomanagement betrieben, indem den größten Risiken konsequent die meisten und wirkungsvollsten Maßnahmen gegenübergestellt werden, während geringe Risiken akzeptiert oder lediglich einer erhöhten Beobachtung unterstellt werden.)

> ▶ **Tipp:** Spätestens jetzt wird deutlich, warum der initiale Risikoworkshop so sehr früh im Projekt anzusetzen ist. Ist ein Risiko (oder sogar mehrere) so groß und nur schwer oder gar nicht kontrollierbar, so kann die Maßnahme auch eine Projektunterbrechung oder der Projektabbruch sein. Je früher diese Notwendigkeit festgestellt wird, desto leichter fällt die Umsetzung. Ist erst signifikant viel Zeit, Arbeit und Geld in das Projekt investiert, ist der wirtschaftliche Schaden im Falle des Projektabbruchs wesentlich höher oder – schlimmer noch – die Verantwortlichen wollen das begonnene Projekt um jeden Preis durchziehen und neigen zu irrationalen Entscheidungen.

Für die fokussierten/priorisierten Risiken werden nun Maßnahmen generiert (siehe Abb. 5.3 und 5.6) – **präventive** Maßnahmen zur Senkung der Eintrittswahrscheinlichkeit des Risikos und/oder **korrektive** Maßnahmen zur Reduzierung der potentiellen Schadens-

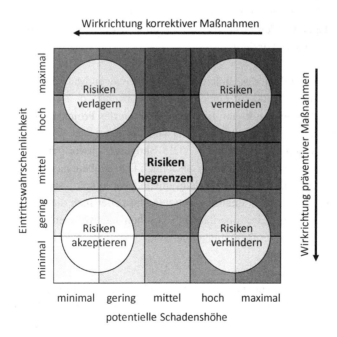

Abb. 5.6 Matrix zur Risikobegrenzung

höhe im Falle des Risikoeintritts. Die Gestaltungsmöglichkeiten reichen von der Vertragsgestaltung über Puffer im Termin-, Ressourcen- oder Budgetplan bis hin zur Schaffung von Flexibilität durch variantenreiche Planung oder die Verzögerung von Entscheidungen. Während in einem ersten Schritt die Maßnahme an sich und deren Wirkung im Sinne der Risikominimierung im Mittelpunkt der Betrachtung steht, geht es in einem zweiten Schritt sehr schnell um die Bewertung der einzelnen Maßnahmen. Die Investitionsnotwendigkeit entsteht aus dem Risiko, die Investitionswürdigkeit aus dem Verhältnis von Risikowert und Kosten der Maßnahme.

Beispiel
Besonders deutlich wird die Diskrepanz bei Risiken, die aus Personalengpässen in der Windparkplanung oder der Anlagenherstellung resultieren. Eine Personaleinstellung ist durch dauerhaft verursachte Personalkosten oft zu teuer. Eine temporäre Lösung hingegen wird durch den administrativen Aufwand einer Ausschreibung und die Einarbeitung externer Experten oft ebenfalls unangemessen teuer. Nicht selten lautet die Entscheidung nach der Abwägung des Risikos gegen den Aufwand möglicher Maßnahmen, dass auf vorhandenes Personal zurückgegriffen wird und eine mögliche zeitliche Verzögerung im Projekt- oder dem Produktionsverlauf ggf. akzeptiert werden muss (Umsetzungsvarianten wären Überstunden, Wochenendarbeit o. ä.). Das ist eine gute Entscheidung, wenn es lediglich um eine ablauforganisatorische Optimierung geht. Es ist hingegen eine schlechte Entscheidung, wenn bei Meilensteinüberschreitungen Pönalen drohen oder ein dauerhafter Imageschaden beim Projektpartner zurückbleibt. Wenn die demonstrierte Unzuverlässigkeit zugesagter Termine künftig/dauerhaft zu Kalkulationsaufschlägen bei den Projektpartnern führen, wird die negative Wirkung auf mehrere Folgeprojekte ausstrahlen.

Der letzte Schritt ist dann das Einleiten der beschlossenen Maßnahmen. Methodisch ist das eher anspruchslos: Just do it! Leider wird oft beobachtet, dass ein mühevoll aufgebautes Potenzial jetzt ungenutzt bleibt. Ein seriös kalkuliertes Projekt (von z. B. 1,5 Mill. €) mit einem kalkulatorischen Risikoaufschlag von 225 T € (= ca. 15 %) zu versehen, entspricht einer üblichen Größenordnung. Viele Budgetverantwortliche tun sich nun aber schwer, diese Summe von 225 T € auch tatsächlich freizugeben, geschweige denn sie auszugeben. Die finanziellen Mittel sind dann unwiederbringlich abgeflossen und niemand weiß, ob das Risiko wirklich jemals eingetreten wäre oder man diese Summe nicht auch hätte einsparen können. Eine oberflächlich gesehen nachvollziehbare Überlegung, die aber alle methodischen Vorüberlegungen ad absurdum führt. Wie hilft man sich? Häufig werden zwei Dinge getan:

1. Das Risikobudget wird über das gesamte Projektportfolio der Organisation gepoolt und dadurch nochmals reduziert. In unserem Beispiel würden nicht 10 Projekte jeweils 225 T € Zusatzbudget bekommen, sondern für das gesamte Projektportfolio würden statt der 2,25 Mill. € nur bspw. 1,3 Mill. € konsolidiert hinterlegt.

2. Der Projektmanager ist zwar in der Gesamt(durchführungs)verantwortung, bekommt aber keinen direkten Zugriff auf das Risikobudget. Wird dieses benötigt – ein Risiko ist eingetreten und zu einem Problem geworden – wird erneut mit dem Auftraggeber/Geschäftsführer/Kunden Rücksprache gehalten und situationsspezifisch entschieden. Zu diesem spätestens möglichen Entscheidungszeitpunkt stehen oft weitere Handlungsoptionen zur Verfügung, die aus der Perspektive des frühen Projektmanagements noch nicht absehbar waren. Durch präventive Maßnahmen und Budgetrücklagen wurde lediglich ein angemessener Handlungsspielraum offengehalten.

5.4 Besondere Bedeutung des Risikomanagements in Projekten zur Windenergie

Egal, ob ein Windpark errichtet, eine neue Windkraftanlage entwickelt oder im Eventmanagement eine große Messe organisiert wird, das Risikomanagement läuft immer gleich, zumindest wie beschrieben methodisch ähnlich ab. Dennoch gibt es einige Charakteristika der Windenergiebranche, die das Risikomanagement in Projekten der Windanlage-/Windparkerrichtung in einem anderen Licht erscheinen lassen.

- Die **Neuartigkeit**:
  Methoden des Projektmanagements sind heute weit verbreitet und werden mit hoher Wiederholhäufigkeit angewendet (Windkraftanlagen werden seit mehreren Jahrzehnten entwickelt, die aktuellen der 4MW-Klasse und höher nicht viel anders als die der 3MW-Klasse). Projekte zur Windparkerrichtung sind in Deutschland aber erst Mitte 2011 mit dem Beschluss zur Beendigung der Kernenergienutzung zahlenmäßig explosionsartig angestiegen und damit deutlich professionalisiert worden. Die ersten Projekte in einer noch sehr jungen Branche unterliegen immer einem erhöhten Risiko.
- Das **Finanzierungsvolumen:**
  Projekte zur Windparkerrichtung bedürfen regelmäßig Millionen- (Onshore) oder Milliardenbudgets (Offshore). Damit ist eine finanzielle Größenordnung erreicht, die über das Projekt hinaus das Potenzial hat, im Versagensfall den Jahresgewinn der gesamten Organisation in einen Verlust umzuwandeln bzw. kleine Gesellschaften mit einem einzigen Projektabbruch in die Insolvenz zu treiben. Die Auswirkungen der Projektrisiken wirken auch im Projektumfeld in nennenswertem Ausmaß.
- Der hohe **Fremdkapitalanteil:**
  Der Anteil an Fremdkapital ist in Projekten zur Windparkerrichtung deutlich höher als in vergleichbaren Projekten anderer Branchen. Neben dem hohen Finanzierungsbedarf ist das Investitionsgebiet attraktiv. Über viele Jahre gesicherte Einspeisevergütungen und der allgemeine Trend zu einer nachhaltigen Energiepolitik erzeugen neben dem Umwelt- ein zunehmend wirtschaftliches Interesse. Langfrist-Investoren (Pensionsfonds etc.) suchen Investitionsoptionen, die hohe Kapitalsummen über sehr lange Zeit-

räume vergleichsweise sicher aufnehmen können. Und jeder Kapitalgeber verlangt Sicherheiten, nicht zuletzt über ein aktives und transparentes Risikomanagement.
- Stark **wechselnde Rahmenbedingungen:**
Mit hoher Wiederholhäufigkeit kommt ein Lerneffekt, der Projektrisiken stufenweise abbaut. Wenn Windkraftanalgen aber erst an der Küste, dann im Binnenland, punktuell inzwischen auch in Wäldern und auf Gebirgsketten errichtet werden, wenn Wasser nicht gleich Wasser ist, sondern Nearshore und Offshore auch deutlich differieren, wenn die Windkraftanlagen selbst sich schnell und deutlich weiterentwickeln, und dabei eine wechselseitige Beeinflussung von Produkt- und Technologieentwicklung stattfindet, so ist letztlich jedes Projekt anders. Art und Umfang der Risiken ändern sich ständig, nicht zuletzt unter fast jährlich geänderter Gesetzgebung.
- **Abgelegene Einsatzorte:**
Die einzelnen Standorte der Windkraftanalgen sind selten gut erreichbar. Auch Onshore-Anlagen stehen i. d. R. fernab der Siedlungsgebiete. Die Zuwegung ist technisch auf ein Minimum beschränkt (nicht asphaltiert, selten ausgeschildert) und der Ort des Geschehens liegt dann noch in unerreichbar scheinender Höhe. Das hat vielfache Konsequenzen. Haben Mitarbeiter Material oder Werkzeug vergessen, ist ein „Ich fahre schnell zurück und hole es!" kaum möglich. Fallen Teile oder Eis herunter, werden sie zum tödlichen Geschoss. Die Funknetzstabilität ist fernab der Siedlungsgebiete oft instabil, sodass auch die Kommunikation nur eingeschränkt funktioniert. Wird der Feuerwehr ein Brand gemeldet (glücklicherweise sind selten Menschenleben gefährdet), ist der Einsatzort mit einer normalen Leiter nicht erreichbar. Einzig verbleibende Handlungsoption: kontrolliert abbrennen lassen und damit einen Totalschaden provozieren und akzeptieren. Fazit: Abgelegene Einsatzorte erhöhen normale Risiken nochmals deutlich.
- **Internationale Teams:**
Bisher war die Branche eher national gegliedert. Inzwischen sind die optimalen Standorte in vielen Ländern erschlossen und genutzt und Standorte in anderen Ländern werden technisch und wirtschaftlich attraktiv. Durch das zunehmende Umweltbewusstsein wächst der Markt stetig, sodass eine Internationalisierung des Business zu lohnen scheint. Und es melden zunehmend Länder einen Bedarf an, den sie technologisch selbst nicht decken können. Dort werden nicht nur Investoren, sondern auch Realisierer gesucht. Das internationale Projektgeschäft steigt stetig und mit ihm die Risiken.

5.5 Typische und untypische konkrete Analysemethoden

Mit dem bisher beschriebenen Ansatz kann jedes Projektteam über die gesamte Laufzeit sicher durch alle Risiken navigieren, diese zwar nicht wegzaubern, aber ihnen angemessen begegnen. Abschließend soll auf zwei methodische Besonderheiten der Windenergiebranche hingewiesen werden, auf die FMEA mit deutlich unterdurchschnittlicher Implementierungstiefe und auf die durch Windenergieprojekte wiederentdeckte Monte-Carlo-Analyse.

5.5.1 FMEA

Die FMEA (Failure Mode and Effects Analysis, deutsch: Fehlermöglichkeits- und -einflussanalyse, siehe auch Abb. 5.1) ist eine Methode zur Risikoanalyse, die weit verbreitet ist, sich als bevorzugte Methode im Rahmen der präventiven Qualitätssicherung branchenübergreifend etabliert hat und so auch häufig von Auditoren und Assessoren hinterfragt wird. Im Wesentlichen ergänzt die FMEA die bisherigen Überlegungen zu Eintrittswahrscheinlichkeit [%] und der potenziellen Schadenshöhe [€] (siehe Abschn. 5.3.3) um eine dritte Dimension, die Entdeckungswahrscheinlichkeit [%]. Alle drei Parameter werden üblicherweise auf einer Punkteskala [1 bis 10] betrachtet und ergeben multipliziert die Risikoprioritätszahl RPZ [1 bis 1000]. Das soll dem Umstand Rechnung tragen, dass eine möglichst frühe Fehlererkennung die Chance auf eine aufwandsame Fehlerkorrektur deutlich erhöht und eine Fehlerentdeckung kurz vor Ende der Projektlaufzeit immer noch deutlich besser ist als eine Fehlererkennung nach Auslieferung bzw. Übergabe an den Kunden.

> **Beispiel**
>
> Bei zu hohen Windgeschwindigkeiten soll die Windkraftanlage automatisch abschalten, ihre Rotorblätter in die Position mit dem geringsten Windwiederstand bringen und dort feststellen. Funktioniert diese Abschalteinrichtung nicht, …
>
> - … kann das in einem frühen Stadium noch durch eine neue Parametrierung oder Programmierung des Systems mühelos korrigiert werden.
> - … kann das bei Simulationen kurz vor Übergabe an den Betreiber auch noch korrigiert werden; vielleicht um den Preis einer verzögerten Inbetriebnahme, aber ohne nennenswerten Anlagenschaden.
> - … kann in der Betriebsphase der Windanlage ein nennenswerter technischer Schaden eintreten, der ggf. aufgrund der Nichterfüllung der Versicherungsbedingungen sogar selbst getragen werden muss.
>
> Mögliche Ursachen:
>
> - Material-/Werkstofffehler
> - Produktions-/Herstellungsfehler
> - Ermüdungsbruch unter Dauerbelastung (technische „Altersschwäche")
> - Temporäre Überlastung (Sturm, Orkan)
> - Fehler in der Steuerung/nicht funktionierende Abschalteinrichtung bei drohender Überlast
> - Etc.
>
> Diese und ggf. weitere mögliche Ursachen müssen frühzeitig als Risiko für den Bruch eines Rotorblattes erkannt werden, um dem eintretenden Schaden vorzubeugen (siehe Abb. 5.7).

Abb. 5.7 Technischer Schaden an einer Windkraftanlage (Symbolbild) (Quelle: Privataufnahme)

Der Zeitpunkt der Fehlerentdeckung ist also wesentlich. Ohne auf die Details der FMEA weiter einzugehen, soll darauf verwiesen werden, dass diese eher technische Risiken fokussiert. Üblich sind Mechanik-, Hardware-/Elektronik- und Software-, sowie System-FMEAs. Im Umgang mit organisatorischen, rechtlichen oder gar sozialen Risiken stößt eine FMEA schnell an ihre Grenzen. Auch Schnittstellen-FMEAs führen erfahrungsgemäß zu sehr guten Ergebnissen, beschränken sich aber auf die technischen Schnittstellen innerhalb eines Systems, nicht auf die organisatorischen Schnittstellen zwischen den Unternehmen oder Personen entlang der Lieferkette. Damit ist die FMEA ein hervorragendes Instrument in der Risikobetrachtung der Entwicklung und Herstellung von Windkraftanlagen, aber nicht in Projekten zu deren Errichtung.

5.5.2 Monte-Carlo-Analyse

Die Monte-Carlo-Analyse ist seit langem bekannt, im Risikomanagement wiederholt in Fachbüchern empfohlen, aber selten genutzt. Sie ist mathematisch eher anspruchsvoll und führt zu Ergebnissen, die dem Projektleiter selbst wenig helfen. Das hat sich mit dem Auf- und Ausbau des Windenergiesektors deutlich geändert.

5 Risikomanagement in Projekten zur Errichtung von Windkraftanlagen

Die noch sehr junge Branche ist schwer einschätzbar, insbesondere für branchenfremde, vielleicht sogar wenig technik-affine Investoren. Da der (Fremd-)Kapitalbedarf aber regelmäßig hoch ist (Anteilseigner, Kreditgeber, Privat- oder institutionelle Investoren, etc.), muss das Projektbudget regelmäßig vorgestellt, erklärt und begründet werden. Dabei stehen regelmäßig zwei Fragen im Mittelpunkt des Interesses: a) Welcher Anteil des kalkulatorischen Risikobudgets wird wirklich benötigt? Und b): Wie groß ist die Gefahr, dass sogar über das Risikobudget hinaus weiteres Geld benötigt wird? (Die langjährige öffentliche Berichterstattung über die Elbphilharmonie, den Hauptstadtflughafen und Stuttgart 21 haben hinreichend für solche Themen sensibilisiert.) Die Monte-Carlo-Simulation liefert dann z. B. ein Ergebnis wie in Abb. 5.8 dargestellt.

Mit hoher, sogar mit höchster Wahrscheinlichkeit liegt das Projektbudget bei der kalkulierten 1 Mill. €. Die Wahrscheinlichkeit, die Kostenprognose zu treffen, steigt weiter, je größer der Toleranzbereich um das anvisierte Budget ist (z. B. zwischen 1,0 und 1,3 Mill. €) und sinkt, je weiter man sich vom anvisierten Wert entfernt (z. B. 0,7 oder 1,8 Mill. €). Solche Aussagen sind in Abhängigkeit der Vielzahl von zu berücksichtigenden Risiken nicht einfach zu erstellen, aber von hoher Bedeutung für fachfremde Investoren. Die betriebswirtschaftliche Bewertung und variantenreiche Simulation wird umso wichtiger, je größer das Gesamtbudget ist. Liegen z. B. die Overall Costs eines Offshore-Windparks mit mehreren Dutzend Anlagen bei ca. 5 Mrd. $, so bedeutet eine Kostenabweichung von nur 2 % eine Mehrbelastung von schon 100 Mill. $. Solche Kostenabweichungen sind frühzeitig zu quantifizieren, in der Kalkulation zu berücksichtigen, bereitzustellen oder notfalls zu versichern.

Hier überschneiden sich das Informations- und Sicherheitsbedürfnis des Investors mit dem des Auftraggebers. Erhöht sich z. B. das Gesamtbudget um 20 %, so kann die finanzierende Bank z. B. sagen: Wir bleiben bei unserer Kreditzusage, aber es bleibt ebenfalls

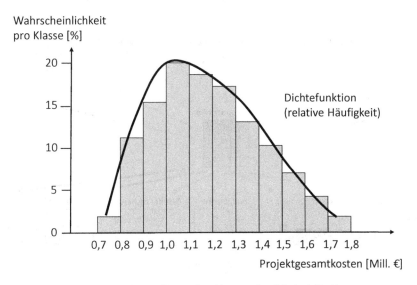

Abb. 5.8 Beispiel einer Monte-Carlo-Simulation (Aussagekraft beispielhaft)

unsere Forderung bestehen, dass min. 15 % der Gesamtsumme aus Eigenmitteln finanziert werden müssen. Wenn dann der Eigenanteil in acht-/neustelliger Höhe um ebenfalls 20 % aus Rücklagen erhöht werden muss, kann dies zum Zerbrechen des Konsortiums und/oder zur Insolvenz einzelner beteiligter Partner führen.

5.6 Zusammenfassung

„No risk, no fun" ist ein häufig genutzter Ausdruck Jugendlicher in Trendsportarten. In Projekten ist genau das Gegenteil der Fall. Spaß an der Projektarbeit entsteht erst, wenn die Risiken bekannt und transparent sind, wenn der Projektverlauf kalkulierbar wird, wenn die Risiken aktiv und professionell gesteuert sind. Dafür kann man etwas tun. Wichtig ist das Bewusstsein, dass immer Risiken bestehen und der daraus resultierenden Bedrohung aktiv begegnet werden kann. Getreu dem Motto „Gefahr erkannt, Gefahr gebannt!" sind die Risiken zunächst systematisch zu erfassen. Das gelingt durch aktive Auseinandersetzung mit der Situation in einem interdisziplinären Team. Ingenieure, Kaufleute, Juristen, u. v. a. Beteiligte aus allen bevorstehenden Projektphasen denken gemeinsam über mögliche Probleme nach, dokumentieren und priorisieren diese. Unterstützung liefert ein Blick in die sachlichen Faktoren der vorgeschalteten Projektumfeldanalyse (soziale Umfeldfaktoren werden eher im Stakeholdermanagement berücksichtigt). Auch ein Blick in Erfahrungsdatenbanken und die Lessons-Learned-Dokumentationen vorausgegangener Projekte wird einen hilfreichen Input geben. Ist das Projekt klar einem Cluster produkt- oder branchenspezifischer Projekte zuzuordnen, gibt es ggf. unternehmensunabhängige Erfahrungswerte, derer das Team sich bedienen kann (siehe Abb. 5.9). Empfehlenswert sind die Experten und Erfahrungsträger in den Communities einschlägiger Verbände, so z. B.

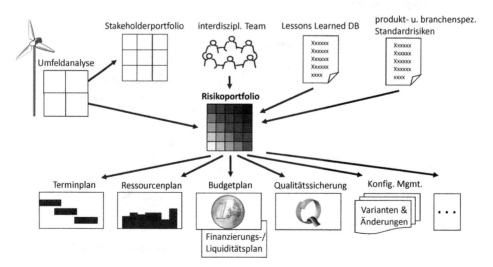

Abb. 5.9 Einordnung des Risikomanagements in das Projektmanagement

- GPM (Deutsche Gesellschaft für Projektmanagement e.V.; www.gpm-ipma.de) und
- BWE (Bundesverband Windenergie e.V.; www.wind-energie.de)

Nach der Erfassung, Systematisierung und Bewertung der Risiken sind angemessene Maßnahmen abzuleiten, beginnend mit den größten Risiken, d. h. mit den größten Bedrohungen für den Projektverlauf und das Projektergebnis. Die Maßnahmen sind einer Kontrolle auf Machbarkeit und Wirtschaftlichkeit zu unterziehen und dann auch konsequent umzusetzen. Notwendige zusätzliche Aktivitäten finden sich im Terminplan, benötigte Technik und erforderliches Personal im Ressourcenplan, kalkulatorische Zusatzkosten finden sich im Budgetplan, zusätzliche qualitätssichernde Maßnahmen werden in den Qualitätssicherungsplan eingearbeitet, notfalls wird ein Plan B (oder auch unzählige weitere Planungsvarianten) erarbeitet – um nur einige Themen zu nennen (siehe Abb. 5.9). Risiken bzw. die zur Risikoabwehr benötigten Maßnahmen tauchen an sehr vielen Stellen im Projekt auf.

Auch durch vorbildliches und vollumfängliches Projekt- und Risikomanagement wird das Projekt nicht plötzlich risikofrei. Ein ganz wesentlicher Bestandteil des Risikomanagements ist letztlich auch ein erfahrenes Team, das nicht nur aus „Draufgängern", aber auch nicht nur aus „Angsthasen" bestehen darf. Die Aspekte notwendiger Sozialkompetenz sind in diesem Beitrag etwas kurz gekommen, aber auch zu vielschichtig und zu diffizil, um auf wenigen Seiten eine allgemeingültige schriftliche Empfehlung zugeben.

Literatur

GPM (Hrsg.). (2014). *Kompetenzbasiertes Projektmanagement* (6. Aufl., Bd. 1+3).
Gerold Patzak/Günther Rattey. (2018). *„Projektmanagement"* (7. Aufl.). Wien: Linde.
Schelle, H. (2014). *Projekte zum Erfolg führen* (7. Aufl.). München: dtv Beck.

Prof. Dr.-Ing. Steffen Rietz hat verschiedene Führungspositionen in der Halbleiterindustrie und bei einem führenden deutschen Automobilzulieferer durchlaufen, bevor er zum Professor für Technisches Projektmanagement berufen wurde. Von 2010 bis 2017 wurde er in der Nordseeregion durch den Auf- und Ausbau der Windenergiebranche geprägt und hat seine Erfahrung in die Leitung des BWE-Fachbeirats des Bundesverbandes Windenergie e.V. eingebracht, sowie in die GPM-Fachgruppe „Projektmanagement Windenergie" der Deutschen Gesellschaft für Projektmanagement e.V. und in die Projektmanagementnormung des DIN und der ISO. Heute ist Steffen Rietz an der Hochschule Offenburg tätig.

Ressourcen- und Terminplanung für Windenergieprojekte – Ein vereinfachter Prozessüberblick

6

Günter Laubinger

> **Zusammenfassung**
>
> Das umfangreiche und vielfältige Thema Ressourcen- und Terminplanung für Windenergieprojekte soll dem Leser am Beispiel einer idealtypischen Planung und Durchführung eines Windparkprojektes vereinfacht dargestellt und in seiner Vielfältigkeit aufgeführt werden. Nach einleitenden Bemerkungen zu den Projektablaufprozessen werden ein üblicher Projektverlauf über alle typischen Themenfelder des Projektmanagements und deren wechselseitigen Beziehungen und Wirkungen auf die Gesamtplanung des Projektes aufgezeigt. Dabei werden die wichtigsten Beteiligten und deren Interaktionen zueinander aufgeführt. Weiter werden einzelne Aspekte der typischen Phasen betrachtet und eine möglichst realistische Dauer der Abläufe dargestellt. Für alle Phasen werden dem Leser die typischen Arbeitsschritte und Abfolgen vorgeschlagen.

6.1 Einleitung – Von Standortfindung bis Stilllegung

Von der Standortfindung bis zur Stilllegung eins Windenergieprojektes wird dieser Beitrag die gängigen Abläufe, Methoden und Verfahren zur Termin- und Ressourcenplanung in idealisierter Form aufzeigen. Die Projekte sind in ihrer Planung trotz zahlreicher sich

G. Laubinger (✉)
München, Deutschland
E-Mail: Windenergie-Projektmanagement@t-online.de

© Springer Fachmedien Wiesbaden GmbH, ein Teil von Springer Nature 2019
D. Meier, S. Rietz (Hrsg.), *Projektmanagement in der Windenergie*,
https://doi.org/10.1007/978-3-658-27365-1_6

wiederholender Vorgänge sehr individuell, lassen sich dabei aber einheitlich einteilen in drei wesentliche Projektentwicklungsschritte:

1. Projektentwicklung
2. Bau, Errichtung und Inbetriebnahme
3. Betrieb und Stilllegung

Die Projektdauer der Windparkplanung ist in den meisten Fällen sehr unterschiedlich. Von wenigen Jahren bis hin zu einem Jahrzehnt ist alles möglich und in der Realität verlaufen die Projektentwicklungsschritte phasenübergreifend. Dabei kommt es gar nicht mal so sehr darauf an, wie umfangreich geplant wird, sondern vielmehr darauf, wie viele Projektstörungen aus dem Projektumfeld auf das Projekt wirken.

Daher gibt es in der Windenergiebranche eine große Vielfalt der angewendeten Projektplanungsmethoden, die sich an der jeweiligen Unternehmenskultur, den örtlichen Besonderheiten und der aktuellen Gesetzgebung orientieren. Diese Vielfalt wird in der deutschen Windenergieindustrie, bedingt durch die große Akteursvielfalt, insbesondere in den früheren Phasen der Projektentwicklung, sehr unterschiedlich in der Art der Durchführung und der Tiefe des Projektmanagements und des Know-hows gelebt.

Die Projektentwicklung selbst ist mittlerweile noch komplexer geworden, da die Genehmigung nicht nur wie bislang üblich auf die Baugenehmigung und den Netzanschluss ausgerichtet ist, sondern zusätzlich ein erfolgreicher Zuschlag in den Ausschreibungen der Bundesnetzagentur erzielt werden sollte. Spätestens mit dem Bau, der Errichtung und der Inbetriebnahme eines Windparks, in denen WEA-Hersteller (**W**ind**e**nergie**a**nlage) und Baufirmen eingebunden werden, wird von den Projektteilnehmern professionelles und teilweise einheitliches Projektmanagement eingefordert.

Der Ablauf eines Projektes von Projektstart bis zu der Bauphase ist in der Abb. 6.1 dargestellt (Laubinger 2016) und wurde im Rahmen der Fachgruppenarbeit „Projektmanagement Windenergie" der GPM e.V. vorgestellt.

Nach Inbetriebnahme eines Windparks erfolgt der Betrieb der Anlagen, der in der Regel zwischen 20 bis 30 Jahre dauern kann und schließlich mit der Stilllegung und dem Rückbau der (Alt-)Anlagen endet.

6.1.1 Windenergie an Land und das Ausschreibungsverfahren

Dieser Beitrag ist zeitlich einzuordnen in einer Umbruchphase, in der das bisherige Vergütungsmodell für Windparkprojekte ersetzt wird durch öffentliche und regelmäßige Ausschreibungen mit einem begrenztem Zuschlagsvolumen. Die nun aktuellen und zukünftigen Windenergieprojekte entstehen im Umfeld des derzeit gültigen EEG-2017 (Erneuerbare Energiengesetz) und müssen daher alle im Ausschreibungsverfahren der Bundesnetzagentur einen Zuschlag vorweisen, um eine wirtschaftliche Bankenfinanzierung zu erhalten.

Das Ausschreibungsverfahren nach §§ 28 bis 36i EEG als wettbewerbliches Moment bringt somit zusätzliche Unsicherheiten in die Projektentwicklung sowie die

6 Ressourcen- und Terminplanung für Windenergieprojekte – Ein vereinfachter ...   137

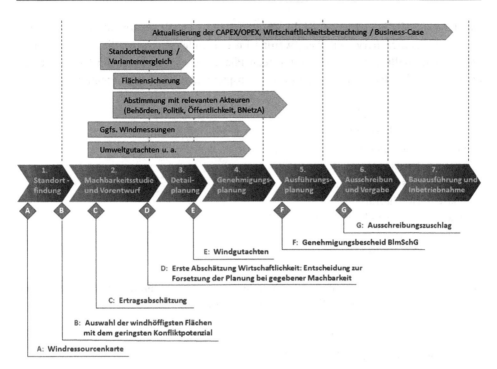

Abb. 6.1 Ausgewählte Ressourcenmeilensteine in der Projektentwicklung als Übersicht, idealisiert. (Quelle: Laubinger 2016)

Wirtschaftlichkeitsstudie des Projektes. Die seit dem Jahr 2017 zu beobachtenden Überzeichnungen der Ausschreibungsvolumina, die fallenden und wieder ansteigenden Zuschlagpreise, letztlich auch Unterzeichnungen des Ausschreibungsvolumens beschreiben die Zuschlagsunsicherheit für ein Windenergieprojekt und daraus resultierend eine systematische Unsicherheit für die Termin- und Ressourcenplanung.

▶ Aufgrund bisheriger Erfahrungen zur Volatilität der Ausschreibungsergebnisse wird empfohlen, zusätzlich einen Zeitpuffer von 6 bis 12 Monaten für die anstehenden Ausschreibungen im Projektablaufplan einzuplanen.

Ebenso verursachen politische Tendenzen zur Überregulierung und häufigeres Nachsteuern der Ausschreibungsbedingungen eine erhöhte Unsicherheit für die Projektplanung insgesamt und die Termin- und Ressourcenplanung im Speziellen.

6.1.2 Projektmanagementprozesse

Die Projektmanagementprozesse untergliedern sich gem. DIN 69901-2 (Deutsches Institut für Normung e.V. 2013) in fünf Phasen, nämlich die Initialisierungs-, die Definitions-, die Planungs-, die Steuerungs- und die Abschlussphase. Um die Prozessabfolgen in einem Windpark deutlich hervorzuheben, werden im Folgenden nicht nur die typischen fünf Phasen dargestellt, sondern insgesamt neun Phasen. Dies verbessert die Übersicht der Prozesse im Einzelnen wie auch im Zusammenspiel und hilft bei der Orientierung.

- Phase 1: Standortfindung
- Phase 2: Machbarkeit und Vorplanung
- Phase 3: Detailplanung
- Phase 4: Genehmigungsplanung
- Phase 5: Ausführungsplanung
- Phase 6: Beschaffung
- Phase 7: Bau, Errichtung und Inbetriebnahme
- Phase 8: Betrieb
- Phase 9: Betriebsende

Damit sind für die Ressourcen- und Terminplanung sowohl die chronologische Zuordnung als auch die Zuordnung in der Wertschöpfungskette vereinfacht.

6.1.3 Netzplantechnik und PM-Systeme

Im Projektmanagement (PM) für Windenergieprojekte werden standardmäßig Projektablaufpläne als Ergebnis der Netzplantechnik angewendet. Die Balkendiagramme oder auch GANTT-Charts genannten Pläne zeigen alle Vorgänge und Meilensteine, die für die Realisierung des Projektes relevant sind.

Die Bestimmung der Dauer der Aktivitäten und deren Vorgänge können auf zweierlei Wegen erfolgen.

1. Durch die manuelle Vorgabe einer Dauer für die Aktivität, welche aus Erfahrung angesetzt werden kann.
2. In der genauen Festlegung einer vordefinierten Ressourcenkategorie (die einzelnen Fachexperten) und deren Stundenbedarf zur Erstellung eben dieser, z. B. einer Windertragsabschätzung, eines Genehmigungsantrages etc.

Je nach gewünschter oder erforderlicher Detailtiefe können einzelne Vorgänge auch aus mehreren Arbeitspaketen bestehen, die einzeln durchgeplant werden.

Sind den Vorgängen oder Arbeitspaketen die jeweiligen Bearbeiter und Zeitaufwände hinterlegt, kann damit die Ressourcen- und Terminplanplanung aufgesetzt werden. Mit der Netzplantechnik kann auch der kritische Pfad aufgezeigt werden. Das ist der längste Pfad im Projekt, der sich ergibt durch jene Vorgänge, deren zeitliche Verlängerung direkt die Endtermine des Projektes verschieben. Auf diesem Pfad ist der Zeitpuffer also immer gleich Null.

Neben den sogenannten „harten" Ressourcen, wie bspw. en Genehmigungsunterlagen, spielen in einem Windparkprojekt auch zahlreiche sogenannte „weiche" Ressourcen, wie bspw. das Fachwissen der Mitarbeiter, eine entscheidende Rolle bei der Ressourcenplanung.

Die Personalressourcen in der Projektentwicklung der Windenergie sind variantenreich, vielfältig und in der Regel geprägt von interdisziplinären Teams. Beginnend bei der Geschäftsführung, die die Projektidee definiert, Kapital zur Verfügung stellt und einen sogenannten Business Case (Wirtschaftlichkeitsstudie) entwickelt, werden für die Fachdisziplinen z. B. folgende weitere Personalressourcen und deren Fachwissen benötigt:

- Windexperten (Meteorologen, Geografen, etc.)
- Planungsfachleute (Geografen, Architekten, Landschaftsplaner, Geowissenschaftler, etc.)
- Kaufleute (Betriebswirte, Einkäufer, etc.)
- Ingenieure (Bauingenieure, Elektrotechnikingenieure)
- Projektmanager (interdisziplinär)

▶ Die empfohlenen Ressourcen, die Dauer und die Abhängigkeiten verschiedener Vorgänge werden in den einzelnen Kapiteln im Text und in den Phasenplänen aufgezeigt. Die heute handelsüblichen Projektmanagementprogramme integrieren die Theorie der Netzplantechnik und bieten hundertfache komfortable und umfangreiche Optionen der Be- und Verarbeitung von Termin-, Ressourcen- und Kostendaten. Auch die darstellenden Fähigkeiten in Terminablaufplänen sind dutzendfach enthalten.

6.1.4 Windparkstruktur und Kennzeichnung für den gesamten Lebenszyklus

Bei Windenergieprojekten handelt es sich um Einrichtungen der Energieerzeugung wie bei vielen anderen konventionellen Kraftwerken oder anderen regenerativen Energiekraftwerken. Insbesondere vor dem Hintergrund der ständig stark zunehmenden Anzahl von Erzeugungseinrichtungen nach EEG ist es erforderlich und sinnvoll, einen Industriestandard für die Kennzeichnung der Komponenten einer Struktur eines Windparks anzuwenden.

Die vom VGB-Powertech herausgegebene Anwendungsrichtlinie für Reference-Designation-System (RDS) (RDS-PP, Teil 32 2014) stellt die Weiterentwicklung eines Bezeichnungssystems aus der konventionellen Kraftwerkstechnik dar. Diese ist auf die Spezifika für Windenergieprojekte angepasst worden und wird verbreitet bereits für Offshore-Windparks angewendet, zunehmend auch für Onshore-Windparks. Insbesondere das Engineering von WEA wie auch der Betrieb und die Instandhaltung von WEA profitieren von der Verwendung solch standardisierter Kennzeichnungssysteme. Basierend auf einer solchen Struktur kann auch die Termin- und Ressourcenplanung während Errichtungszeit standardisierter erfolgen, da die Komponenten funktional und örtlich definiert sind.

Das Projektmanagement als Steuerungsfunktion kann und sollte hier schon früh die richtigen Weichenstellungen für die Projektstruktur einleiten, indem Methoden und Anwendungen festgelegt und definiert werden.

▶ Selbstverständlich verwenden nahezu alle namhaften Hersteller von Windenergieanlagen (WEA) ein selbst gewähltes Begriffs- und Bezeichnungssystem für ihre Produkte. Solange diese jedoch nicht entsprechend eines gemeinsamen Standards angewendet werden, muss sich der Käufer oder Betreiber der WEA immer wieder auf Eigenheiten einstellen. Als Betreiber eines großen WEA-Portfolios sollte man an dieser Stelle Standards definieren.

6.1.5 Dokumentenmanagementsystem

Auch die Erstellung und Anwendung eines Dokumentenmanagementsystems (DMS) sollte durch das Projektmanagement festgelegt werden. Damit wäre sichergestellt, dass die Dokumentation eines Windenergieprojektes vollständig, sachgerecht und den Anforderungen entsprechend zur Verfügung steht. Innerhalb des Projektmanagements können die Festlegungen dazu im Bereich Kommunikation, Information und Dokumentation getroffen werden.

Die Termin- und Ressourcenplanung selbst erzeugt ebenfalls eine Vielzahl von Dokumenten und Dokumentenversionen, die ebenso in einem DMS geführt werden sollten. Nur so ist eine zuverlässige und nachvollziehbare Steuerung von Terminen und Ressourcen möglich.

▶ Windenergieprojekte können mehrmals in ihrem Lebenszyklus den Eigentümer wechseln, andere Projekte bleiben nahezu von Anfang bis Ende in der Hand eines Eigentümers. Die Etablierung eines DMS von Beginn an ist deshalb dringend ratsam, eine genehmigungsrechtliche Anforderung an den Betreiber und unterstützt eine nachhaltige Termin- und Ressourcensteuerung innerhalb der Gesamtprojektzeit.

6.2 Standortfindung

Die Standortfindung für einen Windpark ist zusätzlich gefordert durch das Finden und Nutzen von windhöffigen Standorten. Während bei konventionellen Energieprojekten das Kraftwerk und die dazugehörige Brennstofflieferung geplant werden, müssen für Windenergieprojekte die nutzbaren Winde untersucht werden. Erst aus der genauen Kenntnis der Windgeschwindigkeiten und vorherrschenden Windrichtungen im Jahresverlauf kann die Qualität des Standortes für die Stromerzeugung aus Windkraft technisch und wirtschaftlich beurteilt werden.

▶ Die Standortfindung für Windenergie ist ein typischer iterativer Prozess, es werden also mehrere planerische Durchläufe zu absolvieren sein, um den optimalen oder zumindest optimierten Standort zu finden.

6.2.1 Windressourcenkarte

Die Erstellung einer Windressourcenkarte ist der erste einfache Schritt, um Informationen zu vorherrschenden Windgeschwindigkeiten im Untersuchungsgebiet zu erhalten. Üblicherweise wird ein Windatlas benutzt, öffentliche Wetterdaten von Messstationen oder verfügbare Winddaten von Windparks im Untersuchungsgebiet. Die Windressourcenkarte ist der erste Schritt des iterativen Prozesses zur Untersuchung der Windressource, wir werden also in späteren Phasen immer wieder darauf zurückkommen.

Diese Tätigkeit wird von Windexperten oder Windgutachtern ausgeführt. Sie sind meist firmenintern vorhanden, um schnell handeln zu können. Möglicherweise können eigene Betriebsdaten ergänzend genutzt werden, alternativ und/oder zusätzlich können externe Windgutachter beauftragt werden. Jene haben meist überregionale Kenntnisse und können unter Beachtung des Datenschutzes auch Winddaten anderer nahegelegener Standorte einfließen lassen. Die Windressourcenkarte mit Hilfe von bspw. GIS-Daten für einen Standort zu erstellen dauert ca. zwei Wochen.

6.2.2 Weißflächensuche

Die sogenannte Weißflächensuche (oder auch Weißflächenkartierung) beschreibt den Prozess und die Methodik des Projektplaners, aus der Vielzahl existierender Pläne aus Landesplanung, Regionalplanung und Bauleitplanung diejenigen Schnittflächen zu ermitteln, die eine freie Projektfläche und damit eine Machbarkeit des Projektes erwarten lassen.

Dazu werden die Polygone verschiedenster Karten (bspw. GIS) übereinandergelegt und so die Flächen markiert, die einer Nutzung durch Windstromerzeugung entgegenstehen. Die verbleibenden Flächen, die sogenannten Weißflächen, stellen das nutzbare Flächenpotenzial dar. Diese Tätigkeit wird von besonders geschulten Planungsexperten ausgeführt und benötigt ca. vier bis sechs Wochen.

6.2.3 Projektinitiator

Es gibt zahlreiche Stakeholder in einem Projekt, die ein neues Projekt initiieren können. Dazu gehören beispielsweise Gemeindevertreter, Unternehmer, örtliche Interessenverbände und spezialisierte Projektentwicklungsfirmen sowie Flächensicherer.

Nicht selten sind es die Landeigentümer selbst, die mit einem konkreten Projektwunsch bzw. -vorschlag ein Windparkprojekt initiieren. Der Eigentümer wird dann selbst zu einem wichtigen Maßstab der Termin- und Ressourcenplanung des Projektes, welches er direkt selbst beeinflussen wird.

Startet die Projektentwicklung aufgrund eines konkreten Flächenvorschlages eines Grundeigentümers, stellt dies in gewisser Weise die schnellste Form der Standortfindung dar. Hier könnte je nach Art und Größe der Fläche direkt mit einer Machbarkeitsstudie und der Vorplanung begonnen werden, die im folgenden Abschnitt näher beschrieben werden. Dazu ist ein kontrollierender Blick in die Windressourcenkarte sehr zu empfehlen, um auch das Potenzial der Windhöffigkeit auf eben diesen Grundstücken abzuschätzen.

Unter der Annahme, dass die planerischen Vorleistungen gegeben sind, ist diese Prüfung in zwei bis drei Tagen zu erledigen.

6.2.4 Ressourcen- und Terminplanung in frühen Phasen der Projektentwicklung

In den frühen Phasen der Projektentwicklung haben wir es mit einer größeren Zahl von Projektideen zu tun, die innerhalb eines Trichters quasi mehrere Siebebenen durchlaufen müssen und so zu reiferen Projekten werden oder im Laufe der Zeit aus verschiedensten Gründen ausscheiden. Die typischen Abbruchkriterien für ein Projekt sind:

- Kein wirtschaftlicher und/oder technischer Netzanschluss möglich
- Geeignete Flächen können nicht juristisch gesichert werden oder nur zu unwirtschaftlichen hohen Kosten und Pachten
- Das Windpotenzial ist zu gering
- Naturschutzrechtliche Ausschlusskriterien liegen vor

Je früher der Punkt liegt, an dem man sich im Projektablauf befindet und desto höher die Projektausfallwahrscheinlichkeit noch ist, desto begrenzter ist die Ressourcenplanung für das jeweilige Projekt. Die Terminplanung beschränkt sich hierbei nur auf kurze Sicht, die wenige Projektwochen bis hin zu wenigen Monaten andauert. Die benötigten Projektressourcen sind meist auf die persönlichen Berufserfahrungen und auf ein fixes Kosten- oder Stundenbudget begrenzt. In den frühen Projektphasen handelt es sich bei diesen Budgets also durchweg um Risikokapital.

Eine angemessene Terminplanung besteht demnach zunächst aus den wichtigsten anfänglichen Meilensteinen, die zur Projektfortführung wichtig sind (z. B. Grundstücke A, B und C sind notariell beurkundet) und innerhalb derer die ersten wirtschaftlichen und technischen Ergebnisse und Abschätzungen fertiggestellt sein sollten (z. B. Windressourcen ausreichend, Flächen verfügbar und zu marktüblichen Kosten zu sichern, Netzanschluss machbar).

Die Beschaffung der jeweiligen Informationen zu diesem frühen Projektzeitpunkt erfordert häufig die Berücksichtigung langer Wartezeiten. So sind bspw. häufig Planungsinformationen aus GIS-Diensten anzufordern, die oft erst nach zwei bis sechs Wochen von

6 Ressourcen- und Terminplanung für Windenergieprojekte – Ein vereinfachter ... 143

PSP	Vorgangsname DE	Dauer	Start	Ende	Vorgänger	Nachfolger
1.3	▲ **Windparkentwicklung**	770 dys?	Mon 24/07/17	Thu 30/07/20		
1.3.1	Aquise Vorentwickler	180 dys	Mon 24/07/17	Sun 01/04/18	2FF	
1.3.2	Meilenstein 02 Beginn der Windparkplanung	0 dys	Mon 23/04/18	Mon 23/04/18	8	256,257,259,24,25,32,67,80,93,106,113,
1.3.3	▲ Phase 1 - Standortfindung	5 dys	Tue 24/04/18	Mon 30/04/18		
1.3.3.1	Windressourcenkarte erstellen	5 dys	Tue 24/04/18	Mon 30/04/18	254	
1.3.3.2	GIS-Analyse	5 dys	Tue 24/04/18	Mon 30/04/18	8,254	259,262,263,264,265,266,267,268,271

Abb. 6.2 Phase 1: Standortfindung Windhöffigkeit

der zuständigen Behörde bereitgestellt werden. Erst nach deren Bereitstellung können die notwendigen Projektinformationen auch datentechnisch verarbeitet, ausgewertet und analysiert werden. Insofern ist in der Projektanfangszeit durchaus eine zusätzliche Wartezeit von 60–70 % realistisch anzusetzen. Die zunehmende Bereitstellung von Geoinformationsdaten auf öffentlich zugänglichen Geoportalen (z. B. GDI-NW) verkürzt die Wartezeiten erheblich.

Die ausgewählten Vorgänge der Standortfindung sind im Ausriss des Projektplanes als Abb. 6.2 aufgezeigt. Eine Alternative zu dem zuvor Genannten ist die Übernahme von Dienstleistungen zur Flächenakquise von einem Vorentwickler.

6.3 Machbarkeit und Vorplanung

Im Zuge der Machbarkeitsstudie und der Vorplanung eines Windparkprojektes wird eine Windertragsabschätzung erstellt, die Flächenverfügbarkeit geprüft und etliche konzeptionelle Pläne werden erstellt. Die tatsächlichen durchgeführten Leistungen können sich an den Leistungsphasen 1 und 2 der HOAI (Honorarordnung für Architekten und Ingenieure) orientieren, dem Leistungsbild der Ingenieurbauwerke.

6.3.1 Windertragsabschätzung

Die Gesamtdauer und die benötigten Ressourcen für eine Windertragsabschätzung sind grundsätzlich abhängig von der verwendeten oder bevorzugten Datenbasis. Je besser die Datenqualität ist, desto schneller kann mit den Daten gearbeitet werden.

Mit relativ geringem Aufwand sind solche Daten für die weitere Analyse von Wind- und Ertragsdaten von bestehenden Wetterstationen oder benachbarten Windparks zu erhalten. Ein Windexperte wird für eine Windertragsabschätzung nicht länger als ein bis zwei Wochen benötigen, wenn eine langjährige und verlässliche Datenbasis vorhanden ist.

Höherer Aufwand und längere Wartezeiten treten auf, wenn Windmessungen am Standort ausgeführt werden sollen, da eine Mindestdauer von 12 Monaten für die Messkampagnen zu berücksichtigen wären. Die Dauer der Messkampagne müsste mit einem 3-monatigen Vorlauf in die Terminplanung mitaufgenommen werden.

Zur Bestimmung des Windpotenzials und der Energieerträge in Deutschland ist der Stand der Technik durch die FGW TR 6 definiert. Die Energieertragsermittlung lässt sich gemäß FGW TR 6 (Rev 10, S. 2) in sieben Arbeitsschritte aufteilen, die hier verkürzt in 3 Schritten wiedergegeben werden.

1. Winddatenbasis: Kurzzeitwinddaten; deren Langzeitkorrektur
2. Modellierung des Windpotenzials: Modellierung des Windfeldes; Anpassung der Windpotenzialberechnung
3. Berechnung des Energieertrags: Ertragsberechnung; Parkabschattung; Minderertragsberechnung aus Betriebsauflagen und technischen Verlusten

Eine frühe Ertragsabschätzung wird meist mit Hilfe von reduzierter Winddatenbasis, vereinfachten Arbeitsschritten und reduziertem Berichtsformat vorgenommen.

Ein vollständiger und entsprechend der technischen Richtlinie erstellter Bericht erfordert die Erfüllung sämtlicher Anforderungen zur Bestimmung des Windpotenzials und der Energieerträge. Diese komplette Bearbeitung wird meist zu einem fortgeschrittenen Zeitpunkt (z. B. während der Detailplanung) der Projektentwicklung ausgeführt.

▶ Diese Tätigkeit wird von Windexperten oder Windgutachtern ausgeführt. Sie werden meist als externe Windgutachter beauftragt. Sie verfügen über meteorologisches Fachwissen, überregionale geographische Kenntnisse und können unter Beachtung des Datenschutzes auch Winddaten anderer nahegelegener Messstandorte einfließen lassen.

6.3.2 Flächenverfügbarkeit

Zur Prüfung der Verfügbarkeit von Frei- und Abstandsflächen muss eine Serie von öffentlichen Plänen geprüft werden. Diese können Landschaftspläne, Flurkarten, topographische Karten, Bauleitpläne, Regionalpläne etc. sein. Die zeitliche Dauer und der Ressourcenaufwand sind projektspezifisch unterschiedlich und werden daher vorab abgeschätzt.

An Personalressourcen werden hier ein bis zwei Planungsexperten eingesetzt, die in vier bis sechs Wochen die verschiedenen Pläne einholen, GIS-technisch aufbereiten und auswerten.

6.3.3 Technische Konzepte

Zu Beginn erfolgt die Vorplanung eines Projektes mit Hilfe eines Parklayouts („Micrositing"). Dieses kann auch verschiedene Anlagenvarianten beinhalten und in der weiteren Detailplanung vertieft werden, ggfs. können bestimmte Varianten als bevorzugte Variante weiter ausgearbeitet werden.

Neben den WEA-Standorten werden weitere Infrastrukturmaßnahmen berücksichtigt. Dazu zählen auch ein Flächen- und Wegekonzept, ein Konzept zu Ersatz- und

6 Ressourcen- und Terminplanung für Windenergieprojekte – Ein vereinfachter ...

PSP	Vorgangsname DE	Dauer	Start	Ende	Vorgänger	Nachfolger
1.3.4	⊿ Phase 2 - Machbarkeitsstudie und Vorplanung	180 dys	Wed 02/05/18	Thu 17/01/19		
1.3.4.1	Windertragsabschätzung	10 dys	Wed 02/05/18	Wed 16/05/18	254,257	275,260
1.3.4.2	Windmessung (Windmessmast, LIDAR, SPIDAR)	90 dys	Thu 17/05/18	Fri 21/09/18	259	275
1.3.4.3	⊿ Flächenverfügbarkeit prüfen	40 dys	Tue 23/10/18	Tue 18/12/18	303	
1.3.4.3.1	Landschaftspläne	10 dys	Tue 23/10/18	Tue 06/11/18	257	263
1.3.4.3.2	Flurkarten	10 dys	Wed 07/11/18	Tue 20/11/18	257,262	269,270,264
1.3.4.3.3	Top. Karten	10 dys	Wed 21/11/18	Tue 04/12/18	257,263	270,269,265
1.3.4.3.4	Bauleitpläne	5 dys	Wed 05/12/18	Tue 11/12/18	257,264	266
1.3.4.3.5	Regionalpläne	5 dys	Wed 12/12/18	Tue 18/12/18	257,265	
1.3.4.4	Flächennutzung	10 dys	Wed 05/12/18	Wed 16/05/18	257	277,271,272,273
1.3.4.5	Lokale-, Regionale- und Landes-Politik	15 dys	Wed 02/05/18	Thu 24/05/18	257	309
1.3.4.6	Micrositing/Parklayout	10 dys	Wed 05/12/18	Tue 18/12/18	263,264	277,326,279
1.3.4.7	Umwelt und Umweltschutz	30 dys	Wed 05/12/18	Thu 17/01/19	264,263	277
1.3.4.8	Wege- und Flächenkonzept	5 dys	Thu 17/05/18	Thu 24/05/18	267,257	280
1.3.4.9	Netzanschlusskonzept	10 dys	Thu 17/05/18	Fri 01/06/18	267	281,278,283
1.3.4.10	Sonstige Konzepte (IT / Kommunikationsinfrastruktur)	10 dys	Thu 17/05/18	Fri 01/06/18	267	

Abb. 6.3 Phase 2: Machbarkeit und Vorplanung

Erhaltungsmaßnahmen, das Netzanschlusskonzept und das Konzept für die Kommunikationsinfrastruktur.

Die ausgewählten Vorgänge während der Vorplanungen werden in der Abb. 6.3 mit aufgezeigten Dauern abgeschätzt und von Planungsexperten und Ingenieuren erstellt und bearbeitet. Die Gesamtdauer von ca. 6 Monaten ergibt sich aus den jeweiligen Einzelaktivitäten von 1–3 Wochen plus Abhängigkeiten zu den Vorleistungen. Zum Beispiel sind bei Waldstandorten verschiedene Wege- und Flächenkonzepte zu erstellen, das Parklayout laufend zu ändern und Umwelt- und Naturschutzaspekte ständig zu berücksichtigen.

▶ Die Erstellung technischer Konzepte, die Betrachtung von Varianten und die weitere Ausarbeitung in nachfolgenden Arbeitsschritten ist ein weiterer iterativer Prozess. Die technische Planung bringt Ergebnisse, die unweigerlich weitere Anpassungen in der Termin- und Ressourcenplanung notwendig machen. So ist beispielsweise regelmäßig auch eine Aktualisierung der CAPEX- (Capital Expenditure = Investitionsausgaben) und OPEX-Schätzungen (Operational Expenditure = Betriebsausgaben) durchzuführen, um damit auch die Einhaltung der wirtschaftlichen Rahmendaten der Projektwirtschaftlichkeitsstudie sicherzustellen.

6.4 Detailplanung

In der Detailplanung wiederholt sich die Bearbeitung zahlreicher Planungsthemen, die in der Vorplanung erstmals betrachtet wurden, nun aber im Detail ausgeplant werden. Die Analogie zur HOAI fortführend wäre hier die Leistungsphase 3 anzuführen. In Abb. 6.4 sind die einzelnen Arbeitsschritte der Detailplanung aufgeführt. Insgesamt ergibt sich eine Bearbeitungsdauer von 9–12 Monaten. Der planerische Ressourcenaufwand an Planungsexperten und Ingenieuren nimmt zu, da nun die planerischen technischen, wirtschaftlichen und juristischen Voraussetzungen geschaffen werden, die später genehmigungsfähig sein sollen.

PSP	Vorgangsname DE	Dauer	Start	Ende	Vorgänger	Nachfolger
1.3.5	⊿ Phase 3 - Detailplanung	318 dys?	Fri 25/05/18	Mon 26/08/19		
1.3.5.1	Energieertragsgutachten	20 dys	Mon 24/09/18	Mon 22/10/18	259,260	276
1.3.5.2	Meilenstein 03 Bankfähiges Energieertragsgutachten erstellt	0 dys	Mon 22/10/18	Mon 22/10/18	275	303
1.3.5.3	Flächen sichern und Nutzungsvereinbarungen abschließen	153 dys	Fri 18/01/18	Mon 26/08/19	267,269,270	297
1.3.5.4	Netzanschlussplan	15 dys	Mon 04/06/18	Fri 22/06/18	272	281,329
1.3.5.5	WEA	3 dys	Wed 19/12/18	Fri 21/12/18	269	292,293
1.3.5.6	Wege- und Stellflächen	10 dys	Fri 25/05/18	Fri 08/06/18	271	292,334
1.3.5.7	MS-Kabelsysteme	1 dy	Fri 22/06/18	Fri 22/06/18	272,278	292,293
1.3.5.8	⊿ Netzanschlussverfahren	160 dys?	Fri 01/06/18	Thu 17/01/19		312,321
1.3.5.8.1	Netzanschlußantrag beim Netzbetreiber stellen	0 dys	Fri 01/06/18	Fri 01/06/18	272	284
1.3.5.8.2	Netzbetreiberabfragebogen bearbeiten	45 dys	Mon 04/06/18	Fri 03/08/18	283	285
1.3.5.8.3	Prüfung des Antrags beim Netzbetreiber	1 dy?	Mon 06/08/18	Mon 06/08/18	284	286
1.3.5.8.4	Vorläufige Netzanschlußzusage	1 dy?	Tue 07/08/18	Tue 07/08/18	285	287,289
1.3.5.8.5	Verbindliche Netzanschlußzusage /Vertrag (EEG)	1 dy?	Wed 08/08/18	Wed 08/08/18	286	347,294
1.3.5.8.6	⊿ Anlagenzertifizierungsprozess Teil 1 - Anlagenzertifikat	87 dys	Thu 13/09/18	Thu 17/01/19		
1.3.5.8.6.:	Planungsunterlagen bei der beauftragten Zertifizierungsst	45 dys	Thu 13/09/18	Fri 16/11/18	286,346	290,291
1.3.5.8.6.:	Erstellung des Anlagenzertifikats durch die Zertifizierungs:	42 dys	Mon 19/11/18	Thu 17/01/19	289	368
1.3.5.8.7	Unterlagen EZE, AZE, Einspeisemanagement	1 dy?	Mon 19/11/18	Mon 19/11/18	289	
1.3.5.9	NVP / Umspannwerk	2 dys	Wed 26/12/18	Thu 27/12/18	279,280,281	293
1.3.5.10	Gemeinsame Systeme für WEA und WF	10 dys	Fri 28/12/18	Thu 10/01/19	279,292,281	
1.3.5.11	Meilenstein 04 Detailplanung Ende	0 dys	Wed 08/08/18	Wed 08/08/18	287	295
1.3.5.12	Meilenstein 05 Beginn des Genehmigungsverfahren	0 dys	Wed 08/08/18	Wed 08/08/18	294	297,331

Abb. 6.4 Phase 3: Detailplanung

6.4.1 Windertragsgutachten

Die Bestimmung des Windpotentials durch die Energieertragsberechnung in einem Windertragsgutachten stellt eine wesentliche Grundlage des Geschäftsmodells eines Windparks dar und wird gemäß TR6 (FGW TR 6, 26.10.2017) ausgeführt. Der zumeist externe Gutachter hat die beschriebenen Anforderungen zu erfüllen und die Ausführung der gesamten Ermittlung gemäß den jeweiligen technischen Richtlinien durchzuführen. Das Ergebnis ist dann ein vertriebsrelevanter Bericht, der auch für die Projektfinanzierung erforderlich ist und damit die erforderliche und nachweisbare Qualität haben sollte.

Ist in der Detailplanung bereits mit einer Windmessung begonnen worden, sollten spätestens nach einem Jahr die erforderlichen Windmessdaten aus der Messkampagne zur Verfügung stehen und für das Gutachten verwendet werden.

Die Aussagesicherheit zum Windertrag wird meist noch dadurch erhöht, dass für einen Standort Windgutachten mehrerer Gutachter (bis zu drei) erstellt werden und alle Ergebnisse dann evaluiert werden. Vor diesem Hintergrund ist es geschäftsüblich, die Windertragsgutachten von akkreditierten externen Windgutachtern erstellen zu lassen. Für die Teilnahme im deutschen Auktionsverfahren werden außerdem Referenzertragsgutachter benötigt. Da hier mehrere externe Experten für die Gutachten eingesetzt werden, kann es durchaus zwischen 3 und 6 Monaten dauern, bis alle bankfähigen Gutachten geprüft und unterschrieben vorliegen.

6.4.2 Flächensicherung

Grundsätzlich gilt es, alle frei verfügbaren Flächen für ein Windparkprojekt und nach einer vordefinierten Auswahl zu sichern.

Die juristische Sicherung der erforderlichen Flächen erfordert eine angepasste Projektressourcenstrategie, sollten die Bürger durch Beteiligungsmodelle in dem jeweiligen Projekt berücksichtigen werden. Hierfür ist es in der Regel erfolgreich, den Einsatz von Grundstücksakquisiteuren vor Ort einzuplanen. Die Dauer und der Aufwand unterscheiden sich sehr stark nach den jeweiligen unterschiedlichen Grundeigentumssituationen vor Ort. Die Spanne reicht hier von einer Vielzahl einzelner und privater Eigentümer bis hin zu Großgrundbesitzern (Kommunen, Kirchen oder die BVVG). Die Gesamtdauer und der Aufwand der Flächensicherung können damit breit gestreut sein und sind sehr häufig im Projektzeitraum eine der anspruchsvollsten und resssourcenintensivsten Aufgaben.

Die Dauer der Flächensicherung ist idealtypisch mit ca. 6 Monaten eingeplant. Sie enthält eine Vielzahl von Aktivitäten des Projektmarketings und ist formal erst dann abgeschlossen, wenn 100 % der erforderlichen Flächen vertraglich gesichert sind. Dieser Status kann mit etwas Geschick früh erreicht werden, in anderen Fällen erzwingt er Umplanungen, wenn Eigentümer nicht abschließen möchten.

▶ Die Entwicklung von Windenergieprojekten und die Akzeptanz vor Ort sind miteinander eng verknüpft. Im Sinne einer erfolgreichen Projektentwicklung lohnt es sich, Beteiligungsmodelle anzuwenden, die Bürger, Kommunen und Unternehmen vor Ort stark einbinden. Dadurch erhöht sich zwar zunächst der Aufwand in der Zeit- und Ressourcenplanung der jeweiligen Arbeitsschritte (Ansprechpartner, Bürgerbüro vor Ort, Infoveranstaltungen etc.), zahlt sich aber über eine kürzere Gesamtdauer des Projektes wieder aus.

6.4.3 Netzanschluss

Der Netzanschluss eines Windparks beinhaltet die Stromübertragung durch die windparkinternen und windparkexternen Verkabelungen sowie die Einrichtungen und Installationen am Netzverknüpfungspunkt (NVP). Der Umfang und die Dauer der Arbeiten am NVP variieren je nach Anschluss im Verteilnetz oder im Übertragungsnetz. Teilweise sind Umspannwerke neu zu errichten, andernorts reicht die Errichtung einer kundeneigenen Übergabestation (KÜS) aus, um die Einspeisung des erzeugten elektrischen Stroms zu ermöglichen.

Die Detailplanung des Netzanschlusses wird von Elektrotechnikingenieuren erstellt. Kabellängen müssen aus den Kabeltrassen ermittelt, Kabelquerschnitte und Kabelqualitäten festgelegt werden, Längs- und Querwasserschutz vorgesehen sein und vieles mehr. Es müssen Kontakte zum örtlichen Netzbetreiber aufgenommen und Verhandlungen geführt werden, um dabei auch die technischen Anschlussbedingungen zu klären. Für die Terminplanung kann man an dieser Stelle von 5 bis 6 Monaten ausgehen.

Einrichtungen zur Eigenbedarfsstromversorgung des Windparks und der Kommunikationsverbindungen werden meist parallel zum Netzanschluss mitgeplant. Hier sollte ein Ingenieur der Kommunikationstechnik zur Verfügung stehen, der die

Kommunikationsinfrastruktur und deren Schnittstellen sachkundig und genehmigungsrechtlich in der Ausführung plant.

6.4.4 Auswahl Windenergieanlagentyp

Die Detailplanung der Windenergieanlagenstandorte und deren Flächen für Transport, Lagerung, Errichtung und Inbetriebnahme wird für WEA mit Nabenhöhen von derzeit 140 bis 160 m (manchmal aber auch mehr) zunehmend technisch herausfordernder. Hier wirken sich auch auf die Termin- und Ressourcenplanung projektspezifische und technische Rahmenbedingungen aus.

Abhängig von der Projektkonfiguration, den Vorgaben der Anlagenhersteller, Windgeschwindigkeiten, der örtlichen Bebauung, dem Baugrund und dessen Gründung, ob Windprojekt im Wald oder bei Industrieinstallationen, der „Standardwindparkpark" in der norddeutschen Tiefebene oder in einer Gebirgsregionen – mit dem unterschiedlichen Planungsaufwand verändern sich auch die technischen Anforderungen und Spezifikationen der WEA entsprechend.

Allein bei der unterschiedlichen bestehenden Bauwerksstruktur der Fundamente und Türme zeigt sich mittlerweile eine Vielfalt verschiedener Konstruktionsmöglichkeiten und -mischungen. Genannt seien an dieser Stelle konische Stahlrohrtürme als Standard, Gittermasttürme, Stahl-Beton-Hybridtürme, jene als Ortbeton- oder Betonfertigteiltürme und weitere seltenere Konstruktionstypen wie Holztürme oder Stahl-Schalentürme. Dieser konstruktive Variantenreichtum erfordert gewisse Vorfestlegungen und -planungen bezüglich Flächenbedarf, Genehmigungsplanung und Baustellenlogistik.

Je weiter das Projekt fortschreitet und je mehr Informationen aus dem Projekt vorliegen, desto genauer kann mit Hilfe einer Wirtschaftlichkeitsbetrachtung der Anlagentyp für das Projekt festgelegt werden. Dabei kommt es immer wieder vor, dass das Projekt umgeplant bzw. planerisch angepasst werden muss.

▶ Mit der Vorauswahl bestimmter WEA-Typen werden weitreichende Entscheidungen getroffen, die Auswirkungen auf die Kosten der Projektentwicklung und den wirtschaftlichen Projekterfolg insgesamt haben werden. Vor der WEA-Auswahl sollten unbedingt die Auswirkungen und Variantenvergleiche in einer Wirtschaftlichkeitsberechnung (dem sogenannten „Business Case") betrachtet werden, um die Wirtschaftlichkeit des Projektes laufend kritisch zu überprüfen und zu optimieren.

Für die Vorauswahl von WEA-Typen ist die Zusammenarbeit von Windgutachtern, Planern und Einkäufer erforderlich. Mit deren kombinierter Sicht auf das Projekt können die benötigten technischen WEA-Optionen festgelegt und bestellt werden.

Die ausgewählten Vorgänge der Detailplanung haben wir mit den in Abb. 6.4 aufgezeigten Zeiträumen abgeschätzt.

6.5 Genehmigungsplanung

In der nun anstehenden Genehmigungsplanung werden die geforderten Unterlagen und Fachgutachten zusammengestellt und mit der jeweiligen Behörde abgestimmt. Das Genehmigungsverfahren nach BImSchG wird bereits in der Detailplanung vorbereitet, mit Einreichung der Antragsunterlagen eröffnet und dann im ständigen Austausch mit den Behörden und Einrichtungen zum Abschluss gebracht. In dieser Zeit wird auch die Bekanntmachung und Darstellung des Projektes in der Öffentlichkeit, mit Hilfe von speziellen Kommunikationskonzepten, beworben. Für die Genehmigungsplanung von Windenergieprojekten im Bundesland Nordrhein-Westfalen beispielsweise sei auf das Windenergiehandbuch (Agatz 2017) zu weiterführenden Erläuterungen verwiesen, außerdem den Windenergieerlass NRW (Ministerium für Wirtschaft 2018) in seiner letzten Revision. Grundsätzlich richten sich die rechtlichen Anforderungen jeweils nach dem Landesrecht.

Wie in Abb. 6.5 aufgeführt können diese Projektaufgaben 12 bis 15 Monate dauern. Dazu zählt die Vorbereitungszeit für die Zusammenstellung des Antrages, wie auch die gesetzliche Bearbeitungszeit seitens der Behörden. In dieser Zeit ist es für das Projekt überlebenswichtig, einen ausreichend „behördenerprobten" Genehmigungsplaner dabei zu haben, der von weiteren Planungsexperten und administrativ unterstützt wird.

6.5.1 Genehmigungsverfahren

Im Wege der Vorklärung sollte wie eingangs beschrieben sehr frühzeitig geklärt werden, wie das Genehmigungsverfahren durchzuführen ist, ob ein vereinfachtes Verfahren oder ein förmliches Verfahren zu beschreiben ist und ob eine Pflicht zur Durchführung einer Umweltverträglichkeitsprüfung (UVP) besteht. Die Gesamtzahl der geplanten WEA spielt dabei eine ebenso große Rolle. Je mehr Anlagen geplant werden, desto komplexer wird das Genehmigungsverfahren.

PSP	Vorgangsname DE	Dauer	Start	Ende	Vorgänger	Nachfolger
1.3.6	▲ Phase 4 - Genehmigungsverfahren	399 dys?	Mon 22/10/18	Thu 21/05/20		
1.3.6.1	Nachweis der Flächensicherung und Nutzungsvereinbarungen	20 dys	Tue 27/08/19	Mon 23/09/19	295,277	298,302
1.3.6.2	Meilenstein 06 Flächensicherung abgeschlossen	0 dys	Mon 23/09/19	Mon 23/09/19	297	299,300,306
1.3.6.3	Regionalplanung	30 dys	Tue 24/09/19	Wed 06/11/19	298	301
1.3.6.4	Bauleitplanung	130 dys	Tue 24/09/19	Fri 27/03/20	298	301
1.3.6.5	Meilenstein 07 Flächennutzungsplan verabschiedet	0 dys	Fri 27/03/20	Fri 27/03/20	299,300	
1.3.6.6	Fachbeiträge erstellen	60 dys	Tue 24/09/19	Wed 18/12/19	297	
1.3.6.7	Meilenstein 08 Start UVP-Verfahren	0 dys	Mon 22/10/18	Mon 22/10/18	276	305,261
1.3.6.8	▲ Genehmigungsverfahren nach BImSchG	399 dys	Tue 23/10/18	Wed 20/05/20		
1.3.6.8.1	Antragsunterlagen zusammenstellen	20 dys	Tue 23/10/18	Tue 20/11/18	303	306
1.3.6.8.2	Genehmigungsantrag stellen	1 dy	Tue 24/09/19	Tue 24/09/19	305,298	307
1.3.6.8.3	Feststellung der UVP-Pflicht (Screening, Evtl. Scoping)	15 dys	Wed 25/09/19	Wed 16/10/19	306	308
1.3.6.8.4	Vereinfachtes BImSchG-Verfahren (nur Behördenbeteiligung	150 dys	Thu 17/10/19	Wed 20/05/20	307	309
1.3.6.9	Meilenstein 9 Erhalt des Genehmigungsbescheides nach BImSch	0 dys	Wed 20/05/20	Wed 20/05/20	308,268	312FS-30 dys,318,319,320,350,310,311,
1.3.6.10	Meldepflichten Anlagenregister	0 dys	Wed 20/05/20	Wed 20/05/20	309	
1.3.6.11	Meilenstein 10 Sonstige Genehmigungen	0 dys	Wed 20/05/20	Wed 20/05/20	309	
1.3.6.12	Meilenstein 11 Start Ausführungsplanung	0 dys	Wed 08/04/20	Wed 08/04/20	309FS-30 dys	
1.3.6.13	Meilenstein 12 - Ausschreibungszuschlag BNetzA	0 dys	Thu 21/05/20	Thu 21/05/20	309	351
1.3.7	▲ Projektfinanzierung	248 dys	Tue 24/04/18	Wed 17/04/19		312
1.3.7.1	Finanzierung Projektentwicklungsphase sicherstellen	10 dys	Tue 24/04/18	Tue 08/05/18	8	316
1.3.7.2	Finanzierung Umsetzungsphase gesichert	40 dys	Wed 20/02/19	Wed 17/04/19	315,340	348

Abb. 6.5 Phase 4: Genehmigungsplanung

Je nach gewähltem Genehmigungsverfahren variieren Termine, Dauern und Ressourcen für die jeweilige Windparkplanung. Das angeführte Beispiel in Abb. 6.5 schätzt die durchschnittliche Dauer für ein vereinfachtes Verfahren mit Behördenbeteiligung für eine WEA ab. Weitere juristische Möglichkeiten wie z. B. Gerichtsverhandlungen oder Genehmigungsbescheid (Ablehnungsbescheid) haben sicherlich eine projektverlängernde Auswirkung, können aber an dieser Stelle nicht allgemeingültig abgeschätzt werden.

6.5.2 Unterlagen und Fachgutachten

Für die Antragsstellung wird eine ganze Serie von Unterlagen und Fachgutachten benötigt, die bereits zuvor genannt worden sind und frühzeitig für die Termin- und Ressourcenplanung eines Projektes geplant und später beauftragt werden.

Die erforderlichen Unterlagen werden häufig in Checklisten oder Musterformularen der Genehmigungsbehörden aufgeführt. Es gilt, diese von den Behörden frühzeitig zu erhalten und darauf zu achten, wenn sie aktualisiert werden.

Zu erstellen sind in der Regel immer naturschutzrechtliche Fachgutachten (Avifauna, Fledermäuse), Abfall- und Stoffangaben, typenspezifische Angaben zu Immissionen und Emissionen, eine Schallimmissionsprognose, typenspezifische Angaben zum Brandschutz der WEA und ein projektspezifisches Brandschutzkonzept, Aussagen zu Vermeidung und Verhinderung von Eiswurf, eine Vorhabenbeschreibung, eine Typenprüfung oder Einzelfallprüfung der WEA und Standsicherheitsnachweis auch wegen WEA in der Nachbarschaft, eine Schattenwurfprognose und schließlich ein Landschaftspflegerischer Begleitplan (LBP). Dazu können weitere Untersuchungen gefordert sein, wie bspw. Sprengstoffrückstände, Archäologische Untersuchungen oder Untersuchungen zum Thema Hochwasser.

6.5.3 Sonstige Genehmigungen

Sofern die Genehmigung von WEA und Netzinfrastruktur in separaten Verfahren erfolgen, sind die Unterlagen für die Kabeltrasse und das Umspannwerk als getrennte Baugenehmigung zu beantragen. Auch hier sind wieder Karten, Pläne und sonstige Unterlagen zu erstellen, dann allerdings für das jeweilige Teilprojekt. Auf diese Weise kann das ursprüngliche Projekt aufgeteilt werden und muss dementsprechend aus der Sicht der Projektsteuerung in zwei Teilprojekten weitergeführt werden.

6.5.4 Ausschreibungszuschlag

Wie bereits zuvor schon erläutert müssen Windenergieanlagen gem. EEG 2017 einen Zuschlag in einer Ausschreibung erzielt haben, nur dann können sie die Förderung erhalten.

Da hier der Erfolg im wettbewerblichen Verfahren erforderlich ist, können mehrmonatige oder auch mehrjährige Unterbrechungen auftreten und die Realisierung des Projektes verzögern, schlimmstenfalls zu dessen Abbruch führen, wenn Sie sich nicht wirtschaftlich betreiben lassen.

Da die Ausschreibungstermine meistens zu festen Terminen stattfinden, kann eine Verzögerung der Projektplanung zum Teil zu dramatischen wirtschaftlichen Konsequenzen führen und sogar die Projektfortführung in Frage stellen. Daher sind diese Ausschreibungstermine immer als ein wichtiger und idealerweise unverrückbarer Meilenstein zu sehen.

Zur Vorbereitung auf die Ausschreibung selbst werden in der Regel nicht mehr als 4 Wochen benötigt. Die Information über den Zuschlag zur Ausschreibung erfolgt üblicherweise nach 2 bis 6 Wochen.

Die ausgewählten Vorgänge der Genehmigungsphase haben wir in Abb. 6.5 mit den aufgezeigten Dauern abgeschätzt.

6.6 Ausführungsplanung

Unter Berücksichtigung der Grundlagen und Ergebnisse der vorangegangenen Vor- und Genehmigungsplanung wird weiter unter Berücksichtigung der fachspezifischen Anforderungen die Ausführungsplanung erstellt.

Mit der Ausführungsplanung sollen Pläne und Unterlagen erstellt werden, die auch für die Vergabe von technischen Bauleistungen verwendet werden können, in jedem Fall aber die ausführungsreife zeichnerische Darstellung der Leistungen enthalten.

Wir gehen an dieser Stelle davon aus, dass der Projektentwickler die Ausführungsplanung erstellt, da er beabsichtigt, die Bauleistungen mit einem Leistungsverzeichnis und Einheitspreisbauvertrag zu vergeben. Jedoch kann diese Dienstleistung auch an eine externe Firma vergeben werden.

Die Ausführungsplanung kann mit relativ geringem Aufwand aus vorhandenen Plänen in 4 bis 6 Wochen erstellt werden. Sie wird von den bisherigen Projektplanern erstellt und dient auch zur Erstellung einer Massen- und Mengenermittlung für die Beschaffung der Baumaterialien.

Wenn die Bauausführungen innerhalb des Planungsbüros erfolgen soll, müsste die gesamte Bauplanung im Detail berücksichtigt werden.

Sollte jedoch der Bau an ein Bauunternehmen oder einen Generalunternehmer vergeben werden, verringert sich der Aufwand für die Termin- und Ressourcenplanung erheblich, da die Planungsleistung dann vom Auftragnehmer mit übernommen wird und von dem eigenem Projektmanagement lediglich gegengeprüft und überwacht werden muss.

Die Fundamentpläne müssen jedoch immer gemäß Typenprüfung der WEA standortspezifisch angepasst werden, um die Fundamentbaugruben zu planen. Die Wege-, Kranstell- und Lagerflächen müssen in Abhängigkeit der Geländetopographie mit Auf- und Abtragsprofilen für den Erdbau hinterlegt sein. Die Kabeltrasse muss mit Lage, Tiefe,

PSP	Vorgangsname DE	Dauer	Start	Ende	Vorgänger	Nachfolger
1.3.8	⊿ Phase 5 - Ausführungsunterlagen und Sonderauslegungen für den Bau	389 dys	Fri 18/01/19	Thu 30/07/20		
1.3.8.1	WEA-Fundament Ausführungsunterlagen	20 dys	Thu 21/05/20	Thu 18/06/20	309	320,322,323,335
1.3.8.2	Wege- und Stellflächen Ausführungsunterlagen	10 dys	Thu 21/05/20	Thu 04/06/20	309	320,322,323,327
1.3.8.3	MS-Kabelsysteme Ausführungsunterlagen	20 dys	Fri 19/06/20	Thu 16/07/20	318,319,309	322,323,341
1.3.8.4	Umspannwerk Ausführungsunterlagen	20 dys	Fri 18/01/19	Thu 14/02/19	282	322,323,330
1.3.8.5	Gemeinsame Systeme für WEA und Windfarm (Control and Prot	10 dys	Fri 17/07/20	Thu 30/07/20	318,319,320,	323
1.3.8.6	Meilenstein 13 - Ausführungsplanung erstellt	0 dys	Thu 30/07/20	Thu 30/07/20	318,319,320,	350

Abb. 6.6 Phase 5: Ausführungsplanung

geforderter Überdeckung und dem Verlegverfahren dargestellt werden und an allen wesentlichen Stationen der Trassen sind Grabenquerschnitte zeichnerisch darzustellen. Im Zuge der Planung des Netzanschlusspunktes sind mehr oder weniger aufwändige Objektplanungen in Abstimmung mit dem Netzbetreiber zu erstellen.

Die ausgewählten Vorgänge der Ausführungsplanungsphase sind in Abb. 6.6 dargestellt.

6.7 Beschaffung

In der Beschaffung werden die Bauleistungen der Gewerke zur Errichtung eines Windparks (in einem Ausschreibungsverfahren) vergeben. Wie schon oben erläutert kann die Beschaffungsstrategie für Energieprojekte unterschiedlich aussehen. Wir gehen hier von einer Standardsituation aus.

Zu beschaffen sind die WEA, die Bauleistungen für Kabel und Wege, die Errichtung des Netzanschlusspunktes und auch umfangreiche Leistungen, die sich aus den Genehmigungsbedingungen für die Ausgleichs- und Ersatzmaßnahmen ergeben.

Der Ablauf des Beschaffungsprozesses gliedert sich für alle Güter und Leistungen in die folgenden Schritte:

- Anfragen und Bieterauswahl
- Angebote, deren Prüfung und Klärung
- Verträge; Verhandlung, Abschluss und Bestellungen

Die ausgewählten Vorgänge der Beschaffungsphase haben wir mit den in Abb. 6.7 aufgezeigten Dauern abgeschätzt. In der Terminplanung sind für Beschaffungsaktivitäten durchweg 18–24 Monate zu berücksichtigen. Insbesondere für die WEA und Umspannwerke oder Anschlussstationen sind Lieferzeiten von mehr als einem Jahr von der aktivierten Bestellung bis zur Anlieferung zu berücksichtigen. Allein die Verhandlungsphase für den WEA-Liefervertrag ist mit einer Dauer von 6–12 Monaten anzusetzen.

Die Mittelspannungskabel sind marktbedingten Schwankungen bei Preis und Lieferzeit unterworfen. In der Terminplanung können diese Positionen schnell in den kritischen Pfad gelangen (siehe Abschn. 6.1.3).

6 Ressourcen- und Terminplanung für Windenergieprojekte – Ein vereinfachter ...

PSP	Vorgangsname DE	Dauer	Start	Ende	Vorgänger	Nachfolger
1.4	▲ Phase 6 - Beschaffung	537 dys	Mon 25/06/18	Tue 04/08/20		
1.4.1	▲ Bieterauswahl und Angebotsanfragen	504 dys	Mon 25/06/18	Thu 18/06/20		
1.4.1.1	WEA anfragen	5 dys	Wed 19/12/18	Thu 27/12/18	269	333,328
1.4.1.2	Wege- und Stellflächen anfragen	10 dys	Fri 05/06/20	Thu 18/06/20	319	334
1.4.1.3	Fundamente anfragen	10 dys	Fri 28/12/18	Thu 10/01/19	326	335
1.4.1.4	MS-Kabelsysteme anfragen	10 dys	Mon 25/06/18	Fri 06/07/18	278	336
1.4.1.5	Umspannwerk anfragen	15 dys	Fri 15/02/19	Thu 07/03/19	321	337
1.4.1.6	Fremdleistung, Experten, Gutachter, Zertifizierungsstelle etc an	10 dys	Thu 09/08/18	Wed 22/08/18	295	338
1.4.2	▲ Angebote, Prüfung, Klärung	512 dys	Mon 09/07/18	Tue 14/07/20		
1.4.2.1	WEA-Angebote prüfen	20 dys	Fri 28/12/18	Thu 24/01/19	326	340
1.4.2.2	Wege- und Stellflächen Angebote prüfen	18 dys	Fri 19/06/20	Tue 14/07/20	327,280	344
1.4.2.3	Fundamentangebote prüfen	18 dys	Fri 19/06/20	Tue 14/07/20	328,318	343
1.4.2.4	MS-Kabelsysteme-Angebote prüfen	18 dys	Mon 09/07/18	Wed 01/08/18	329	341
1.4.2.5	Umspannwerk Angebote prüfen	15 dys	Fri 08/03/19	Thu 28/03/19	330	342
1.4.2.6	Fremdleistungsangebote prüfen	15 dys	Thu 23/08/18	Wed 12/09/18	331	345,347
1.4.3	▲ Vertragsabschluß, Bestellung, Abruf	479 dys	Wed 12/09/18	Tue 04/08/20		
1.4.3.1	WEA-Liefervertrag abschließen	18 dys	Fri 25/01/19	Tue 19/02/19	333	348,355,316
1.4.3.2	MS-Kabelsysteme Bauvertrag abschliessen	13 dys	Fri 17/07/20	Tue 04/08/20	336,320	348,354
1.4.3.3	Umspannwerk/Netzverknüpfungspunkt Errichtungsvertrag absc	18 dys	Fri 29/03/19	Wed 24/04/19	337	348,356
1.4.3.4	Fundamente Bauvertrag abschliessen	10 dys	Wed 15/07/20	Tue 28/07/20	335	353
1.4.3.5	Wege- und Stellflächen Bauvertrag abschliessen	13 dys	Wed 15/07/20	Fri 31/07/20	334	348,352
1.4.3.6	▲ Fremdleistungsverträge abschliessen	0 dys	Wed 12/09/18	Wed 12/09/18	338	348
1.4.3.6.1	Beauftragung Zertifizierungsstelle	0 dys	Wed 12/09/18	Wed 12/09/18	254	289
1.4.3.6.2	Vertrag Zähl- und Messeinrichtungen	0 dys	Wed 12/09/18	Wed 12/09/18	287,338	
1.4.4	Meilenstein 15 Alle erforderlichen Verträge unterzeichnet	0 dys	Tue 04/08/20	Tue 04/08/20	340,344,341,	350

Abb. 6.7 Phase 6: Beschaffung

An Personalressourcen ist es ratsam, erfahrene Einkäufer, die ständig mit der Beschaffung von WEA, Bauleistungen und Netzanschlusstechnik betraut sind, einzusetzen. Neben diesen Marktkenntnissen sollten Kompetenzen in rechtlichen und technischen Bereichen vorhanden sein. Um das qualitätssichernde Vier- oder Sechs-Augen-Prinzip zu beachten, sollten der potenzielle Bauprojektmananger, der Planer und ein Rechtsanwalt mit in den Prozess eingebunden werden. Mit fortschreitender Vertragsverhandlung wird der Bedarf an rechtlicher Beratung immer größer.

Mit dem Anlagenhersteller werden direkt oder über eine öffentliche Ausschreibung der Anlagenliefervertrag und der dazugehörige Wartungsvertrag für die Gesamtlaufzeit verhandelt und abgeschlossen. Mit diesem finalen Schritt enden in der Regel auch die Planungsarbeiten auf der Fläche.

Die Verhandlungsdauer mit einem Anlagenhersteller beträgt üblicherweise zwischen 2 und 4 Monaten. Die Lieferdauer der bestellten Anlagen kann unabhängig davon höchst unterschiedlich ausfallen und zwischen 2 und 24 Monate betragen.

▶ Die Ergebnisse aus den Beschaffungsangeboten gewährleisten maßgeblich die wirtschaftlichen Rahmenbedingungen des Projektes. Als wirtschaftliche Zielvorgaben stehen auf der einen Seite die Annahmen aus dem Business Case für Investitionskosten und Betriebskosten, die in den Abschlüssen einzuhalten sind. Auf der anderen Seite ist der Beschaffungsprozess von iterativer Natur, da er schon in frühen Phasen Kostenschätzungen für WEA ermittelt, den Markt fortlaufend beobachtet und erzielbare WEA-Preise abschätzt. Ähnlich entwickelt sich der Prozess für die Bau- und Infrastrukturleistungen, wobei die Angebotsanfragen hier meist später erfolgen. Hier ist die Gruppe möglicher Anbieter größer als bei den WEA-Lieferanten, wobei auch lokal ansässige Unternehmen in die Wertschöpfung eingebunden werden können.

6.8 Bau, Errichtung und Inbetriebnahme

In diesem Abschnitt betrachten wir die sehr spannende Phase der Umsetzung eines Windparkprojektes. Nach meist mehrjährigen Planungsphasen und einer meist intensiven und kürzeren Vergabephase sind alle ausführenden Firmen am Zuge. Wie oben schon erläutert wird das gesamte Projektmanagement und daher auch die Termin- und Ressourcenplanung in Phase 7 deutlich verdichtet. Während der Bauphase werden ca. 75 % der Investitionssumme eines Windparks umgesetzt, sodass gerade hier eine detaillierte Termin- und Ressourcenplanung erforderlich ist.

Für die Terminplanung ist zunächst wieder der Projektmanager des Projektentwicklers gefordert. Er bringt die erforderliche Expertise mit, um dem gesamten Bau, der Errichtung und der Inbetriebnahme den erforderlichen Terminplanungsrahmen in Form eines Masterplanes zu geben. In diesem werden die einzelnen Bau-, Errichtungs- und Installationspläne der auftragnehmenden Firmen integriert, koordiniert und kontrolliert.

6.8.1 Lieferung, Bau und Errichtung

Voraussetzung für die Anlieferung der WEA ist die bestehende oder zumindest weitgehend fertiggestellte Infrastruktur des Windparks. Dazu müssen die geplanten Anschlüsse des Wegenetzes des Windparks an das öffentliche Straßennetz hergestellt sein und das Wegenetz entsprechend der Anforderungsspezifikationen der Anlagenhersteller ausgebaut sein. Die windparkinternen Kabelsysteme folgen meist dem Wegenetz, andernfalls werden sie in eigenständigen Trassen verlegt.

Neben den Wegen werden auch die WEA-Fundamente, Kranstell- und Lagerflächen gebaut. Entsprechend der Ausführungsplanung wird der Netzanschluss mit Transformatorstationen, ggfs. Mess- und Verbindungsstationen, einer kundeneigenen Übergabestation oder auch einem Umspannwerk errichtet. Die Errichtung all dieser Komponenten hat noch vor der Inbetriebnahme der WEA zu erfolgen.

Die Termin- und Ressourcenplanung der Firmen in der Bau- und Errichtungsphase wird detailliert auf einzelne Bauwerksteile heruntergebrochen. Die Terminplanung eines deutschen Windenergieprojektes sieht typischerweise folgende Dauern vor:

- Die Baufeldräumung (Baumschnitt, Oberbodenabschub etc.) in der Dauer von 1–3 Monaten, immer aber unter Berücksichtigung der genehmigten Bauzeitfenster (Bodenbrüter etc.)
- Bauphase für Wege-, Stellflächen- und Leitungsbau von 3–6 Monaten
- Anlieferung und Errichtung der WEA in der Dauer von 1–3 Monaten
- Anlieferung und Installation der Netzanschlusstechnik in ca. 1 Monat

Die erforderlichen Ressourcen an Personal und Betriebsmitteln sind angemessen zur Erfüllung der vertraglichen Vorgaben durch die auftragnehmenden Firmen einzuplanen.

Üblicherweise sind dazu ein oder mehrere Bauteams mit Tieflöffelbaggern, Radladern und Planierraupe einzuplanen. Durchpressungen, Durchörterungen und die Kabelverlegung erfordern Spezialtechnik wie Bohranlagen, Kabelfräsen oder Kabelpflüge.

Der WEA-Hersteller und Errichter setzt diverse Großtechnik für Transport und Errichtung der Fundamenteinbauteile, Turmsegmente, Maschinengondel, Antriebsstrang und Rotorblätter ein. Dazu gehören mehrere Haupt- und Hilfskrane, die im Rahmen des Konzepts für Logistik und Errichtung zusammen mit den spezialisierten Errichtungsteams verfügbar sein müssen.

In jedem Projekt basiert die Umsetzung auf der Expertise durch erfahrene Bauprojektleiter, die den gesamten Bauablauf detailliert planen und überwachen. Mit der Anlieferung der ersten WEA und deren Errichtung sollten die meisten Bauleistungen bereits abgeschlossen sein. Unter anderem der Sicherheits- und Gesundheitsschutzkoordinator hat hinsichtlich dieser Phase seine koordinierenden Tätigkeiten zum Zwecke einer sicheren Bauausführung voranzutreiben.

▶ Zum Beginn des Baus und der Inbetriebnahme eines Windparks sollten *alle* erforderlichen privaten und öffentlichen Genehmigungen oder Nutzungsvereinbarungen vorliegen und rechtssicher sein, um in dieser Phase keine unliebsamen Überraschungen wie bspw. einen Baustopp zu erleben.

▶ Dieser Projektmanagement-Zielvorgabe steht das Recht des Unternehmers und Antragstellers entgegen, im Zuge seines eigenen Risikomanagements gewisse ausstehende Entscheidungen zu antizipieren, um beispielsweise das avifaunistische Bauzeitenfenster einzuhalten. Diese zusätzlichen und möglichen Risiken dürfen nicht außer Acht gelassen werden.

6.8.2 Inbetriebnahme, Probebetrieb, Abnahme

Die zahlreichen Einzeltätigkeiten zur Inbetriebnahme der WEA, der Netzinfrastruktur, der Kommunikationsinfrastruktur und weiterer dazugehöriger Infrastrukturkomponenten sind gemäß den Verträgen und deren Anhängen, gültigen Genehmigungen und dem vereinbarten technischen Regelwerk auszuführen.

In der Terminplanung differenzieren sich die Dauern für Inbetriebnahme, Probebetrieb und Abnahme in die Dauern für einzelne WEA und den Windpark als Ganzes. Dies betrifft insbesondere die elektrotechnische Inbetriebnahme und zugehörige Erklärungen.

Die Inbetriebnahme und der Probebetrieb der WEA werden durch spezialisierte Teams des WEA-Lieferanten ausgeführt. Da Dauer und Konditionen der Probebetriebsphase vertragsspezifisch unterschiedlich sein können, kann dies zwischen 4 und 12 Wochen andauern.

Die Inbetriebnahme der Netzanschlusstechnik erfolgt ebenfalls durch Spezialisten des WEA-Lieferanten und in enger Abstimmung mit dem Netzbetreiber. In dieser absprache-

PSP	Vorgangsname DE	Dauer	Start	Ende	Vorgänger	Nachfolger
1.5	⊿ Phase 7 - Bau, Errichtung und Inbetriebnahme	101 dys?	Wed 05/08/20	Wed 23/12/20		
1.5.1	Meilenstein 16 - Baubeginn/Bauanlaufberatung	1 dy?	Wed 05/08/20	Wed 05/08/20	323,348,309	352,353,354,355,356
1.5.2	⊿ Errichtung	88 dys	Thu 06/08/20	Mon 07/12/20	313	
1.5.2.1	Wege- und Stellflächen bauen	30 dys	Thu 06/08/20	Wed 16/09/20	344,350	358,353
1.5.2.2	Fundament erstellen	45 dys	Thu 17/09/20	Wed 18/11/20	343,350,352	359,355
1.5.2.3	MS-Kabelsysteme verlegen	20 dys	Thu 06/08/20	Wed 02/09/20	341,350	360
1.5.2.4	WEA liefern und errichten	13 dys	Thu 19/11/20	Mon 07/12/20	340,350,353	361,362
1.5.2.5	UW / NVP liefern und errichten	15 dys	Thu 06/08/20	Wed 26/08/20	342,350	363
1.5.3	⊿ Inbetriebnahme	85 dys?	Wed 26/08/20	Wed 23/12/20		
1.5.3.1	Wege- und Stellflächen in Nutzung	0 dys	Wed 16/09/20	Wed 16/09/20	352	373
1.5.3.2	Fundament überbaubar	0 dys	Wed 18/11/20	Wed 18/11/20	353	373
1.5.3.3	MS-Kabelsysteme in Betrieb	5 dys	Thu 03/09/20	Wed 09/09/20	354	373
1.5.3.4	⊿ WEA in Betrieb nehmen	0 dys	Mon 07/12/20	Mon 07/12/20	355	366SS,373,371
1.5.3.4.1	Netzschutzprüfungen an WEA durchführen lassen	0 dys	Mon 07/12/20	Mon 07/12/20	355	
1.5.3.5	⊿ UW / NVP betriebsfertig	1 dy?	Wed 26/08/20	Thu 27/08/20	356	373
1.5.3.5.1	Inbetriebnahme NVP	0 dys	Wed 26/08/20	Wed 26/08/20		365
1.5.3.5.2	Netzschutzprüfungen am UW durchführen lassen	1 dy?	Thu 27/08/20	Thu 27/08/20	364	368
1.5.3.6	Inspektionen, Inbetriebnahmegutachten und Qualitätssicherun	5 dys	Tue 08/12/20	Mon 14/12/20	361SS	373
1.5.3.7	⊿ Anlagenzertifizierungsprozess 2. Teil	84 dys	Fri 28/08/20	Wed 23/12/20		
1.5.3.7.1	Notwendige Unterlagen zum Nachweis der Konformität bei d	45 dys	Fri 28/08/20	Thu 29/10/20	365,290	369
1.5.3.7.2	Vor-Ort-Begutachtung des Windparks nach Inbetriebnahme a	2 dys	Tue 08/12/20	Wed 09/12/20	368,371	370
1.5.3.7.3	Erstellung der EZA-Konformitätserklärung durch die Zertifizie	10 dys	Thu 10/12/20	Wed 23/12/20	369	
1.5.3.8	Meilenstein 17 - Windpark in Betrieb	0 dys	Mon 07/12/20	Mon 07/12/20	361	376,377,378,379,380,372,369,381
1.5.4	Meilenstein 18 - Baurechtliche Abnahme durch Behörde	0 dys	Mon 07/12/20	Mon 07/12/20	371	373
1.5.5	Meilenstein 19 - Vertragliche Abnahmen der Lieferungen und Leis	0 dys	Mon 14/12/20	Mon 14/12/20	366,361,358,	242,243,244,245,246,247,248,249,374
1.6	Projektende	0 dys	Mon 14/12/20	Mon 14/12/20	373,2	

Abb. 6.8 Phase 7: Bau, Errichtung und Inbetriebnahme

intensiven Zeit ist auch die Tätigkeit des planenden Elektrotechnikingenieurs gefordert, den engen Kontakt zum Netzbetreiber zu halten. Die Inbetriebnahme des Netzanschlusses liegt zumeist direkt auf dem kritischen Pfad und sollte daher entsprechend eng gesteuert werden.

Die Abnahmen der einzelnen Gewerke werden häufig von externen Sachverständigen begleitet. Hier hat der Projektmanager zeitgerecht zu koordinieren und die externen Gutachter mit dem erforderlichen Prüfaufwand einzubinden. Die Abnahmen, Abnahmeprotokolle, Mängel- und Restleistungslisten haben üblicherweise für alle Gewerke vertragsrechtliche Konsequenzen. Diese Dokumente sollten konsequent im Dokumentationsmanagementsystem (siehe Abschn. 6.1.5) archiviert werden.

Die ausgewählten Vorgänge dieser Phase sind in Abb. 6.8 aufgeführt.

6.9 Betrieb

Mit der Aufnahme des operativen Betriebes findet der Meilenstein „Inbetriebnahme" mit den diversen geforderten Anzeigen an Behörden und Netzbetreiber zeitgleich statt und die Stromproduktion des Windparks beginnt. Parallel mit der Inbetriebnahme nehmen meist diverse Dienstleister, wie die technische und kaufmännische Betriebsführung, ihre Dienstleistungen auf. Im Regelfall hat der Betreiber des Windparks einen Wartungsdienstleister für die WEA, einen technischen und einen kaufmännischen Betriebsführer beauftragt und weitere Unternehmen wie Garten- und Landschaftsbauer, welche im Projektgebiet die Pflege von Ausgleichs- und Ersatzmaßnahmen (Kompensationen) vornehmen. Weiterhin können ggfs. avifaunistische Umweltgutachter zum Einsatz kommen, wenn aus den Nebenbedingungen der Genehmigung entsprechende Anforderungen herrühren.

Damit fallen für die Wartungsunternehmen ebenfalls sich immer wiederholende Tätigkeit an, da die Durchführung von Wartungsmaßnahmen gemäß Wartungsplan routiniert ablaufen und die Instandsetzungsmaßnahmen entweder prädiktiv oder ungeplant durchgeführt werden müssen. Die Terminplanung richtet sich damit also nach den maschinentechnischen Erfordernissen für die regelmäßige Wartung, in der Kurzzeitprognose nach windarmen Phasen und ist bei ungeplanten Reparatureinsätzen nur spontan zu planen. Werden in dem Windpark prädiktive Verfahren der Maschinenüberwachung eingesetzt (Condition Monitoring System = CMS) kann der Anteil planbarer Einsätze noch erhöht werden und somit in die Terminplanung eingehen.

Die hierfür erforderlichen Ressourcen sind hierfür hochoptimal angepasst und werden in der Regel vom auftragnehmenden Wartungsdienstleister organisiert und gesteuert.

Die modernen SCADA-Systeme (Supervisory Control and Data Acquisition) der WEA zusammen mit CMS ermöglichen Betriebsführern und Wartungsdienstleistern einen Online-Zugriff auf die Betriebsdaten der WEA und des Windparks und damit gute Kenntnisse zum Anlagenzustand und der Planbarkeit der Einsätze.

Die Tätigkeit von Betriebsführern oder den Betreibern selbst sind als eigenständiger Geschäftsprozess zu sehen, dessen Dauer maximal die gesamte Betriebsphase des Windparks abdecken kann. Die Ressourcen werden entweder bei Vergabe extern bereitgestellt oder, wie es bei vielen Projektentwicklern der übliche Fall ist, im eigenen Hause durch Betriebsführungsgesellschaften geleistet. Die Tätigkeit der Betriebsführung ermöglicht langjährige konstante Einkünfte.

Die ausgewählten Vorgänge der Betriebsphase werden daher an dieser Stelle nur exemplarisch aufgeführt (siehe Abb. 6.9).

▶ Die in der Betriebsphase generierte Dokumentation sollte fortlaufend im Dokumentenmanagementsystem eingestellt werden. Dies dient auch der Erfüllung von Dokumentationspflichten des Betreibers.

6.10 Stilllegung, Rückbau, Repowering

Das Ende der Betriebsphase wird durch die die Stilllegung der WEA eingeleitet. Die Auslegungslebensdauer der WEA lag bisher bei durchweg 20 Jahren und so jeweils in den Typenprüfungen angesetzt. Heutzutage werden verbreitet WEA mit 25 Jahren und mehr

PSP	Vorgangsname DE	Dauer	Start	Ende	Vorgänger	Nachfolger
1.7	⊿ Phase 8 - Produktion und Betriebsphase	4805 dys	Tue 01/12/20	Mon 23/05/39		
1.7.1	WEA betreiben	4800 dys	Tue 08/12/20	Mon 23/05/39	371	
1.7.2	Wege- und Stellflächen nutzen	4800 dys	Tue 08/12/20	Mon 23/05/39	371	
1.7.3	Fundamente inspizieren	0 dys	Mon 07/12/20	Mon 07/12/20	371	
1.7.4	MS-Kabelsysteme nutzen	4800 dys	Tue 08/12/20	Mon 23/05/39	371	
1.7.5	Umspannwerk betreiben	4800 dys	Tue 08/12/20	Mon 23/05/39	371	
1.7.6	▷ Instandhaltung	4686 dys	Tue 01/12/20	Tue 07/12/38	371	

Abb. 6.9 Phase 8: im laufendem Betrieb

Auslegungslebensdauer errichtet. Für ältere WEA gibt es die Möglichkeit, eine Lebenszeitverlängerung gutachterlich untersuchen zu lassen. Die Nutzungsrechte eines Windparks müssten diesen verlängerten Betrieb in den alten oder neu zu verhandelnden Nutzungsverträgen entsprechend berücksichtigen.

Der Rückbau der WEA ist als eigenständiges Projekt zu planen. Einhergehende Überlegungen sind daher sinnvoll, ob der Windpark ersatzlos zurückgebaut oder ob ein sogenanntes „Repowering" am Standort durchgeführt werden soll. Insofern sind für die Terminplanung Meilensteine anzusetzen, beispielsweise das Betriebsjahr 15, bei dessen Erreichen eine Evaluierung der betriebswirtschaftlichen Situation des Windparks und des Abnutzungsvorrates der WEA erfolgt. Damit können dann Aussagen zur Sinnhaftigkeit einer Ersatzinvestition, der Fortführung des Betriebs mit betriebsverlängernden Maßnahmen, einer normalen oder verfrühten Außerbetriebsetzung wirtschaftlich getroffen werden.

Hierfür werden Betriebsführer und betriebswirtschaftliche Experten benötigt, die bei Vorliegen der entsprechenden Daten in wenigen Tagen bis hin zu wenigen Wochen diese Entscheidung treffen können. Gemäß der getroffenen Entscheidung wird dann die jeweils notwendige und neue Termin- und Ressourcenplanung betrieben.

Der einfache Rückbau der WEA als Option erfordert erneut überwiegend personalintensive Ressourcen wie Projektmanager und andere hoch spezialisierte Teams für die Demontage und Entsorgung der Gewerke. Die Demontage wird vermutlich meist von einer externen Firma ausgeführt werden, die das erforderliche Großgerät mitbringt.

Wird eine andere Option, nämlich das Repowering, angestrebt, kann man dies im Grunde als ein vollkommen neues Windenergieprojekt sehen, planen und in der Durchführung handhaben. Dabei würde man wie vorher beschreiben mit den anstehenden Aufgaben aus Abschn. 6.2 neu starten. Bestenfalls sind in den Phasen der Flächensicherung und/oder elektrischer Infrastruktur einige Synergien zu realisieren, die dann auch die Termin- und Ressourcenplanung vereinfachen könnten.

6.11 Fazit

Die Termin- und Ressourcenplanung für Windenergieprojekte hat zahlreiche branchen-, produkt- und projektspezifische Besonderheiten zu berücksichtigen. Dabei kann die Gesamtprojektdauer von wenigen bis hin zu zahlreichen Jahren erstrecken und hängt im Wesentlichen von den projektspezifischen Rahmenbedingungen und den externen Gegebenheiten ab.

Die spezifische Eigenheit von Windenergieprojekten ist die iterative Ausarbeitung des Windpotenzials und der Ertragsberechnung. Beide Aspekte sind von großer Bedeutung für die Projektwirtschaftlichkeitsstudie und stellen daher einen sehr relevanten

Prozess dar, der ein sehr verantwortungsvolles Vorgehen und Einsatz hoch qualifizierter Ressourcen erfordert.

In der Detail- und Genehmigungsplanung nimmt der Ressourcenaufwand zu und zeichnet sich aus durch die zunehmende Einbindung externer Fachplaner für die Erstellung der jeweils notwendigen Fachgutachten. Die Dauer der Genehmigungsplanung ist mit ausreichenden Zeitpuffern zu planen, da die gesetzlichen Fristen/Zeiten der BImSchG-Genehmigungsverfahren häufig überschritten werden und sich Planungsschritte oft in Schleifen wiederholen können. Das Ziel ist es, ein genehmigtes und bankfähiges Projekt zum Ausschreibungstermin zu haben.

Die Beschaffung ist iterativ eingebunden, da frühe Kostenschätzungen, fortlaufende Marktbeobachtung und Einhaltung der Zielvorgaben aus der Projektwirtschaftlichkeitsstudie in den Vergabeverhandlungen berücksichtigt werden müssen.

In der Ausführungsphase nimmt die Termin- und Ressourcenplanung den höchsten Detaillierungsgrad ein, da in dieser Phase auch die höchsten Projektausgaben stattfinden und zahlreiche Projektbeteiligte zeitglich auf der Baustelle gesteuert werden müssen. Puffer für Risiken sind in ausreichender Dauer zu berücksichtigen. Die Stichtagsschärfe für die Inbetriebnahme (zum Beispiel zum Jahresende gemäß EEG 2014 und früheren) ist mittlerweile nicht mehr gegeben, sodass sich hier die Anforderungen etwas entspannt haben. Ersetzt werden sie aber durch die festen Ausschreibungstermine, die nur an wenigen Tagen im Jahr stattfinden. Dennoch sollten das Projektmanagement und andere Projektmanagementschnittstellen zum Termin- und Ressourcenmanagement über die Gesamtprojektdauer laufend optimiert werden. Denn während der gesamten Projektlaufzeit trägt der Eigentümer das gesamtwirtschaftliche Risiko selbst.

Literatur

Agatz, M. (2017). *Windenergiehandbuch* (14. Ausg.). Gelsenkirchen. http://windenergie-handbuch. de/windenergie-handbuch. Zugegriffen am 11.03.2018.

Deutsches Institut für Normung e.V (Hrsg.). (2013). *DIN-Taschenbuch 472. Projektmanagement - Netzplantechnik und Projektmanagementsysteme, 2., 288.* Berlin/Wien/Zürich: Beuth.

FGW. (2017). *TR 6 Technische Richtlinie für Windenergieanlagen Teil 6 – Bestimmung von Windpotenzial und Energieerträgen* (26.10.2017). Berlin: FGW.

Laubinger, G. (2016). Projektentwicklung und Errichtung einer Windenergieanlage in einem Projektablaufplan – Integrierte Betrachtung der Projektmanagementprozesse (14. April 2016). In G. F. Intern (Hrsg.), *First practice – wie sich Projektmanagement in der Windbranche implementieren lässt* (S. 24). Rostock.

Ministerium für Wirtschaft, I. D. (2018). Windenergieerlass NRW. Erlass für die Planung und Genehmigung von Windenergieanlagen und Hinweis (Januar 2018). Düsseldorf/Nordrhein-Westfalen.

RDS-PP. (2014). *RDS-PP Anwendungsrichtlinie Teil 32: Windkraftwerke*. Essen: V. P. e.V.

Günter Laubinger ist seit 2002 in der Windenergie tätig. Er übernahm zunächst für einen spanischen Hersteller von Windenergieanlagen (GAMESA) Verantwortung im Vertrieb von Windenergieanlagen in den deutschen und osteuropäischen Märkten. Da seine Tätigkeit organisatorisch der Hauptverwaltung des Unternehmens zugeordnet war, unterstützte er das Produktmanagement beim Eintritt in die neuen Märkte. Von 2011 an ist er bei Ramboll in Gelsenkirchen als Beratender Ingenieur im Bereich Vertragsprüfung und Beschaffung tätig. Seine Tätigkeit übte er als Lead-Consultant in der deutschen und internationalen Windenergiewirtschaft aus. Aktuell ist er als Projektleiter für die Ausbauinitiative Erneuerbare Energien der Stadtwerke München.

In vorangegangenen Tätigkeiten war er als Bauleiter im Verkehrsinfrastrukturbau (EUROVIA) aktiv. Als Planungsingenieur erwarb er vertiefte Projekt- und Portfoliomanagementkenntnisse in einem Luftfahrtunternehmen (CargoLifter) zur Entwicklung eines Lastenluftschiffs.

Die Ausgabenstruktur eines Windparks während der Projektentwicklung

Daniel Meier

Zusammenfassung

Im professionellen Projektmanagement ist man sich immer bewusst, welche Leistungen, Termine und eben auch Kosten für die Entwicklung, den Bau und während der Betriebsführung anfallen können. Die Kosten- und Budgetplanung ist dabei eine große Herausforderung für das Projektmanagement in der Windbranche. Nicht nur die zahlreichen Gesetzesänderungen, sondern auch die technischen Weiterentwicklungen und der Kostendruck bei den (internationalen) Ausschreibungen verstärken den Fokus auf die Ausgabenstruktur der Windparkplanung. Damit verbunden ist ein zunehmender Kostendruck innerhalb der Branche, um sowohl die Technologie als auch die Produktion des Stroms so günstig wie möglich anbieten zu können. Gleichzeitig bleibt das finanzielle Entwicklungsrisiko bei den Unternehmen, die dafür sorgen wollen, dass das Risiko der Ausgaben über die Gesamtentwicklungszeit optimal ist. Dieses Kapitel stellt eine Übersicht über die wichtigsten Projektausgaben einer Windparkplanung vor und beschreibt diese kurz. Da die tatsächlichen Kosten eines Projektes sehr unterschiedlich ausfallen können, handelt es sich hierbei um eine exemplarische Kostendarstellung, die die typischen Ausgaben nennt und deren Größenverhältnisse untereinander vergleichbar macht.

D. Meier (✉)
Husum, Deutschland
E-Mail: d.meier@gpm-ipma.de

7.1 Einführung in das Thema

Bekanntlich lässt sich immer gut über Geld streiten. Und gerade, weil das Thema rund um die Finanzen immer auch eine wichtige Rolle im Projektleben spielt, ist es sicherlich grundsätzlich hilfreich zu verstehen, welche Kosten bestehen und wie diese sich über die Zeit verteilen.

Obwohl die Windparkplanung eine revoltierende Planung mit sich oft wiederholenden Arbeitsschritten ist, können die Ausgaben pro Projekt oder pro MW gemessen sehr unterschiedlich sein. Zwar bleibt dabei die Grundlogik der Projektausgaben immer erhalten, jedoch kann im Ergebnis sehr schnell der Status eines Projektes von „wirtschaftlich" zu „unwirtschaftlich" wechseln, wenn die Ausgabensituation des Projektes im Vergleich zu den zu erwartenden Einnahmen unverhältnismäßig wird.

Hierfür gibt es sehr viele und unterschiedliche Gründe. Häufige Gründe wären bspw. Änderungen der Strompreisvergütungen, der Anlagentechnik, der Projektziele, der Gesetze oder einfach nur aufgrund regionalspezifischer und geografischer Besonderheiten.

Daher ist es immer wieder hilfreich, auf Erfahrungs- und Richtwerte zurückzugreifen, die vielleicht keine exakten mathematischen Prognosen für das jeweilige Projektbudget ermöglichen, aber beim Projektstart und der späteren Durchführung schnell und einfach einen Richtwert für die bisherigen und zukünftig anfallenden Projektausgaben abbilden können. (Kosten-)Planwerte ermitteln wir bekanntlich mit absteigender Genauigkeit durch Methoden wie Wissen, Kalkulieren/Messen/Berechnen, Analogie- bzw. Vergleichsmethoden, Expertenbefragung oder das Schätzen. Damit aus dem Schätzen kein Raten wird, möchten wir nachfolgend einige Anhaltspunkte liefern.

Dieses sicherlich komplexe und projektindividuelle Thema rund um die typischen Ausgaben der Projektausgaben soll nun am Beispiel eines typischen Windparkprojektes in Deutschland für eine einzelne Anlage der 3-Megawatt-Klasse vorgestellt werden. Die hier genannten Zahlen sind als exemplarisches Beispiel zu betrachten und dazu da, die jeweiligen Positionen der Ausgaben sowie deren Größenverhältnisse in der Projektplanung zu verstehen.

Dabei werden die typischen Ausgaben einmal als indirekte Kosten aufgeführt und einmal als direkte Kosten. Auf diese Weise kann man die Größenverhältnisse und ihre Abhängigkeiten gut kennen und verstehen lernen.

Wenn man also größere Projekte planen will, so kann man als Richtwert die unten genannten Werte einfach mit der Zahl der Anlagen und/oder der Megawatt-Zahl multiplizieren und erhält ein neues Spektrum typischer Projektausgaben. (Die damit verbundene Annahme der linearen Skalierung der Kosten liefert sehr gute erste Näherungswerte, ist aber ggf. im Einzelfall zu hinterfragen.)

7.2 Gesamtübersicht über die wichtigsten Ausgaben der Projektentwicklung

7.2.1 Indirekte Kosten

Unter indirekten Kosten oder auch als Gemeinkosten beschrieben (engl. Overhead Costs) fallen alle Ausgaben an, die nicht unmittelbar mit dem Projekt selbst zusammenhängen, aber dennoch anteilig anfallen. Dazu zählen insbesondere Personalausgaben.

Tab. 7.1 gibt die idealtypischen **Personalausgaben** für alle typischen Kostenpositionen wieder. Dabei werden

- die Kosten pro Mitarbeiter mit 100 EUR pro Stunde und Mitarbeiter angenommen
- die Gesamtkosten pro Megawatt (MW) dargestellt und
- eine Einschätzung zur Priorität der jeweiligen Ausgaben genannt.

Tab. 7.1 Exemplarische Übersicht der indirekten Kosten

Pos.	Kostenart	Gesamtkosten netto [EUR]	Kosten pro MW netto [EUR]	Priorität
\multicolumn{5}{l}{Direkte Kosten eines Onshore-Windparks in Deutschland für eine Windkraftanlage der 3-MW-Klasse}
\multicolumn{5}{l}{**Projektvorbereitungsphase**}
1	Organigramm	400	133	A
2	Checklisten erstellen	800	267	A
3	Kick-off Meeting	4000	1333	A
4	Teambildung	2000	667	A
5	Projektstudienarbeit	800	267	A
6	Risikoanalyse	400	133	A
7	Stakeholderanalyse	400	133	A
8	Finanz- und Budgetplan	400	133	A
9	Arbeitspakete definieren	400	133	A
\multicolumn{5}{l}{**Planungs- und Projektentwicklungsphase**}
10	Gesellschaftsgründungskosten	400	133	A
11	Notarkosten	0	0	A
12	Projekteinkauf	6000	2000	C
13	Flächensicherungskosten	3200	1067	A
14	Pachtzahlungen	100	33	A
15	Machbarkeitsstudie	1000	333	B
16	Rechtsberatung	400	133	A
17	Windmessung	400	133	B
18	Gutachten für Schall	400	133	A
19	Gutachten für Schatten	400	133	A

(Fortsetzung)

Tab. 7.1 (Fortsetzung)

Direkte Kosten eines Onshore-Windparks in Deutschland für eine Windkraftanlage der 3-MW-Klasse

Pos.	Kostenart	Gesamtkosten netto [EUR]	Kosten pro MW netto [EUR]	Priorität
20	Gutachten für Winderträge	400	133	A
21	Gutachten für Standsicherheit	400	133	A
22	Gutachten für Baugrund	400	133	A
23	Gutachten für Vögel (ornithologisch)	400	133	A
24	Gutachten für Fledermaus	400	133	A
25	Gutachten für Flora und Fauna	400	133	C
26	Transport- und Streckenstudie	400	133	B
27	Gutachten für Netzanschluss	400	133	A
28	Kosten für Raumordnungspläne	1000	333	B
29	Projektmarketingkosten	200	67	C
30	Projektfinanzierungskosten	1600	533	A
31	Bauzeichnungskosten	800	267	A
32	BImSchG-Gebühren	3200	1067	A
33	Vermessungskosten	400	133	A
34	Erstellungskosten Landschaftspflegerischer Begleitplan	600	200	A
35	Kosten für Ausgleichsmaßnahmen	500	167	A
36	Rücklagen Risikokosten (Klagen/Proteste/Beratung)	8000	2667	C
Bau- und Ausführungsphase				
37	Windkraftanlagenpreis	2000	667	A
38	Windkraftanlagenzubehörpreis	200	67	B
39	Flachfundamentenpreis	600	200	A
40	Tiefgründungspreis	600	200	B
41	Straßenbau und Kranstellflächen	600	200	A
42	Kabelbaukosten	1000	333	A
43	Kabelpreis	400	133	A
44	Netzanschlusskosten	800	267	A
45	Umspannwerkkosten (Übergabestation)	400	133	A
46	Kosten für den Sicherheits- und Gesundheitskoordinator	400	133	A
47	Telekommunikationskosten (SDL)	400	133	A
48	Bauüberwachungs-/Koordinationskosten	400	133	B
49	Versicherungskosten	400	133	A
50	Sicherheitsdienste	400	133	B
51	Wasserhaltungskosten	400	133	B

(Fortsetzung)

7 Die Ausgabenstruktur eines Windparks während der Projektentwicklung

Tab. 7.1 (Fortsetzung)

Direkte Kosten eines Onshore-Windparks in Deutschland für eine Windkraftanlage der 3-MW-Klasse

Pos.	Kostenart	Gesamtkosten netto [EUR]	Kosten pro MW netto [EUR]	Priorität
52	Spezialtiefbau	400	133	C
53	Rücklagen Risikokosten (Klagen/Proteste/Beratung)	8000	2667	C
Inbetriebnahmephase				
54	Versicherungen	400	133	A
55	kaufmännische Betriebsführung	800	267	A
56	technische Betriebsführung	800	267	A
57	Anlagenzertifikat/Konformitätserklärung	800	267	A
58	Pachtzahlungen	400	133	A
59	Bauabnahme	800	267	A
60	Nachvermessungskosten	400	133	B
Projektabschlussphase				
61	Projektdokumentation abschließen	800	267	A
62	Lesson Learned/Erkenntnisunterricht	2000	667	A
63	Projektabschlussfeier	2000	667	C
64	Team auflösen	500	167	B
Anmerkungen:				
Summe	Gesamtkosten intern		MW-Kosten intern	
A	37.800		12.600	
B	5700		1900	
C	25.000		8333	
Gesamt	68.500		22.833	

Legende: A = Ausgaben, die in einem Projekt in der Regel immer anfallen, B = Ausgaben, die in einem Projekt anfallen können, aber nicht müssen, C = Ausgaben, die in einem Projekt nur auf Wunsch des Projektmanagements anfallen oder technisch notwendig sind

Im Gegensatz dazu gibt es die direkten Kosten, die im drauffolgenden Abschnitt im Einzelnen beschrieben und dargestellt werden.

Die Unterteilung des Windparkprojektes in die einzelnen Phasen soll dabei zum groben Überblick eine chronologische Orientierung geben, damit auch der zeitliche Ablauf der Kostenverteilung besser zu verstehen ist.

Rückstellungen und Rücklagen sind zu unterscheiden (das gilt in gleicher Weise für Tab. 7.2.). Rückstellungen sind immer zweckgebunden, häufig sogar gesetzlich vorgeschrieben, so z. B. für den Rückbau der Anlagen an deren Lebensende. Rücklagen sind nicht zweckgebunden und immer eine freiwillige Maßnahme des umsichtigen Kaufmanns. Das hat Auswirkungen auf die Flexibilität in der Liquidität (Wann kann bzw. muss welches Geld verwendet werden?). Und es hat Auswirkungen darauf, wo das Budget kalkulatorisch „geparkt" wird. Rückstellungen sind immer projektspezifisch. Rücklagen können auch projektspezifisch erfolgen, können aber ebenso gut auf Ebene der Organisation gepoolt werden. Ähnlich wie im System der Krankenkasse (alle müssen einen geringen Beitrag einzahlen, damit einige es sich leisten können, kostenintensiv krank zu sein) können Rücklagen konsolidiert für das gesamte Projektportfolio gebildet werden, in der Hoffnung, dass das Budget für Proteste, Klagen etc. nicht in jedem Projekt in gleichem Umfang nötig wird.

Zwischenfazit
Aus der Tab. 7.1 geht hervor, dass die Personalausgaben für eine einzige Anlage der 3-MW-Klasse zwischen **17.000 EUR und 22.000 EUR pro MW** betragen können.

Interessanterweise machen die zusätzlichen Kosten für das professionelle **Projektmanagement** während der Projektvorbereitung und dem Projektabschluss mit ca. **15.000 EUR etwa 22 % der Gemeinkosten und nur 0,3 % der Gesamtkosten pro 3-MW** (direkte plus indirekte Kosten) aus. Das spricht dafür, dass eine professionelle Projektdurchführung nicht als Kostentreiber zu sehen, sondern eine sinnvolle Investition u. a. in die Qualitätssicherung des Projektes ist.

Beispiel: Die Kostendiskussion sollte immer über Qualitätssicherung, Risikoprävention, Nachhaltigkeit (inkl. der Motivation der Akteure) und über das Kosten-Nutzen-Verhältnis geführt werden. Niemand käme auf die Idee, ein Rotorblatt wegzulassen, obwohl dieses recht teuer ist. Die deutlich geringeren Kosten für das Projektmarketing oder die Abschlussfeier werden aber schnell mal aus der Kalkulation gestrichen. Das Projekt wird kalkulatorisch günstiger und die WEA dreht sich trotzdem. Mit solchen Maßnahmen begeht man gleich mehrere Fehler in einem Zug:

a) Es gibt keine unwichtigen Maßnahmen. Das Projektmarketing ist Teil des Stakeholdermanagements und der Kommunikationsstrategie, damit projektsichernd.
b) Die Projektabschlussfeier ist eine Investition in die Motivation des Teams und hat damit sogar – positive oder negative – Auswirkungen auf Folgeprojekte.
c) Kostensenkungsmaßnahmen sollten immer bei den kostenintensivsten Positionen ansetzen. Das sind die genannten sicher nicht.
d) Nach einem mehrjährigen Projekt wird dann doch meist irgendeine Art von Projektabschluss gefeiert. Wenn man das weiß, die Kostenposition aber trotzdem aus dem Budget streicht, ist das nichts weiter als systematischer Selbstbetrug.

Die Planungs- und Projektentwicklungsphase ist sehr zeit- und arbeitsintensiv. Daher fallen hier auch die meisten Gemeinkosten kann. Jedoch gibt es einzelne Positionen, wie z. B. die Gutachten, bei denen relativ wenige Gemeinkosten anfallen.

Auch bei der Inbetriebnahme fallen auffällig wenige Ausgaben an und die Frage muss erlaubt sein: Woran liegt es?

Hierfür gibt es im Wesentlichen drei Gründe:

1. Die Annahme ist, dass die Projektbeteiligten ein gut ausgebildetes und eingespieltes Team und in der Projektdurchführung und im Projektmanagement erfahren sind. Die Arbeitsschritte sind aufeinander gut abgestimmt und es gibt keine Irritationen durch Unerfahrenheit. (Das heißt, niedrige Kosten entstehen aus Routine und hoher Wiederholhäufigkeit. Ein standardisierter Projektprozess und ein Standardkostenplan – jeweils als Trägerstruktur für Erfahrungen und Optimierungen – sind Grundvoraussetzungen für niedrige Kosten.)
2. Zahlreiche Arbeitsschritte werden in der Regel durch externe Firmen durchgeführt und fallen somit nicht innerhalb der Projektorganisation an. Die ausgelagerten Aufgaben werden dann vom Projektteam betreut, nicht aber selbst durchgeführt (z. B. alle externen Gutachten).
3. Wiederholungsschritte durch Fehler oder veränderte Rahmenbedingungen sind nicht berücksichtigt. So können beispielsweise Fehlmessungen oder Gesetzesänderungen durchaus auch in einem erfahrenen Team zu höheren Kosten führen. Diese Mehrkosten muss man in der Risikobetrachtung als zusätzliches Risikobudget (siehe auch „Risikokosten" in Tab. 7.1) hinterlegen.

Insgesamt führt professionelles Projektmanagement zu Mehr-/Gemeinkosten im Projekt. Wirtschaftliche Effekte entstehen durch eine deutliche Senkung der Einzelkosten in Form eines optimalen Ressourceneinsatzes und einer auf das Minimum beschränkten Projektlaufzeit.

7.2.2 Direkte Kosten

Als direkte Kosten oder auch als Projekteinzelkosten beschrieben (engl. u. a. Project Development Costs) fallen alle Ausgaben an, die unmittelbar mit dem Projekt selbst zusammenhängen und dazu beitragen, eine für die Finanzierung bankfähige Genehmigung zu erreichen. Dazu zählen in der Regel alle Ausgaben an Dritte, aber keine Ausgaben für internes Personal und andere damit verbundenen interne Ressourcen. Diese wurden bereits in der Tab. 7.1 dargestellt. (Primär wichtig ist die realitätsnahe Erfassung und Planung aller Kosten. Enorm hilfreich ist ergänzend die richtige Kategorisierung und Zuordnung der Kosten. In der Praxis werden direkte Kosten teils den indirekten zugeordnet oder umgekehrt, teilweise werden variable und Fixkosten verwechselt etc. Diese falsche Kategorisierung führt nicht sofort zu höheren Kosten, aber oft zu falschen Maßnahmen beim Versuch der systematischen Kostensenkung.)

Tab. 7.2 gibt diese Projekteinzelkosten für alle typischen Kostenpositionen wieder. Dabei werden

- einmalige Ausgaben pro Position angenommen,
- die Gesamtkosten pro Megawatt (MW) dargestellt und
- eine Einschätzung zur Priorität der jeweiligen Ausgaben genannt.

Tab. 7.2 Exemplarische Projekteinzelkosten einer Windparkplanung

Direkte Kosten eines Onshore-Windparks in Deutschland für eine Windkraftanlage der 3-MW-Klasse

Pos.	Kostenart	Gesamtkosten netto [EUR]	Kosten pro MW netto [EUR]	Priorität A
Projektvorbereitungsphase				
1	Organigramm	0	0	A
2	Checklisten erstellen	0	0	A
3	Kick-off Meeting	100	33	A
4	Teambildung	0	0	A
5	Projektstudienarbeit	0	0	A
6	Risikoanalyse	0	0	A
7	Stakeholderanalyse	0	0	A
8	Finanz- und Budgetplan	0	0	A
9	Arbeitspakete definieren	0	0	A
Planungs- und Projektentwicklungsphase				
10	Gesellschaftsgründungskosten	1000	333	A
11	Notarkosten	2000	667	A
12	Projekteinkauf	150.000	50.000	C
13	Flächensicherungskosten	0	0	B
14	Pachtzahlungen	5000	1667	A
15	Machbarkeitsstudie	10.000	3333	B
16	Rechtsberatung	10.000	3333	A
17	Windmessung	100.000	33.333	B
18	Gutachten für Schall	2500	833	A
19	Gutachten für Schatten	2500	833	A
20	Gutachten für Winderträge	7000	2333	A
21	Gutachten für Standsicherheit	3000	1000	A
22	Gutachten für Baugrund	6000	2000	A
23	Gutachten für Vögel (ornithologisch)	40.000	13.333	A
24	Gutachten für Fledermaus	10.000	3333	A
25	Gutachten für Flora und Fauna	10.000	3333	C
26	Transport- und Streckenstudie	5000	1667	B
27	Gutachten für Netzanschluss	20.000	6667	A
28	Kosten für Raumordnungspläne	25.000	8333	B
29	Projektmarketingkosten	2500	833	C
30	Projektfinanzierungskosten	50.000	16.667	A
31	Bauzeichnungskosten	15.000	5000	A
32	BImSchG-Gebühren	20.000	6667	A
33	Vermessungskosten	3000	1000	A

(Fortsetzung)

Tab. 7.2 (Fortsetzung)

Direkte Kosten eines Onshore-Windparks in Deutschland für eine Windkraftanlage der 3-MW-Klasse

Pos.	Kostenart	Gesamtkosten netto [EUR]	Kosten pro MW netto [EUR]	Priorität A
34	Erstellungskosten Landschaftspflegerischer Begleitplan	30.000	10.000	A
35	Kosten für Ausgleichsmaßnahmen	60.000	20.000	A
36	Rücklagen Risikokosten (Klagen/Proteste/Beratung)	30.000	10.000	C
Bau- und Ausführungsphase				
37	Windkraftanlagenpreis	3.000.000	1.000.000	A
38	Windkraftanlagenzubehörpreis	25.000	8333	B
39	Flachfundamentenpreis	150.000	50.000	A
40	Tiefgründungspreis	230.000	76.667	B
41	Straßenbau und Kranstellflächen	200.000	66.667	A
42	Kabelbaukosten	300.000	100.000	A
43	Kabelpreis	150.000	50.000	A
44	Netzanschlusskosten	100.000	33.333	A
45	Umspannwerkkosten (Übergabestation)	80.000	26.667	A
46	Kosten für den Sicherheits- und Gesundheitskoordinator	2500	833	A
47	Telekommunikationskosten (SDL)	30.000	10.000	A
48	Bauüberwachung-/Koordinationskosten	20.000	6667	B
49	Versicherungskosten	5000	1667	A
50	Sicherheitsdienste	4000	1333	B
51	Wasserhaltungskosten	5000	1667	B
52	Spezialtiefbau	10.000	3333	C
53	Rücklagen Risikokosten (Klagen/Proteste/Beratung)	30.000	10.000	C
Inbetriebnahmephase				
54	Versicherungen	60.000	20.000	A
55	kaufmännische Betriebsführung	20.000	6667	A
56	technische Betriebsführung	20.000	6667	A
57	Anlagenzertifikat/Konformitätserklärung	10.000	3333	A
58	Pachtzahlungen	30.000	10.000	A
59	Bauabnahme	3000	1000	A
60	Nachvermessungskosten	5000	1667	B

(Fortsetzung)

Tab. 7.2 (Fortsetzung)

Direkte Kosten eines Onshore-Windparks in Deutschland für eine Windkraftanlage der 3-MW-Klasse

Pos.	Kostenart	Gesamtkosten netto [EUR]	Kosten pro MW netto [EUR]	Priorität A
Projektabschlussphase				
61	Projektdokumentation abschließen	0	0	A
62	Lesson learned/Erkenntnisunterricht	0	0	A
63	Projektabschlussfeier	1000	333	C
64	Team auflösen	0	0	B
Anmerkungen:				
Summe	Gesamtkosten extern	MW-Kosten extern		
A	4.477.600	1.492.533,33		
B	429.000	143.000,00		
C	233.500	77.833,33		
Gesamt	5.140.100	1.713.366,67		

Legende: A = *Ausgaben, die in einem Projekt in der Regel immer anfallen,* B = *Ausgaben, die in einem Projekt anfallen können, aber nicht müssen,* C = *Ausgaben, die in einem Projekt nur auf Wunsch des Projektmanagements anfallen oder technisch notwendig sind*

Allerdings ist besonders darauf zu achten, dass zahlreiche Ausgaben wie z. B. Gutachten und die Windmessung unabhängig von der geplanten Projektgröße anfallen. Das bedeutet, diese Ausgaben fallen in der gleichen Größenordnung auch bei größeren Projekten an und sind dann gemessen pro MW (deutlich) günstiger!

Die Unterteilung des Windparkprojektes in die einzelnen Phasen soll für einen groben Überblick eine chronologische Orientierung geben, damit auch der zeitliche Ablauf der Kostenverteilung besser zu verstehen ist.

Zwischenfazit

Aus Tab. 7.2 geht hervor, dass die Projekteinzelkosten für eine einzige Anlage der 3-MW-Klasse zwischen **1.420.000 EUR und 1.713.000 EUR pro MW** betragen können.

Interessanterweise machen die zusätzlichen Kosten für das professionelle **Projektmanagement** während der Projektvorbereitung und dem Projektabschluss **mit ca. 1000 EUR gerade einmal etwa 0,02 % der Projekteinzelkosten und in der gleichen Größenordnung 0,02 % der Gesamtkosten pro 3-MW** aus. Das spricht dafür, dass eine professionelle Projektdurchführung nicht als Kostentreiber zu sehen ist, sondern als eine sinnvolle Investition in die Qualitätssicherung des Projektes.

Die Planungs- und Projektentwicklungsphase ist geprägt von der Zuarbeit zahlreicher Dritter. Damit verbunden fallen hier auch die meisten direkten Kosten an. Demnach gibt es einzelne Positionen, wie z. B. die Gutachten, bei denen relativ hohe Projekteinzelkosten anfallen.

Bei der Inbetriebnahme fallen die höchsten Ausgaben an und die Frage muss erlaubt sein: Wieso steigen die Kosten gerade zum Ende eines Projektes so stark an?
Hierfür gibt es im Wesentlichen folgende Gründe:

1. Für den Bau eines Windparks werden zahlreiche Firmen beauftragt (eingekauft), die für die Umsetzung (mit)verantwortlich sind. Diese externen Bauleistungen und das Baumaterial dafür erhöhen massiv die Projektausgaben.
2. Die mit Abstand teuerste Baukomponente ist die Windkraftanlage selbst und damit das eigentliche Kraftwerk mit der gesamten technischen Infrastruktur. Erhebliche Preisschwankungen der Anlagentechnik haben daher besonders große Auswirkungen auf die Gesamtprojektausgaben.
3. Bedingt durch die ersten beiden Punkte ist die Projektentwicklung bemüht, die hohen Projektausgaben soweit wie möglich zeitlich zu verzögern, bis zu dem Zeitpunkt, an dem das Projekt umsetzungsreif ist, d. h. technisch, kaufmännisch und juristisch in die Umsetzung gehen kann. Damit wird das Risiko einer frühzeitigen Fehlinvestition auf der Fläche und somit beim Bau der einzelnen Infrastruktur minimiert.
4. Hinzukommt ein Aspekt, der kein Branchenspezifikum der Windenergie darstellt, sondern nahezu in jedem Projekt gilt: Am Ende werden die Rechnungen bezahlt. In der logischen Kette „1) Bedarf erkennen, 2) Leistung beauftragen, 3) Leistung erbringen, 4) Leistungsabnahme, 5) Rechnungslegung und Bezahlung der Leistung" erfolgt der Mittelabfluss häufig erst ganz am Ende (mit Ausnahme der Teil- oder Vorauszahlungen). Der daraus entstehende Eindruck, dass das Projekt am Ende teuer wird, ist insofern trügerisch, weil die Kosten schon sehr früh in der Planungsphase durch konkrete Planungsentscheidungen bestimmt werden.

7.3 Fazit

Die meisten der hier genannten Ausgaben finden im Rahmen der Projektentwicklung immer statt (Priorität A). Es gibt jedoch einzelne Positionen, die unter Umständen ganz wegfallen können (Priorität B und C).

Dazu kommt eine Frage, die jedes Unternehmen für sich selbst beantworten muss. Sollen bestimmte Ausgaben intern oder extern durch Dritte bearbeitet werden? Je nachdem, welche Antwort ein Unternehmen auf diese Frage hat, sinken oder steigen die direkten und indirekten Kosten im Projekt und haben damit zwangsläufig auch Auswirkungen auf die Wirtschaftlichkeit des Gesamtprojektes und auf dessen wirtschaftlichen Erfolg.

Es zeigt sich auch, dass die Projektentwicklung in erhebliche finanzielle Vorleistungen gehen muss und damit das Gesamtrisiko für eine sehr lange Projektlaufzeit trägt. Daher ist es besonders sinnvoll, die möglichen Projektrisiken zu bewerten, Gegenmaßnahmen zu definieren und vor allem deren Kosten bei der Planung zu berücksichtigen.

Gleichzeitig kann man bei der Aufschlüsselung der Kostenstruktur auch Einsparpotenziale entdecken und realisieren.

Die höchsten Projektausgaben erfolgen später während der Umsetzungsphase und sind normalerweise durch eine Bankenfinanzierung bereits geprüft und finanziert. Damit trägt die Projektentwicklung nicht mehr das alleinige finanzielle Risiko. Zudem sind besonders in dieser Phase des Projektes die Kosten für die Infrastruktur stark von den örtlichen und globalen Preisen und deren Schwankungen abhängig, auf die die Projektentwicklung nicht so ohne weiteres Einfluss nehmen kann.

Daher ist der Einsatz von professionellem Projektmanagement besonders hilfreich, um die Projektsteuerung so effizient wie möglich zu gestalten. Diese Qualitätssicherung erhöht zwar grundsätzlich die Kosten im Projekt, jedoch in einem insgesamt sehr geringen Rahmen. Zusammen mit einem erfahrenen Projektteam lassen sich die Projektausgaben für ein Projekt relativ genau vorhersagen, realisieren und nachhalten.

Die zusätzlichen Kosten für das professionelle **Projektmanagement** während der Projektvorbereitung und des Projektabschlusses **mit insgesamt ca. 16.000 EUR pro 3-MW** (direkte plus indirekte Kosten) **machen etwa 0,03 % der Gesamtkosten** (direkte plus indirekte Kosten) aus. Diese Investition in eine **ausführliche Vor- und Nachbereitung eines Windparks** ist somit als sehr günstig zu bewerten, wenn man davon ausgeht, dass die damit gewonnenen Erkenntnisse und Erfahrungen nicht nur zum Minimieren der Planungsrisiken im Projekt, sondern als Erfahrungsgewinn der ganzen Firma zugutekommen wird.

Insgesamt machen die indirekten Kosten mit insgesamt ca. 68.500 EUR pro 3-MW etwa 1,3 % der Gesamtkosten in diesem Projektbeispiel aus.

Mit Zunahme der Projektgröße nehmen zwar auch insgesamt die Kosten zu, aber die Kostenvorteile durch Skaleneffekte nehmen ebenfalls zu. Daher sollte man immer das Ziel verfolgen, das maximal größtmögliche Projekt zu realisieren.

Eine kluge und vorausschauende Kostenplanung durch das Projektmanagement eines Windparkprojektes kann jedoch auch dies ausreichend bewerten und lässt so manch eine böse Überraschung zukünftig vermeiden.

Danksagung
Die Zusammenstellung und Abstimmung dieser Zahlen ist in einer gemeinschaftlichen Arbeitsgruppe der GPM Deutsche Gesellschaft für Projektmanagement e.V. in der Fachgruppe „Projektmanagement Windenergie" in Zusammenarbeit mit dem Autor ausgearbeitet worden. Es sind Erfahrungen aus verschiedenen Onshore-Projekten in unterschiedlichen Regionen und unterschiedlichen Unternehmen eingeflossen.

Stellvertretend für viele Inputgeber gilt ein besonderer Dank den Arbeitsgruppenmitgliedern: Karina Ingwersen – ee-Nord GmbH & Co. KG
Kira Albertsen – wpd onshore GmbH & Co. KG
Nils Kühlmann – ee-Nord GmbH & Co. KG

7 Die Ausgabenstruktur eines Windparks während der Projektentwicklung

Daniel Meier studierte Wirtschaftsgeografie mit den Schwerpunkten Wirtschaftsförderung, Volkswirtschaftslehre und internationale Zusammenarbeit an der RWTH Aachen und arbeitet seit 2007 in der Windbranche. In seiner Funktion als langjähriger Projektleiter verfügt er über ein sehr ausgeprägtes und interkulturell fundiertes Fachwissen in der Planung und Durchführung von Organisationsprojekten und ausländischen komplexen Infrastrukturprojekten, sowie bei der Entwicklung von neuen Geschäftsideen. Als zertifizierter Projektmanager nach IPMA Level B nutzt er sein Fachwissen zur Qualitätssicherung der Projekte und deren wirtschaftlicher und technischer Optimierung. Mit der Durchführung von Fachveranstaltungen durch seine ehrenamtliche Mitarbeit als Fachgruppenleiter bei der „Deutschen Gesellschaft für Projektmanagement e.V." engagiert er sich für die Weiterentwicklung des Projektmanagements innerhalb der Windbranche.

Zertifizierung, Messung und Inspektion

8

Jochen Möller

Zusammenfassung

Die Zertifizierung und Prüfung der Windenergieanlagen ist ein wichtiger Bestandteil der BImSch-Genehmigung/Baugenehmigung. Seit 2011 wird auch eine Zertifizierung benötigt, um den Netzanschluss zu bekommen. Dieses Kapitel stellt ihnen die wichtigsten Zertifizierungen und Prüfungen vom Prototyp bis zum Laufzeitende eines Windparks vor. Außerdem wurde ein Unterkapitel über die zukünftigen Anforderungen bei der Netzintegration von Windparks integriert.

Es werden im Wesentlichen Informationen für Windparkentwickler gegeben, aber auch für Hersteller von Windenergieanlagen sind Informationen enthalten. Die dargestellten Ablaufpläne stellen den optimalen Ablauf der Prozesse dar. Insbesondere kommt es in der Praxis hier zu Abweichungen, wenn die Prozesse bei den beteiligten Firmen zum ersten Mal durchlaufen werden. Dieses Kapitel hilft Ihnen dabei, einen Überblick zu gewinnen, die Prozesse zu verstehen und den vielfach erprobten und optimierten Prozessablauf kennenzulernen.

8.1 Hintergrund

In unserer fortschrittlichen Gesellschaft gewinnen Nachhaltigkeit und Sicherheit immer mehr an Bedeutung. Ob es um die Herkunft unserer Lebensmittel, um die Inhaltsstoffe unserer Hygieneartikel oder die Umweltfreundlichkeit unserer Lebensweise geht, unser Bewusstsein wächst. Wir möchten unsere Risiken kennen und gehen davon aus, dass zum

J. Möller (✉)
Moeller Operating Engineering GmbH, Itzehoe, Deutschland
E-Mail: jochen.moeller@moe-service.com

Beispiel Hersteller und die Regierung Verantwortung übernehmen. Um dies zu gewährleisten, sind unabhängige Stellen notwendig, die Produkte und Dienstleistungen auf die von uns erwartete Qualität prüfen. Im Bau und Betrieb von Windenergieanlagen gibt es im Wesentlichen drei Aspekte, die unser Leben mehr oder weniger beeinflussen können und daher einer strengen Überwachung unterliegen müssen:

1. Personensicherheit
2. Umweltschutz
3. Versorgungssicherheit

Wenn eine Windenergieanlage errichtet wird, ist sicherzustellen, dass diese die erforderliche Standsicherheit aufweist, damit bei den dauerhaften Belastungen im Betrieb oder auch bei außergewöhnlichen Belastungen, wie z. B. bei einem Sturm, keine Personen durch die Anlage gefährdet werden. Ohne einen Nachweis der Standsicherheit ist also keine Baugenehmigung möglich.

Auch bei der Energiegewinnung aus erneuerbaren Energien sind Aspekte des Umweltschutzes zu beachten. Bei Windenergieanlagen spielen vor allem die Emissionen von Geräuschen oder auch Schattenwurf eine zentrale Rolle. Die Emissionen sind so gering zu halten, dass Menschen und Tiere in der Umgebung nicht zu stark beeinträchtigt werden. Die Grenzwerte werden in Deutschland im Bundes-Immissionsschutzgesetz (BImSchG) festgehalten. Zur Errichtung einer Anlage an einem bestimmten Standort ist daher eine BImSchG-Genehmigung erforderlich. Können die Belastungsgrenzwerte nicht eingehalten werden, scheidet der Standort aus.

Damit die zuverlässige und nachhaltige Stromversorgung der Haushalte gewährleistet werden kann, ohne auf einen großen Anteil von konventionellen Kraftwerken angewiesen zu sein, müssen Windenergieanlagen und auch alle anderen Arten der dezentralen Energieerzeugung gewisse elektrische Eigenschaften aufweisen. Sie müssen das Versorgungsnetz stützen und dürfen es z. B. im Falle eines Fehlers nicht zusätzlich belasten.

8.2 Zertifizierung

Als Zertifizierung bezeichnet man ein Verfahren, mit dessen Hilfe die Einhaltung bestimmter Anforderungen nachgewiesen wird.

Der Begriff „Zertifikat" ist kein geschützter Begriff und wird häufig für einfache Teilnahmebestätigungen verwendet. Deshalb wird in Richtlinien, Verordnungen und Gesetzen explizit auf ein Zertifikat verwiesen, welches von einer z. B. nach Deutsches Institut für Normung (DIN) EN ISO/IEC 17065 (IEC 2012) akkreditierten Zertifizierungsstelle ausgestellt worden ist.

Mit Akkreditierung oder akkreditierte Stellen ist im Folgenden gemäß ISO/IEC (17011, 2017a):2018-03 gemeint, dass eine dritte Stelle eine Bestätigung vergibt, die formal darlegt, dass eine Konformitätsbewertungsstelle (z. B. ein Prüflabor, eine Zertifizierungs- oder

Inspektionsstelle) die Kompetenz besitzt, bestimmte Konformitätsbewertungsaufgaben durchzuführen. Die Dritte Stelle ist in Deutschland die Deutsche Akkreditierungsstelle (DAkkS).

Nach dem System der IEC (IEC 2012) können nur Produkte, Prozesse oder Dienstleistung zertifiziert werden. Andere Bereiche, wie z. B. Qualitätsmanagementsysteme, werden nach DIN EN ISO 9001 (ISO 2008) oder Zertifizierung der Informationssicherheit nach ISO/IEC 27001 (DIN 2014) werden von einer akkreditierten Zertifizierungsstelle nach DIN EN ISO/IEC 17021 (IEC. 2016b) zertifiziert.

Hier wird nur von Zertifikaten gesprochen, die von einer nach IEC (IEC 2012) akkreditierten Zertifizierungsstelle – wie z. B. M.O.E. GmbH oder DNV GL etc. – ausgestellt werden.

Es sei darauf hingewiesen, dass neben Produkten, Prozessen und Organisationen auch Personen eine zertifizierte Fachqualifikation erwerben können. Im Kontext des Projektmanagement sei insbesondere auf die kompetenzbasierte Projektmanagementausbildung der IPMA (International Project Management Association) verwiesen, die in Deutschland über die GPM (Deutsche Gesellschaft für Projektmanagement) vertreten ist. Zertifizierte Projektleiter oder -beteiligte werden in der Windbranche heute noch nicht gefordert. Für die Akteure selbst ist eine solide Ausbildung bzgl. der Prozesse, Methoden und Tools aber dann empfehlenswert, wenn die Projekte und damit die Terminpläne und die Kommunikationsstrukturen sehr komplex werden.

8.2.1 Typenzertifizierung/Standsicherheit

Im heutigen Windmarkt ist es für Windenergieanlagenhersteller entscheidend, dass deren Kunden eine Genehmigung nach dem Bundesimmissionsschutzgesetz (BimSchG) erhalten, mit deren Design und Standort spezifisch mindestens eine Lebenszeit von 20 Jahren erreicht wird. Mit zunehmendem Kostendruck kann es für die Betreiber interessant sein, auch Windenergieanlagen zu kaufen, die für eine Lebenszeit von 25 oder 30 Jahren ausgelegt sind. Das Design muss zudem den jeweiligen nationalen und lokalen Spezifikationen entsprechen.

Die ersten Typenprüfungen für Windenergieanlagen wurden bereits in den 80er-Jahren des letzten Jahrhunderts erstellt. Seitdem wurden die Verfahren permanent weiterentwickelt. Weltweit wurden nach dieser Methode bereits über 540.000 MW an installierte Windleistung aufgestellt; Stand 31.12.2017 (Global Wind Energy Council (GWEC) (Council 2017)).

Die letztendliche Verifizierung des Windenergieanlagendesigns bzw. einzelner Komponenten, wie z. B. Turm, Gondel, Maschinenträger, werden üblicherweise von unabhängigen akkreditierten Zertifizierungsstellen nach ISO/IEC EN 17065 vorgenommen. Hierbei wird ein Nachweis für Leistung und Sicherheit in Übereinstimmung mit internationalen Standards und Systemen in der Form einer Typenzertifizierung erstellt (vgl. Abb. 8.1).

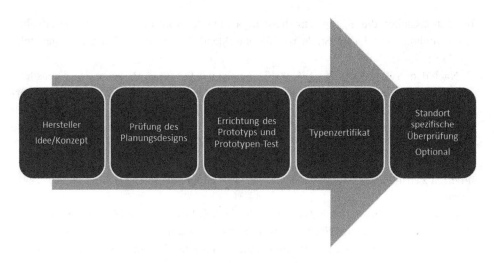

Abb. 8.1 Allgemeiner zeitlicher Ablauf des Typenzertifizierungsprozesses

Internationaler Standard für die Konformitätsbewertung von Windenergieanlagen und Zertifizierung ist die IEC 61400-22 (IEC, IEC 61400-22, 2010). Seit 2017 wird die IEC 61400-22 von dem neuen System innerhalb der IECRE ersetzt durch die Unterlagen OD 501 (IEC, IECRE OD-501, 2018a), OD 501-1 (IEC, IECRE OD-501-1, 2017b) bis OD 501-7 (IEC, IECRE OD-501-7, 2019) sowie OD 502. (Diese Typenzertifizierung ist nicht zu verwechseln mit der Einheitenzertifizierung gemäß Abschn. 8.3.4.). Diese Zertifizierung ist in einigen Ländern gesetzlich vorgeschrieben – in Deutschland reicht in der Regel die oben genannte Typenprüfung.

Hierbei fließen in die Typenzertifizierung
a. die Überprüfung des Designs,
b. die Überprüfung des Qualitätsmanagementsystems,
c. die IPE (Implementation of Design Requirements in Production and Erection) / Umsetzung der konstruktiven Anforderungen in der Fertigung und Montage und
d. der Prototypentest

ein.

Zu a): Hier werden in der Regel die Lasten, Rotorblätter, Turm/Fundament, wichtige Komponenten und das elektrische System überprüft.

Zu b): Hier ist es in der Regel ausreichend, wenn der Hersteller eine gültige Zertifizierung für seine Produktion vorlegt (ISO 2008). Darüber wird nachgewiesen, dass er in der Lage ist, seine Windenergieanlage in gleichbleibender Qualität zu produzieren.

Zu c): Hier fallen Bauteilprüfung, Beurteilung der Dokumentation (Zeichnungen, Spezifikation, etc.) und Überprüfung der Produktion und Errichtung an.

Zu d): Der Prototypentest umfasst die Lastmessung, die Prüfung der Sicherheitseinrichtungen, eine Leistungskurvenmessung, die Vermessungen der akustischen und der elektrischen Eigenschaften sowie einen Getriebetest und einen Stresstest.

Der Begriff Prototyp ist in diesem Zusammenhang nicht definiert. Eine genauere Definition kennen wir aus den Netzanschlussregeln. Ein Prototyp, im Sinne der Netzanschlussregeln, ist die erste Windenergieanlage eines Typs, der wesentliche technische Weiterentwicklungen oder Neuerungen aufweist. Bei den Netzanschlussregeln in Deutschland werden auch noch alle weiteren Windenergieanlagen dieses Typs, die innerhalb von zwei Jahren nach der Inbetriebsetzung der ersten Windenergieanlage dieses Typs in Betrieb gesetzt werden, als Prototyp bezeichnet. Es besteht kein Zusammenhang zum Begriff „Pilotwindenergieanlage" aus dem EEG.

8.2.2 Projektzertifizierung

Bei der Projektzertifizierung – gemäß IEC 61400-22 (IEC, IEC 61400-22, 2010) und zunehmend nach dem neuen Schema der IECRE OD-502 (IEC, IECRE OD-502, 2018b) wird überprüft, ob die zu zertifizierende Windenergieanlage für die Windbedingungen, klimatischen Bedingungen und Bodeneigenschaften am Standort geeignet ist. Bei einer Projektzertifizierung sollen die geltenden örtlichen Vorschriften und andere für den Standort relevante Anforderungen mit einbezogen werden.

Die Projektzertifizierung, nicht zu verwechseln mit dem später erwähnten Anlagenzertifikat (Abschn. 8.3.5), muss für einen bestimmten Standort bestätigen, dass typenzertifizierte Windenergieanlagen für die standortspezifischen Bedingungen geeignet sind.

Fundamentkonstruktionen müssen zum Beispiel häufig an die Bodenbeschaffenheit angepasst werden. Die Windenergieanlage muss weiterhin für die Windbedingungen und die klimatischen Bedingungen vor Ort geeignet sein. Eine Offshore-Windenergieanlage muss ganz anders ausgelegt sein als eine Windenergieanlage in der Wüste. Windenergieanlagen werden inzwischen auch an Standorten mit sehr hohen Spitzenwindgeschwindigkeiten aufgebaut, wie z. B. in Taifungebieten oder Gebieten mit sich plötzlich ändernden Windrichtungen wie z. B. bei einer Bora (Fallwind).

Die Projektzertifizierung kann auf Installation, Inbetriebnahme und Wartung sinnvoll erweitert werden, wenn es spezifische Anforderungen gibt.

Inbetriebnahme ist definiert als erstmaliges Unter-Spannung-Setzen des Netzanschlusspunktes (Übergabestation), in der Regel durch den Netzbetreiber (FNN 2018c).

Netzanschlusspunkt ist der Punkt, an dem der Windpark an das Netz der allgemeinen Versorgung angeschlossen ist. Die erstmalige Inbetriebsetzung der Anlage ist definiert im EEG als Herstellung der technischen Betriebsbereitschaft der Anlage (Gesetzgeber 2016).

Inbetriebsetzung ist somit die erstmalige Unter-Spannung-Setzung der Windenergieanlage im Windpark.

Der Netzanschlusspunkt hat vor allem Bedeutung im Zusammenhang mit der Netzplanung. Eine Unterscheidung zwischen Netzanschlusspunkt und Netzverknüpfungspunkt ist nicht in allen Fällen erforderlich. In der Regel ist es der Punkt, an dem die Übergabestation steht.

Der Netzverknüpfungspunkt beschreibt die Eigentumsgrenze zwischen Netzbetreiber und Anschlussnehmer. Der Netzverknüpfungspunkt ist die Stelle im Netz, an der weitere Erzeugungs- oder Verbrauchsanlagen angeschlossen werden können, die dem Windpark nächstgelegen ist. Der Punkt ist unter anderem relevant für die Bewertung der Netzrückwirkungen.

Netzbetreiber ist der Betreiber des Netzes der allgemeinen Versorgung mit elektrischer Energie.

Der oben benutzte Begriff der Übergabestation beschreibt den Teil eines elektrischen Netzes, der der Verbindung einer Kundenanlage mit dem Netz eines Netzbetreibers dient (FNN 2018b). Hier sind in der Regel der Parkregler und die Stromzähler verbaut.

8.2.3 Nachweisprozess bei den elektrischen Eigenschaften

In fast allen Ländern der Welt muss vor der Netzanschlusszusage ein Nachweis über die elektrischen Eigenschaften des Windparks und die Konformität mit den jeweiligen geltenden Netzanschlussanforderungen vorgelegt werden. Hierfür liefert der Hersteller Information über das Verhalten der Windenergieanlage und ein Elektroplaner liefert die Informationen über die elektrische Infrastruktur. Aus diesen Basisdaten kann dann ermittelt werden, wie das Verhalten des Windparks am Netzanschlusspunkt/Netzverknüpfungspunkt sein wird. Je nach Anforderungen fordern einige Netzbetreiber noch eine Grid Impact Study, wie sich der netzparallele Betrieb des Windparks im vorgelagerten Netz auswirkt, z. B. ob die die Auslegung des vorgelagerten Umspannwerks für die Aufnahme der elektrischen Leistung des Windparks ausreichend ist.

In Deutschland ist vor Inbetriebnahme einer Windenergieanlage seit Einführung der Systemdienstleistungsverordnung für Windenergieanlagen im Jahre 2009 beim Anschluss an das Mittel-, Hoch- und Höchstspannungsnetz ein Anlagenzertifikat vorzulegen (Gesetzgeber 2009).

Nach der Inbetriebnahme wird die Windenergieanlage dahingehend überprüft, ob diese gemäß Anlagenzertifikat errichtet wurde. Eine erfolgreiche Prüfung wird mit der Ausstellung der sogenannten EZA-Konformitätserklärung bestätigt, welche in der Regel innerhalb von sechs Monaten beim Netzbetreiber einzureichen ist.

Ohne Anlagenzertifikat sowie die rechtzeitige Einreichung der EZA-Konformitätserklärung gab es bei Inbetriebnahmen von Windenergieanlagen ab April 2011 für diese keinen Anspruch auf die Förderung nach dem EEG (Erneuerbare-Energien-Gesetz). Einzige Ausnahme waren die Prototypen, welche in den ersten zwei Jahren nach Inbetriebnahme von der Nachweispflicht ausgenommen waren.

Mit Einführung der Elektrotechnische-Eigenschaften-Nachweis-Verordnung (NELEV) (Bundesrat 2017) ist die Sanktionierung über die EEG-Förderung weggefallen. Allerdings können Netzbetreiber den Windpark vom Netz trennen, wenn die Nachweise nicht erbracht

8 Zertifizierung, Messung und Inspektion

werden. Das Einheiten- und Anlagenzertifizierungssystem wurde im Wesentlichen mit der Einführung der NELEV beibehalten und sogar auf andere Erzeugungsanlagen und Speicher ausgedehnt.

Erzeugungsanlage (EZA) sind Anlage, in der sich eine oder mehrere Erzeugungseinheiten (EZE) z. B. Windenergieanlagen und alle zum Betrieb erforderlichen elektrischen Einrichtungen/Betriebsmittel befinden. Im Folgenden werden im Wesentlichen nur Windparks als Erzeugungsanlagen betrachtet, in seltenen Fällen in Kombination mit Speichern oder anderen Erzeugungseinheiten und/oder Verbrauchsanlagen.

Eine Erzeugungseinheit (EZE) ist eine einzelne Einheit zur Erzeugung elektrischer Energie, hier die einzelnen Windenergieanlagen.

Die Erfahrungen der Jahre 2009 bis 2017 hatten gezeigt, wie wichtig eine unabhängige Konformitätsbewertung hinsichtlich der Einhaltung der Netzanschlussanforderungen ist. Die deutschen gesetzlichen Vorgaben wurden im Jahr 2018 durch das Energiesammelgesetz ergänzt. Durch das Energiesammelgesetz wurden Anpassungen im EEG und EnWG vorgenommen. Im Wesentlichen wurden Übergangsfristen für den NCRfG, Nachtkennzeichnungspflicht, Redispath, Sondervolumen und Innovationsausschreibungen geregelt.

Abb. 8.2 zeigt den generellen Ablauf der Konformitätsbewertung in Deutschland. In anderen Ländern kann der Prozess anders aussehen und wird häufig von den Regulierungsbehörden des jeweiligen Landes vorgegeben und von den Netzbetreibern ausgeführt.

8.2.4 Einheitenzertifizierung

Das Einheitenzertifikat bildet die Grundlage für die Anlagenzertifizierung. Bei dem Einheitenzertifikat wird eine Windenergieanlage eines Typs stellvertretend für die Serie überprüft und ist daher nicht mit der oben dargestellten Typenzertifizierung zu verwechseln.

Durch das Einheitenzertifikat wird für einen oder mehrere Typen (bei Familienbildung) die grundsätzliche Konformität mit einer der folgenden Richtlinien bestätigt:

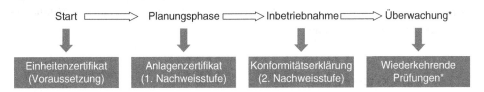

Abb. 8.2 Allgemeiner Ablauf der gesamten Konformitätsbewertung am Beispiel Deutschland (∗ Die Überwachung bzw. wiederkehrende Prüfung der Entkupplungschutzeinrichtung, Reglerfunktionsprüfung und die Aufrechterhaltung der Systemdienstleistungseigenschaften ist schon lange Pflicht in Deutschland. Mit der verpflichtenden Anwendung der VDE-AR-N 4110 (FNN, VDE-AR-4110 Kunden und Erzeugungsanlagen am Mittelspannungsnetz, 2018a) und 4120 (FNN, Technische Bedingungen für den Anschluss und Betrieb von Kundenanlagen an das Hochspannungsnetz (TAB Hochspannung), 2018b) wird diese Pflicht konkretisiert. Der Netzbetreiber kann nach den VDE-AR-N 4110 und 4120 die entsprechenden Protokolle, die alle vier Jahre durchgeführt werden sollen, beim Betreiber abfordern.)

- TransmissionCode 2007: Netz- und Systemregeln der deutschen Übertragungsnetzbetreiber (VDN 2007)
- BDEW Mittelspannungsrichtlinie 2008 (BDEW 2008)
- VDE-AR-N 4120 Version 2015: Technische Bedingungen für den Anschluss und Betrieb von
- Kundenanlagen an das Hochspannungsnetz (TAB Hochspannung) (FNN 2018b)
- Technische Anschlussbedingungen der Netzbetreiber (TAB)
- Verschiedene Europäische Grid Codes (u. a. England, Spanien, Türkei, Rumänien)
- VDE-AR-N 4105 (FNN 2018c), 4110 (FNN 2018a), 4120 (FNN 2018b) und 4100

Im Folgenden wird der Begriff Projektentwickler verstanden als der klassische Projektentwickler, welcher die Bebauung von Flächen mit Windparks plant und die Anlagen dann nach der Inbetriebsetzung an einen Investor verkauft, der damit zum Anlagenbetreiber wird.

Es ist auch möglich, mehrere Richtlinien mit einem Einheitenzertifikat abzudecken.

Ein Einheitenzertifikat kann nicht die volle Konformität mit einer Netzanschlussanforderung bestätigen, da sich die meisten Anforderungen auf den Netzverknüpfungspunkt bzw. auf den Netzanschlusspunkt beziehen. Auch kann eine Reihe von Bedingungen im Einheitenzertifikat stehen, die eine spätere Ausstellung des Anlagenzertifikates schwierig bis unmöglich machen. Hier ist es für die Projektentwickler wichtig, dies bei den Vertragsverhandlungen mit dem Hersteller entsprechend zu berücksichtigen. Es gab in der Vergangenheit sogar ein Einheitenzertifikat, in dem grundsätzliche Anforderungen an die Erzeugungseinheit als nicht erfüllt ausgewiesen waren. Dies führte jetzt bei der Erstellung der Netzanschlussregeln gemäß Abschn. 8.6 (FNN 2018a) dazu, dass in den VDE-AR-N ein Mindestumfang für die Einheitenzertifikate festgelegt wurde.

Zu dem Einheitenzertifikat gehört ein validiertes Softwaremodell der zertifizierten Windenergieanlage, das für die Prüfung im Rahmen der Anlagenzertifizierung unerlässlich ist.

Abb. 8.3 zeigt den generellen Ablauf der Einheitenzertifizierung mit den Vermessungen der elektrischen Eigenschaften am Prototyp, der Modellerstellung und der Validierung sowie der Dokumentenprüfung.

8.2.5 Anlagenzertifikat

In Deutschland wird auf Grundlage des Einheitenzertifikates der zu errichtenden Windenergieanlage, der vorgelegten detaillierten Elektroplanungen, der Netzbetreiberdaten und sonstigen Komponenten (z. B.: Parkregler, heute EZA-Regler genannt) von einer akkreditierten Zertifizierungsstelle eine unabhängige Bewertung durchgeführt.

Der EZA-Regler ist ein Regelungssystem, das die Differenz aus Soll- und Ist-Werten der Regelgrößen am Netzanschlusspunkt ermittelt, z. B. Blindleistung und Wirkleistung,

8 Zertifizierung, Messung und Inspektion

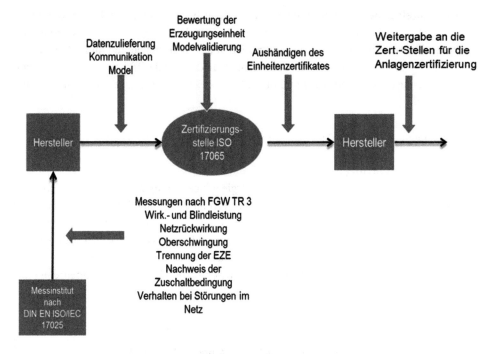

Abb. 8.3 Allgemeiner Ablauf der Einheitenzertifizierung

und daraus die notwendige Änderung der entsprechenden Stellgröße zur Weiterleitung an die Windenergieanlage oder andere Komponenten, z. B. Kompensationsanlage, berechnet. Im Folgenden wird es auch Parkregler genannt.

Bei der Bewertung zum Anlagenzertifikat wird untersucht, ob alle Anforderungen am Netzanschlusspunkt seitens der Windenergieanlage eingehalten werden können. In der Regel werden ca. 50 Prüfungspunkte abgearbeitet. Das während der Einheitenzertifizierung validierte Modell der Windenergieanlage wird beispielsweise für die Prüfung des Verhaltens der Windenergieanlage bei potenziellen Netzfehlern benötigt.

Eine erfolgreiche Prüfung wird mit der Ausstellung des Anlagenzertifikates bestätigt. Dieses Anlagenzertifikat kann jedoch nur eine Auflage enthalten, eine noch durchzuführende Vermessung der Oberschwingungsemissionen. Mit der Vorlage des Anlagenzertifikates beim zuständigen Netzbetreiber erhält der zukünftige Windparkbetreiber die notwendige vorläufige Netzanschlusszusage.

Das Anlagenzertifikat kann nach drei Arten unterschieden werden.

1. Standard-Anlagenzertifizierungsverfahren für Windparks > 950 kW vertraglich vereinbarte Netzanschlusswirkleistung
2. Vereinfachtes Anlagenzertifizierungsverfahren für Windparks ≤ 950 kW vertraglich vereinbarte Netzanschlusswirkleistung

3. Das Einzelnachweisverfahren findet Anwendung bei Erzeugungseinheiten, die nur in einer geringen Stückzahl gebaut werden (in Deutschland < 6) oder bei Erzeugungseinheiten, die so groß sind, dass sie nicht nach den üblichen Prozeduren im Einheitenzertifizierungsverfahren vermessen werden können. In der Regel trifft beides nicht auf Windenergieanlagen zu, daher wird im Folgenden das Einzelnachweisverfahren nicht weiter behandelt.

Der allgemeine Ablauf der Anlagenzertifizierung ist in Abb. 8.4 dargestellt.

Konformitätserklärung
Nach der Inbetriebnahme wird die Windenergieanlage dahingehend überprüft, ob diese gemäß Anlagenzertifikat errichten wurde. Dies erfolgt durch eine Vor-Ort-Begehung, bei der die Komponenten wie Windenergieanlage, Stufenstellung der Transformatoren, Einstellungen und Parameter der Windenergieanlagen und des Parkreglers überprüft werden.

Eine erfolgreiche Prüfung wird mit der Ausstellung der sogenannten Konformitätserklärung bestätigt, welche in der Regel innerhalb von sechs Monaten nach Inbetriebnahme des Windparks beim Netzbetreiber einzureichen ist.

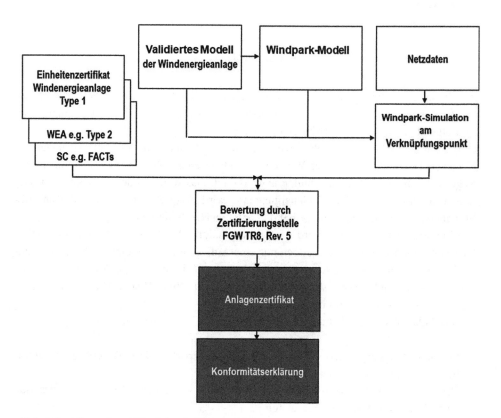

Abb. 8.4 Allgemeiner Ablauf der Anlagenzertifizierung

Rechtlicher Hintergrund
Am 17. Mai 2016 trat die europäische Verordnung (EU 2016) in Kraft, die den Rahmen für alle zukünftigen Netzanschlussregeln der Netzbetreiber in den Mitgliedstaaten der EU vorgibt.

In dieser Verordnung wurden technische und regulatorische Vorgaben gemacht. Sie führte dazu, dass die Netzbetreiber ihre Netzanschlussregeln mit einer Frist bis zum 17. April 2018 anpassen mussten.

Der VDE-FNN erhielt durch das EnWG den „Auftrag", für die Netzbetreiber harmonisierte technische Anschlussregeln (TAR) zu schreiben (BMWi 2014). Mit der Einführung der § 19. Abs. 4 EnWG stellen die TAR (VDE-AR-N 4105, 4110, 4120, 410 etc.) den verbindlichen Rahmen für die Erstellung der Technischen Mindestanforderungen der Netzbetreiber (TAB) dar.

Die Einhaltung technischer Mindestanforderungen der Netzbetreiber (TAB) durch die Windenergieanlage sind gemäß der NELEV durch akkreditierte Zertifizierungsstellen nachzuweisen. Mit der NELEV (Bundesrat 2017) hat die deutsche Bundesregierung den NC-RfG hinsichtlich der Nachweisverfahren weitergehend konkretisiert.

Projektmanagement beim Netzanschluss und Anlagenzertifizierung
Abb. 8.5 zeigt parallel den Ablauf der Anlagenzertifizierung A und B sowie den Prototypenablauf.

Der zeitliche Ablauf ist durch die VDE-AR-N 4110 (FNN 2018a) vorgegeben, wie in Tab. 8.1 gezeigt.

Benötigte Unterlagen für die Anlagenzertifizierung
Für die Anlagenzertifizierung benötigt die akkreditierte Zertifizierungsstelle die in Tab. 8.2 aufgelisteten Unterlagen, wobei bei den größeren Zertifizierungsstellen die Unterlagen von den Herstellern bereits vorliegen dürften. Im folgenden Text taucht der Begriff „FGW" auf: Dieser steht für Fördergesellschaft Windenergie und andere dezentrale Energien e.V. Erstellt in Deutschland unter anderem die technischen Richtlinien für die Zertifizierung und Prüfung der elektrischen Eigenschaften. Z. B. war die FGW Technische Richtlinie TR8 (FGW 2019) die erste harmonisierte Zertifizierungsrichtlinie, nach der für Einheitenzertifikate deutschlandweit einheitlich ausgestellt werden können.

Fazit: Durch die Anlagenzertifizierung werden bei ca. 80 % der geplanten Windparks kleine oder große Mängel entdeckt und in der Planungsphase behoben. Wenn alle Unterlagen korrekt vorliegen, kann das Anlagenzertifikat in der Regel innerhalb von 3 Wochen erstellt werden.

Konformitätserklärung
Tab. 8.3 zeigt, welche Unterlagen für die Erstellung der EZA-Konformitätserklärung benötigt werden.

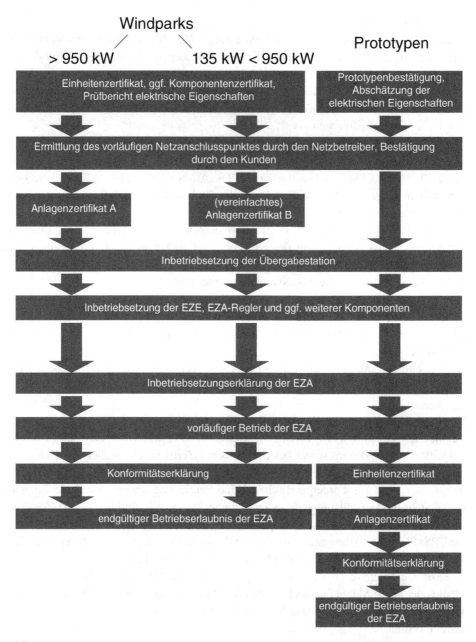

Abb. 8.5 Ablauf der Anlagenzertifizierung A und B sowie Prototypenablauf. (Quelle: in Anlehnung an VDE-AR-N 4110 (FNN 2018a))

Tab. 8.1 Zeitlicher Ablauf Netzanschlussbegehren. Der Begriff „Planer" wird hier äquivalent benutzt für Anschlussnehmer/Betreiber/Errichter. (Quelle: FNN 2018a)

Zeit in Wochen	Schritt	Schnittstellen
Antrag	Antrag/Anfrage/Anmeldung zum Netzanschluss eines Windparks beim Netzbetreiber; Übergabe aller zur Anschlussbewertung notwendigen Unterlagen	Planer
1. Antrag + 8 Wochen	Grobplanung (Festlegung des Netzanschlusspunktes und Benennung des ggf. notwendigen Netzausbaus einschließlich dessen Dauer) und Mitteilung an den Planer; Übermittlung aller notwendigen Netzdaten für die Planung der Kundenanlage; Angebot für kostenpflichtige Leistungen	Netzbetreiber
2. Vorläufige Festlegung NAP	Einigung über den vorläufigen Netzanschlusspunkt und Kostenaufteilung	Planer
3. Innerhalb von 3 Wochen nach 2.	Übergabe des Netzbetreiberabfragebogens	Netzbetreiber
10 Wochen vor Baubeginn	Vorlage der Unterlagen zur Errichtungsplanung beim Netzbetreiber	Planer
8 Wochen vor Baubeginn	Abgabe des Anlagenzertifikats beim Netzbetreiber soweit möglich	Planer
2 Wochen vor Baubeginn	Nach Prüfung des Anlagenzertifikates endgültige Bestätigung des Netzanschlusspunktes Übergabe Vertragsentwürfe bzw. netzbetriebsrelevanter Unterlagen und der Netzführungsvereinbarung	Netzbetreiber
Baubeginn	Bestellung von Stationskomponenten; Baubeginn/ Beginn der Werksfertigung der Übergabestation	Planer
2 Wochen nach Baubeginn	Bereitstellung der Wandler für die Abrechnungszählung	Messstellenbetreiber
4 Wochen vor Inbetriebnahme (IBN)	Abstimmung des Termins zur Technischen Abnahme der Übergabestation	Planer

(Fortsetzung)

Tab. 8.1 (Fortsetzung)

Zeit in Wochen	Schritt	Schnittstellen
2 Wochen vor IBN	Übergabe aktualisierter Unterlagen der Errichtungsplanung (mit Nachweis der Erfüllung eventueller Auflagen seitens des Netzbetreibers) Übergabe Bauartzulassung/Konformitätserklärung für Strom- und Spannungswandler Technische Abnahme der Übergabestation Übergabe der Schutzprüfprotokolle, Erdungsprotokolle, Bestätigung DGUV Vorschrift 3 (Unfallversicherung, 2005) der Übergabestation Abstimmung des verbindlichen Inbetriebsetzungstermins der Übergabestation Erstellung Inbetriebnahmeprogramm Netzanschluss Übergabe des Inbetriebsetzungsauftrages Information des Messstellenbetreibers über den Inbetriebsetzungstermin Übergabe unterzeichneter netzbetriebsrelevanter Unterlagen/Verträge und der Netzführungsvereinbarung, Angabe der Form der Direktvermarktung und des gewünschten Bilanzkreises	Planer Messstellenbetreiber Planer Planer Netzbetreiber Planer Planer Planer Planer
5 Werktage vor IBN	Vorinbetriebsetzung Abrechnungsmessung	Messstellenbetreiber
2 Werktage vor IBN	bei Fernwirktechnik: Test der Signalübertragung	Planer/Netzbetreiber
IBN	Inbetriebnahme Netzanschluss Inbetriebsetzung Übergabestation Inbetriebsetzung Abrechnungsmessung	Netzbetreiber Planer Messstellenbetreiber
IBN der WEA	Inbetriebsetzung der Windenergieanlage und der entsprechenden Protokolle	Planer
IBN Windparks	Abgabe der Inbetriebsetzungserklärung beim Netzbetreiber	Planer
6 Monate nach IBN des Windparks	Abgabe der Konformitätserklärung von der Zertifizierungsstelle beim Netzbetreiber	Planer Netzbetreiber

Tab. 8.2 Dokumente, die für die Erstellung des Anlagenzertifikates erforderlich sind

1	Betreiberabfragebogen (Vorlagen finden sich in der (FGW 2019) sowie auch in den VDE-AR-N 4110 (FNN 2018a)	Dokumente, die im Rahmen der Anlagenzertifizierung grundsätzlich erforderlich sind
2	Netzbetreiberabfragebogen (Vorlagen finden sich in der (FGW 2019) sowie auch in den VDE-AR-N 4110 (FNN 2018a))	
3	Einphasiges Übersichtschaltbild	
4	WEA-Transformatoren (Datenblatt oder Prüfprotokoll)	
5	Geografischer Übersichtsplan	
6	Deckblatt des projektbezogenen Einheitenzertifikats der WEA	
7	Konzeptbeschreibung Entkupplungsschutz Vorlagen sind in der Regel bei den Zertifizierungsstellen erhältlich	
8	Konzeptbeschreibung Parkmanagementsystem, im Wesentlichen Einstellung und Funktion des Windparkreglers Vorlagen sind in der Regel bei den Zertifizierungsstellen erhältlich	
1	Umspannwerk-Transformator (Datenblatt oder Prüfprotokoll, sowie Informationen zum Stufensteller)	Zusätzlich erforderlich bei Hoch- oder Höchstspannungsanschlüssen
1	Technische Daten der Bestandserzeugungseinheiten und deren Transformatoren	Zusätzlich erforderlich bei Parkerweiterungen
2	Netzanschlussvertrag, bzw. Dokument aus dem hervorgeht, wie sich die bestehenden Erzeugungseinheiten verhalten sollen	

Tab. 8.3 Dokumente, die für die Erstellung der EZA-Konformitätserklärung erforderlich sind

1	Inbetriebnahmebestätigung des Netzanschlusspunktes
2	Inbetriebnahmebestätigung der Erzeugungseinheiten
3	Inbetriebnahmebestätigung des Windparkreglers
4	Schutzprüfprotokolle EZE siehe Kapitel 1.5.2 Entkupplungsschutzprüfungen
5	Schutzprüfprotokolle Netzanschlusspunkt
6	Bestätigung der relevanten Parametrierungen für die Windenergieanlagen und Windparkreglers

▶ Einige Zertifizierungsstellen und Hersteller bieten auch die Schutzprüfprotokolle direkt mit an. Dies reduziert die Schnittstellenprobleme.

Mit der Übergabe der Konformitätserklärung wird zukünftig die endgültige Betriebserlaubnis vom Netzbetreiber erteilt.

8.3 Messungen

In den folgenden Abschnitten werden die typischen Vermessungen und Tests an Windenergieanlagen beschrieben. Alle Tests, die als Grundlage für eine spätere Zertifizierung benötigt werden, müssen in den meisten Fällen von akkreditierten Prüflaboren nach DIN EN ISO/IEC 17025 (DIN 2017) durchgeführt werden. Über die Akkreditierung werden unter anderem die Unabhängigkeit der Prüfstelle, die Reproduzierbarkeit der Ergebnisse und ein hoher Qualitätsstandard nachgewiesen.

8.3.1 Leistungskennlinienmessung

Leistungskennlinien (früher auch Leistungskurven) stellen eine wesentliche Eingangsgröße für die Ermittlung von Erträgen von Windenergieanlagen und Windparks dar (vgl. Abb. 8.6).

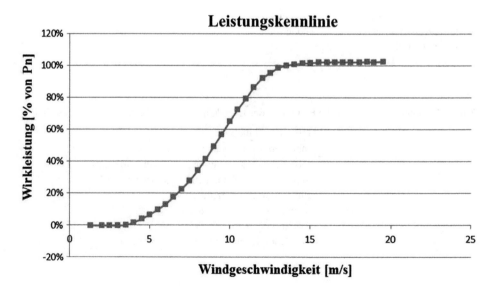

Abb. 8.6 Beispielhafte Leistungskennlinie, Wirkleistung über frei angeströmte Windgeschwindigkeit.

8 Zertifizierung, Messung und Inspektion

Die Einmessung der Leistungskennlinien findet nach der folgenden Norm statt: IEC 61400-12-1: Wind energy generation systems – Part 12-1: Power Performance measurements of electricity producing wind turbines (IEC 2016b).

Für Windparks in Deutschland ist zusätzlich eine Messung nach FGW TR2 (FGW, TR 2 Bestimmung der Leistungskennlinie und standardtisierte Energierträge, 2018a) zur Ermittlung der Standortgüte nach FGW TR 5 (FGW, TR 5 Bestimmung und Anwendung des Referenzenergieertrages 2017) erforderlich. Beide Messungen können miteinander kombiniert werden.

Leistungskennlinien werden im Auftrag des Herstellers von Windenergieanlagen an Prototypen eingemessen, sodass er die Anlage anhand der Messergebnisse optimieren kann. Die finale Leistungskennlinie fließt dann in die vom Hersteller garantierte Leistungskurve für den spezifischen Typ ein. Oft werden auch noch verschiedene unterschiedliche Einstellungen eingemessen, wie z. B. schallreduzierte Einstellungen. Die Leistungskennlinienvermessung wird nicht nur zur Bewertung von Prototypen durchgeführt, sondern auch zur Überprüfung der Leistungsfähigkeit von bereits bestehenden Windenergieanlagen verwendet, um das Greifen von Garantieleistungen aus dem Liefervertrag der Windenergieanlagen zu ermitteln. Hierbei kommt neben dem klassischen Verfahren mit einem Windmessmast (siehe Abb. 8.7) auch das Verfahren zur Messung von Leistungskennlinien mit Hilfe des Gondelanemometers („Gondelleistungskurve") zur Anwendung. Zunehmend kommt bei großen Nabenhöhen das Fernerkundungsverfahren LiDAR (Light Detection And Ranging) zur Messung der Windgeschwindigkeit zum Einsatz (siehe Abb. 8.8). In allen beschriebenen Fällen wird die freiangeströmte Windgeschwindigkeit ermittelt und über die abgegebene Wirkleistung dargestellt.

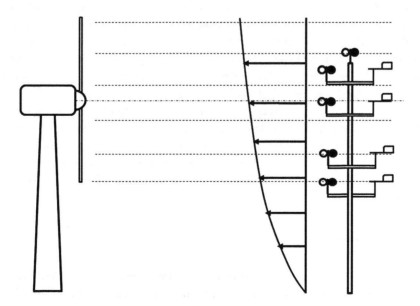

Abb. 8.7 Schematische Darstellung einer Leistungskennlinienmessung mit Windmessmast.

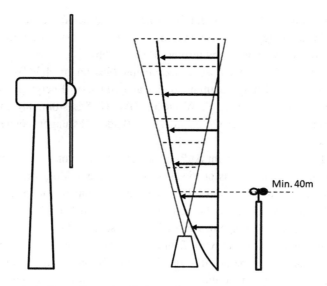

Abb. 8.8 Schematische Darstellung einer Leistungskurvenmessung mit LiDAR

▶ Es sollte bereits im Anlagenkaufvertrag vereinbart werden, nach welcher Methode die Leistungskennliniennachmessung erfolgen soll. Außerdem ist es ratsam, bereits vor Abschluss des Kaufvertrages zu prüfen, ob der Standort für eine Leistungskennlinienmessung geeignet ist.

Abb. 8.7 zeigt das klassische Verfahren einer Leistungskennlinienmessung mit Windmessmast. Zur Ermittlung der Luftdichte werden zusätzlich am Windmessmast die Temperatur, der Luftdruck und der Niederschlag gemessen. Im komplexen Gelände muss zusätzlich vorab die Abweichung der Windgeschwindigkeit zwischen dem Windmessmaststandort und dem geplanten Standort der Windenergieanlage ermittelt werden.

Wichtig: Dies muss vor Errichtung der Windenergieanlage erfolgen. Je nach Windbedingungen vor Ort kann das zwischen einem und zwölf Monaten dauern.

Fazit: Eine Leistungskurvenmessung dauert mindestens drei Monate und sollte im Bericht immer eine Unsicherheitsbetrachtung enthalten. Bei einer Vermessung im komplexen Gelände, wie z. B. Gebirge, oder wenn viele Hindernisse wie Bäume oder Hügel vorhanden sind, werden die Unsicherheiten höher. Eine Vermessung einer Windenergieanlage im Nachlauf einer benachbarten Windenergieanlage ist nach der klassischen Methode nicht möglich.

8.3.2 Lastenmessung

Zur Ermittlung der voraussichtlichen Ermüdung der Bauteile von Windenergieanlagen werden Lastmessungen an den mechanischen Hauptkomponenten durchgeführt. Dies umfasst die Rotorblätter, die Hauptwelle und den Turm. Mit Hilfe von Dehnungsmessstreifen werden Dehnungen und Momente (Biegung und Torsion) mit hoher zeitlicher Auflösung erfasst. Aus diesen Daten können die Lastkollektive oder die Eigenfrequenzen von Bauteilen bestimmt werden.

Neben den Lasten der Hauptkomponenten werden eine Vielzahl weiterer Daten wie z. B. Wind und Leistung erfasst, um die Daten kategorisieren und interpretieren zu können.

Lastmessungen werden gemäß IEC 61400-1 (IEC, IEC 61400-1 Wind turbines – Part 1: Design requirements, 2014) und zukünftig zunehmend gemäß IECRE OD-551-13 (IEC, IECRE OD-551-13, 2016a) am Prototypen durchgeführt. Zusätzlich wird zwischen dem akkreditierten Prüflabor und dem Hersteller vereinbart, welche weiteren Daten aufgenommen werden.

Das Prüflabor legt in Abstimmung mit dem Hersteller die Messstellen und die Auswahl der Sensoren fest. Nach der Freigabe erfolgt die Installation in der Windenergieanlage und am Windmessmast. Während der Durchführung der Messung werden die Daten erfasst und bereitgestellt. Das Prüflabor übernimmt die Auswertung und die Erstellung von Zwischen- und Endberichten.

Im Rahmen von Lastmessungen wird das Betriebsverhalten der Anlage in speziellen Lastfällen ermittelt (auch Sicherheits- und Funktionstest).

Eine komplette Lastvermessung eines neuen Prototyps dauert mindestens 12 Monate.

8.3.3 Akustik

Die Lehre der Akustik beschäftigt sich mit der Ausbreitung und der Wahrnehmung von Schall. Sie teilt sich in verschiedene Bereiche wie z. B. die Bauakustik, Raumakustik und die technische Akustik auf. Letztere beschreibt die akustischen Eigenschaften von Maschinen und Anlagen. Speziell im Bereich der Windenergie werden hierbei in erster Linie aerodynamisch erzeugte Geräusche und für das menschliche Gehör als eher störend empfundener Lärm sowie Impuls- oder Tonhaltigkeit untersucht. Tonhaltigkeit (Einzelton) kann typischerweise an drehenden Teilen wie Getriebe, Generator oder Lager auftreten. Um die Belastung der Umwelt so gering wie möglich zu halten, müssen in Deutschland immissionsschutzrechtliche Bestimmungen, welche im Bundes-Immissionsschutzgesetz (BImSchG) (Bundesregierung 2002) geregelt sind, eingehalten werden.

Die akustischen Vermessungen dürfen nur von einem nach DIN EN ISO/IEC 17025 (DIN 2017) akkreditierten Prüflabor bzw. einer benannten Messstelle nach § 29b des Bundes-Immissionsschutzgesetzes zur akustischen Vermessung von Windenergieanlagen durchgeführt werden. Hierbei wird zwischen Emissions- und Immissionsmessungen unterschieden.

Für Betreiber von Windenergieanlagen in Deutschland sind die folgenden Punkte bei der Immissionsmessung relevant:

1. Auflagen aus dem Genehmigungsbescheid Immissionsschutz
2. Akustische Messungen an den kritischen Windenergieanlagen oder am gesamten Windpark

3. Gutachten mit Beurteilung nach der Technischen Anleitung zum Schutz gegen Lärm (TA Lärm)
4. Messung, Beurteilung von tieffrequentem Schall gemäß den aktuellen Standards (z. B. DIN 45680) (DIN, DIN 45680 Messung und Beurteilung tieffrequenter Geräuschimmissionen, 2013a als Entwurf)

Für Hersteller von Windenergieanlagen sind in Deutschland die folgenden Punkte bei Emissionsmessungen relevant:

1. Prototypen- und Mehrfachvermessung einer Windenergieanlage. Prototypen werden mindestens dreimal an unterschiedlichen Standorten vermessen.
2. Emissionsmessungen nach den aktuellen Standards, wie z. B. der IEC 61400-11 (DIN, DIN EN 61400-11:2013-09; VDE 0127-11:2013-09 Schallmessverfahren, 2013b) oder der FGW TR 1 (Schall 2008)
3. Akustische Messungen und Übermittlung der gewonnenen Daten nach individuellen Vorgaben des Herstellers zur schalltechnischen Optimierung der Windenergieanlage.

Aus den Angaben der Hersteller wird im Zuge der Unterlagen für die Genehmigung eines Windparks eine Schallprognose erstellt. Bei einem dicht besiedelten Gebiet, wie z. B. Deutschland, hat die schalltechnische Optimierung eines Windparks wesentlichen Einfluss auf die Wirtschaftlichkeit des Windparkprojektes.

Seit 2016 fordern die Bundesländer zunehmend eine Schallnachvermessung der Windparks nach Errichtung. Die Belastung durch Schall ist eines der wesentlichen Argumente, die von den Gegnern von Windparks vorgebracht werden.

8.3.4 Vermessung der elektrischen Eigenschaften

Die Vermessung der elektrischen Eigenschaften von Windenergieanlagen stellen die Grundlage für die Einheitenzertifizierung (siehe Abschn. 8.3.4) dar. Die Vermessung wird nach IEC 61400-21 (IEC, Wind turbines –Part 21: Measurement and assessment of power quality characteristics of grid connected wind turbines, 2016b) von hierfür akkreditierten Prüflaboren durchgeführt. Für Deutschland gibt die FGW TR 3 (FGW, TR 3, 2018b) weiterführende Prüfanforderungen vor, um den Anforderungen an die Nachweisführung gemäß den deutschen Netzanschlussregeln gerecht zu werden.

Auftraggeber ist hierbei meist der Hersteller der Anlage. Ohne diese Vermessung ist eine Anschlussbeurteilung des späteren Windparks kaum möglich.

Netzrückwirkungen
Schnelle Spannungsänderungen, z. B. durch Zu- und Abschaltung von Windenergieanlagen bei Nennleistung bzw. bei hohen Windgeschwindigkeiten, sind so gering wie möglich zu halten. Je nach Häufigkeit sind hier Spannungsänderungen von 2 % bis 5 % der Nennspannung zulässig.

Flicker sind elektrische Spannungsschwankungen der 50-Hertz (Hz) -Amplitude im Bereich von 0,1 Hz bis 35 Hz, welche zu einer subjektiv visuell wahrnehmbaren Leuchtdichteschwankung bei z. B. Glühlampen führen. Flicker sind eines der Kriterien zur Beurteilung der Spannungsqualität in öffentlichen Stromversorgungsnetzen. Früher wurden Flicker im Wesentlichen durch den Blattdurchgang vor dem Turm erzeugt. Heute haben die Windenergieanlagenhersteller ihre Windenergieanlagen soweit optimiert, dass das nur noch selten ein Problem darstellt.

Durch den Einsatz moderner Leistungselektronik in den Windenergieanlagen und die Zunahme der Zahl von Netzverknüpfungspunkten mit geringer Netzkurzschlussleistung stellen Oberschwingungen neben den schnellen Spannungsänderungen häufig das ausschlaggebende Kriterium für die Wahl des Netzverknüpfungspunktes dar. Es ist zu erwarten, dass die Zunahme der Betriebsmittel mit Leistungselektronik und die gleichzeitige Abnahme der Zahl der großen Synchrongeneratoren im Netz die Verzerrung der Spannung, sprich Oberschwingungen, zu weiteren Problemen führen wird. Oberschwingungen werden heute von >50 Hz bis 9 kHz eingemessen. Für die Berechnung von Grenzwerten wird zwischen geradzahligen und ungeradzahligen Oberschwingungen (Harmonische), Zwischenharmonischen und Frequenzanteilen im Bereich zwischen 2 kHz und 9 kHz (Supraharmonische) unterschieden. Sollten im Rahmen der Anlagenzertifizierung Überschreitungen der Oberschwingungsgrenzwerte festgestellt werden und daraufhin das Anlagenzertifikat unter Vorbehalt eines messtechnischen Konformitätsnachweises (Oberschwingungsnachmessung) ausgestellt werden, so müssen Anlagenbetreiber innerhalb von 6 Monaten nach Ausstellung des Anlagenzertifikates für den Windpark eine Oberschwingungsmessung veranlassen und diese durch die zuständige Zertifizierungsstelle bewerten lassen. Zeigt die Auswertung der Oberschwingungsmessung die Einhaltung der Grenzwerte auf, so wird der Vorbehalt durch die Zertifizierungsstelle quittiert. Der Vorbehalt aus dem Anlagenzertifikat wird somit aufgehoben. Ein Überschreiten der Grenzwerte aus der Oberschwingungsmessung hat zur Folge, dass der Anlagenbetreiber innerhalb von einem Jahr Maßnahmen zur Minderung der Oberschwingungsemissionen durchführen lassen muss (z. B. Oberschwingungsfilter), welche wiederum durch eine Messung bestätigt werden müssen.

Wichtig: Oberschwingungen sind der einzige Bewertungspunkt, der unter Vorbehalt im Anlagenzertifikat stehen kann. Nimmt der Projektentwickler das überschaubare Risiko einer Nachmessung in Kauf, sollte im Projektbudget ein entsprechender Kostenpunkt für einen möglicherweise notwendigen Oberschwingungsfilter aufgenommen werden.

Einige Netzbetreiber benötigen Tonfrequenz-Rundsteuer-Anlagen, um mit Kundenanlagen bzw. Betriebsmitteln zu kommunizieren. Der Tonfrequenzpegel darf daher durch die Erzeugungsanlage nur in geringem Maße gestört werden.

Blind- und Wirkleistungsregelung

Zu den elektrischen Eigenschaften einer Anlage gehört auch das Blindleistungsvermögen, welches eingemessen werden muss, um in der Anlagenzertifizierung eine Grundlage zur Überprüfung der Anforderungen zu erhalten (Abb. 8.9). Üblicherweise wird bei

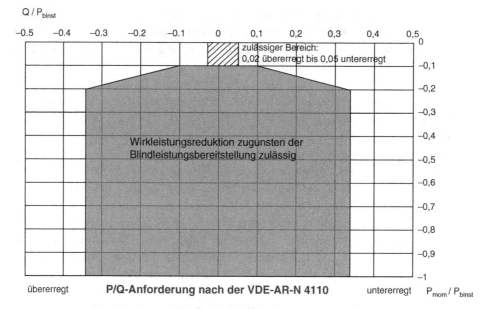

Abb. 8.9 Blindleistungsanforderungen über die eingespeiste Wirkleistung. (Quelle: Eigene Darstellung in Anlehnung an die VDE-AR-N 4110 (FNN 2018a))

Anschluss eines Windparks je nach Anforderungen des Landes und der Netzebene ein Vermögen von Leistungsfaktor 0,9 bis 0,95 untererregt (spannungssenkend) und übererregt (spannungshebend) am Verknüpfungspunkt von den Netzbetreibern gefordert. Der Leistungsfaktor beschreibt das Verhältnis der Wirkleistung zur Scheinleistung. Wird verwendet, um die Blindleistungsvermögen in Abhängigkeit von der Wirkleistung zu beschreiben.

Es ist zu beachten, dass die meisten Windenergieanlagentypen das volle Blindleistungsvermögen nur in einem bestimmten Spannungsband erbringen können.

Die Elektroplaner müssen also das Blindleistungsvermögen in Abhängigkeit vom geforderten Spannungsband und der Leistung für den Netzverknüpfungspunkt berechnen. Bei einer Prototypenvermessung wird in der Regel nur die Übereinstimmung mit den Herstellerangaben überprüft.

Für die statische Spannungshaltung werden verschiedene Fahrweisen abhängig von den Anforderungen der jeweiligen Netze gefordert:

- Blindleistungs-Spannungskennlinie Q(U)
- Kennlinie Blindleistung als Funktion der Wirkleistung Q(P)
- Blindleistung mit Spannungsbegrenzungsfunktion
- Verschiebungsfaktor cos φ

Die Blindleistungsfahrweise wird von den Windparkreglern umgesetzt.

8 Zertifizierung, Messung und Inspektion

An der Windenergieanlage wird nur die Blindleistungseinstellgenauigkeit und -geschwindigkeit eingemessen. Später im Anlagenzertifikat werden dann die Ergebnisse von Windenergieanlage und Windparkregler zusammengeführt und bewertet.

Bei der Vermessung der Wirkleistungsregelung wird äquivalent zur Blindleistungsregelung vorgegangen. Auch hier wird das Vermögen der Windenergieanlagen und des Windparkreglers eingemessen und im Einheiten- bzw. Komponentenzertifikat ausgewiesen.

Dynamische Netzstützung bei Spannungseinbruch und Spannungsüberhöhung
Bei der dynamischen Netzstützung geht es darum, im Kurzschluss im Übertragungsnetz die Spannung zu stützen. Dies hat zur Folge, dass die Ausdehnung des Spannungstrichters reduziert wird und somit weniger Netzteilnehmer vom Spannungseinbruch betroffen sind.

Für die dynamische Netzstützung wird häufig der englische Begriff Fault-Ride-Through-(FRT) verwendet. FRT beschreibt die Fähigkeit einer Erzeugungseinheit oder -anlage, sich während sprunghafter Spannungsänderungen (sowohl Unterspannung als auch Überspannung) und den anschließenden Ausgleichsvorgängen nicht vom Netz zu trennen, kurz auch FRT-Fähigkeit genannt.

Die Vermessung des Spannungseinbruches bzw. der Spannungsüberhöhung ist der aufwendigste Teil der elektrischen Eigenschaftenvermessung. Hier wird auf der Mittelspannungsseite der Windenergieanlage eine Einrichtung vorgebaut, die einen Spannungseinbruch von 100 % Nennspannung bis auf 0 % in verschiedenen Stufen sowie eine Spannungserhöhung bis zu 110 % bzw. 120 % der Nennspannung durchführen kann (Abb. 8.10).

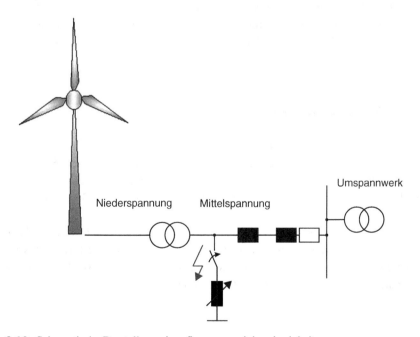

Abb. 8.10 Schematische Darstellung einer Spannungseinbruchseinheit.

Zusätzlich zum Durchfahren des Spannungseinbruchs wird auch die dynamische Netzstützung mit eingemessen. Bei einem Spannungseinbruch muss abhängig von der Tiefe des Spannungseinbruches übererregter Strom und bei Spannungsüberhöhung untererregter Strom eingespeist werden.

Hintergrund: Es ist sehr wichtig, dass sich Windparks bei Kurzschlüssen im Übertragungsnetz nicht für die Zeit der Fehlerklärung vom Netz trennen. Ansonsten kann dies zu einem Leistungsdefizit im Netz führen und im schlimmsten Fall zur Abschaltung der gesamten Stromversorgung führen.

Netzschutz
Bei Prototypen wird im Wesentlichen der Entkupplungsschutz der Windenergieanlage hinsichtlich Überfrequenz, Unterfrequenz und Über- und Unterspannungsschutz auf Genauigkeit und Geschwindigkeit getestet. Zusätzlich wird noch die Gesamtwirkungskette eingemessen, um später die Auslösezeit bestimmen zu können.

Diese Ergebnisse werden für das Einheitenzertifikat benötigt und finden später Anwendung bei der Anlagenzertifizierung.

8.4 Inspektion

Windenergieanlagen werden heute nicht nur regelmäßig gewartet, sondern auch abhängig von der Lebensdauer und dem Anlass herstellerunabhängig inspiziert.

Eine Inspektion des Windparks haben wir bereits im Abschn. 8.3.5 kennengelernt, im Zusammenhang mit der Konformitätserklärung hinsichtlich der Netzanschlussanforderungen. Mit dieser erhält der Betreiber die endgültige Betriebserlaubnis vom Netzbetreiber.

8.4.1 Garantieabnahmen

Vorab sei Folgendes zum besseren Verständnis zum Unterschied Gewährleistung und Garantie erläutert. Was unter den Begriff Gewährleistung fällt, ist dem Kunden gesetzlich zugesichert. Was über die Gewährleistung hinausgeht, muss mit dem Hersteller vertraglich vereinbart werden bzw. bietet der Hersteller unter dem Begriff Garantie freiwillig an.

Insbesondere vor dem Auslauf der Garantie- bzw. Gewährleistungszeit der Windenergieanlagen bzw. einzelner Komponenten sollte eine unabhängige Inspektionsstelle die Windenergieanlage inspizieren und die Mängel dokumentieren, welche noch innerhalb der Garantie- bzw. Gewährleistungszeit aufgetreten sind.

8.4.2 Wiederkehrende Prüfung (WKP)

Standsicherheit

Alle Windenergieanlagen in Deutschland sind in regelmäßigen Abständen durch einen unabhängigen Sachverständigen an Tragstruktur, Maschinen und Rotorblättern zu prüfen. Wird dieser Termin versäumt, besteht die Gefahr, die Baugenehmigung oder den Versicherungsschutz zu verlieren. Die Prüfung hat alle zwei Jahre zu erfolgen. Das Prüfintervall kann laut Deutschem Institut für Bautechnik (DIBt) durch umfassende Wartungsverträge von zwei auf vier Jahre verlängert werden.

Die Rotorblätter werden mittels Kran mit Mannkorb, Hubsteiger, Bühne oder per Seilzugangstechnik begutachtet. Welches Verfahren zum Einsatz kommt, hängt von der Nabenhöhe, der Anzahl und der Zugänglichkeit der Anlagen ab. Bei hohen Nabenhöhen bzw. offshore ist die Seilzugangstechnik oft die günstigste Alternative. Die Technologie, mit Drohnen die Rotorblätter zu inspizieren, ist heutzutage noch in der Entwicklungsphase.

Zustandsorientierte Prüfungen

Je nach Bedarf können unter Anwendung spezieller Inspektionsmethoden wie z. B. der Videoendoskopie für Getriebe, Generator und Lager, der Schwingungsmessung am Antriebsstrang, der messtechnischen Prüfung des Blitzschutzsystems, der chemischen Analyse von Ölen und Fetten und der Thermografie von elektrischen Komponenten detaillierte Informationen über einzelne Komponenten der Windenergieanlage gewonnen werden.

Hierbei werden frühzeitig Schäden oder Verschleiß erkannt und somit der Umfang und die Kosten für eine notwendige Reparatur gering gehalten. Die Reparatur kann beispielsweise in einen windschwachen Zeitraum verlegt werden.

DGUV V3 Elektrische Personensicherheit

Eine Windenergieanlage und die Übergabestation sind elektrische Betriebsräume. Gemäß §5 der Deutschen Gesetzlichen Unfallversicherung Vorschrift 3 (DGUV V3) (DGU 2005) hat der Betreiber dafür Sorge zu tragen, dass elektrische Anlagen und Betriebsmittel in bestimmten Zeitabständen auf ihren ordnungsgemäßen Zustand geprüft werden. Prüffristen sind vom Betreiber zu ermitteln und festzulegen.

Nach §5 DGUV V3 (DGU 2005) sind die Fristen für Wiederholungsprüfungen so zu bemessen, dass entstehende Mängel, mit denen gerechnet werden muss, rechtzeitig festgestellt werden können. Für elektrische Anlagen und ortsfeste elektrische Betriebsmittel, die normalen Beanspruchungen durch Umgebungstemperatur, Staub, Feuchtigkeit oder dergleichen ausgesetzt sind, ist ein empfohlenes Prüfintervall von mindestens 4 Jahren einzuhalten.

Die Prüfung von elektrischen Anlagen wird gemäß den elektrontechnischen Regeln in Anlehnung an die Beurteilung und Bewertung nachstehender Richtlinien durchgeführt:

- DGUV V3 (ehemals Berufsgenossenschaftliche Vorschriften (BGV) A3) „Elektrische Anlagen und Betriebsmittel" (DGU 2005)
- DGUV Information 203-007 (BGI 657) – „Windenergieanlagen"
- VDE 0105-100 „Betrieb von elektrischen Anlagen"
- DIN VDE 0100-600 „Prüfungen"
- DIN VDE 0100-410 Schutzmaßnahmen – „Schutz gegen elektrischen Schlag"
- DIN VDE 0100-540 „Erdungsanlagen, Schutzleiter"
- DIN VDE 0101-2 „Erdung von Starkstromanlagen mit Nennwechselspannungen über 1 kV"
- VDE 011-1 (EN 60204-1) „Sicherheit von Maschinen – Elektrische Ausrüstung von Maschinen"
- VDE-AR-N 4110 (FNN 2018a) und 4120 (Quelle: FNN 2018a)

Die Prüfergebnisse werden in einem Prüfbericht bewertet und dokumentiert.

Um Stillstandzeiten ihrer Anlage zu minimieren, können die DGUV-V3ä-Prüfungen (DGU 2005) gut mit den regelmäßigen Schutzprüfungen, der wiederkehrenden Systemdienstleistung-(SDL-) Prüfung, sowie den wiederkehrenden Prüfungen zur Standsicherheit (WKP) kombiniert werden.

Entkupplungsschutzprüfungen
Eine Entkupplungsschutzprüfung an der Windenergieanlage sowie in der Übergabestation muss vor der Inbetriebnahme erfolgen. Die Einstellwerte sind dem Netzbetreiberabfragebogen zu entnehmen. Nur durch eine ordnungsgemäße Schutzprüfung ist die Sicherheit des Windparks am Netz und damit ein dauerhafter sicherer Betrieb gewährleistet.

Die Schutzprüfprotokolle fließen in die Konformitätserklärung ein.

▶ Häufig wird vergessen, dass auch der Entkopplungsschutz in der Windenergieanlage geprüft werden muss.

Alle vier Jahre sind die Prüfungen im Rahmen der DUGV-V3 (DGU 2005) zu wiederholen. Dieses ist auch in den Netzanschlussregeln für Deutschland VDE-AR-N 4110 (FNN 2018a) und 4120 (FNN 2018b) festgehalten. Die Erfahrung durch Inspektionen zur technischen Qualitätssicherung von Bestandsanlagen in den Jahren 2017 und 2018 hat gezeigt, dass 10 % der inspizierten Anlagen falsch eingestellt waren.

Überprüfung der Systemdienstleistung Parameter
Die Betreiber von Windenergieanlagen sind verpflichtet, über die gesamte Betriebsdauer die Anforderung der SDLWindV (Gesetzgeber 2009) bzw. VDE-AR-N 4110 (FNN 2018a) und 4120 (FNN 2018b) einzuhalten. Zur Inbetriebnahme werden diese Anforderungen im Anlagenzertifikat geprüft und im Rahmen der Konformitätserklärung für den Windpark quittiert.

8 Zertifizierung, Messung und Inspektion

Das Ziel der wiederkehrenden SDL-Prüfung ist die regelmäßige Feststellung möglicher Abweichungen der Erzeugungsanlage von den Anforderungen aus den Netzanschlussrichtlinien. Somit sollen die Risiken einer Fehlfunktion und die Haftung für den Betreiber minimiert werden. Kann nachweislich festgestellt werden, dass der Windpark sich nicht konform zu den vereinbarten Netzanschlussanforderungen verhält, kann der Netzbetreiber in Deutschland den Windpark vom Netz trennen und die Bundesnetzagentur (BNetzA) wird entsprechende Sanktionen verhängen.

Umfang der wiederkehrenden SDL-Prüfung:

1. Sichtung der aktuellen Netzbetreiberabfragebögen
2. Überprüfung der wesentlichen Parameter und der geänderten oder ausgetauschten Komponenten in den Erzeugungseinheiten bezogen auf das Einheiten- und Anlagenzertifikat, sowie der Konformitätserklärung
3. Prüfung der vorliegenden Schutzprüfprotokolle (Windenergieanlage/Übergabestation)
4. Überprüfung des Windparkreglers
5. Prüfung der vorgelegten DGUV Vorschrift 3 Bescheinigungen

▶ Um Stillstandzeiten des Windparks zu minimieren, kann die SDL-Prüfung gut mit den regelmäßigen Entkupplungsschutzprüfungen, den DGUV-V3-Prüfungen (DGU 2005) sowie den mechanischen wiederkehrenden Prüfungen (WKP) kombiniert werden.

8.5 Zukünftige Netzanschlussregeln

Durch die Einführung des Network Code Requirements for Generators (NC RfG) (EU 2016) durch die EU muss dieser in 2018 und 2019 in den Mitgliedstaaten der EU umgesetzt werden. Dies führt zu einer Vielzahl von neuen Netzanschlussregeln. Dies ist im Wesentlichen der im letzten Jahrzehnt gewachsen Systemrelevanz der Erneuerbaren Energien geschuldet. Zukünftig müssen die Windenergieparks Spannung und Frequenz stabil halten und im Fehlerfall systemstützend agieren. Hierfür stellt der NC RfG (EU 2016) den Rahmen auf, der von den entsprechenden Verantwortlichen national ausgestaltet wird.

8.6 Anforderungen und Herausforderungen

Auf dem Weg zu einer 50-%- oder sogar 100-%-Versorgung der elektrischen Netze mit Erneuerbaren Energien sind noch die folgenden Punkte offen und zu lösen:

1. Verbrauch und Produktion von elektrischer Energie im Netz muss weitestgehend im Gleichgewicht sein
2. Das öffentliche Versorgungsnetz muss auch im Fehlerfall stabil gehalten werden (Schlagwort Stabilitätsgrenzen).
3. Saisonalspeicher

Zu 1: Verbrauch und Produktion

Heute ist die Frequenz im Netz der Pegelmesser dafür, ob Verbrauch und Produktion im Gleichgewicht sind. Wenn die großen Kraftwerke mit ihren Synchrongeneratoren und Schwungmassen abgelöst werden durch eine dominante Anzahl von Erzeugern mit Leistungselektronik wie z. B. Windenergieanlagen, muss die Frequenz durch neue Konzepte eingeprägt werden.

Zusätzlich werden wir regelbare Lasten benötigen, die über entsprechende Anreizmodelle integriert werden müssen. Auch Großspeicher und flexible Kraftwerke müssen sinnvoll ins Netz integriert werden.

Zu 2: Im Fehlerfall das Übertragungsnetz stabil halten

Wo entsprechende Stabilitätsgrenzen auftreten, hängt auch vom jeweiligen Netzverbund ab.

Die Stabilitätsgrenzen hängen insbesondere von der rotierenden Masse (Inertia) ab, die ein Minimum nicht unterschreiten dürfen. Auch das synchronisierende Drehmoment spielt bei Netzen mit hohem Durchdringungsgrad der Erneuerbaren in Form von Photovoltaik und Windenergie eine Rolle. Wo diese Grenzen genau liegen, muss für jedes Verbundnetz individuell bestimmt werden. Das hängt einerseits von den Kraftwerkstypen, andererseits von der Geschwindigkeit der Primärreserve, aber auch von Qualitätsanforderungen ab. Unter Qualitätsanforderungen fällt beispielsweise die Frage, ob bei einem einzelnen Kraftwerksausfall Lastabwurf akzeptiert wird oder nicht.

Unter Netz versteht man hier ein abgeschlossenes System, also beispielsweise Südafrika, oder Irland oder das europäische Verbundnetz. Deutschland ist beispielsweise in diesem Sinne kein eigenes Netz.

Die Grenze der minimalen Inertia kann durch schnelle Frequenzstützung („Fast Frequency Response"), die beispielsweise durch Batteriespeicher bereitgestellt werden kann, reduziert werden. Zu diesem Zweck gibt es in einigen Ländern wie zum Beispiel in U.K. eine Ausschreibung für Fast Frequency Response. In Irland gibt es Ausschreibungen zu den Themen „Enhanced Frequency Response" übersetzt „verbesserte Frequenzstützung" und die „Ancillary Service" übersetzt „Zusatzleistung".

Bei hohem variablen Erneuerbaren-Anteil werden zukünftig neue, netzdienliche Zusatzleistungen benötigt. Praktisch alle Speicher sollten auch Zusatzleistungen zur Netzstützung erbringen können. Einige große Synchrongeneratoren sollten mit Ihren Schwungmassen am Netz bleiben. Diese können als reine Phasenschieber (zur Blindleistungsbereitstellung) betrieben werden.

Zu 3: Saisonalspeicher

Hier werden sehr große Speicherkapazitäten benötigt, um z. B. den im Winter zu viel erzeugten Strom vorzuhalten und im Sommer wieder abzugeben. Dies kann heutzutage mit Wasserkraft, Staukraftwerken oder ähnlichem erfolgen. Denkbar sind aber auch neue Technologien, wie elektrische Energie in Wasserstoff oder Methan umzuwandeln und und so im Gasnetz zu speichern.

8.7 Fazit

Es wird zukünftig eine ausgeklügelte, sichere Kommunikation zu den vielen Millionen Netzteilnehmern benötigt. Wirtschaftlich ist die erzeugte Kilowattstunde elektrische Energie aus Photovoltaik und Windenergie zukünftig die günstigste Energieform. Offen ist noch die Frage, wie teuer die saisonale Speicherung und die notwendigen Systemdienstleistungen werden. Für den Erfolg der Energiewende müssen auch die Zertifizierung, Messung und Inspektion ihren Anteil leisten und sich immer am Mehrwert messen lassen. Die Personen- und Versorgungssicherheit sollten hierbei im Vordergrund stehen. In allen Projektphasen von der Prototypenentwicklung beim Hersteller, über die Windparkentwicklung, die Errichtung, den Betrieb bis hin zum zu Abbau und Repowering des Windparks gilt es, die in diesem Kapitel genannten Qualitätsmaßnahmen einzuhalten und kontinuierlich zu verbessern. Die Forschung und praktische Erprobung der drei noch offenen Herausforderungen in der Energiewende gemäß Abschn. 8.7 müssen intensiviert werden, damit der Klimawandel abgebremst wird für die nächste Generation.

Literatur

BDEW. (2008). *Technische Richtlinie Erzeugungsanlagen am Mittelspannungsnetz*. Berlin: BDEW Bundesverband der Energie- und Wasserwirtschaft e.V.
BMWi. (2014). *Energiewirtschaftsgesetz – EnWG*. Berlin: Bundesregierung.
Bundesrat. (2017). *Verordnung zum Nachweis von elektrotechnischen Eigenschaften von Energieanlagen (Elektrotechnische-Eigenschaften-Nachweis-Verord-nung – NELEV)*. Berlin: Bundesanzeiger.
Bundesregierung. (2002). Bundes-Immissionsschutzgesetz. *BImSchG* (09.2002). Berlin: Bundesregierung.
Council, G. W. (2017). *GWEC, Installierte Windleistung weltweit*.
DGU. (2005). *DGUV Vorschrift 3 – Elektrische Anlagen und Betriebsmittel*. Berlin: DGUV Deutsche Gesetzliche Unfallversicherung.
DIN. (2013a). *DIN 45680 Messung und Beurteilung tieffrequenter Geräuschimmissionen* (als Entwurf). Berlin: Beuth.
DIN. (2013b). *DIN EN 61400-11:2013-09; VDE 0127-11:2013-09 Schallmessverfahren*. Berlin: Beuth.
DIN. (2014). DIN ISO/IEC 27001. Berlin: DIN Deutsches Institut für Normung e.V.
DIN. (2017). DIN EN ISO/IEC 17025. Berlin: DIN Deutsches Institut für Normung e.V.
FGW. (2017). *TR 5 Bestimmung und Anwendung des Referenzenergieertrages*. TR 5 (01.2017). Berlin: FGW.
FGW. (2018a). *TR 2 Bestimmung der Leistungskennlinie und standardtisierte Energieträge* (03.2018a). Berlin: FGW e.V.
FGW. (2018b). TR 3. *Bestimmung der Elektrischen Eigenschaften von Erzeugungseinheiten und -anlagen am Mittel-, Hoch- und Höchstspannungsnetz* (03.2018b). Berlin: FGW e.V.
FGW. (2019). Teil 8: Zertifizierung der elektrischen Eigenschaften von Erzeugungseinheiten und -anlagen am Nieder-, Mittel-, Hoch- und Höchstspannungsnetz. Berlin: FGW e.V.
FNN. (2018a). VDE-AR-4110 Kunden und Erzeugungsanlagen am Mittelspannungsnetz. Berlin: VDE Verband der Elektrotechnik Elektronik Informationstechnik e.V.

FNN. (2018b). Technische Bedingungen für den Anschluss und Betrieb von Kundenanlagen an das Hochspannungsnetz VDE-AR-N 4120 (TAB Hochspannung). Berlin: VDE Verband der Elektrotechnik Elektronik Informationstechnik e.V.

FNN. (2018c). VDE-AR-N-4105 Erzeugunsanlagen am Niederspannungsnetz. Berlin: VDE Verband der Elektrotechnik Elektronik Informationstechnik e.V.

Gesetzgeber. (2009). Verordnung zu Systemdienstleistungen durch Windenergieanlagen (Systemdienstleistungsverordnung – SDLWindV). Berlin: Bundesministeriums der Justiz.

Gesetzgeber. (2016). EEG; Gesetz zur Einführung von Ausschreibungen für Strom aus erneuerbaren Energien und zu weiteren Änderungen des Rechts der erneuerbaren Energien. Bonn: Bundesgesetzblatt.

IEC. (2010). IEC 61400-22. *Wind turbines – Part 22: Conformity testing and certification.* Geneve: IEC.

IEC. (2012). *DIN Deutsches Institut für Normung e. V.* Berlin: IEC.

IEC. (2014). *IEC 61400-1 Wind turbines – Part 1: Design requirements.* Geneva: IEC Central Office.

IEC. (2016a). IECRE OD-551-13. *Measurement of mechanical loads of electricity producing wind turbines* (26.02.2016a). Geneva: IEC Central Office.

IEC. (2016b). *Wind turbines – Part 21: Measurement and assessment of power quality characteristics of grid connected wind turbines.* CH-1211 Geneva 20: IEC CH.

IEC. (2017a). *IEC/ISO 17011.* Konformitätsbewertung – Anforderungen an Akkreditierungsstellen, die Konformitätsbewertungsstellen akkreditieren (ISO/IEC 17011:2017); Deutsche und Englische Fassung EN ISO/IEC 17011:2017. Berlin: Beuth.

IEC. (2017b). IECRE OD-501-1. *Conformity assessment and certification of Blade by RECB* (12.09.2017c). Geneva: IEC Central Office.

IEC. (2018a). IECRE OD-501. *Type and Component Certification Scheme* (24.05.2018a). Geneva: IEC Central Office.

IEC. (2018b). IECRE OD-502. *Project Certification Scheme* (11.10.2018b). Geneva: IEC Central Office.

IEC. (2019). IECRE OD-501-7. *Conformity assessment and certification of Main Electrical Components by RECB* (08.03.2019). Geneva: IEC Central Office.

ISO. (2008). *DIN EN ISO 9001 D.* Berlin: DIN Deutsches Institut für Normung e.V.

Schall, F. A. (2008). *Schallmessverfahren der Schallemissionswerte.* Berlin: FGW e.V. Födergesellschaft Windenergie und andere Erneuerbaren Energien.

VDN. (2007). *TransmissionCode 2007 Netz- und Systemregeln der deutschen Übertragungsnetzbetreiber.* Berlin: Verband der Netzbetreiber – VDN – e.V. beim VDEW.

Jochen Möller, Jahrgang 1968, hat nach der Ausbildung ein Studium der Elektrotechnik absolviert. Seine berufliche Tätigkeit in den Jahren 1993 bis 2009 erfolgte bei WINDTEST Kaiser-Wilhelm-Koog GmbH, heute firmiert unter DNV GL, als Mess-Ingenieur für Windenergieanlagen sowie in den letzten Jahren als technischer Leiter.

Seit 2009 ist er Geschäftsführer und Eigentümer der Moeller Operating Engineering GmbH. Seit Ende der 90er Jahre ist er außerdem als Obmann der technischen Richtlinien im Bereich Elektrische Eigenschaften bei der FGW tätig.

Zeitweise unterrichtete er als Lehrbeauftragter im internationalen Masterstudiengang Wind. Der Autor war an der Erstellung von diversen Richtlinien und Normen sowie Standards und Netzanschlussanforderungen im Bereich Netzintegration von dezentralen Erzeugungsanlagen beteiligt.

Aufgaben und Anforderungen an die kaufmännische und technische Betriebsführung

9

Marco Lange

> **Zusammenfassung**
>
> Nach der Errichtung und der Fertigstellung eines Windparkprojektes mit seiner dazugehörigen Infrastruktur übernimmt die technische und kaufmännische Betriebsführung während der Betriebslaufzeit alle weiteren anstehenden Aufgaben. Dafür ist es notwendig, dass die Betriebsführung in die Projektplanung der Entwicklung miteingebunden wird und außerdem eine eigene Projektarbeit definiert und ausübt. Nicht nur die Anteilseigner, sondern auch zahlreiche externe Stakeholder setzen auf eine professionelle Betriebsführung, um den wirtschaftlichen Erfolg eines Windparks bis zum Lebensende sicherzustellen. In diesem Kapitel werden die typischen Abläufe, Prozesse und Aufgaben der technischen und kaufmännischen Betriebsführung dargestellt. Dabei orientiert sich der Beitrag an den zeitlichen Abläufen im Lebenszyklus der Betriebsführung, stellt die Schnittstellen und Verantwortlichkeiten dar und gibt Einblicke in die typischen Herausforderungen im Alltag der Betriebsführung.

9.1 Kaufmännische Betriebsführung

Der Lebenszyklus „Windpark" endet für viele Marktteilnehmer mit der Inbetriebnahme und Schlussabnahme der Windenergieanlagen. Während eine kontinuierliche technische Betriebsführung (TBF) über die Betriebsdauer heutzutage selbstverständlich ist, spielt die kaufmännische Betriebsführung (KBF) in der Branche eher eine nachrangige Rolle.

M. Lange (✉)
BGZ Fondsverwaltung GmbH, Husum, Deutschland
E-Mail: lange@bgz-gmbh.de

Daher werden an dieser Stelle die Funktionen der KBF besonders hervorgehoben und es wird dargestellt, inwieweit diese nicht nur für spezielle Betriebsthemen, sondern über die gesamte Betriebsphase hinweg einen Mehrwert für den Windpark bietet. Das Projektmanagement der KFB spielt hierbei eine besondere Rolle, da die Betriebsführung eines Windparks durch zahlreiche wiederkehrende Abläufe gekennzeichnet ist.

9.1.1 Aufgaben der kaufmännischen Betriebsführung

Die kaufmännische Betriebsführung definiert sich über zahlreiche, recht unterschiedliche Aufgaben:

- Rechnungsprüfung
- Buchhaltung und Vorbereitung der Jahresabschlüsse
- Liquiditätsplanung und -kontrolle
- Konten- und insbesondere Darlehensüberwachung
- Erstellung von Berichten in verschiedenster Form
- Vorbereitung und Unterstützung von Gesellschafterversammlungen
- Versicherungsangelegenheiten
- Vertragsmanagement/Claim Management
- Aufbereitung und Analyse der Ertragsdaten, Anlagenverfügbarkeiten und Abgleich mit Prognosen
- Konzeptionierung von Windparkprojekten (rechtlich und wirtschaftlich)
- Unterstützung bei der Stromvermarktung
- Permanente Überwachung bezüglich regulatorischer Anforderungen
- Initiierung und Überwachung technischer Veränderungen an den Anlagen zur Optimierung der Performance und/oder Sicherheit in jeglicher Form
- Überwachung und Rechnungsstellung von Windparkabschaltungen durch den Netzbetreiber (Einspeisemanagement)
- Permanente Überwachung des Marktes auf Optimierungsmöglichkeiten (neue Technik, bessere Marktkonditionen für benötigte Verträge etc.)
- Schnittstelle zu allen Vertragspartnern des Windparks
- Zuarbeit zur Geschäftsführung

Die KBF fungiert an dieser Stelle und über alle Aufgaben hinweg als Gesamtkoordinator und Auftraggeber im Namen der Gesellschaft und ist somit für die Vertragspartner der Gesellschaft der erste Ansprechpartner für alle Themen.

Für die Umsetzung regulatorischer Auflagen kann es z. B. Zeitvorgaben geben. Diese müssen dann mit einem möglichst geringen Budget optimal für den Windpark umgesetzt werden.

Trotzdem ist die KBF nicht der Entscheidungsträger, sondern vielmehr der Zuarbeiter für die Geschäftsführung (siehe auch Abschn. 9.1.2.7).

9.1.1.1 Aufgaben der technischen Betriebsführung

Der Fokus der technischen Betriebsführung liegt dagegen vollständig auf der Performance und Betriebsbereitschaft der Anlagen sowie allen damit zusammenhängenden Aufgaben im Windpark:

- Erstellen von Wartungskonzepten
- Regelmäßige Begehung der Anlagen
- Überprüfung der Arbeiten durch Wartungsunternehmen inkl. Kontrolle Mängelbeseitigung
- Ausarbeitung technischer Ertragsoptimierungen
- Permanentes Monitoring der Anlagen
- Aufzeichnung der Anlagendaten
- Aufzeichnung und Überprüfung von Fehler- und Statusmeldungen der Anlagen
- Überprüfung und Dokumentation der Einhaltung behördlicher Auflagen
- Schalthandlungen im Windpark
- Erstellung von monatlichen technischen Berichten
- Terminverwaltung, insbesondere mit Bezug auf behördliche Auflagen
- Technische Beratung
- Begleitung von Reparaturarbeiten an den Anlagen
- Organisation Winterdienst und Pflege der benötigten Flächen

Dabei ist eine enge Zusammenarbeit mit der KBF bzw. mit der Geschäftsführung der Windparkgesellschaft notwendig. Die TBF wird durch die KBF beauftragt, technische Dienstleistungen zu erbringen. Sie liefert aber auch eigenständige Impulse, wenn aus dem technischen Betrieb heraus Themen aufkommen, die den reibungslosen Betrieb stören oder aber eine Optimierungsmöglichkeit für den Windpark bieten.

9.1.1.2 Abgrenzung zur Projektentwicklung und Umsetzung

Während der Planungs- und Bauzeit neuer Windenergieanlagen gibt es in der Regel einen Projektierer, der als Spezialist diverse Themen umsetzt, insbesondere in den Bereichen:

- Standortanalyse (z. B. Windmessung und GIS-Analysen)
- Flächensicherung (z. B. Vertragssicherung und Pachtmodelle)
- Planung Standorte und Ermittlung des optimalen Anlagentyps (z. B. Analysen und Gutachten)
- Einholung von Genehmigungen (z. B. behördliche Genehmigungen und Absprachen)
- Vertragsverhandlungen Anlagenhersteller und Subunternehmen (z. B. Anlagenliefervertrag und Wartungsvertrag)
- Beauftragung, Koordinierung und Überwachung von Subunternehmen (z. B. Leistungsbeschreibungen, Ausschreibungen und Vergabe)
- Bauüberwachung (z. B. Baudurchführung und Netzanschluss)

Je nach Vereinbarung mit dem Kunden des Windparks ist die Abgrenzung zwischen den einzelnen Aufgaben in der Projektentwicklung zur KBF oft fließend. Zwischen Projektierern und der KBF benötigt es eine Arbeits- und Kommunikationsschnittstelle, da die Projekte kaufmännisch und technisch während der Betriebszeit betreut werden müssen und hierfür Vorbereitungen getroffen werden sollten, die schon sehr früh in der Projektentwicklung festgelegt werden.

Ein Beispiel hierfür ist die Projektfinanzierung. Da die Banken in Abhängigkeit vom eingesetzten Eigenkapital (EK) der Vergabe von Darlehen in einer festgelegten Höhe meistens zu Beginn der Projektentwicklungszeit zugestimmt und dieses zur Verfügung gestellt haben, ist insbesondere die Budgetüberwachung während der Projektentwicklungszeit von großer Bedeutung für die Betriebsführung. Eine Budgetüberschreitung kann nicht nur einen höheren Eigenkapitaleinsatz in der Entwicklungszeit nach sich ziehen, sondern hat auch einen direkten Einfluss auf die kaufmännische Betriebsführung, die unter Umständen diese Darlehen vollständig zurückzahlen muss und die weitere Abstimmung mit der Bank übernimmt.

Abschließend ist festzuhalten, dass der Aufgabenbereich der meisten Projektentwickler bei der vollständigen Inbetriebnahme aller Anlagen inkl. Umsetzung aller Genehmigungsauflagen und damit die offizielle Übergabe an den Kunden und der Betriebsführung endet. Eine KBF kann und sollte allerdings schon sehr viel früher in die Projektarbeit miteinbezogen werden, um dabei zu unterstützen, den Windpark über die Gesamtlaufzeit zu optimieren (wie z. B. bei der Endfinanzierung).

9.1.1.3 Aufgaben der Geschäftsführung einer Windparkgesellschaft

Die Geschäftsführung ist im Rahmen der gegebenen Vollmachten *der* Entscheidungsträger der Windparkgesellschaft. Sie kann, muss aber nicht zwangsläufig, Bestandteil der Aufgaben einer KBF sein.

Die Beauftragung der Geschäftsführung erfolgt üblicherweise in vier Schritten:
1. Der Eigentümer fragt Angebote (von den Betriebsführungsgesellschaften) an
2. Es wird ein bevorzugter Anbieter ausgewählt.
3. Es werden der Vertrag und die Dienstleistungen verhandelt.
4. Der Vertrag wird unterzeichnet.

Die KBF versteht sich im Kern dabei als „Zuarbeiter". Sie erstellt die jeweiligen Entscheidungsvorlagen, damit die Geschäftsführung faktenbasiert die richtigen Entscheidungen für den optimalen Betrieb des Windparks treffen kann, unabhängig davon, ob sie selbst auch die Aufgaben der Geschäftsführung übernimmt.

9.1.2 Überblick über die Projektmanagementthemen der Betriebsführung

Die vielen Aufgaben der Betriebsführung und deren Steuerung über das Projektmanagement lassen sich in die folgenden Themenfelder clustern.

- Buchführung
- Vertragsmanagement
- Kommanditisten-Betreuung
- Finanzierung
- Kaufmännisches Kundenmanagement
- Technisches Kundenmanagement
- Geschäftsführung

Diese Themenfelder sind über einzelne Vorgänge eng miteinander verbunden und zeigen auf, inwieweit ein differenziertes Know-how innerhalb einer Betriebsführung benötigt wird. Buchhalter/Steuerberater, Finanzierungsexperten, kaufmännischer, technischer sowie rechtlicher Sachverstand sind auch in Kombination notwendig, um alle Belange des Windparkbetriebes optimal abdecken zu können.

In den folgenden Abschnitten werden diese Themenfelder einzeln dargestellt.

9.1.2.1 Buchführung

Eine wesentliche Aufgabe der KBF ist es, die Buchführung der Windparkgesellschaft sicherzustellen.

Das Ziel ist, monatlich, vierteljährlich, halbjährlich und jährlich die geforderten rechtlichen Anforderungen für Steuerprüfungen und Banken zu erfüllen, damit der Betrieb des Windparks wirtschaftlich erfolgreich fortgeführt werden kann.

Hierzu findet eine enge Abstimmung mit den Buchhaltern statt, um den Kontostand, die Zahlungseingänge und -ausgänge, sowie auflaufende Rechnungen laufend zu überprüfen.

In der Regel wird schon heute bei den meisten Windparks die Buchhaltung durch einen externen Dienstleister abgewickelt. Auch eine KBF bedient sich häufig dieser Unterstützung. Aufgabe der KBF bleibt dabei aber die Rechnungsprüfung und die Abwicklung des Zahlungsverkehrs sowie die Zuarbeit für Erstellung der Jahresabschlüsse und Steuererklärungen.

Damit ist die KFB ein fester und dauerhafter Ansprechpartner für die Finanzämter, Banken und Anteilseignern.

9.1.2.2 Vertragsmanagement

Innerhalb einer Projektgesellschaft gibt es eine Vielzahl von Verträgen und Genehmigungen, die vorzuhalten vor allem für die Betriebszeit notwendig ist. Dazu zählen insbesondere:

- Nutzungsverträge mit Landeigentümern (Pachtverträge, Dienstbarkeiten)
- Darlehensverträge (mit Banken und Gesellschaftern)
- Gesellschaftsverträge (Vertrag zwischen den juristischen Gesellschaften)
- Versicherungsverträge (zum Schutz des Eigentums und der Einnahmen)
- Strombezugsverträge (Stromeinkauf der Windkraftanlagen)
- Stromabnahmevereinbarungen (für den Stromverkauf, auch über Dritte)
  – mit Netzbetreiber
  – mit Direktvermarkter oder auch Direktabnehmer
- Telekommunikationsvereinbarungen (mit Breitband- und Mobilfunkanbieter)
- Kaufverträge für Anlagen (mit den Anlagenherstellern)
- Wartungsverträge (mit dem Anlagenhersteller oder Dritten)
- Verträge für kaufmännische und technische Betriebsführung (mit einer oder mehreren Betriebsführungsgesellschaften)
- Genehmigungen für den Bau von Anlagen (Bundes-Immissionsschutzgesetz-Genehmigung)

Diese Auflistung ist nicht abschließend. So kann es beispielsweise aufgrund der geografischen Lage eines Windparks in bestimmten Regionen erforderlich oder sinnvoll sein, einen Vertrag mit einer Sicherheitsfirma abzuschließen, um möglichem Vandalismus entgegenzuwirken, während das an anderen Orten keine Rolle spielen würde.

Die Einhaltung der Kündigungsfristen, weiteren Vertragsbestandteilen und Genehmigungsauflagen ist eine wichtige Aufgabe der KBF, die mit einem gut organisierten System überblickt werden muss. Ein gutes Vertragsmanagement in der Betriebsführung nutzt zum Beispiel laufend das große Optimierungspotenzial. So lassen sich durch das Optimieren von vertraglichen Kündigungsfristen ggf. bessere Konditionen bzw. Vertragsbedingungen für den Windpark verhandeln.

Hier bietet es sich an, Vertragsverwaltungstools zu nutzen, die unter anderem automatisch auf Vertragsabläufe oder auch Zahlungsfristen hinweisen.

Auch kann es passieren, dass beispielsweise Telekommunikationsanbieter oder vielleicht auch eine Behörde eine Windanlage als Funkmast nutzen möchte. In diesen Fällen muss ebenfalls eine vertragliche Grundlage für die Nutzung geschaffen werden.

9.1.2.3 Kommanditistenbetreuung

Die Anzahl der Gesellschafter (in der KG auch Kommanditisten genannt) kann stark variieren. Das kann von einer Einzelperson bis hin zu „Publikums-Fonds" mit mehreren hundert Anlegern gehen. Viel größere Anlegerzahlen treten im Bereich Windparkbau Onshore (Bau von Windparks an Land) in Deutschland aufgrund des meist begrenzten Kapitalbedarfs i. d. R. nicht auf. Häufig sind die Gesellschaften aber auch im Besitz eines institutionellen Anlegers (z. B. Banken oder Versicherungen).

Die Kommanditistenbetreuung ist eine der im Jahresverlauf dominierenden Aufgaben für die KFB. Die gesamte Kommunikation zwischen den Gesellschaftern und den Windparks muss laufend organisiert, optimiert und nachgehalten werden. Dazu gehören folgende Aufgaben:

- Gesellschafterwechsel
  - Verkauf von Anteilen
  - Vererben von Anteilen (Todesfall)
  - Verschenkung von Anteilen (Schenkung)
- Änderung der Gesellschafterstammdaten
  - Adresse
  - Bankverbindung
- Abfrage der Sonderbetriebsausgaben, Prüfung von steuerlichen Optimierungsmöglichkeiten
- Mitteilung der steuerlichen Werte an das Finanzamt
- Versand Einladungen zu Gesellschafterversammlung per Brief und/oder E-Mail
- Versand Umlaufbeschlüsse per Brief und/oder E-Mail

All diese Themen werden von der Kommanditistenbetreuung verwaltet. Die Kommanditistenbetreuung ist also sozusagen die zentrale Kommunikationsschnittstelle in der Betriebsführung. Zur Erfüllung dieser einfachen Aufgaben muss Sie daher die gesamte Kommunikation initiieren, steuern und überwachen. Dafür werden bspw. folgende Maßnahmen getroffen:

- Bereitstellung großer digitaler wie auch analoger Dokumentationsräume
- Einstellung speziell geschulter Mitarbeiter wie bspw. Notarfachangestellte und Rechtsanwaltshilfen
- Nutzung spezieller ERP-Systeme (Enterprise Ressource Planning) zwecks Datenverarbeitung durch speziell geschulte Mitarbeiter

Anfragen der Anleger werden dann häufig in Zusammenarbeit mit der Buchhaltung, den technischen oder kaufmännischen Betriebsführern beantwortet.

9.1.2.4 Finanzierung

Da die Kapitalausstattung eines Windparks in der Regel zum größten Teil über die Aufnahme von Fremdmitteln realisiert wird, ist das Ausarbeiten und später auch Verwalten der Finanzierung ein wichtiges Thema für die Gesellschaften.

Der möglichst geringe Eigenmitteleinsatz erklärt sich nicht zuletzt aus dem sogenannten Leverage-Effekt. In der Vergangenheit waren Eigenkapitalquoten von 0 bis 5 % durchaus gängig. Das wird sich sicherlich durch das im vergangenen Jahr in Deutschland eingeführte Ausschreibungsmodell zukünftig etwas verändern.

Der Teilbereich Finanzierung innerhalb der Betriebsführung definiert sich aus den folgenden Aufgaben:

- Ausschreibungen mit Banken (Rahmendaten zusenden, Finanzierungsangebote einholen, Verträge abschließen)
- Einholung Darlehensangebote (inkl. Auswertung und Nachverhandlung in Zusammenarbeit mit der Geschäftsführung)
- Schaffung der Auszahlungsvoraussetzungen für die Darlehen (über die Erfüllung der technischen, genehmigungsrechtlichen und wirtschaftlichen Auflagen aus den Verträgen und von den Behörden)
- Sicherstellung der Einhaltung der Darlehensauflagen (regelmäßige, jährliche Reportings an die Kreditinstitute, Einhaltung der im Vertrag definierten Kennzahlen wie z. B. Schuldendienstreserven, Schuldendienstdeckungsgrad und Umlaufvermögen)
- Zinsoptimierungen (Sicherung Anschlusszinssätze nach Zinsbindungen, Anfrage nach neuen und verbesserten Konditionen)
- Zwischenzeitliche Kommunikation mit den Kreditinstituten
- Restrukturierungsverhandlungen

Für die Einhaltung der Darlehensauflagen wird in der Regel eine Software zur Vertragsverwaltung verwendet. Dieses System kann dann sowohl auf wichtige Kennzahlen wie bspw. das Vertragsende als auch auf das Zinsfestschreibungsende hinweisen. Die Lieferung der jährlichen Kennzahlen ist häufig an den Jahresabschluss gekoppelt und wird entweder jährlich von den Kreditinstituten schriftlich angefordert oder über ein Wiedervorlagesystem eigenständig angestoßen.

Aber auch, wenn ein Windpark aufgrund zu geringer Erträge oder auch aufgrund der zu hohen Kosten ein Liquiditätsproblem bekommt, muss eine KBF mit dem Kreditinstitut in Kontakt treten. Gemeinsam mit den Kreditinstituten und über Gesellschafterbeschlüsse wird in solchen Fällen geprüft, ob die Kreditinstitute z. B. Zins- und Tilgungsleistungen stunden, ein Überbrückungskredit aufgenommen werden kann und/oder das Kreditinstitut weiteres Eigenkapital (oft auch in Form von Gesellschafterdarlehen) fordert. Die geforderten Berichte an die Kreditinstitute bestehen in der Regel aus betriebswirtschaftlichen Auswertungen, Summen- und Saldenlisten sowie mittel- bis langfristigen Liquiditätsprognosen.

Der Weiterbetrieb steht hierbei immer für alle Beteiligten im Vordergrund – eine Zerschlagung des Windparks stellt in der Regel keine wirtschaftlich sinnvolle Option dar.

9 Aufgaben und Anforderungen an die kaufmännische und technische Betriebsführung 213

Zum Beispiel wäre die Aufteilung der jeweiligen Projektrechte auf die einzelnen Anlagen zu aufwendig bzw. teilweise auch nur schwer durchführbar, da unter anderem gemeinsame Kabeltrassen und dingliche Sicherheiten genutzt werden.

9.1.2.5 Kaufmännische Betriebsführung – Schnittstelle zu den Stakeholdern

Die KBF versteht sich auch als eigentliche Datenschnittstelle zur Außenwelt, die mit einer Vielzahl von Projektbeteiligten in Verbindung steht (vgl. Abb. 9.1). Dazu gehören:

- Stromabnehmer
- Genehmigungsbehörden

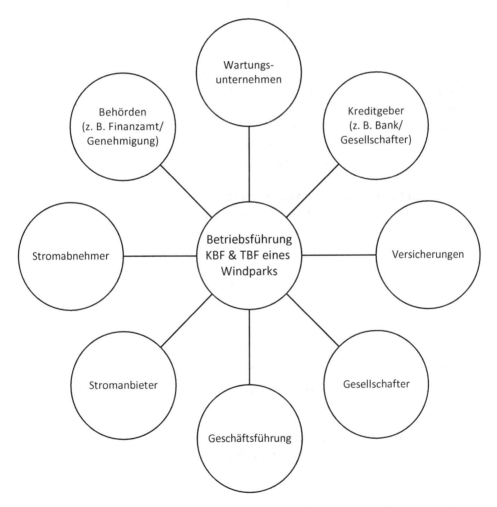

Abb. 9.1 Kommunikations- und Vertragsverhältnisse der Betriebsführung einer Windparkgesellschaft

- Versicherungen
- Kreditgeber
- Über die Kommanditistenbetreuung auch Gesellschafter
- Betreibergesellschaften (z. B. TBF, Wartungsunternehmen)
- Anlagenlieferanten
- Sonstige Lieferanten
- Geschäftsführung

Die KBF sammelt interne und externe Informationen, die für den betrieblichen Ablauf des Windparks benötigt werden, ist verantwortlich für den kommunikativen Austausch mit den Vertragspartnern und muss die Geschäftsführung aufgrund der vorhandenen Daten über einen möglichen Handlungsbedarf informieren.

Vorgaben und Entscheidungen der Geschäftsführung, die umgesetzt werden sollen, werden stellvertretend von der KBF ausgearbeitet, koordiniert und umgesetzt. Dazu setzt sie sich mit den benötigten Experten (technische Betriebsführung, Wartungsunternehmen, Steuerberater etc.) in Verbindung, um das gewünschte Ergebnis zu erzielen.

Zusammen mit der Geschäftsführung steht die KBF aber nicht nur mit allen direkt mit dem Windpark verbundenen Partnern in Kontakt. Über bspw. Mitgliedschaften in übergreifenden (Wind)Vereinigungen oder Arbeitsgruppen werden gesetzliche Änderungen analysiert und deren Umsetzung abgestimmt, aber auch Lobbyarbeit überregional durchgeführt mit dem Ziel, positive Effekte für die Windbranche und somit auch für die betreuten Windparks zu erreichen.

9.1.2.6 Technisches Kundenmanagement

Das technische Kundenmanagement einer KBF definiert sich als Schnittstelle zu allen technischen Themen in einem Windpark. Das Leistungsspektrum ist dabei recht umfassend und schließt im Wesentlichen folgende Themen mit ein:

- Beseitigung von Störungen oder Störquellen
- Ersetzen von einzelnen Elementen der Windkraftanlage
- Ertragsoptimierung
- Fernüberwachung der Windkraftanlagen
- Kostenoptimierung
- Optimierung der technischen Leistung des Windparks
- Optimierung der Verfügbarkeit der Anlagen
- Reparatur von beschädigten Bauteilen

Daraus lässt sich unweigerlich erkennen, dass zur Erfüllung dieser Aufgaben zwangsläufig technischer Sachverstand und damit Personal in der Betriebsführung vorhanden sein muss.

Zwar kann theoretisch jeder Mitarbeiter einer Betriebsführungsgesellschaft ein gewisses technisches Know-how aufbauen, da aber das Aufgabenfeld groß und die frei verfügbare Leistung der Mitarbeiter im Unternehmen begrenzt ist, kann es hilfreich sein, sich auch auf das technische Kundenmanagement zu spezialisieren oder diese Dienstleistung an ein Subunternehmen auszulagern.

9.1.2.7 Geschäftsführung

Ohne eine Geschäftsführung ist auch eine Windparkgesellschaft nicht handlungsfähig.

Die Geschäftsführung ist im Rahmen der gesetzten Vollmachten der Entscheidungsträger für die Gesellschaft und wird durch die Gesellschafter bestimmt. Diese kann, muss aber nicht zwangsläufig an die kaufmännische Betriebsführung outgesourct werden.

Ein Geschäftsführer definiert sich über eine entsprechende Expertise und freie Kapazitäten, um alle Belange der Gesellschaft mit der erforderlichen Sorgfalt im Sinne der Gesellschafter durchführen zu können.

Insbesondere bei Publikumsgesellschaften wird zur Schaffung einer größtmöglichen Transparenz bzw. einer Verkürzung von Entscheidungswegen neben der Geschäftsführung oft ein Beirat implementiert. Dieser gilt als zusätzliches Bindeglied zwischen Gesellschaftern und Geschäftsführung.

Unabhängig davon, ob die Betriebsführung auch mit der Geschäftsführung betraut wurde oder diese weiterhin von einem Externen gestellt wird, kann sich die Geschäftsführung aus dem vollen Angebot der KBF bedienen, um Informationen zusammenzustellen, diese auswerten zu lassen, Entscheidungsvorlagen vorzubereiten und die Ausführung der Entscheidungen anzustoßen bzw. überwachen zu lassen.

Es muss also eine permanente Prüfung diverser Projektthemen durch die Geschäftsführung in der Zusammenarbeit mit der KBF erfolgen.

- Anhand der jährlichen Erträge und Kosten wird z. B. überprüft, wie der Windpark im Vergleich zur Prognose läuft. Allerdings darf man hier nicht nur auf den ursprünglichen Plan achten, sondern muss rückwirkend prüfen, wie das tatsächliche Windangebot in der entsprechenden Region in den vorhergehenden Zeiträumen war. Die Ertragserwartung muss rückwirkend an das tatsächliche Windangebot angepasst werden, um zu sehen, welchen Ertrag die Anlagen theoretisch hätten erzielen müssen. Laufen die Anlagen unter Berücksichtigung des tatsächlichen Windangebotes über oder unter Plan?
- Wie verhält es sich mit den Kosten? Verlaufen die Kosten innerhalb der geplanten Parameter? Wie verändern sich die Kosten bei geringeren Erträgen? Oft gibt es für bestimmte Kostenpositionen (z. B. Wartung oder Pacht) Mindestpreise. Kann der Windpark noch wirtschaftlich betrieben werden, wenn die Erträge permanent stark unter Plan laufen, die Kosten aber nicht im gleichen Verhältnis sinken?
- Muss die Mehrjahresplanung für die kommenden Jahre angepasst werden? Ändern sich Kosten bzw. sollte die Ertragserwartung nach diversen Betriebsjahren mit starken Planabweichungen ggf. angepasst werden? Wie stark verändert sich dadurch die Wirtschaftlichkeit des Windparks?

- Werden am Standort Höhenbeschränkungen geändert, die jetzt größere Anlagen zulassen? Dazu kommen vielleicht noch verbesserte Anlagen-Typen, die auf den neuen Höhen wesentlich größere Erträge erwirtschaften können?
- Deuten sich gesetzliche Änderungen an, die ein zukünftiges Repowering erschweren? In dem Fall wäre z. B. ein vorzeitiges Repowering zu prüfen.
- In Rücksprache mit der technischen Betriebsführung wird auch die Performance der Anlagen mit vergleichbaren Standorten bzw. vergleichbaren Anlagentypen abgeglichen, um ggf. festzustellen, ob es negative Abweichungen an den einzelnen Anlagen gibt.
- Gibt es technische Innovationen, die die Wirtschaftlichkeit optimieren oder neue rechtliche Anforderungen, die eine technische Anpassung erfordern?

Die Prüfung dieser Aspekte erfolgt regelmäßig durch die KBF. Die Entscheidungen hierzu werden dann von der Geschäftsführung vorgenommen. Kosten und Erträge werden z. B. häufig im Zuge der Jahresabschlusserstellung überprüft.

Änderungen gesetzlicher Rahmenbedingungen bzw. technische Innovationen erfordern dagegen aber das aktive Suchen von Informationen. Das geht z. B. über Verbände, Fachpresse, Seminare oder im engen Austausch mit Fachleuten (z. B. Juristen, TBF).

Sollte die Analyse ergeben, dass die KBF in Rücksprache mit der Geschäftsführung einen Handlungsbedarf sieht, werden je nach Gesellschafterstruktur und Vollmachten der Geschäftsführung entsprechende Aufgaben definiert und Arbeitsschritte eingeleitet, um einen Entscheidungsprozess herbeizuführen.

Gesellschafter müssen informiert und mögliche Budgets für die ersten Schritte abgestimmt und freigegeben werden. Im Falle eines Repowerings müssen Angebote von Projektierern (wenn die KBF das Repowering nicht eigenständig durchführt) eingeholt und Investitionskosten ermittelt werden.

Allerdings kann es auch passieren, dass ein Windpark nicht repowert werden kann. Vielleicht liegen die genutzten Flächen nicht mehr innerhalb einer ausgewiesenen Windeignungsfläche oder die Landeigentümer sind nicht dazu bereit, neue Pachtverträge abzuschließen.

Auch in diesen Fällen ist eine KBF gefragt. Es muss geklärt werden, ob der Weiterbetrieb über die geplanten 20 Jahre für die Gesellschafter wirtschaftlich rentabel möglich ist.

Auch hier gilt es diverse Fragestellungen zu klären und Verträge anzupassen bzw. neu zu verhandeln.

- Wie ist der Weiterbetrieb in den Pachtverträgen geregelt?
- Ist die Standortsicherheit der einzelnen Anlagen auch für den Weitertrieb gegeben?
- Lässt sich außerhalb der EEG-Vergütung ausreichend Ertrag erwirtschaften, um alle Kosten zu decken?

Die Geschäftsführung ist damit jederzeit ein fester Entscheidungsträger über die Art und Weise zur Fortführung des Windparks.

9.2 Betriebsführung – Lebenszyklus und Jahresverlauf der Betriebsführung

Anders als bei vielen anderen Firmen in der freien Wirtschaft ist die Lebensdauer einer Windparkgesellschaft von Beginn an auf eine zeitliche Befristung ausgelegt, trägt also eher den Charakter einer Projektgesellschaft. Auf der einen Seite werden Pachtverträge geschlossen, die i. d. R. nach 20 bis 30 Jahren auslaufen und auf der anderen Seite ist der wirtschaftliche Weiterbetrieb der Windenergieanlagen nach über 20 Jahren perspektivisch nicht mehr gegeben. Reparaturen werden häufiger und teurer und zusätzlich muss regelmäßig die Standortsicherheit für den Weiterbetrieb von einem Gutachter bestimmt werden. Je älter die Anlagen werden, desto größer dementsprechend die Wahrscheinlichkeit, dass es zu altersbedingten Mängeln kommt, deren Reparatur wirtschaftlich nicht mehr tragbar ist. Vor dem Hintergrund wird oft schon frühzeitig geprüft, ob die bestehenden Anlagen durch neue ersetzt werden können, um so die Lebensdauer der Projektgesellschaft zu verlängern.

Innerhalb des Lebenszyklus eines Windparks bildet die Betriebsführung damit die Schnittstelle zwischen Entwicklung und Rückbau und für den Fall eines Repowerings (der Austausch von Altanlagen gegen Neuanlagen) ist die Betriebsführung sogar der Projektinitiator für die technische und wirtschaftliche Weiterführung in einen neuen Lebenszyklus des Windparks.

Auch bei einem Repowering-Projekt handelt es sich um ein geschlossenes Vorhaben, welches sich in der Regel wirtschaftlich eigenständig tragen soll und als sogenannte Einzweckgesellschaft nach Rückbau seinen Zweck erfüllt hat. Dies ist eine wichtige Auflage und Vorgabe der Kreditinstitute, um eine weiterführende Finanzierung sicherzustellen.

In der öffentlichen Wahrnehmung und im Allgemeinen ist das „Projekt Windpark" für die meisten Beteiligten mit der Inbetriebnahme der Windenergieanlagen bzw. der Übergabe an den Investor abgeschlossen.

In der Realität ist die Entwicklungsphase bis zur Inbetriebnahme aber, trotz mehrjähriger Vorbereitungs-, Planungs- und Durchführungsphase, auf den gesamten Lebenszyklus bezogen der kürzere Teil des Projektes (s. Abb. 9.2). Die Betriebsführung bildet damit den zeitlich längsten Teil des Lebenszyklus eines Windparks ab.

Die Arbeit der KBF kann mit Beauftragung zu jedem Zeitpunkt innerhalb der Projektlebensdauer aufgenommen und beendet werden. Sie kann z. B. bei Rückbau und Auflösung der Projektgesellschaft enden.

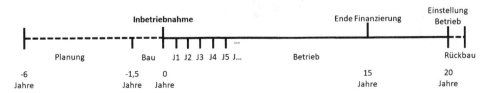

Abb. 9.2 Lebenszyklusbereiche eines Windparks ohne Repowering

Im Idealfall hat eine KBF aber ihren Arbeitsschwerpunkt ab Inbetriebnahme der Windenergieanlagen. Anders als in den anderen Lebenszyklen des Windparks ist die Arbeit während des operativen Betriebs nicht von der innovativer Projektarbeit geprägt, sondern vielmehr von wiederkehrenden Arbeiten und Kontrollen, die in bestimmten Fällen den Start von neuen (Teil-)Projekten auslösen können.

Dabei kann aber durch diese täglich wiederkehrenden Arbeiten bzw. auch durch andere unvorhersehbare Ereignisse aus der KBF heraus der Start von Projekten „getriggert" (also ausgelöst) werden.

Ein typischer Jahresverlauf der Betriebsführung lässt sich am einfachsten in Quartalen darstellen.

Abb. 9.3 führt auf, welche die wichtigsten Aufgaben und Berichte im Jahresverlauf sind.

Die Darstellung in Abb. 9.3 bezieht sich auf das Geschäftsjahr. Dieses ist grundsätzlich frei wählbar, aber in der Windenergiebranche noch häufiger als sonst mit dem Kalenderjahr identisch. Das vereinfacht die Synchronisation der zahlreichen unternehmensgrenzüberschreitenden Zahlungsströme.

1. Quartal: Jahresübergang – das Gegenteil einer besinnlichen Zeit

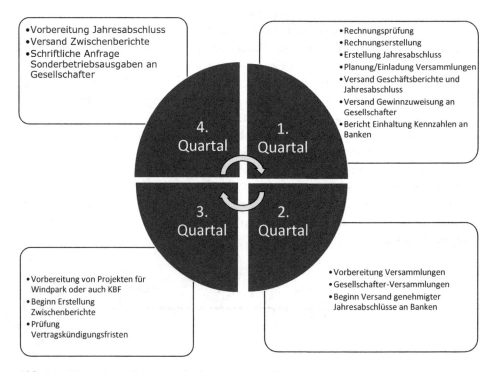

Abb. 9.3 Thematische Schwerpunkte im Jahresverlauf

Meist endet das Geschäftsjahr mit dem Jahreswechsel von Dezember auf Januar. Dann beginnt in der Regel das arbeitsintensive erste Halbjahr für die KBF. Es werden neue Jahresrechnungen für das Folgejahr gestellt und auch eingehende Jahresrechnungen geprüft und verarbeitet. Im Januar ist das höchste Aufkommen an Rechnungen zu verzeichnen. Sinnbildlich ist hier die Rechnungsprüfung also ein großes Thema.

Am aufwendigsten sind an dieser Stelle i. d. R. die Pachtabrechnungen. Häufig erhalten Verpächter vertraglich geschuldet im Januar eine Grundpacht für das neue Jahr, nicht selten muss aber auch eine umsatzabhängige Pacht für das vorhergehende Jahr berechnet und bezahlt werden.

Hierzu bedient man sich großer Datenbanken in Tabellenprogrammen oder vollintegrierter ERP-Systeme, die direkt mit den Buchhaltungsstellen und anderen verbunden sind.

Aber auch in vielen anderen Verträgen spielen die Zahlungsverpflichtungen durch Einnahmen aus der Stromproduktion der Anlagen des vorhergehenden Jahres eine Rolle. So muss bspw. bei Vollwartungsverträgen geprüft werden, ob die garantierte technische Verfügbarkeit (Verfügbarkeit der einzelnen Anlagen bzw. des Windparks für einen mit dem Wartungsunternehmen vereinbarten Zeitraum) eingehalten oder sogar übererfüllt wurde. Je nachdem hat der Windpark Anspruch auf eine Entschädigung oder muss vielleicht einen Bonus an den Vertragspartner zahlen.

Somit ist insbesondere zum Jahresanfang ein enger Austausch mit der TBF gefragt, um Rechnungen aus technischer Sicht nachprüfen bzw. stellen zu können. Da die ermittelten Verfügbarkeitszahlen vom Park nicht immer mit den Zahlen des Vertragspartners (Anlagenhersteller oder Wartungsunternehmen) übereinstimmen, ist für die Klärung zur Durchsetzung von Ansprüchen eine gute und direkte Kommunikation mit den Vertragspartnern notwendig.

Hat die KBF einen großen Bestand an Windenergieanlagen von einem einzelnen Hersteller, so kann sie dementsprechend besser Abweichungen einzelner Anlagen feststellen und somit, im Vergleich zu einzelnen Parkbetreibern, mit einem Wissensvorsprung in die Gespräche mit den Anlagenherstellern, Wartungsunternehmen etc. gehen und ggfls. Ansprüche besser durchsetzen.

Im Januar starten ebenso die Arbeiten zur Erstellung der Jahresabschlüsse. Hier geht es darum, die Buchungen für das Vorjahr final abzugleichen und die Unterlagen für die externen Prüfer vorzubereiten. Es geht aber auch um die Abstimmung mit den Gesellschaftern und Beiräten, wann und wo die jährlichen Gesellschafterversammlungen abgehalten werden sollen.

Je nach Kommanditistenkreis gilt es, Veranstaltungen für einige wenige bis hin zu „Großveranstaltungen" für mehrere hundert Teilnehmer zu organisieren. Das wird i. d. R. von der Kommanditistenverwaltung übernommen. Aber auch Umlaufbeschlüsse per Post ohne Abhaltung einer gesonderten Versammlung sind möglich, wenn die Gesellschaftsverträge diesbezüglich Regelungen beinhalten.

Beim Versand der Einladungen zur Gesellschafterversammlung sind die Ladungsfristen ausreichend zu berücksichtigen. Diese betragen in der Regel vier Wochen, können aber über den Gesellschaftsvertrag auch anders geregelt werden.

Spätestens für den Versand der Einladungen an die Kommanditisten muss der jeweilige aktuelle Geschäftsbericht der Windparkgesellschaft fertig gestellt sein. Die Vorjahreszahlen aus dem Jahresabschluss werden auf den Gesellschafterversammlungen dargestellt, Planabweichungen erläutert und die Prognose für die kommenden Jahre nach aktuellem Informationsstand angepasst. Es geht also darum, möglichst jedem Gesellschafter auf verständliche Weise das abgelaufene Geschäftsjahr zu erklären und auch einen Ausblick auf den zukünftigen Geschäftsverlauf abzugeben.

Neben dieser besonderen Belastung zum Jahresanfang ist natürlich der normale Geschäftsbetrieb aufrecht zu halten und es sind z. B. die monatlich fälligen Reports für die Investoren zu erstellen.

2. Quartal – Die Versammlungs- und Berichtssaison

Dieser arbeitsintensive Jahresbeginn geht in die „Versammlungssaison" über. Für eine KBF mit einem großen Anteil Windparks, die sich fast ausschließlich im Besitz privater Investoren befinden, gibt es während dieser Zeit viele Termine. Da die Geschäftsführung der Komplementärgesellschaften bei diesen Gesellschafterstrukturen häufig ebenfalls bei der KBF platziert ist, werden in dieser Zeit neben den jeweiligen Betreuern der Gesellschaften sowie der Kommanditistenbetreuung auch die Geschäftsführer stark eingebunden, da diese die Versammlungen i. d. R. leiten.

Werden eher institutionelle Investoren betreut, ist die Versammlungssaison insgesamt weniger arbeitsintensiv als bei einem großen Bestand an Publikumsgesellschaften mit vielen privaten Investoren. Das hängt damit zusammen, dass institutionelle Anleger häufig alleinige Anteilseigner sind, die Geschäftsführung eigenständig führen und vor dem Hintergrund auf eine jährliche Versammlung meist verzichtet wird.

Eine Versammlung ist mit den folgenden und diversen Arbeiten verbunden:
- Vorbereitung
  - Termin und Ort festlegen und buchen
  - Gesellschafter einladen
  - Kurz vor der Versammlung noch mal alle Berichte auf den aktuellsten Stand bringen (zwischen Erstellung Jahresabschluss und Versammlung liegen i. d. R. mindestens 4 Wochen)
- Während der Versammlung
  - Leitung der Versammlung (Geschäftsführer)
  - Protokollierung
  - Berichte durch z. B. KBF und TBF
  - Beantwortung der Fragen von Gesellschaftern

- Nachbereitung
  - Erstellung der Protokolle
  - Versand der Protokolle
  - Klärung offener Fragen
  - Abarbeitung von Beschlüssen (z. B. Auszahlung der Entnahme)

Viele der aufgeführten Tätigkeiten sind mit Formalien und Fristen verbunden. Diese sind nicht immer frei gestaltbar, sondern teils auch Gesetzestexten zu entnehmen. Laufen z. B. Gesellschafterversammlungen nicht gesetzeskonform ab, so kann eine Wiederholung gefordert werden, was ggf. ein zweites Mal eine signifikante Summe für Vorbereitung/ Durchführung/Nachbereitung erfordert.

Neben diesen Arbeiten gibt es aber häufig noch weitere und gesonderte Beiratssitzungen sowie Abstimmungs- und Nachbereitungsrunden.

Es gilt auf den Versammlungen, den Investoren möglichst knapp das vergangene Jahr darzustellen, auf Probleme einzugehen und mögliche Lösungswege vorzuschlagen, wenn diese nicht im Rahmen der vergebenen Kompetenzen ohne Einwilligung der Gesellschafter oder mit den Beiräten beschlossen werden können.

Beschlüsse, die auf diesen Versammlungen gefasst werden, können jetzt Projekte auslösen und wichtige Impulse für die zukünftige Entwicklung des Windparks geben.

Beispiele hierfür wären der Verkauf des Projektes, die Anschaffung einer technischen Verbesserung zur Optimierung des Betriebes oder die Prüfung der Möglichkeit, ob ein Repowering, also der Austausch der bestehenden Windenergieanlagen durch neue und leistungsfähigere Windenergieanlagen, für den Windpark wirtschaftlich sinnvoll ist.

Fragen rund um das Repowering spielen eine wichtige Rolle innerhalb der Lebenszyklen eines Windparks, da die Lebensdauer der Projektgesellschaft verlängert und damit die Wirtschaftlichkeit weiter gesteigert werden kann. Durch ein Repowering werden die bestehenden Anlagen (i. d. R.) weit vor dem ursprünglichen Betriebsende zurückgebaut und durch neue Anlagen, die dann wieder eine Lebensdauer von min. 20 Jahren haben, ersetzt.

Der Neubau wäre damit also ein vollständig neues Projekt, welches den Lebenszyklus quasi wieder von vorne anstößt und zum Laufen bringt. Zu berücksichtigen ist hierbei aber, dass die neuen Anlagen nicht nur die eigenen Kosten über die 20 Jahre decken und für die Investoren Gewinn abwerfen müssen. Ferner muss auch geprüft werden, ob für die Gesellschafter am Ende des Entscheidungsprozesses ein wirtschaftlicher Mehrwert entsteht, der den vorzeitigen Rückbau der alten Anlagen wirtschaftlich kompensiert.

Gerade zum Ende der Lebensdauer sind die möglichen Entnahmen an die Gesellschafter häufig höher, da die Darlehen vollständig getilgt sind, die Rücklagen für den Anlagenrückbau vollständig angespart sind oder auch die Kosten im Vergleich zu ursprünglicher Planung optimiert werden konnten. Für die Gesellschafter muss es also nachvollziehbar dargestellt werden, warum es lohnend ist, kurzfristig auf Entnahmen zu verzichten, um dafür mittel- bis langfristig einen Mehrwert zu haben (eine generelle Empfehlung kann zu diesem Thema nicht gegeben werden, weil die wirtschaftliche Betrachtung immer ein Mix aus mehreren Faktoren ist, wie z. B. Eigen- und Fremdkapitalrendite, Steuersparmodelle, Re-Fitting (Wert der rückgebauten Altanlagen im Wiederverkauf), Investitionsalternativen etc.

Um eine optimale Entscheidungsgrundlage zu schaffen, wird das alles nach Möglichkeit bereits vor der Versammlung durch die KBF in Zusammenarbeit mit der Geschäftsführung und ggf. weiteren Experten vorbereitet. Je nachdem, welche Entscheidungen für den Fortbetrieb des Windparks getroffen werden, entstehen hieraus neue technische, wirtschaftliche und/oder juristische Aufgaben, die bis Jahresende zu erfüllen sind.

Dazu zählen bspw.:
- Rückbau der Anlagen nach 20 Jahren
- Technische Aufrüstung der Anlagen bedingt durch neue gesetzliche Vorgaben (z. B. die Nachtbefeuerung)
- Fortführung des Geschäftsbetriebes über die 20 Jahre hinaus
- Repowering der Anlagen (ggfls. verschiedene Vorschläge mit unterschiedlicher Anzahl an Anlagen)
- Rückkauf von Gesellschafteranteilen

Aber auch andere Wortmeldungen und Anfragen aus den Reihen der Gesellschafter können für Folgearbeiten in der KBF sorgen (z. B. Entnahmen und Änderungen im Gesellschaftsvertrag).

3. Quartal – die Optimierungszeit

Je nach Aufstellung, Ausrichtung bzw. Größe einer KBF befindet man sich nach der Versammlungssaison häufig bereits in der Zeit der Umsetzung von den zuvor beschlossenen Vorhaben und Maßnahmen.

Jedoch gibt es zahlreiche Erfahrungen, wonach mit dem 3. Quartal auch das ruhige Viertel des Jahres anbricht. Neben den täglichen Arbeiten besteht jetzt oft auch die Gelegenheit, verstärkt über Vertrags- und/oder Prozessoptimierungen nachzudenken.

Dieses bietet sich sowohl für die Windparks, aber eben auch innerhalb der KBF selbst an.

Es ist zwar nicht zwingend erforderlich, aber häufig werden Verträge immer für ein Kalenderjahr abgeschlossen. Das hat für die Buchhaltung den positiven Nebeneffekt, dass die Kosten leicht abzugrenzen sind (vorausgesetzt, das Geschäftsjahr des Windparks ist auch das Kalenderjahr).

Um ein vernünftiges Vertragsmanagement zu ermöglichen ist es natürlich wichtig, die jeweiligen Laufzeiten und Kündigungsfristen zu kennen.

Ein Vorteil einer KBF ist, dass man häufig mit einem größeren Windparkportfoliomanagement in Vertragsverhandlungen eintreten und dabei Größenvorteile ausnutzen kann. Das muss nicht zwangsläufig bedeuten, dass dann auch jeder Windpark immer die gleichen

Vertragspartner hat, aber in vielen Bereichen lassen sich auf diese Weise durch eine gebündelte Anfrage für mehrere Gesellschaften bessere Konditionen (in Form von z. B. günstigeren Vertragspreisen oder aber auch besserer Leistungen zum gleichen Preis) erzielen.

Am Ende bleibt es aber Aufgabe der KBF, für jede einzelne Gesellschaft den optimalen Vertragspartner zu finden bzw. den Gesellschaftern die besten Optionen zur Auswahl zu stellen.

Häufig beginnen in dieser Zeit interne Projekte bzw. wurden bereits Vorbereitungen getroffen, um mit Projekten direkt durchstarten zu können.

Dabei geht es sowohl um Projekte, die einzelne, mehrere oder alle Gesellschaften betreffen können, als auch um solche, die einer internen Optimierung der KBF dienen, wie z. B.:

- Für einzelne Windparks (z. B. Optimierung der Anlagen durch Installation zusätzlicher technischer Hardware)
- Für mehrere Windparks (z. B. ein gemeinsames Repowering)
- Für alle Bestandsparks (z. B. Start Verhandlungen für die Strom-Direktvermarktung im Folgejahr)
- Die Optimierung der KBF (z. B. Einführung einer neuen Software)

Alle Projekte haben die Gemeinsamkeit, dass man sich mit möglichst allen Projektbeteiligten zusammensetzt und einen Projektplan erarbeitet, der eine reibungsarme Umsetzung gewährleistet.

Grundsätzlich können zwar Projekte zu jedem Zeitpunkt im Jahr starten, jedoch hat die Erfahrung gezeigt, dass neue Projekte der Betriebsführung häufig in diesem ruhigen dritten Quartal vorbereitet und gestartet werden.

4. Quartal – Vorbereitung Jahresabschluss

Mit den letzten Monaten des Jahres beginnen die Vorbereitungen für den Jahresabschluss und der Abschluss wichtiger Verhandlungen, wie z. B. die der Stromdirektvermarktung für das kommende Geschäftsjahr.

Dazu fällt ein Großteil der zu erstellenden Zwischen- und Abschlussberichte in das letzte Quartal des Jahres.

Insbesondere bei Gesellschaften, die sich im Besitz mehrerer privater Investoren befinden, erfolgt in der Regel kein regelmäßiges monatliches Reporting. Häufig gibt es in diesen Fällen ausschließlich einen Zwischenbericht, sodass die Gesellschafter ungefähr im Abstand von sechs Monaten und jeweils im Wechsel mit einen Geschäfts- bzw. Zwischenbericht über das Geschehen im Windpark auf dem Laufenden gehalten werden.

Der Monatsbericht der technischen Betriebsführung bleibt allerdings unabhängig davon erhalten und wird laufend fortgesetzt.

An dieser Stelle lässt sich zum regulären Jahresablauf wiederholt feststellen, dass eine KBF im normalen Betrieb durch das Jahr hinweg von den widerkehrenden Aufgaben geprägt ist und sich insbesondere zum Jahresende mit den im ersten Quartal anstehenden Aufgaben beschäftigt.

Um z. B. die Jahresabschlüsse und Geschäftsberichte fristgerecht mit den Einladungen zur Gesellschafterversammlung zu versenden, müssen viele unterschiedliche Aufgaben koordiniert und am Ende zusammengeführt werden. Da diese Aufgaben aber für alle Windparks relativ identisch sind, kann man hier von routinierten Arbeitsabläufen sprechen, für die im Idealfall gute Prozesse nur einmal definiert wurden und trotzdem den Projektcharakter erfüllen.

9.3 Anwendung von Projektmanagement in der Kaufmännischen Betriebsführung

Wie bereits zu Beginn erwähnt, besteht die Grundarbeit einer KBF in einem relativ routinierten Jahresablauf. Das Ziel muss es demnach sein, aus den zusammengeführten Daten aus dem Windpark, den sich ändernden Bedingungen auf dem Marktumfeld (gesetzlich, aber eben auch technologisch) und den in der Zwischenzeit unvorhersehbaren Ereignissen im Windpark sowohl die Chancen als auch die Risiken für den Windpark zu ermitteln, zu bewerten und daraus mögliche Lösungsvorschläge zu erarbeiten.

Es gibt eine Vielzahl von Ereignissen und Gründen, warum aus dem laufenden Betrieb heraus ein Projekt entsteht. Dazu zählen z. B.:
- Schäden an der Anlage aufgrund von Umwelteinflüssen (z. B. Blitzschäden) oder Verschleißmängeln
- Gesetzliche Änderungen, die eine technische Nachrüstung erfordern
- Technische Verbesserungen zur Leistungsoptimierung bzw. zur frühzeitigen Identifizierung von möglichen Schwachstellen an den Komponenten der Anlagen
- Prüfung, ob ein Repowering schon vor Ablauf der geplanten Laufzeit wirtschaftlich sinnvoll ist
- Rückbau der Anlagen

Es ist leicht nachzuvollziehen, dass kein Betreiber z. B. den Verlust einer Anlage durch Blitzschlag fest in die Prognose mit einplant, was nicht bedeutet, dass man sich nicht gegen diese Fälle durch Versicherungen absichern kann.

Auch regulatorische Änderungen sowie technologische Weiterentwicklungen sind natürlich innerhalb einer Lebensspanne von rund 20 Jahre zu erwarten, die Auswirkungen auf einen Bestandspark haben und sich aber nicht vorab ohne Weiteres planen lassen.

Es gibt dementsprechend nicht für jedes mögliche und eintretende Szenario einen vorbereiteten Projektplan, der unverzüglich in Kraft treten kann, sobald bestimmte Ereignisse eintreten. Dazu ist die Anzahl der möglichen Szenarien während der langen Betriebszeit eines Windparks einfach zu groß.

Dennoch gibt es zahlreiche Anwendungsbeispiele für das praktische Projektmanagement innerhalb der Betriebsführung, die nun an einigen typischen Beispielen aus der Praxis dargestellt werden sollen.

Beispiel 1: Technische Defekte

Der Betrieb des Windparks wird für einen Zeithorizont von mindestens 20 Jahren geplant. Aber auch wenn Windenergieanlagen eine vergleichsweise geringe technische Komplexität und eine weitgehend ausgereifte Technik aufweisen, führen technische Defekte durch z. B. Verschleiß oder externe Einflüsse (z. B. Blitzschlag) sowie technologische Fortschritte oder aber auch gesetzliche Änderungen dazu, dass Reparaturmaßnahmen, Nachrüstarbeiten oder manchmal auch der Rückbau einer Anlage notwendig werden.

Insbesondere technische Defekte sind i. d. R. über sogenannte Vollwartungsverträge abgedeckt. Schäden werden in dem Fall meist durch den Vertragspartner ersetzt. Für die KBF gilt es in Zusammenarbeit mit der TBF stetig zu überprüfen, ob die Beseitigung voranschreitet und am Ende die Arbeiten ordnungsgemäß durchgeführt wurden. Ggfls. können dann auch noch Ertragsausfälle geltend gemacht werden.

Ein deutliches Extremszenario wäre da schon der Brand in einer Anlage durch z. B. Blitzschlag, da dieses Ereignis im Normalfall den vollständigen Rückbau der betroffenen Anlage verlangt und ggfls. die Möglichkeit einer Ersatzinvestition geprüft und durchgeführt werden muss. Es entsteht quasi ein technischer und wirtschaftlicher Totalschaden.

Hier müssten folgende Projektmanagementaspekte berücksichtigt und durchlaufen werden:
- Sicherstellen, dass nach dem Brand keine Personen zu Schaden kommen können
- Rückbau der Anlage organisieren
- Ggfls. den Standort in den ursprünglichen Zustand vor Bau der Anlage zurückversetzen
- Schaden bei der Versicherung abwickeln
- Ggfls. Bau einer neuen (Ersatz-)Windenergieanlage vornehmen

Letzteres würde eine neue Genehmigungsprozedur etc. mit sich bringen.

Somit würde ein „kleiner" Umstand (Blitzschlag) eine ganze Kette von Projektaktivitäten auslösen, deren Steuerung über die kaufmännische Betriebsführung erfolgt.

Allein an diesem Beispiel lässt sich erahnen, dass es durchaus sinnvoll ist, eine professionelle kaufmännische und technische Betriebsführung an der Seite zu haben, die in solchen Fällen die Koordination der Projekttätigkeiten übernehmen können.

Aber es muss nicht immer gleich der schlimmste Fall eintreffen. Wie oben bereits erwähnt, können auch technische Weiterentwicklungen oder auch geänderte gesetzliche Rahmenbedingungen möglichen Anpassungsbedarf an den Anlagen fordern.

Beispiel 2: Leistungsoptimierung

Es ist nicht ungewöhnlich, dass Windenergieanlagen nachträglich mit technischen Verbesserungen ausgestattet werden (z. B. Condition-Monitoring-Systeme). Diese ermöglichen die permanente Erfassung des Maschinenzustandes durch Messung und Analyse physikalischer Größen wie z. B. Schwingungen oder Temperaturen). Solche Nachrüstungen erfordern auch eine Abstimmung zwischen alle Beteiligten (Anlagenhersteller, technischer Betriebsführer, Wartungsunternehmen und Anbieter des Systems).

Erklärtes dauerhaftes Ziel dabei ist immer die Leistungsoptimierung bzw. die Reduzierung der Stillstandszeiten aller Anlagen.

Die Geschäftsführung muss sich in diesem Zusammenhang bspw. die folgenden Fragen stellen:
- Hat der Windpark einen Vorteil durch diese technische Aufrüstung?
- Erfülle ich damit noch die Auflagen der Genehmigung oder benötigte ich sogar die Umrüstung, um die Anlagen auch zukünftig genehmigungskonform betreiben zu können?
- Welche Anbieter gibt es auf dem Markt?
- Passt die angebotene Technik zu meinen Anlagen?

Die Betriebsführung hat dann die Aufgabe, diese Fragen mit Hilfe der Zusammenführung aller Projektteilnehmer zu klären, sowie die Erstellung von Entscheidungsvorlagen für die Geschäftsführung bzw. die Gesellschafter. Die Koordination aller Aspekte liegt im Aufgabenbereich einer KBF. Sie stimmt sich mit der TBF über die Ausführung der Arbeiten ab.

Weitere Projekte können sich auch aus den Projektfinanzierungsthemen innerhalb der Budgetplanung ergeben.

Beispiel 3: Liquiditätsprognosen

Leider kommt es hin und wieder bei einigen Windparks zu Fehlplanungen oder zu eng kalkulierten Liquiditätsprognosen, die, verbunden mit schlechten Windjahren, im Extremfall zu finanziellen Engpässen führen. Das sorgt schnell für verminderte Entnahmen für die Gesellschafter, aber in ernsteren Fällen auch für die Notwendigkeit, eine Restrukturierung der Finanzierung durchzuführen.

Bei diesem klassisch kaufmännischen Thema muss bspw. geklärt werden, wo die Ursache für die Planabweichung liegt und ob es sich hierbei um a) ein temporäres Problem, b) ein temporäres Problem mit langfristigen Folgen oder c) ein wahrscheinlich permanentes Problem handelt.

Mindestens mit dem finanzierenden Institut (in der Regel einer Bank) muss geprüft werden, ob vorhandene Schulden gestundet oder Darlehen gestreckt werden können.

Bedeutet konkret:
- Die Bank verzichtet vorübergehend auf Zins- und/oder Tilgungsleistungen, bis der Windpark wieder einen ausreichenden Cashflow aufweist (Stundung der Schulden) – oder ...
- ... der Windpark vereinbart, die noch vorhandenen Darlehensschulden über einen neuen, jetzt längeren, Zeitraum zurückzuführen. Das führt dazu, dass die Tilgungsrate sinkt, da die aktuelle Schuldensumme über einen längeren Zeitraum getilgt werden kann (Darlehen strecken). Das macht nur dann Sinn, wenn der vorhandene Cashflow für die neue (verminderte) Tilgungsrate ausreichend hoch ist.

Grundsätzlich wird in diesen Fällen aber ggfls. nicht nur an der Finanzierung gearbeitet, sondern vielmehr eine Vielzahl an bestehenden Verträgen auf Anpassungsmöglichkeiten überprüft.

Da der Wert eines Windparks i. d. R. aus den eigenen Anlagen sowie den dazugehörigen Projektrechten besteht (z. B. Genehmigungen, Pachtverträge etc.) und sich ein Zerschlagen der Gesellschaft dadurch relativ schwierig gestaltet, sollten alle Projektbeteiligten (von den Gesellschaftern bis hin zu allen anderen Vertragspartnern) an einer Projektfortführung der Gesellschaft interessiert sein.

Das setzt voraus, dass alle Seiten verhandlungsbereit sind, um unter den negativ abweichenden wirtschaftlichen Rahmenbedingungen Chancen und Risiken auf alle Vertragsparteien neu zu verteilen. Hier ist natürlich das Ziel der KBF, die möglichen finanziellen Verluste und Risiken für die Gesellschafter so gering wie möglich zu halten.

Während der Betriebsphase kommt es aber auch gelegentlich vor, dass aus unterschiedlichsten Gründen die Gesellschafter den Verkauf der Windparkgesellschaft prüfen lassen wollen bzw. von externen Investoren ein Kaufinteresse bekundet wird.

Beispiel 4: Due Diligence

In diesem Fall wird durch eine sogenannte Due Diligence die Windparkgesellschaft wirtschaftlich, technisch und juristisch durchgeprüft.

Die Prüfung und auch Durchführung der Verkäufe können also ebenfalls ein Projekt darstellen. Dabei gilt es im Rahmen einer Risikobetrachtung zu analysieren, welche Vor- und Nachteile für die Gesellschafter durch den Verkauf entstehen.

Während viele finanzielle Größen wie z. B. vertraglich festgeschriebene Kosten (Wartungsvertrag, Kosten der TBF und der KBF) oder auch Einspeiseerlöse bekannt sind, gibt es auch diverse Parameter (wie z. B. der zukünftige Windertrag oder zukünftige Repowering-Optionen), die nicht messbar sind.

Aus den gesammelten messbaren Daten und den zukünftigen Prognosen gilt es eine qualifizierte Entscheidungsgrundlage zu erstellen und die Gesellschafter über mögliche Chancen und Risiken aufzuklären.

Für die nicht-messbaren Größen werden Annahmen getroffen, basierend auf den bisherigen Erfahrungen oder groben Schätzungen.

Je älter ein Windpark wird und je näher er somit seinem ursprünglich geplanten Laufzeitende kommt, desto mehr richtet sich der Fokus auf die Auslotung möglicher Szenarien für die Zeit danach. Dazu zählen:

- Weiterbetrieb
- Repowering
- Rückbau

Es gibt keinen genauen Zeitpunkt, um mit derartigen Überlegungen zu beginnen. Vielmehr ist das ein Thema, das die KBF zusammen mit der Geschäftsführung im Blick hat. Hierbei gibt es aber zu beachten, dass jedes einzelne Szenario ein in sich neues Projekt darstellt und demnach vollständig (neu) geplant werden muss.

Nach wie vor ist das Repowering i. d. R. die beste Möglichkeit, um die Wertschöpfung für die Gesellschafter zu erhöhen und weit über den ursprünglich geplanten Zeitraum zu verlängern.

Beispiel 5: Repowering

Das Ersetzen von Altanlagen gegen neue leistungsstärkere Windturbinen ist ein äußerst komplexes Thema und gilt im Bereich der Windenergie für viele als Königsdisziplin der Projektierung.

Dazu gibt es viele offene Fragen, auf die man eine Antwort zu finden versuchen muss, z. B.:

- Wie hoch ist meine Vergütung für die kommenden Jahre (welche Erlöse kann ich z. B. außerhalb des EEG erwarten)?
- Wie entwickeln sich meine Kosten?
- Ist ein Weiterbetrieb wirtschaftlich sinnvoll?
- Wie sind die gesetzlichen Rahmenbedingungen (lohnt sich ggfls. ein frühzeitiges Repowering, um sich negativ auswirkenden Gesetzesänderungen vorzugreifen)?
- Welche vertraglichen Verpflichtungen bestehen und können diese verlängert/verkürzt werden?
- Gibt es auch für ein mögliches Repowering am aktuellen Standort eine Chance auf eine neue Baugenehmigung?
- Lief der Windpark bisher nach Plan?

Auch wenn anhand dieser Punkte ersichtlich ist, dass ein genauer Startpunkt für diese Überlegungen nicht gegeben werden kann, beginnt dieses Thema in der Regel in der zweiten Hälfte bzw. im letzten Drittel der Betriebsphase eine Rolle zu spielen.

Sollte eine frühere technische Erneuerung des Windparks eine wirtschaftlich sinnvolle Überlegung sein, so wird man sicherlich diese Entscheidung auch früher in Betracht ziehen.

So haben viele Projektierer und Windparks in Deutschland die Übergangsfrist vom festen Vergütungssystem hin zum Ausschreibungsverfahren zum Anlass genommen, um ggf. noch ein Repowering zu realisieren und damit noch nach der alten Regelung vergütet zu werden. Dabei wurden nicht wenige alte Windenergieanlagen durch neue ersetzt, die unter anderen Umständen für ein Repowering noch nicht in Frage gekommen wären.

Ist aber auf der einen Seite ein Repowering nicht möglich, auf der anderen Seite der Weiterbetrieb wirtschaftlich und/oder rechtlich jedoch nicht gegeben, müssen die Anlagen zurückgebaut werden.

- Alte Anlagen müssen außer Betrieb genommen werden.
- Rückbau der alten Anlagen muss organisiert werden.
- Haben die alten Anlagen vielleicht noch einen Wert? (Re-Fitting)
  - Potenzielle Käufer der gesamten Anlage oder einzelner Komponenten?
  - Restwert durch Verschrottung oder Weiterverkauf?
- Die genutzten Flächen und Wege müssen wieder in ihre Ursprungsform zurückgebracht werden.
- Die Windpark-Gesellschaft wird wahrscheinlich endabgewickelt und letztendlich aufgelöst werden.

Sollte die Gesellschaft eine Auflösung beschließen, erfolgt die Abwicklung der Projektgesellschaft. Alle Vertragspartner werden schriftlich informiert und ggfls. werden Verträge zum Rückbau gekündigt.

Die Koordination des vollständigen Rückbaus kann durch einen externen Projektierer erfolgen, ist aber auch direkt durch die KBF möglich.

Erst mit vollständigem Rückbau aller Anlagen und der Löschung im Handelsregister ist der Lebenszyklus „Windpark" beendet.

9.4 Fazit

Die Betriebsführung lässt sich unterteilen in eine technische und eine kaufmännische Seite. Beide beginnen im Wesentlichen ihre Arbeit nach Fertigstellung der Windparkinfrastruktur.

Die Betriebsführung übernimmt somit die Projektleistungen der Projektentwicklung und führt diese bis zum Lebensende des Windparks fort, um den technischen, wirtschaftlichen und juristischen Fortbestand sicherzustellen.

Wichtige Aufgabe der Betriebsführung ist dabei nicht nur die reine Verwaltung des Windparks, sondern die Analyse der kaufmännischen und auch technischen Daten, sowie die Anpassung der wirtschaftlichen und technischen Gegebenheiten an den aktuell benötigten Bedarf.

Hierzu müssen Daten gesammelt, ausgewertet und häufig in individuellen Projektlösungen erarbeitet werden. Die Projektarbeit wird dabei geprägt von einem agilen Projektcharakter, der an die jeweilige erforderliche Situation angepasst wird.

In Abstimmung mit dem Geschäftsführer, der als Auftraggeber gegenüber den Projekten auftritt, werden Situationen hinterfragt, die Projektthemen bestimmt, Entscheidungsvorlagen erarbeitet und die Umsetzung geplant und ausgeführt.

Die KBF stellt damit einen zentralen Knotenpunkt zu allen Vertragspartnern/Stakeholdern dar und führt die unterschiedlichen Parteien inhaltlich zusammen. Dies erfolgt in einem regelmäßigen und routinierten Informationsaustausch, der die Stakeholder in zahlreiche Entscheidungsprozesse miteinbindet.

Letzten Endes orientiert sich das Projektmanagement der Betriebsführung an dem Erhalt und der Optimierung der Einnahmesituation eines Windparks, die zum Lebensende des Windparks in die Erneuerung der Anlagen durch das Repowering führen kann. Damit beginnt ein neues Windparkprojekt und ein neuer Lebenszyklus – auch für die Betriebsführung.

Marco Lange arbeitet als Head of Asset Management und Prokurist bei der BGZ Fondsverwaltung GmbH in Husum, einem deutschlandweit aktiven kaufmännischen Betriebsführer für Betreibergesellschaften im Bereich der erneuerbaren Energien.

2011 ist der Diplomkaufmann (FH) zu den erneuerbaren Energien gekommen und hat als Leiter Treasuring/Projektfinanzierung bei der der BGZ Fondsverwaltung angefangen. Davor war der gelernte Bankkaufmann drei Jahre als Experte im Konzern Financial Controlling einer Bank in Hamburg tätig.

Sein BWL-Studium hat Marco Lange parallel zur Bankausbildung an der FH Westküste in Heide mit den Schwerpunkten Controlling und Wirtschaftsinformatik absolviert. Thema der Diplomarbeit war „Business plan and risk analysis of a US real estate market loan program for a German bank", welche er in New York/USA für eine deutsche Bank geschrieben hat.

Nebenberuflich ist er seit 2014 Lehrbeauftragter an der FH Westküste für die Veranstaltung Finanzierung/Investition/Controlling im Masterstudiengang Green Energy.

Projektmanagement-Office – Auf dem Weg zur Standardisierung

10

David Molch

Zusammenfassung

Veränderung ist nichts, was in der Zukunft beginnt. Wir sind schon mittendrin! Unter diesem Eindruck gibt es Gründe für eine Standardisierung in der Windenergiebranche. Sei es der Marktdruck durch die sinkende EEG-Einspeisevergütung oder die erhöhten Anforderungen aus Politik und Gesellschaft, die eine Vereinheitlichung notwendig werden lassen. Mit Kostenspareffekten und einem schnelleren Durchlauf der Windenergieprojekte hilft die Standardisierung, mit den passenden Antworten auf die Herausforderungen in der Windenergiebranche zu reagieren.

Eine Standardisierung sollte systematisch und nach Maß stattfinden. Dazu ist zwischen Individualität und Einheitlichkeit spezifisch zu entscheiden. Hilfsmittel, die dazu im Verlauf des Beitrags am Beispiel eines Projektierers an die Hand geben werden, sind auf der methodischen Ebene der Einblick in ein Reifegradmodell und auf der institutionellen Ebene die Einführung eines Projektmanagement-Office (PMO).

Während das Reifegradmodell IPMA DELTA den Reifegrad bemisst und den Weg zur Exzellenz im Projektmanagement aufzeigt, ist es das PMO, das ein einheitliches Vorgehen in den Windenergieprojekten mit den Vorteilen von Projektmanagement verbindet. Fallbeispiele, wie die Verbindung in der Praxis gelingen kann, werden mit der Einführung eines PMOs sowie dessen Zielwirkung am Beispiel eines Wertschöpfungsprozesses für Windenergieprojekte vorgestellt.

D. Molch (✉)
UKA Umweltgerechte Kraftanlagen GmbH & Co. KG, Meißen, Deutschland
E-Mail: molch@uka-gruppe.de

Veränderungen werden nie wieder so langsam stattfinden wie heute. Unter dem beständigen Eindruck und der Wirkung von Veränderungen professionalisiert sich die noch recht junge Windenergiebranche.

Während in den 80er- und 90er-Jahren des letzten Jahrhunderts überwiegend Idealisten und kleine inhabergeführte Ingenieurbüros erste, praktische Erfahrungen mit Projekten zur Windenergie sammelten, also echte Pionierarbeit leisteten, stehen heute breit aufgestellte, erfahrene Unternehmen dem gegenüber. Was hat sich geändert?

Es wurden über die letzten zwei bis drei Jahrzehnte Erfahrungen gesammelt und Routinen aufgebaut. Mitarbeiter aus anderen Branchen bereicherten die Windenergiebranche mit ihrem Erfahrungsschatz. Unternehmen gleich gelagerter Branchen entdeckten den Markt und konnten ihren Hintergrund mit einbringen. Dennoch bleibt die Standardisierung der Windenergiebranche hinter den etablierten Branchen, wie Automotive oder Chipentwicklung, teils deutlich zurück, sei es beim Vereinheitlichen und beim Etablieren von Prozessen oder bei der Verzahnung zwischen den verschiedenen Akteuren innerhalb der Branche. Warum ist das so?

- **Volatilität**
  Die Windenergiebranche ist in hohem Maße von Volatilität betroffen. Die Unbeständigkeit durch beispielsweise neue Gesetze verändert die Planungsprozesse innerhalb von kurzen Zeiträumen grundlegend. So dauern Windenergieprojekte in der Regel länger als drei Jahre. Die Novellierung des Erneuerbaren Energien Gesetzes (EEG) findet jedoch alle drei Jahre statt (BMJV 2018a). Durch die gesetzlichen Neuregelungen wird der Fokus beständig auf die operativen Anpassungen gelenkt, um die in der Planung stehenden Windenergieprojekte noch erfolgreich abschließen zu können.
- **Steigende Anforderungen**
  Ein weiterer Grund ist in den ständig steigenden Anforderungen durch Eigentümer und Gesetzgebungen zu sehen. Besonders die Änderungen zu Regelungen wie den Technischen Richtlinien (TR), dem Bundes-Immissionsschutzgesetz (BImSchG), dem EEG oder der Datenschutzgrundverordnung (DSGVO) erfordern eine hohe Anpassungsfähigkeit über den Verlauf der Windenergieprojekte (FGW 2017c; BMJV 2018b; Europäischen Union 2018). Hinzu kommt: Durch die Ausschreibungsmodelle und die Direktvermarktung stehen Windenergieprojekte im Wettbewerb. Daher müssen diese beständig optimiert werden.
- **Noch nicht verstetigte Zusammenarbeit**
  Unterschiedlichste Akteure arbeiten teils erstmals zusammen, um ein Windenergieprojekt erfolgreich umzusetzen. Neuartig ist die Verzahnung zwischen Eigentümer/Pächter, Bürger, Kommune, Gesetzgebung, Energieversorger, Zulieferer, Gutachterbüro, Anlagenhersteller, Projektierer und Betriebsführer. Die Struktur in der Windenergiebranche ist somit noch nicht so stark gefestigt, wie in den anderen erwähnten Branchen. Das birgt sowohl Risiken, als auch Chancen.

- **Fehlende übergreifende Standards**
  Es fehlen übergreifende Standards. Beispielsweise stellt das Deutsche Institut für Normung e. V. (DIN) zwar allgemeine, aber nicht auf die Windenergiebranche zugeschnittene Standards zur Verfügung (DIN e. V. 2018).
- **Dynamische Planungsprozesse**
  Die Planungsprozesse zu den Windenergieprojekten sind dynamisch, interdependent und besitzen viele Schnittstellen. Ändert sich ein Teil des Planungsprozesses, hat das Folgen auf die weiteren Teile innerhalb des gesamten Planungsprozesses, siehe schematisch Abb. 10.1. So muss beispielsweise regelmäßig das Layout zum Windenergiepark mit dem aktuellen Planungsstand in Einklang gebracht werden (Micrositing). Damit verbunden ist die Anpassung der geplanten Windenergieanlagen-Typen, der Flächensicherung, der Kabeltrassenplanung oder der Nachweis zur Standsicherheit. Die Abhängigkeiten innerhalb des Planungsprozesses werden im hinteren Teil dieses Beitrags weiter konkretisiert.

Abb. 10.1 Planungsprozess Windenergieprojekte. (Quelle: UKA 2016)

- **Mehrere Planvarianten für einen Windenergiepark**
  Ein Windenergiepark wird mit einer Hauptplan- und meist mehreren Nebenplanvarianten parallel geplant, um verschiedene Szenarien abbilden zu können. Bei Änderungen müssen jedoch alle Planvarianten angepasst werden. Die Abhängigkeiten zwischen den Planvarianten zementieren die weitere, stark operative Bindung in den Windenergieprojekten. Es können zudem Situationen eintreten, in denen favorisierte Planungsstände verworfen werden müssen. Dies kann teilweise einen Planungsrückschritt von bis zu mehreren Monaten zur Folge haben.
- **Grundkonflikt Produktlebenszyklen der Windenergieanlagen und Projektlaufzeit**
  Kennzeichnend für die Windenergiebranche ist die bestehende Dissonanz zwischen der Projektlaufzeit der Windenergieprojekte und den kurzen Produktlebenszyklen der Windenergieanlagen. Mit diesen bezwecken die Anlagenhersteller mit Hilfe von höherer Nennleistung, größerem Rotordurchmesser oder einem höheren Turm wirtschaftlichere Windenergieprojekte sowie die Erschließung von unwirtschaftlichen Planungsregionen. Während zu Beginn eines Windenergieprojektes mit neuesten Anlagentypen teils im Prototypenstadium geplant wird, sind diese aufgrund der Länge der Projektlaufzeit zur Inbetriebnahme teilweise veraltet oder nicht mehr am Markt verfügbar. Da Windenergieprojekte um einen Zuschlag für eine Vergütung nach dem EEG im Wettbewerb stehen, muss das Windenergiepark-Layout durch den Einsatz neuer Anlagentypen mit dem aktuellen Planungsstand in Einklang gebracht werden. Für Projektierer bedeuten die Änderungen einen erhöhten Fokus auf die operativen Tätigkeiten, anstatt sich mit der notwendigen Standardisierung zu befassen.

Unter der Maxime von Peter F. Drucker *„Die größte Gefahr in Zeiten der Veränderung ist nicht die Veränderung an sich, sondern das Handeln mit der Logik von gestern"* soll die Standardisierung im Zusammenhang mit einem Projektmanagement-Office (PMO) in diesem Kapitel besonderes Augenmerk erhalten. Alle folgenden Ausführungen sind, wenn nicht anders beschrieben, auf einen Projektierer in der Windenergiebranche bezogen.

10.1 Standardisierung

Der Terminus Standard ist in der Fachliteratur nicht eindeutig definiert. Als Definitionsvorschlag des Autors ist unter einem Standard „eine vergleichsweise einheitliche oder vereinheitlichte, allgemein anerkannte Regel" zu verstehen. Anerkannt meint im Sinne der Übereinkunft, die sich in der Praxis aus einer breiten Akzeptanz entwickelt. Ein Standard sollte allgemein anwendbar und gleichzeitig prägnant genug sein, damit verständlich ist, wie dieser einzuhalten ist. Ein Standard kann dabei formalisiert oder nicht formalisiert sein, wie zum Beispiel ungeschriebene Verhaltensregeln. Im Folgenden soll der Terminus Standard mit einer formalisierten Vereinheitlichung gleichgesetzt sein.

10.1.1 Ziele einer Standardisierung

Ziele einer Standardisierung sind unter anderem:

- Kostenspareffekte im Windenergieprojekt
- schnellerer Durchlauf eines Windenergieprojektes
- Transparenz im Windenergieprojekt herstellen, um:
  - Prozesssicherheit zu erlangen,
  - Zusammenhänge besser zu verstehen und
  - eine durchgängige und einheitliche Qualität abzusichern sowie diese weiter zu erhöhen.
- eine einheitliche Begriffsverwendung schaffen
- eine übergreifende Zusammenarbeit durch kompatible Schnittstellen ermöglichen
- das Zusammenspiel zwischen den Beteiligten verbessern

In der Windenergiebranche kommen bereits einige Standards wie planungsrechtliche und technische Vorgaben zur Anwendung, mitunter angefangen vom BImSchG, dass die genehmigungsrechtliche Grundlage für ein Windenergieprojekt in Deutschland darstellt. Eine wesentliche Gesetzesgrundlage für die zeitliche/wirtschaftliche Planung von Windenergieprojekten, insbesondere im Ausschreibungszeitalter, bildet das EEG.

Maßgebend zum Schallimmissionsschutz bei Windenergieanlagen ist die Bund/Länder-Arbeitsgemeinschaft für Immissionsschutz (LAI) (Bund/Länder-Arbeitsgemeinschaft für Immissionsschutz 2018). Die Bestimmung von Windpotenzial und Energieerträgen ist nach der aktuell gültigen Technischen Richtlinie Teil 6 Revision 10 anzufertigen (FGW 2017b). Das Helgoländer Papier vom Naturschutzbund Deutschland (NABU) gibt darüber hinaus die Abstandsempfehlungen für Windenergieanlagen zu bedeutsamen Vogellebensräumen sowie Brutplätzen ausgewählter Vogelarten vor, die jedoch nicht bundeseinheitlich und nur als Empfehlung angewendet werden (NABU 2015). Für die Vermessung von Leistungskennlinien für Windenergieanlagen werden die DIN EN 61400-12-2:2014-02 sowie die aktuell gültige Technische Richtlinie Teil 2 Revision 17 herangezogen (DIN 2014) (FGW TR2 2017). Eine Leistungskennlinie beschreibt die Leistungsfähigkeit einer Windenergieanlage an einem bestimmten Standort. Sie ist insofern wesentlich, da sie zusammen mit dem Windpotenzial und neben dem Referenzertrag nach der aktuellen gültigen Technischen Richtlinie Teil 5 Revision 7 die Ertragsberechnung der Windenergieanlage bestimmt (FGW TR5 2017). Die Leistungskennlinie stellt somit eine wesentliche Größe für Investitionsentscheidungen dar.

Für Einwirkungen und Standsicherheitsnachweise zu Turm und Gründung einer Windenergieanlage gilt die einheitliche Norm Deutsches Institut für Bautechnik (DIBt) in der Fassung von 2012 (DIBt 2012). Nach der Inbetriebnahme der Windenergieanlage regelt die aktuell gültige Technische Richtlinie Teil 10 Revision 0 die Überprüfung der Standortgüte auf Grundlage von Betriebsdaten, welche nach dem EEG 2017 nach fünf, zehn und 15 Jahren durchzuführen ist (FGW TR10 2017).

Weitere Ansätze der Standardisierung innerhalb der Windenergiebranche, jedoch mit dem Schwerpunkt auf Digitalisierung, sind unter anderem:

- Die Erfassung von Flurstücks- und Eigentümerdaten durch beispielsweise den Einsatz des Amtlichen Liegenschaftskatasterinformationssystems (ALKIS) (AdV 2018).
- Das Marktstammdatenregister (MaStR) als umfassendes behördliches, zentrales Register zur Erfassung energiewirtschaftlicher Daten in Deutschland (Bundesnetzagentur – MaStR 2018).
- Das Centralized European Register for Energy Market Participants (CEREMP) als umfassendes behördliches zentrales Register in der Europäischen Union für alle Marktteilnehmer, die Transaktionen im Sinne des Energiegroßhandelsmarktes abschließen (Agency for the Cooperation of Energy Regulators 2011).

Zur Standardisierung mit dem Schwerpunkt der Digitalisierung soll die zunehmende Sensibilisierung zum Datenschutz aufgrund der gesetzlichen Verschärfung durch die EU-DSGVO) für die Windenergiebranche mit den vielzähligen Akteuren als Hinweis für die Leser nicht unerwähnt bleiben (Bundesnetzagentur 2018).

Wie zu sehen ist, gibt es bereits Standards, die ein Windenergieprojekt einrahmen und maßgeblich beeinflussen. Dennoch besteht Entwicklungspotenzial im Sinne der Verzahnung zwischen den eingangs erwähnten Hauptakteuren wie Energieversorger, Zulieferer, Gutachterbüros, Anlagenhersteller, Projektierer et cetera. Eine Standardisierung für die gesamte Windenergiebranche würde zu einer effektiveren und effizienteren Zusammenarbeit zwischen den Akteuren führen.

10.1.2 Gründe für eine Standardisierung

Gründe für eine Standardisierung sind unter anderem:

- Kosten- und Marktdruck durch sinkende EEG-Einspeisevergütung
- Trend und Entwicklung zur Digitalisierung in der Windenergiebranche
- erhöhte Anforderungen aus Politik und Gesellschaft
- übergreifender Austausch zwischen den Akteuren der Windenergiebranche, insbesondere zwischen Kommunen und Eigentümern
- zunehmende Professionalisierung der Akteure, insbesondere von Anlagenherstellern, Zulieferern, Projektierern, Betriebsführern und Kommunen

In der Windenergiebranche gibt es grundsätzlich eine Akzeptanz, Prozesse zu vereinheitlichen (GPM 2015). Die Standardisierung gründet sich auf die Vielzahl und den Stellenwert der Stakeholder in einem Windenergieprojekt. Hierzu informieren die Projektierer die Betroffenen unisono mit Windbriefen, Bürgerveranstaltungen oder Bürgerbüros über das Windenergieprojekt.

Gleichwohl ist die Standardisierung bei den Projektierern der Windenergiebranche weniger durchdrungen, als bei anderen Marktakteuren. Beispielsweise gehen Zulieferer, Anlagenhersteller oder Energieversorgungsunternehmen anders mit dem Thema Vereinheitlichung und darüber hinaus mit dem Thema Projektmanagement um. Eine Sensibilisierung dafür fand schon vor Jahrzehnten statt. Diese Marktakteure sind teils in älteren Geschäftsbereichen als der Windenergiebranche tätig oder bedienen andere Branchen mit einem höheren Projektmanagement-Reifegrad gegenüber der Windenergiebranche.

10.1.3 Vor- und Nachteile einer Standardisierung

Die Vorteile einer Standardisierung sind bei den Projektierern noch nicht durchgängig erkannt. Vorteile sind beispielsweise:

- **Kosten und Wirtschaftlichkeit**
  Die Standardisierung der Planungsprozesse eines Windenergieprojektes führt zu einem der wichtigsten Gründe für die Vereinheitlichung – die erzielten Kostenspareffekte. Ein weiterer Effekt besteht in der verbesserten Kosten- und Wirtschaftlichkeitsbetrachtung. Insbesondere vereinheitlichte Aufwände, projiziert auf zeitliche Ebene, lassen einen erhöhten Grad an Prognosefähigkeit zur Wirtschaftlichkeit und damit zur Liquidität des Projektierers zu. Dies ist insbesondere deswegen wichtig, da Projektierer in der Regel bis zum Genehmigungserhalt zu 100 % das Risiko eines Totalverlustes selbst tragen.
- **Transparenz**
  Je transparenter die Projektprozesse sind, desto kürzer sind die Reaktionszeiten bei den gerade für Windenergieprojekte typischen Änderungsanforderungen. Transparenz macht die Projektsprache sowie die Dokumentation verbindlicher. Entscheidungen werden präziser und nachvollziehbarer.
- **Qualität**
  Anerkannte Standards sorgen für mehr Vertrauen. Zudem lassen sich durch Standards Vergleiche zwischen Windenergieprojekten oder aber auch zwischen Projektierern anstellen.

Den Vorteilen der Standardisierung stehen folgende Nachteile gegenüber:

- **Geringere Differenzierungsmöglichkeiten**
  Gerade die Individualität eines jeden Menschen und dessen Verhalten/Arbeitsweise wie auch die Besonderheit eines Windenergieprojektes können durch das Vereinheitlichen nicht adäquat abgebildet werden. Die Folgen sind Identifikations- und Akzeptanzverluste durch einen verringerten Gestaltungsspielraum und damit Blockaden für eine maßgeschneiderte Projektierung, sodass bestimmte Anforderungen und Aktivitäten nicht abgebildet und somit nicht geplant werden.

- **Transparenz**
  Je transparenter Projektprozesse sind, desto gläserner sind die Arbeitsstände zum Windenergieprojekt und damit werden Erfolg und Misserfolg schnell sichtbar. Dies kann unter Umständen Befindlichkeiten bei einigen Beteiligten hervorrufen, da diese eine vollständige Überwachung und Kontrolle ihrer Person befürchten und in ihrer Wahrnehmung ein Teil ihrer Selbstbestimmung verlieren könnten.
- **Hemmschwelle für Innovation**
  Insbesondere wenn Abläufe und Planungsvorgaben vereinheitlicht sind, können nur schwer eingetretene Pfade verlassen und neue beschritten werden. Beispielhaft ist hier die Einführung einer zentralen Datenbank zur Wirtschaftlichkeitsberechnung zu nennen. In dieser sind verschiedene Kalkulationspunkte beschrieben und vereinheitlicht, sodass den Anwendern der Wirtschaftlichkeitsberechnung die Selbstorganisation zur Beschaffung von Kosteninformationen wie auch die notwendigen Überlegungen zur Durchdringung der Aufgabenstellung abgenommen werden. Der Komfort einer zentralen Datenbank als Standardisierungsinstrument birgt die Gefahr, dass Mitarbeiter ihre „Komfortzone" schwerer verlassen. Eine Vereinheitlichung in diesem Beispiel bedeutet weniger Anregung zum Nachdenken und eine Vernachlässigung des kritischen Hinterfragens. Mit eingeschwungenen Prozessen geht eine zunehmende Betriebsblindheit einher.

In der Praxis ist nicht blindlings, sondern nach dem Grundsatz der Verhältnismäßigkeit zu standardisieren. Die Vor- und Nachteile einer Vereinheitlichung sind dazu spezifisch abzuwägen und direkt mit den Betroffenen zu klären. Erfahrungen mit der Standardisierung können zudem aus anderen Branchen übertragen und an die jeweilige Situation angepasst werden. So stellt beispielsweise eine starke Vernetzung und Verzahnung der Akteure der Automotive-Branche, wie zwischen Zulieferer und Automobilhersteller, eine ebenfalls erstrebenswerte Vereinheitlichung für die Windenergiebranche dar. Schnittstellen und Kommunikationsmechanismen sind zwischen den Akteuren überwiegend definiert. Es wird weitgehend eine einheitliche Sprache gesprochen. Aus der Baubranche könnten die Steuerung und Einbindung von Genehmigungsverfahren oder aus dem Bereich der New Economy Impulse für die Personalentwicklung übernommen werden.

10.1.4 Kritische Würdigung zur Standardisierung

Die Individualität der Projekte, aus der sich unter anderem die Projektwürdigkeit der Windenergieprojekte gründet, setzt der Standardisierung Grenzen. Sie trifft auf den Grundkonflikt zwischen Uniformität und Individualität. Einerseits soll die Standardisierung möglichst wenige Ausnahmen zulassen und anderseits wichtige individuelle Anforderungen abbilden. Letztere sind beispielsweise die Gesetzgebung und die unterschiedliche Standortbeschaffenheit, die logische und zeitliche Anordnung und Ausprägung der Arbeitspakete oder der Grad der Zielklarheit, der Zielveränderlichkeit zu Beginn und über den Verlauf der Windenergieprojekte. Die Anforderungen an eine Standardisierung werden daher durch den individuellen Charakter der Windenergieprojekte geprägt.

Da Windenergieprojekte in der Praxis Ähnlichkeiten aufweisen, ist ein bestimmtes Maß der Arbeiten standardisierbar. Phasen und Aufgaben sind mit einem hohen Abdeckungsgrad gleich, ohne dass der Einmaligkeitscharakter des einzelnen Projektes verloren geht. Diese Merkmale lassen sich bestimmten Projekttypen wie Repowering, Bürgerenergie, Kooperation, Wald, Feld, küstennah oder Offshore und somit spezifischen Standards zur besseren Differenzierung zuordnen. Ein Hilfsmittel zur Identifizierung von Entwicklungsflächen für eine Standardisierung respektive für Prozesse und Projektmanagement liefern Reifegradmodelle.

10.2 Reifegrad

Der Grad der Standardisierung kann über den Reifegrad bestimmt werden. Dieser beschreibt im Allgemeinen „die Fähigkeit einer Organisation zu einer bestimmten Methode oder eines Handlungs- und Führungsmodells" (Angermeier 2018). Der spezifische Projektmanagement-Reifegrad (Project Management Maturity) gibt darüber hinaus nach DIN 69901-5 die „Beurteilung einer Organisation anhand von Reifegradmodellen hinsichtlich ihrer Leistungsfähigkeit im Projektmanagement" (DIN 69901-5 2009a, b) an. Angelehnt an die Definition lässt sich mit einem Projektmanagement-Reifegradmodell (PMR) unter anderem erkennen:

- welche Projektmanagement-Kompetenz in der Organisation besteht,
- welches Verbesserungspotenzial sich daraus ergibt und
- welche Aktivitäten zur kontinuierlichen Weiterentwicklung durchzuführen sind, um Windenergieprojekte effizienter und effektiver zu realisieren.

10.2.1 Reifegradmodelle

In den vergangenen Jahrzehnten haben sich verschiedene Reifegradmodelle entwickelt (Gessler 2014, 6. Aufl S 2326). Einige bekannte Vertreter von branchenspezifischen Reifegradmodellen sind:

- Software Process Improvement and Capability Determination (SPICE)
- Capability Maturity Modell Integration (CMMI)

Zu den bekanntesten branchenunabhängigen Reifegradmodellen zählen:

- Organizational Project Management Maturity Model (OPM3)
- Project Management Maturity Model (PMMM)
- International Project Management Association DELTA (IPMA DELTA) (Schütz 2014)

Während die aufgeführten Reifegradmodelle auf die gesamte Organisation Anwendung finden, bemisst das bekannte „Projekt Exzellenz" der IPMA den Reifegrad eines konkreten

Windenergieprojektes. In den meisten Modellen hat sich zur Einordnung und Bestimmung des Reifegrads eine mehrmalige Stufung durchgesetzt. Ein niedriger Reifegrad bedeutet nicht automatisch, dass die Organisation „schlecht" arbeitet. Vielmehr ist das Projektmanagement kein beherrschter Managementansatz in der Organisation. Ein höherer Reifegrad bedeutet dagegen nicht, dass Windenergieprojekte reibungslos ablaufen.

Auswahl eines PMRs
Um sich im Projektmanagement mit Hilfe eines PMRs zu verbessern, ist eine Entscheidung zu diesem zu treffen. Die Auswahl des PMRs ist vom Akteur in der Windenergiebranche sowie der Ausrichtung der jeweiligen Reifegradmodelle abhängig. So kann beispielsweise ein Softwarehersteller für das Micrositing CMMI nutzen, während ein Anlagenhersteller eher zu SPICE tendiert. Ein spezifisches Reifegradmodell für die Windenergiebranche hat sich noch nicht herausgebildet, sodass nachfolgend in Anlehnung des Reifegradmodells IPMA DELTA ein beispielhafter Einblick geschaffen wird.

Projektmanagement-Reifegradmodell IPMA DELTA
Das Wort DELTA in IPMA DELTA steht sinnübertragend für den individuellen Handlungsbedarf des Projektmanagements, der beim Projektierer ermittelt und anschließend minimiert werden soll. Dazu wird eine umfassende Standortbestimmung zum Projektmanagement über einen Zertifizierungsprozess durchgeführt. Zur Analyse und Beurteilung der Projektmanagement-Kompetenz nimmt das PMR unterschiedliche Perspektiven mithilfe der drei dargestellten Module in Abb. 10.2 ein. So kann IPMA DELTA beurteilen, ob Windenergieprojekte effizient und effektiv durchgeführt werden.

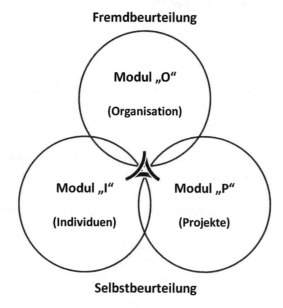

Abb. 10.2 Module im PMR IPMA DELTA. (Quelle: Schütz 2014)

Modul „O" (Organisation)

Das Modul „O" umfasst die Beurteilung des Projektierers mit der Aufbau- und Ablauforganisation. Darunter zählen Führung, Unternehmenskultur oder die detaillierten Prozesse zur Ausrichtung auf Projekte, Programme und das Portfolio (**3P**). Die organisationale Kompetenz wird durch einen Assessor mit Hilfe einer schriftlichen Befragung einerseits und mit Hilfe von Interviews der Verantwortlichen aller Ebenen andererseits ermittelt.

- **Modul „I" (Individuen)**
Das Modul „I" ist eine Beurteilung der Kompetenzen ausgewählter Projektmanager, Projektmitarbeiter und Stakeholder. Die Selbstbeurteilung bezieht die Kompetenzbereiche Verhalten, Kontext und Technik ein, um die Qualifikation der Schlüsselpersonen zur Durchführung von Projekten zu ermitteln. Da Windenergieprojekte menschenzentriert sind, kann das Modul „I" einen wichtigen Beitrag als Ansatz zur stetigen Fortbildung der Mitarbeiter leisten.
- **Modul „P" (Projekte)**
Mit dem Modul „P" werden ausgewählte Windenergieprojekte mit Hilfe des IPMA-Projekt-Exzellenz-Modells bewertet. Dazu werden in einer Selbstbeurteilung der Reifegrad in der Anwendung von Projektmanagement und die erzielten Ergebnisse in ausgewählten der Windenergieprojekte ermittelt.

Als Ergebnis der Beurteilung erhält der Projektierer eine Einordnung auf einer fünfstufigen Skala, wobei Stufe 5 der höchste zu erreichende Reifegrad ist, siehe Tab. 10.1.

Nach Einschätzung des Autors dauert die Entwicklung zur nächsten Reifegradstufe je nach Größe des Projektierers, Veränderungsfähigkeit und Unternehmenskultur mehrere Jahre. Reifegradstufen können nicht übersprungen werden, da die erforderliche Lernleis-

Tab. 10.1 Reifegradstufen des IPMA DELTA. (Quelle: Schütz 2014)

Reifegrad	Kurzbeschreibung
Stufe 5 – Optimiert	Standards, Strukturen und Prozesse des Projektmanagements sind beim Projektierer vollständig definiert und etabliert. Sie werden durchgehend angewendet sowie vom Vorstand/der Geschäftsleitung aktiv kontrolliert und durch ein PMO permanent weiterentwickelt.
Stufe 4 – Beherrscht	Standards, Strukturen und Prozesse des Projektmanagements sind beim Projektierer vollständig definiert und etabliert. Sie werden durchgehend angewendet sowie vom Vorstand/der Geschäftsleitung aktiv kontrolliert.
Stufe 3 – Standardisiert	Standards, Strukturen und Prozesse des Projektmanagements sind beim Projektierer vollständig definiert und etabliert. Sie werden größtenteils angewendet.
Stufe 2 – Definiert	Standards, Strukturen und Prozesse des Projektmanagements sind teilweise beim Projektierer definiert und etabliert. Sie werden teilweise angewendet.
Stufe 1 – Initial	Der Erfolg des Projektmanagements hängt vom Engagement und den Fähigkeiten Einzelner ab. Erfolge können nicht systematisch reproduziert werden. Es existieren keine implementierten Standards, Strukturen und Prozesse.

tung und die damit verbundene Erfahrung zunächst erbracht werden muss. Nahezu alle Bereiche des Projektmanagements werden erst ab der dritten Reifegrad-Stufe konsequent umgesetzt. Das Projektmanagement wird ab der vierten Reifegrad-Stufe gezielt gefördert. Auf der fünften Reifegrad-Stufe erfolgt ein kontinuierlicher Verbesserungsprozess.

10.2.2 Schritte zur Erreichung der nächsten Reifegradstufe

Zum Erreichen der Exzellenz im Projektmanagement wird ein beispielhaftes Vorgehen erläutert. Die Vorgehensweise ist in der Praxis unternehmensspezifisch anzupassen.

- **Stufe 1 – Initial**
  Windenergieprojekte werden realisiert, die Projektmanagementprozesse sind jedoch wenig oder nicht definiert. Die Erfahrung zum Projektmanagement ist limitiert, sodass es keine gemeinsame Sprache gibt respektive Standards zum Projektmanagement existieren. Ein Management wird zu 3P, wenn überhaupt, nicht konsequent und in einfacher Form angewendet. Erfolgreiche Windenergieprojekte stellen sich zufällig ein. Die Projektdurchsatzfrequenz ist sehr gering. Erforderliche Lernleistungen zum Erreichen der nächsten Reifegradstufe (Stufe 2) können sein:

  – Erste Erarbeitung von Verfahrensanweisungen und Begriffsdefinitionen
  – Erste Beschreibung von Projektmanagementprozessen und einem Vorgehensmodell
  – Erste Projektmanagement-Schulungsangebote, die möglichst niederschwellig an Machtpromotoren und Multiplikatoren zu richten sind
  – Erste Beschreibung zur gemeinsamen Sprache von 3P

- **Stufe 2 – Definiert**
  Erste Prozesse zum Projektmanagement werden teilweise in den Windenergieprojekten angewandt, sodass sich Projekterfolge nicht mehr zufällig einstellen. Die Projektdurchsatzfrequenz ist jedoch noch gering. Eine gemeinsame Sprache zum 3P liegt vor.

> **Praxishinweis: Einführung von Projektmanagement-Software**
> In der Praxis wird leider häufig bereits in der Reifegradstufe 1 ein komplexes Softwareprogramm zur Planung von Windenergieprojekten eingeführt. Jedoch besteht erst ab Reifegradstufe 2 die Voraussetzung zum Projektmanagement und die Betroffenen können den Sinn und die Zusammenhänge einer professionellen Planungssoftware verstehen. Die Projektmanagement-Software sollte bei der Einführung einen höheren Reifegrad besitzen, als der Projektierer selbst aufweist. So kann die Software mit dem Projektierer bei dessen Weiterentwicklung mitwachsen, ohne dass die aufwendige Neueinführung einer Softwarelösung erforderlich wird.
>
> Leider besteht aus Unwissenheit in der Praxis vereinzelt die Meinung, dass Projektmanagement eine Software sei. Sie ist nur Mittel zum Zweck. Projektmanagement ist entkoppelt von Software.

Erforderliche Lernleistungen zum Erreichen der nächsten Reifegradstufe (Stufe 3) können sein:

- Erweiterte, vollständige Erarbeitung von Verfahrensanweisungen mit:
  - Verantwortungsstrukturen,
  - der Klärung und Festlegung der Kompetenzen und Befugnisse des Projektmanagers und
  - den Kommunikationsmatrizen zur Regelkommunikation.
- Erste vereinheitlichte Definition von Projektmanagementprozessen
- Zusätzliche Projektmanagement-Schulung mit weiteren Multiplikatoren für die breite Basis der Betroffenen
- Anwenderschulung zur Projektmanagement-Software
- 3P-Prozesse werden definiert
- 3P wird institutionell und prozessual eingerichtet

- **Stufe 3 – Standardisiert**
Projekterfolge können nachvollzogen werden. Die Projektdurchsatzfrequenz ist auf einem akzeptablen Niveau. Zusammenhänge in und zwischen den Windenergieprojekten und das Zusammenwirken einzelner Aspekte, zwischen Umfeldbetrachtung, Risiken und Wirtschaftlichkeit werden erkannt. Die Prozesse der Strategieentwicklung sind in der Portfoliosteuerung integriert und laufen ineinander verzahnt ab. Komplexe, integrierte Programme zur Planung der Windenergieprojekte können nun eingeführt respektive freigeschaltet werden. Erforderliche Lernleistungen zum Erreichen der nächsten Reifegradstufe (Stufe 4) können sein:

- Einsatz von Projektmanagement-Mentoren und Auditoren mit dem Ansatz, Hilfe zur Selbsthilfe zu geben
- Einrichten eines systematischen, regelmäßigen Erfahrungslernens und Austausch zum Projektmanagement
- Erweiterte Anwenderschulung zur integrierten Projektmanagement-Software
- Erweiterte Projektmanagement-Schulung mit allen Multiplikatoren
- Aufstellung von Metriken zum Vergleich zwischen Windenergieprojekten und Mitbewerbern

- **Stufe 4 – Beherrscht**
Erfolge der Windenergieprojekte können nachvollzogen und durch Metriken repliziert werden. Die Projektdurchsatzfrequenz ist verhältnismäßig hoch.
Zusammenhänge in und zwischen den Windenergieprojekten sowie ein systemisches Denken sind verstetigt. Die Prozesse zu 3P werden durch die Beteiligten, wie Projektmanager, PMO oder Vorstand/Geschäftsleitung, als Portfolioboard aktiv kontrolliert und beherrscht. Erforderliche Lernleistungen zum Erreichen der nächsten Reifegradstufe (Stufe 5) können sein:

- Überprüfung der Einhaltung der Projektmanagement-Richtlinie
- Erfahrungslernen aus Benchmarks
- Aufbau und Etablierung eines ständigen Verbesserungsprozesses zum Projektmanagement

- **Stufe 5 – Optimiert**
  Die Projektmanagementprozesse auf der Ebene der 3P werden aus sich selbst heraus beständig weiterentwickelt, sodass die Effizienz und die Effektivität zur Realisierung der Windenergieprojekte stetig steigen. Der Projektierer ist auf dem Weg zum Klassenbesten in der Branche (Best in Class). Auf Veränderung und Trends wird entsprechend reagiert. Die Projektdurchsatzfrequenz ist auf der Stufe 5 am höchsten.

10.2.3 Kritische Würdigung zum Einsatz von Reifegradmodellen

Reifegradmodelle geben Orientierung für die Weiterentwicklung von Projektmanagement im Unternehmen. Über die Standortbestimmung können Verbesserungspotenzial erkannt und daraus Aktivitäten zur kontinuierlichen Weiterentwicklung abgeleitet werden, um Windenergieprojekte noch effizienter und effektiver zu realisieren. Mit dem Einsatz von Reifegradmodellen und den dadurch abzuleitenden Maßnahmen geht jedoch ein gewisses Maß an Individualität verloren, die unter Umständen das differenzierende Merkmal zum Mitbewerber darstellt. Der Einsatz von Reifegradmodellen in der Windenergiebranche sollte mit Bedacht gewählt und als Rahmen für die Analyse und Diagnose verstanden werden. Nicht alles, was man messen kann, zählt und nicht alles was zählt, kann man messen. So wird ein Einsatz mit einem Reifegradmodell schnell ins Gegenteil verkehrt, wenn die erzielten Ergebnisse unreflektiert und ohne Einbindung der Betroffenen in Maßnahmen übertragen werden sowie das Ergebnis mit der Realität verwechselt wird.

Ein systemisch-konstruktivistischer Denkansatz kann den Einsatz eines PMRs ergänzen, indem es dieses in einen verbesserten Kontext stellt. Darin wird der Projektierer als ein sich selbst organisierendes System gesehen, in dem alles vernetzt ist. Jede Änderung bringt das ganze System und seine Teile in Bewegung. So sieht doch jeder den Projektierer aufgrund der Position, eigener Erfahrung und Haltung in einer ganz persönlichen Weise.

10.3 Projektmanagement-Office

Häufig werden die Begriffe PMO und Projekt-Office (PO) synonym verwendet. Jedoch wird nach DIN 69901-5 ein PMO als „projektübergreifende Unterstützungsfunktion zur Einführung und Optimierung von Projektmanagement sowie der operativen Unterstützung von Projekten und Projektbeteiligten" beschrieben (DIN 69901-5 2009a, S 14). Gleichwohl lautet die Begriffsbestimmung für ein PO: „einem einzigen Projekt zugeordnete Funktion, die Unterstützungsleistungen für das Projekt erbringt" (DIN 69901-5 2009b, S 15). Daraus ergibt sich im engeren Sinn der zentrale Einsatzschwerpunkt für ein

Tab. 10.2 Unterschied zwischen PMO und PO. (Quelle: Molch 2018)

PMO	PO
Ist der gesamten Projektlandschaft zugeordnet (Projekte, Programme und Portfolio).	Ist einem einzigen Projekt zugeordnet.
Ist eine permanente Organisationseinheit.	Ist eine temporäre Organisationseinheit.
Beschäftigt sich mit dem Aufbau und der Entwicklung von Projektmanagement (ganzheitlich und nachhaltig).	Gibt Unterstützungsleistungen für das Projekt.
Untersteht dem Portfolio-Board (bei Projektierer der Windenergiebranche zumeist Vorstand oder Geschäftsleitung).	Untersteht dem Projektleiter.

PMO. Es ist die Schnittstelle zwischen der Stammorganisation (Linie) und der gesamten Projektlandschaft. Das PMO ist folglich eine dauerhafte Organisationseinheit. Es hat jedoch keine Entscheidungsbefugnisse über die betreuten 3P und ist somit als Unterstützungsfunktion für Kompetenz und Exzellenz zum Projektmanagement zu sehen.

Ein PMO schafft die Voraussetzungen für den Aufbau und die Weitentwicklung von Projektmanagement. Im Grundsatz ganzheitlich und nachhaltig (von Schneider 2010, S. 3). Ersteres, um die optimale Wirkung von Projektmanagement zu erreichen. Dies geschieht nur dann, wenn alle Aspekte betrachtet werden. Nachhaltig, um das Potenzial von Projektmanagement über einen längeren Zeitraum auszuschöpfen. Die wesentlichen Unterschiede zwischen PMO und PO sind in Tab. 10.2 dargestellt.

Schlussendlich wird ein PMO durch die organisationale Eingliederung in der oberen Hierarchieebene gekennzeichnet. In der Windenergiebranche mit inhabergeführten und vielen kleinen Projektierern ist dies dem Vorstand oder der Geschäftsleitung untergeordnet.

10.3.1 Gründe für ein PMO

Es gibt vielfältige Gründe, ein PMO einzuführen. Diese sind unter anderem:

- **Zu geringe Transparenz im Portfolio**
  Der Vorstand/die Geschäftsleitung hat keine oder nur eine unzureichende Übersicht zur Projektlandschaft. Es ist nicht klar welcher Aufwand, welchen Kosten und welche Rückflüsse die Windenergieprojekte in ihrer Gesamtheit besitzen. Eine Vision sowie Strategie ist daher nur begrenzt ableitbar. Unbekannt ist, mit welcher Priorität/mit welcher Rangfolge die Windenergieprojekte geplant werden sollen.
- **Kein einheitliches Vorgehen in den Windenergieprojekten**
  Windenergieprojekte werden nicht systematisch respektive einheitlich geplant. Erfolgsfaktoren und -kriterien sind unklar. Es gibt keine oder nur unzureichende standardisierte, verschriftlichte Prozesse. Das Handeln fußt auf blinden Aktionismus getreu dem Motto: „Operative Hektik ersetzt geistige Windstille". Neben einer uneinheitlichen

Startphase, aus der sich systematisch Defizite im Projektverlauf weiter fortpflanzen, gibt es keine einheitliche Definition vom Abbruch der Windenergieprojekte. Schließlich entstehen Opportunitätskosten im größeren Umfang, wenn die Windenergieprojekte hätten abgebrochen werden müssen, aber weiter „durchgeschleppt" werden.

- **Keine Vergleichbarkeit zwischen Projektergebnissen**
  Es regiert der Zufall oder Windenergieprojekte sind durch das Handeln einzelner Entscheidungsträger abhängig. Dabei ist nicht klar, unter welchen Bedingungen entschieden wird. Der Ergebnishergang kann nicht reproduziert werden. Ein Leistungsvergleich zwischen Windenergieprojekten sowie ein Erfahrungslernen sind nur eingeschränkt oder nicht möglich.
- **Ungewollte Redundanzen/unklare Prozesse**
  Bei der Planung der Windenergieprojekte werden Arbeitsschritte mehrfach durchlaufen, wie beispielsweise bei den Wirtschaftlichkeitsberechnungen. Hier fehlen entweder Grundwerte zur Berechnung, da diese noch nicht vorliegen, oder es ist bei einer Vielzahl von Werten unklar, welche Zahlen aktuell und gültig sind. Daneben sind die Prozesse unklar oder nicht eindeutig definiert. Dies führt zu Verzögerungen oder schlimmer, zum Abbruch der Windenergieprojekte.
- **Fokus auf operativer Sichtweise**
  Die in den Windenergieprojekten herrschende Dynamik legt den Fokus überwiegend auf die operative Sichtweise. Statt in einem dynamischen Kontext, also in einem Netzwerk zu arbeiten, wird der stabile Kontext über Hierarchieebenen präferiert und so systematischer Umgang mit Dynamik begrenzt.

10.3.2 Aufgaben eines PMOs

Ein PMO ist das klare Bekenntnis zum Projektmanagement. Es hat in jedem Unternehmen eine einzigartige Charakteristik und kann unter anderem folgende Aufgaben besitzen:

- **Aufbau und Entwicklung zum Management von 3P**
  Ein PMO entwickelt und verankert das Management von 3P. Dazu werden nicht nur Projektvorlagen und -berichte standardisiert, sondern vielmehr ein Minimum von organisationsweiten Kompetenzen und Prozessen zum Projektmanagement aufgebaut. Informationen über aktuelle Trends im Projektmanagement und die dazugehörige Anpassung auf die Windenergieprojekte werden hierfür benötigt.
- **Entwicklung und Begleitung einer Projektkultur**
  Ein PMO löst den notwendigen, sozialen Veränderungsprozess hin zur aktiven Entwicklung einer einheitlichen Projektkultur mit entsprechender Wandlungsfähigkeit aus und sichert die Veränderung nachhaltig ab, um der Dynamik in den Windenergieprojekten und der Volatilität der Windenergiebranche entgegenzutreten.
- **Erhöhung des Projektmanagement-Reifegrades**
  Die Absicherung und Erhöhung des Projektmanagement-Reifegrades bewirkt einen verbesserten Zielerreichungsgrad hinsichtlich Dauer, Qualität und Kosten der Windenergieprojekte. Schritte dazu wurden im vorangegangenen Abschnitt geschildert.

- **Einheitliches Projektcontrolling**
  Das strategische Projektcontrolling hilft dem Vorstand respektive der Geschäftsleitung, Projektstände transparent zu machen und so frühzeitig gegensteuern zu können. Um die Projektmanager von administrativen Aufgaben zu entlasten, baut ein PMO ein strategisches Projektcontrolling auf Basis des operativen Projektcontrollings nach dem Gegenstromprinzip auf und entwickelt Maßnahmen zur Verbesserung des Projektablaufes in den Windenergieprojekten.
- **Etablierung und Durchführung eines Ressourcenmanagements**
  Mit dem Aufbau einer Ressourcen- und Fähigkeitendatenbank erkennt ein PMO potenzielle Projektmitarbeiter für die Windenergieprojekte. Die Datenbank dient indes als Ausgangsbasis für Weiterbildungen. Ferner werden die Ressourcen über Softwarelösungen harmonisiert und operativ überwacht, um die typischen Über- und Unterlasten der Mitarbeiter in den Windenergieprojekten auszugleichen.

10.3.3 Vor- und Nachteile eines PMOs

Vor der Einführung eines PMOs und der damit einhergehenden Standardisierung sind die konkreten Vor- und Nachteile zu berücksichtigen. Als Grundlage gelten die Vor- und Nachteile der Standardisierung. Im Folgenden ist die Gegenüberstellung um weitere wesentliche Aspekte konkretisiert und ergänzt.

- **Höhere Transparenz bei 3P**
  Es besteht ein klarer Überblick zu den Aufwänden, Kosten, Risiken, Chancen und Rückflüssen in der Projektlandschaft. Der Planungshorizont ist folglich deutlich weiter in die Zukunft gerichtet, wodurch sich die Verlässlichkeit der Planung verbessert. Der Standardisierungsprozess wird mit dem übergreifendem Blick eines PMOs begleitet und durch die Einbindung aller Betroffenen nicht nur aus einer Perspektive betrachtet.
- **Professionalisierung des Projektmanagements**
  Durch Begleitung und Förderung des kulturellen Wandels wird ein höheres projekt- und prozessorientiertes Denken und Arbeiten erzielt, wodurch ein vor- und nachgelagertes Denken hilft, Risiken besser zu erkennen und Chancen zu nutzen.
- **Verbessertes Erfahrungslernen**
  Ein PMO kann einen durchgängigen und systematischen Austausch in und zwischen den Windenergieprojekten fördern, sodass eine Lernkurve nicht individuell neu zu durchlaufen ist.
- **Projektkultur**
  Ein PMO kann unterstützen, die Projektkultur für ein gleiches Verständnis, Vorgehen und Sprachgebrauch in den Windenergieprojekten zu entwickeln.

Den Vorteilen eines PMOs stehen folgende Nachteile entgegen:

- **Ressourcenbindung**
  In einem PMO werden zusätzliche Ressourcen gebunden, die gegebenenfalls nicht für operative Tätigkeiten zur Verfügung stehen.
- **Relativ aufwendige Einführung**
  Die Einführung und das Verankern eines PMOs benötigt Zeit und finanzielle Ressourcen.
- **Geringere Flexibilität bei Projektspezifika**
  Da ein PMO unternehmensspezifische Standards zum Projektmanagement schafft, fehlt gegebenenfalls die Flexibilität auf projektspezifische Anforderungen kreativ reagieren zu können.

10.3.4 Voraussetzung zur Einführung und Betrieb eines PMOs

Für die Einführung und den späteren Betrieb eines PMOs sind bestimmte Voraussetzungen zu erfüllen.

- **Organisational**
  Als wesentliche Anforderung an den Projektierer ist die Fähigkeit zur kontinuierlichen und schnellen Anpassung zu nennen. Die Veränderungsfähigkeit (Changeability) der Organisation begünstigt den Wandel, der mit der Einführung eines PMOs sowie den daran anschließenden Veränderungsprojekten einhergeht. Wie hoch die Fähigkeit und Bereitschaft zur Veränderung in den Bereichen der Organisation ist, kann durch ein Change Readiness Assessment ermittelt werden. Dazu werden die vier Dimensionen Menschen, Prozesse, Organisationsstruktur und Kultur gleichermaßen durch Fragestellungen berücksichtigt. Während der Phasen der Transformation sind wesentliche Handlungstreiber für das Mittragen der Veränderung in allen Bereichen der Organisation:

  – Wollen – Ist Offenheit zur Veränderung vorhanden?
  – Können – Ist die Kompetenz vorhanden?
  – Kennen – Welche Informationen sind bekannt?
  – Sollen – Ist die Befugnis zur Veränderung vorhanden?

  Ebenso kann eine Projekt- und Prozessorientierung der Mitarbeiter ein PMO befördern, statt diesem entgegenzuwirken. Weitere Prämissen sind klare Vorgaben und Ziele des Vorstands/der Geschäftsleitung sowie ausreichende Liquidität, um die Einführung eines PMOs zu ermöglichen.
- **Projektteam zum Aufbau eines PMOs**
  An das Projektteam sind zur Einführung eines PMOs spezifische Anforderungen zu stellen (Bohn 2015, S 13). Es berücksichtigt die Wechselwirkungen zwischen den drei Ebenen Mitarbeiter, Team und Organisation. Das Projektteam beachtet dazu Wertvorstellungen, Kulturen, Machtkonstellationen und andere Charakteristiken des Projektierers. Nützliche Eigenschaften für das Projektteam sind Wertschätzung gegenüber den Betroffenen für das bisher Erreichte und Methodenwissen im Projekt- und

Veränderungsmanagement. Die Besetzung des Projektteams erfordert zudem Akzeptanz bei den Betroffenen. Für den Prozess der Veränderung sind die Ressourcen und die Verfügbarkeit des Projektteams sicherzustellen. Zusätzliche Anforderungen an die Leitung zur Einführung eines PMOs sind:

- Verfügt über praktische Erfahrung in Projekt- und Veränderungsprojekten
- Hat Führungserfahrung in der Leitung von Projektteams
- Das Vorgehen ist partizipativ
- Es wird eine Feedbackkultur gelebt

Mitarbeiter im PMO
An die Mitarbeiter im PMO sind ähnliche Anforderungen zu stellen, wie an das Projektteam zur Einführung eines PMOs. Ergänzt werden diese durch folgende weitere Eigenschaften im Schwerpunkt:

- Motivations-, Durchsetzungs- und Kommunikationsstärke
- Vertrauenswürdigkeit, Authentizität und Einfühlungsvermögen
- Moderation, Coaching und Beratung

Die Beratung gilt als eine wesentliche Kompetenz eines PMOs. Sie hat gegenüber der Projektleitungen, den Teams, der Linie und den Führungskräften zur Aufgabe, Hilfe zur Selbsthilfe zu geben. Die Beratung hilft, Selbstorganisation zu fördern und zu fordern, um ein eigenverantwortliches Handeln zu erzeugen. Dies geschieht beispielsweise über die Kunst des klugen Fragens, um von bewährten Lösungsansätzen wegzukommen, sodass die Betroffenen sich selbst zur Lösungsfindung hinführen.

10.3.5 Organisatorische Einordung und Verankerung eines PMOs

Eine nicht unerhebliche Frage bei der Einführung eines PMOs ist die Frage nach der organisatorischen Einordung und Verankerung. Diese bestimmt maßgeblich das Design, die Kommunikation und die Zielwirkung. Ein PMO sollte Schnittpunkte zur IT aufweisen, da die Digitalisierung auch in der Windenergiebranche zunehmend eine größere Bedeutung einnimmt. Eine Angliederung im IT-Bereich ist denkbar, wird jedoch durch die komplexen sozialen Zusammenhänge und die Wechselwirkungen sowie die benötigte Kompetenzbreite stark erschwert. Ein PMO sollte organisatorisch dem Vorstand oder der Geschäftsleitung untergeordnet sein. So wird die bereichsübergreifende Ausrichtung auf die gesamte Projektlandschaft und die Durchsetzung von Vorgaben vereinfacht. Die wesentliche Arbeit, Entwicklung und Kompetenzbreite eines PMOs werden in der Praxis von den Projekten, die es betreut, determiniert. Mit Blick auf die Windenergiebranche bedeutet dies, ein PMO kann für verschiedene Portfolios zuständig sein. Diese können interne Projekte wie Organisations- und IT-Projekte oder Investitionsprojekte im Sinne von Windenergieprojekten umfassen. Bei diesem heterogenen Betreuungsfeld von internen Projekten *und* Windenergieprojekten bedarf es einer umfangreicheren Einführung und einer höheren Kompetenzbreite innerhalb eines PMOs. Vorteilig wirken gegenüber einem homogenen Betreuungsfeld mit beispielsweise einzig Windenergieprojekten eine bessere Ressourcenauslastung, ein erhöhtes Erfahrungslernen und die Abdeckung aller Projekte.

Ein PMO für Organisations- und IT-Projekte sowie für Windenergieprojekte aufzusetzen ist ressourcenintensiv und in der Praxis für Projektierer mit ihren geringen Mitarbeiter-Ressourcen kein typischer Standard. Die Einbindung eines PMOs in die Organisation ist vielfältig ausgeprägt und kann Mitunter folgende organisatorische Einordnungsvarianten enthalten:

1. **Zentrale Stabsstelle**
2. **Dezentrale Stabsstellen**
3. **Zentrale und dezentrale Stabsstellen**

Zur Vereinfachung der Gegenüberstellung von Vor- und Nachteilen der organisatorischen Einordnung eines PMOs werden nachfolgend ein Betreuungsfeld mit *ausschließlich* Windenergieprojekten und die Verankerung als Stabsstelle auf der Ebene des Vorstandes respektive der Geschäftsleitung angenommen.

1. **Zentrale Stabsstelle**

Der Vorteil einer einheitlichen Projektkultur sowie der übergreifenden und zentralen Steuerung mit einem relativ geringen Ressourcenbedarf macht diese organisatorische Einordnung eines PMOs als zentrale Stabsstelle mit keinen oder wenigen kleinen Außenstellen interessant. Gerade die zentrale Steuerung der Softwareunterstützung, Vorlagen, Methoden und Projektmanagementprozesse ist ein wesentlicher Nutzen. Demgegenüber stehen aufgrund der größeren Entfernung zu den Außenstellen Akzeptanzprobleme sowie ein gering ausgeprägtes Verständnis zu den einzelnen Projektspezifika der Windenergieprojekte, siehe Gegenüberstellung der Vor- und Nachteile in Tab. 10.3.

Tab. 10.3 Wesentliche Vor- und Nachteile einer zentralen Stabsstelle. (Quelle: Molch 2018)

Vorteile	Nachteile
Kurze Entscheidungswege zu den Entscheidungsträgern	Gering ausgeprägtes Verständnis für die einzelnen Projektspezifika
Leichtere Verständigung zur Strategie und damit nahezu gleiches Verständnis zur Projektkultur möglich	Größere Entfernung zu den Windenergieprojekten und damit Akzeptanzprobleme in der Projektentwicklung
Relativ geringer Ressourcenbedarf	Abhängigkeit von der Geschäftsleitung und gegebenenfalls verzögerte Entscheidungen
Übergreifende und zentrale Steuerung	Relativ aufwendige Einführung

2. Dezentrale Stabsstellen

Aufgrund der Nähe zu den Windenergieprojekten sind ein höher ausgeprägtes Verständnis zu den einzelnen Projektspezifika sowie eine höhere Identifikation mit der jeweiligen Außenstelle die wesentlichen Vorteile der dezentralen Stabsstellen. Nachteilig ist der höhere Ressourcenbedarf, da mehrere Standorte Mitarbeiter in den PMOs einsetzen müssen. Zudem trägt das ungleiche Verständnis zur Projektkultur zur Entwicklung von ungewollten größeren Subkulturen bei. Die fehlende übergreifende Steuerung bei Softwareunterstützung, Vorlagen, Methoden und Projektmanagementprozessen ist ein weiterer Nachteil, siehe Tab. 10.4.

Eine Untervariante ist die Bildung eines virtuellen Rates, bestehend aus den dezentralen Stabsstellen. So kann weitestgehend ein gleiches Verständnis von Projektkultur gewährt werden. Der Vorteil der höheren Identifikation mit der jeweiligen Außenstelle geht dabei nicht verloren. Erkauft wird der virtuelle Rat jedoch mit einer zusätzlichen Belastung der dezentralen Stabsstellen. Ein erhöhter Abstimmungsprozess und zusätzliche Kompetenzen sind die Folge. Interessant für Projektierer mit wenigen, größeren Außenstellen, die grundsätzlich keine zentrale Verwaltung in Betracht ziehen, jedoch den erhöhten Ressourcenbedarf meiden und eine übergreifende zentrale Steuerung wollen. Die Steuerung der Toolunterstützung, Vorlagen, Methoden und einheitlicher Projektmanagementprozesse erfolgt einheitlich und differenziert.

3. Zentrale und dezentrale Stabsstellen

Eine Kombination aus einer zentralen und mehreren dezentralen Stabsstellen hat den Vorteil, Strategie und operative Rückkopplung zu verbinden, sodass ein gleiches Verständnis von Projektkultur mit Abstufungen von Subkulturen möglich ist. Diese organisatorische Einordnung macht mehrere Nachteile der zentralen und dezentralen Stabsstellen zum Preis einer sehr aufwendigen Einführung und eines sehr hohen Ressourcenbedarfs obsolet. Die Steuerung der Softwareunterstützung, Vorlagen, Methoden und Projektmanage-

Tab. 10.4 Wesentliche Vor- und Nachteile einer dezentralen Stabsstelle. (Quelle: Molch 2018)

Vorteile	Nachteile
Höhere Identifikation mit Unternehmen und geringere Widerstände bei der Einführung	Es fehlt der Gesamtüberblick und die Durchsetzung von Standards wird erschwert
Höhere Fachkompetenz in der Beratung, schnellere Reaktionszeiten und bessere Abstimmung durch die Nähe zu Windenergieprojekten	Größere Entfernung zur zentralen Geschäftsleitung und somit keine zeitnahe Reaktion zu strategischen Entscheidungen
Höher ausgeprägtes Verständnis für die einzelnen Projektspezifika	Kein gleiches Verständnis von Projektkultur und gegebenenfalls Entwicklung von ungewollten größeren Subkulturen
Synergieeffekte, bessere Ressourcenauslastung und Erfahrungslernen zwischen den PMOs	Keine übergreifende Steuerung und höherer Ressourcenbedarf

Tab. 10.5 Wesentliche Vor- und Nachteile einer zentralen und mehrerer dezentralen Stabsstellen. (Quelle: Molch 2018)

Vorteile	Nachteile
• Gegenstromverfahren aus Strategie und operativer Rückkopplung möglich	- erhöhter Abstimmungsprozess zwischen zentraler und dezentralen Stabsstellen
• Verzahnung höherer Fachkompetenz und übergreifender, zentraler Steuerung	- Widerstände zwischen zentraler und dezentralen Stabsstelle
• höheres ausgeprägtes Verständnis zu den einzelnen Projektspezifika und kurze Entscheidungswege zu den Entscheidungsträgern	- sehr aufwendige Einführung und sehr hoher Ressourcenbedarf
• gleiches Verständnis von Projektkultur mit möglichen gewollten Abstufungen von Subkulturen	- mehrstufiger Entscheidungsprozess erforderlich, verzögerte Entscheidung

mentprozesse erfolgt einheitlich und zugleich differenziert, siehe Gegenüberstellung der Vor- und Nachteile in Tab. 10.5. Die organisatorische Einordnung kann bei Projektierern mit vielen Mitarbeitern und größeren Außenstellen in Frage kommen. Eine vereinfachte Variante aus zentraler Stabsstelle als PMO und dezentralen POs ist ebenso denkbar.

10.3.6 Einführung eines PMOs

Ein Schritt zur Standardisierung kann im institutionellen Sinn über die Einführung eines PMOs erfolgen. Unternehmen aus etablierten Branchen, die zugleich Schnittmengen mit der Windenergiebranche besitzen, sind schon vor Jahrzehnten dazu übergegangen, sowohl ihre Projektmanagementprozesse als auch ihre Planungsprozess mittels eines PMOs zu standardisieren. Dazu zählen Zulieferer, Anlagenhersteller oder Energieversorgungsunternehmen. In der Konsequenz besitzen diese Unternehmen einen höheren Projektmanagement-Reifegrad und damit einen höheren Grad der Standardisierung, die zu einer erhöhten Effektivität und Effizienz sowie einer verbesserten Ressourcenauslastung führen.

Bei der Einführung eines PMOs stehen sich mehrere Bedingungen diametral gegenüber. Für die Einführung sollte der Projektmanagement-Reifegrad entsprechend hoch sein. Hoch ist er meist jedoch nur dann, wenn ein PMO oder zumindest eine Standardisierung im Projektmanagement stattfand. Zudem begünstigt eine an Veränderungen ausgerichtete Unternehmenskultur die Einführung eines PMOs. Ein nährstoffarmer, plattgetretener Boden lässt ja auch nicht die Bäume in den Himmel sprießen. Auch in diesem Punkt ist meist ein PMO die Institution, die die Unternehmenskultur hinsichtlich professionellen Projektmanagements erst aufbaut. Zudem besitzen die meisten inhabergeführten Projektierer einen kaufmännischen oder technischen, aber weniger einen projektmanagementorientierten Hintergrund. Die Vorteile von Projektmanagement oder eines PMOs sind daher weniger präsent. Folglich liegt der Fokus der Inhaber zumeist auf der operativen Ebene. Viele Inhaber sind zudem überwiegend operativ in den Projektprozessen verwurzelt. Sie sind Profis in dem, was sie tun. Sie tun es mit Leidenschaft und aus Überzeugung, um an der Energiewende mitzuwirken.

Die Einführung eines PMOs sollte als Veränderungsprojekt (Changeprojekt) aufgesetzt werden, da dies nicht nur Veränderung in der Aufbau- und Ablauforganisation nach sich zieht, sondern auch einen sozialen Veränderungsprozess. Insbesondere bei kleineren Projektierern, bei denen eine intensive zwischenmenschliche Zusammenarbeit stark ausgeprägt ist, kann ein Außer-Acht-Lassen des Kulturwandels und der Verhaltensänderungen schwerwiegende Folgen haben. Die Folgen, wenn Veränderungen durch die Einführung eines PMOs nicht im Sinne eines Veränderungsmanagements gesteuert werden, zeigt die Abb. 10.3 metaphorisch.

Wie signifikant die Begleitung des sozialen Veränderungsprozesses ist, zeigt sich darin, dass der Projekterfolg in ähnlich gelagerten IT-Veränderungsprojekten zu zwei Dritteln von Menschen abhängt, auf die sich die Veränderung auswirkt.

Abb. 10.4 zeigt die wesentlichen Erfolgsfaktoren für IT-Projekte, die in der Langzeitstudie „CHAOS report" in 2014 von der Standish Group im Bereich Projektmanagement erhoben wurden.

Abb. 10.3 Wenn Veränderungen nicht als Veränderungsprojekt gesteuert werden. (Quelle: Molch 2018)

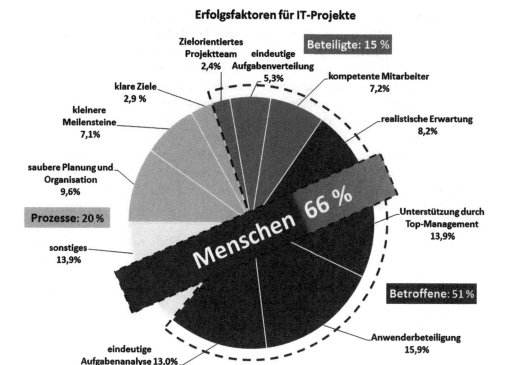

Abb. 10.4 Erfolgsfaktoren für IT-Projekte. (Quelle: Lynch 2014)

Praxishinweis – Auf was sollte bei der Einführung eines PMOs geachtet werden?
- Erforderliches Budget und Mitarbeiter
- Entwickeln und Verdeutlichen der Vision, sowie Konzentration auf die wesentlichen Ziele
- Ausreichende und realistische (zeitliche) Planung
- Bewusstsein von Notwendigkeit und Dringlichkeit schaffen
- Einsatz von Machtpromotoren und Multiplikatoren mit Authentizität und Glaubwürdigkeit
- Offene, leicht verständliche, bildhafte Kommunikation
- Planen & Integrieren von schnellen Erfolgen
- Begleitung und Steuerung des sozialen Veränderungsprozesses durch:
    - auf die Zielgruppen individuell zugeschnittenes dialogisches Vorgehen,
    - Beteiligung der Betroffenen,
    - ausreichend Zeit, das Neue zu erlernen (Transition).

10 Projektmanagement-Office – Auf dem Weg zur Standardisierung

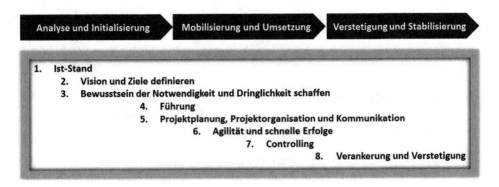

Abb. 10.5 Veränderungsprozesse bei der Einführung eines PMOs. (Quelle: Molch 2018)

Die nachfolgend vorgestellten Schritte haben sich in Anlehnung an die Standardmodelle von Lewin, Kotter, Krüger zur Einführung eines PMOs als Veränderungsprojekt in der Praxis als sinnvoll erwiesen, siehe auch Abb. 10.5 (Grolman 2015).

Dazu wird in Verbindung zur Zukunftsfähigkeit (Futability) versucht, Offenheit für Veränderungen, die Bereitschaft zur Änderung von Denk- und Verhaltensmustern sowie die Übernahme von Selbstverantwortung herzustellen.

1. **Ist-Stand**
Zunächst ist der Ist-Stand zu erfassen. Darunter fallen die Aufbau- und Ablaufstruktur, wie Hierarchieebenen oder die Prozesslandschaft mit den Projektmanagement- und Projektprozessen sowie den begleitenden Verfahrens- und Arbeitsabläufen zu den Windenergieprojekten. Ebenso sind kulturelle Aspekte, wie beispielsweise Einstellungen, Wertvorstellung oder Zusammenarbeit der Betroffenen aufzunehmen. Eine Klärung des Reifegrades hat entscheidende Auswirkung auf die nachfolgend zu definierende Vision und deren inhärenten Ziele. Schließlich gehen daraus Konzeption, Layout und künftige Ausrichtung eines PMOs hervor. Je niedriger der Reifegrad, desto niederschwelliger muss das Angebot an Projektmanagement für die Betroffenen sein.

2. **Vision und Ziele definieren**
Ausgehend vom Ist-Stand wird eine Vision für ein PMO entwickelt. Sie dient als Leitstern und gibt Orientierung sowie Richtung vor. Die Vision sollte nach Kotter unter anderem verständlich, vorstellbar und wünschenswert sein und an alle Beteiligten auf breiter Basis kommuniziert werden (Kotter 2013, S 73). Je konkreter die Vision ist, umso wirkungsvoller ist sie für die Einführung eines PMOs. Aus der Vision ergeben sich in Abstimmung mit der Zielgruppe operationalisierte Ziele. Bei der Einführung eines PMOs sollten am Anfang nicht mehr als zwei bis drei Ziele definiert werden. Das ist kein Fehler, das ist Strategie! Denn zu viele Veränderungen in zu kurzer Zeit führen bei den meisten Betroffenen zu einem Zukunftsschock (Toffler 1970). Nicht die Veränderung selbst löst den Schock aus, sondern die Schnelligkeit und der Umfang, mit der sie sich vollzieht. Dazu kommt: Die Macht der Gewohnheit ist der härteste Kleb-

stoff der Welt. Mit wenigen ausgewählten Zielen kann sich ein PMO auf die wesentlichen Aufgaben insbesondere zur Vereinheitlichung konzentrieren und die Veränderungsgeschwindigkeit im Rahmen von Akzeptanzerwerb hoch halten. Ziele können sein:

– höhere Transparenz zu den Projektprozessen der Projektentwicklung,
– einheitliches Berichtswesen zur Verbesserung der Meilensteinbesprechung,
– standortübergreifendes, einheitliches Projektcontrolling.

Später kann der Aufgabenbereich bei Bedarf als iterativer Prozess zur Weiterentwicklung eines PMOs ausgedehnt werden. Die Mehrstufigkeit beim Aufbau hilft, Akzeptanz und Änderungsgeschwindigkeit hoch zu halten.

3. **Bewusstsein der Notwendigkeit und Dringlichkeit schaffen**
Sind Ist- und Soll-Zustand bekannt, kann daraus die Notwendigkeit für die Einführung eines PMOs geschaffen werden. Ziel muss es sein, die Dringlichkeit und Notwendigkeit eines PMOs zu verstehen und damit bei allen Beteiligten Bereitschaft für die Einführung herzustellen. Nur mit einer entsprechenden Notwendigkeit gelingt es überhaupt, die Betroffenen zu bewegen. Gerade bei Projektierern ohne entsprechende PM-Vorerfahrung muss die Notwendigkeit in einen klaren operativen Nutzen münden, damit die Betroffenen einen Vorteil für sich sehen.

4. **Führung**
Die Gewinnung von Machtpromotoren (Geschäftsführer, Abteilungsleiter) gerade bei inhabergeführten Projektierern bildet den notwendigen Rückhalt für die Einführung eines PMOs. Machtpromotoren sollten authentisch und glaubwürdig sein, um Entscheidungen besser durchsetzen zu können. Neben dem Projektmanager, dem Vorstand/der Geschäftsleitung sollten unbedingt weitere Multiplikatoren aus der Linie mit deren Gruppen- und Abteilungsleiter aus der Projektentwicklung eingebunden sein. So kann ein Interessenausgleich stattfinden und verhilft zu einer multiperspektivischen Sichtweise. Stehen die Multiplikatoren hinter der Einführung, wird gegenseitiges Vertrauen aufgebaut. Schließlich folgen die Betroffenen auf freiwilliger Basis und aus Überzeugung. Gerade in der Windenergiebranche, in der tendenziell nur wenige Ressourcen zur Verfügung stehen, sind Multiplikatoren ein wichtiges Vehikel, um Projektmanagement in das Unternehmen zu tragen. Beim Einsatz von Machtpromotoren und Multiplikatoren sollte der Grundsatz lauten: So wenig von Oben nach Unten (Topdown) wie nötig, und so viel von Unten nach Oben (Bottom-up) wie möglich.

5. **Projektplanung, Projektorganisation und Kommunikation**
Veränderungen benötigen Zeit. Insbesondere wenn die Aufbau- und Ablaufstrukturen geändert werden und die Ausrichtung der Projektierer, wie in der Branche üblich, auf das operative Tagesgeschäft stark ausgeprägt ist. Die Betroffenen müssen:

1. zunächst den Sinn eines PMOs verstehen,
2. dann die Veränderung lernen und
3. in ihrer Arbeitsweise etablieren.

Ersteres ist ohne nennenswerte Vorerfahrung aufwendiger. Dem Zweiteren steht diametral die starke Auslastung der Betroffenen in den Windenergieprojekten entgegen und bedarf zusätzlicher Zeit. Der letzte aufgeführte Punkt besitzt einen weiteren Zeitanspruch im Sinne der Transition. Dieser besteht aus den beiden Elementen Menschen und Veränderung. Nach Bridges und auf die Branche bezogen bedeutet Transition den Übergang von gewohnten Strukturen, Abläufen und der Unternehmenskultur hin zum Neuen (Bridges 2014).

Eindeutig definierte Rollen, Verantwortlichkeiten, Befugnisse und Aufgaben helfen bei der Zusammenarbeit. Die Anforderungen an das Projektteam zur Einführung eines PMO wurden bereits im Abschnitt Voraussetzung zur Einführung und Betrieb eines PMOs dargestellt.

Gerade der soziale Veränderungsprozess zwischen den Ebenen Betroffene, Gruppen und Organisationen muss bewusst gesteuert werden können. Eine Wertschätzung gegenüber dem bisher Erreichten schafft Akzeptanz und Vertrauen bei den Betroffenen. Zugleich sollte das identifizierte Verbesserungspotenzial klar benannt und als Chance zur Weiterentwicklung vorgestellt werden. Wichtig ist das Verständnis der Betroffenen. Es findet kein Verlust von Einfluss statt. Die Betroffenen erhalten vielmehr ein zusätzliches Angebot an Unterstützung.

Vor der Aussage von George Bernard Shaw, „das größte Problem bei Kommunikation ist die Illusion, dass sie stattfand", wird schnell klar, woran die meisten Projekte scheitern. Kommunikation als wesentlicher Erfolgsfaktor sollte klar, verständlich, regelmäßig und zeitnah an die jeweiligen Betroffenen gerichtet sein. Informationen können über verschiedene Kanäle wie Intranet, Projektwebseiten, Mitarbeiterzeitschriften oder über Plattformen wie Informationsveranstaltungen oder Leitungssitzungen im persönlichen Gespräch transportiert werden.

Praxishinweis: Kommunikation zur Einführung eines PMOs
Die Kommunikation sollte lebendig, bildhaft und in einer Art Geschichte (Storytelling) erfolgen. Nur so können Emotionen hervorgerufen und die Betroffenen bewegt werden.

6. **Agilität und schnelle Erfolge**
Für die Akzeptanz und einer gefühlt hohen Umsetzungsgeschwindigkeit sollten zu Beginn gerade bei Projektierern mit hoher operativer Belastung möglichst kleine Umsetzungen stehen, die sich stufenweise erweitern lassen. Dadurch werden für die Betroffenen Erfolgserlebnisse sichtbar und das Engagement wächst. Die Planung sollte nicht zu detailliert, sondern iterativ erfolgen, um auf Veränderungen reagieren zu können. Denn Veränderungen induzieren Veränderungen.

7. **Projektbegleitung**
Die Einführung wird durchgeführt und auf allen Ebenen der Mitarbeiter, Gruppen und anderen Organisationen begleitet respektive im Rahmen eines Projektcontrollings gesteuert. Neben den harten Faktoren wie Kosten, Zeit und Qualität sind insbesondere die weichen Faktoren wie Zufriedenheit und Engagement der Betroffenen von entscheidender Bedeutung.

8. **Verankerung und Verstetigung**
In der abschließenden Phase ist das PMO bei den Betroffenen zu verstetigen und weiter in der Unternehmenskultur zu verankern. Beschreibungen in Form von Verfahrensanweisungen, Ablaufplänen, einem Projektmanagement-Handbuch (PMH) und eindeutigen Rollendefinitionen unterstützen das PMO, um dieses im Arbeitsalltag zu etablieren. Der Kreislauf schließt sich. Das PMO kann anhand des beschriebenen Modells weiter stufenweise aufgebaut werden.

> **Praxishinweis: Auf was sollte nach der Einführung eines PMOs geachtet werden?**
> Ein PMO benötigt Zeit zur Selbststeuerung. In der Praxis wird dies leider häufig übersehen.

Die Projekte eines PMOs zur Standardisierung sollten nach einem ähnlich beschriebenen Schema als Veränderungsprojekt durchgeführt werden.

10.3.7 Veränderung in der Wahrnehmung der Betroffenen bei Einführung eines PMOs

Da der soziale Veränderungsprozess so entscheidend und der Projekterfolg in ähnlich gelagerten IT-Veränderungsprojekten zu zwei Dritteln von Menschen abhängig ist, ist die Wirkung der Veränderungen bei den Betroffenen genauer zu betrachten und zu interpretieren. Die wahrgenommene eigene Kompetenz und damit die Einstellung (Mindset) der Betroffenen zum PMO verändern sich je nach Phase, siehe Abb. 10.6. Entsprechend stehen die verschiedenen Handlungstreiber Wollen, Können Kennen und Sollen sowie unterschiedliche Maßnahmen zur Beeinflussung der Handlungsmotivation für die Einführung eines PMOs im Fokus. Die Veränderungskurve entstammt ursprünglich der Trauerforschung von Elisabeth Kübler-Ross und beschreibt das emotionale Erleben von Menschen im Veränderungsprozess (Kübler-Ross 1969).

> **Praxishinweis: Abschluss eines Veränderungsprojektes**
> Oft mündet der Projektabschluss im Tiefpunkt der eigenen, wahrgenommenen Kompetenz, siehe Abb. 10.6 zwischen dem linken und rechten Bereich. Dies führt in der Praxis dazu, dass die Produktivsetzung eines PMOs dann stattfindet, wenn die Akzeptanz bei den Betroffenen am geringsten ist und weder Transformation noch Transition stattgefunden haben. Mit der Einführung eines PMOs als Veränderungsprojekt findet jedoch eine nachführende Begleitung des sozialen Veränderungsprozesses sowie des Kulturwandels statt.

1. **Schock**
Die Mitarbeiter werden über die Einführung eines PMOs informiert. Sie werden zu Betroffenen. Durch die mit dem PMO angestrebte Vereinheitlichung, wie beispiels-

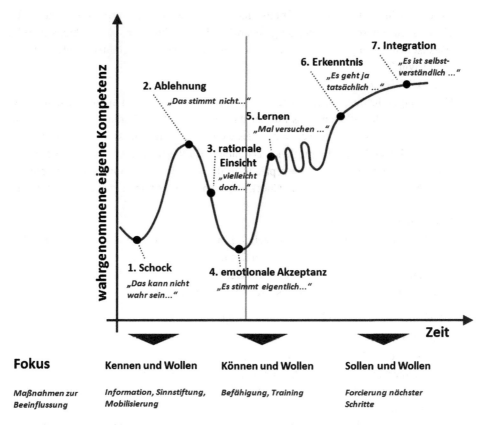

Abb. 10.6 Veränderungskurve in Adaption nach Fatzer. (Quelle: Sauer 2016)

weise bei den Projekt-prozessen der Projektentwicklung, dem Berichtswesen für die Meilensteinbesprechungen und dem standortübergreifenden Projektcontrolling sinkt die wahrgenommene eigene Kompetenz der Betroffenen. Diese sind unsicher, was auf sie zukommt und wie Windenergieprojekte künftig realisiert werden. Im ersten Augenblick wird von den Betroffenen der vermeintliche organisatorische Mehraufwand mehr wahrgenommen, als die Vorteile der Standardisierung.

2. **Ablehnung**

Daraufhin wird von den Betroffenen ein PMO sowie die gewollte Standardisierung als nicht notwendig empfunden. Hier spielen insbesondere Interessenkonflikte und Angst vor Verlust von Einfluss, gewohnter Strukturen und Teile der vertrauten Unternehmenskultur eine besondere Rolle. Gerade in dieser Phase ist mit erhöhtem Widerstand zu rechnen. Statt gegen diesen Widerstand, ist mit diesem zu arbeiten.

Dies gelingt über einen konstruktiven Umgang mit dem Widerstand, indem die Ursachen erkundet und Emotionen ernst genommen werden (die Nichtbeachtung führt zur Blockadehaltung bei den Betroffenen). Auf diese Weise ist ein direkter Dialog ein hilfreiches Instrument. In der Praxis sind häufig folgende Killerphrasen anzutreffen „Das haben wir schon immer so gemacht!", „Das funktioniert in der Praxis nicht!", „Das ist historisch gewachsen!", „Daran sind schon andere gescheitert!" oder „Das ist nicht trivial!".

3. **Rationale Einsicht**

   Mit vorangeschrittener Zeit und dem zunehmenden Beschäftigen mit dem Thema PMO erkennen die Betroffenen, dass mit der daraus notwendigen Veränderungen zur Standardisierung Vorteile für sie entstehen. Es werden zunächst nur kleine Veränderungen, wie zum Beispiel eine übergreifende Datenbank für die Kontaktverwaltung von Eigentümern, Beschreibung der Arbeitspakete in der Projektentwicklung oder das Zusammenführen von übergreifenden Checklisten an Meilensteinen wahrgenommen und akzeptiert.

4. **Emotionale Akzeptanz**

   Zunehmend setzt sich nach der rationalen Einsicht auch die emotionale Akzeptanz bei den Betroffenen durch. Ein PMO kann tatsächlich Verbesserungen durch die Standardisierung bei der Planung von Windenergieprojekten erreichen. Mögliche Effekte sind beispielhaft für eine erhöhte Transparenz in den Projektprozessen:

   – Veraltete und doppelte Planungsstände der Windenergieparkplanung werden vermieden
   – Klare und eindeutige Regelung der Verantwortlichkeiten
   – Erleichterte Priorisierung und damit Erhöhung der Effektivität
   – Schnellerer, einfacher Austausch von Planungen durch Modularisierung der Projektstruktur
   – Nachgelagerte Funktionsgruppen erhalten einheitliche Planungsstände, damit entfällt ein Überführen in ein neues Format (meist von einer in die nächste Excel-Tabelle)

   Es beginnt die Zeit des Loslassens von gewohnten Strukturen, Abläufen und Teilen der vertrauten Unternehmenskultur.

5. **Lernen**

   Durch weiteres Auseinandersetzen und Zusammenarbeiten mit dem PMO entwickeln sich Neugier und die damit verbundenen wesentlichen Veränderungen in der Planung der Windenergieprojekte. Aus Betroffenen werden zunehmend Beteiligte. Sie gehen von sich aus aktiv auf das PMO zu, stellen Verständnisfragen zum Sinn ihrer Arbeit und geben Impulse für weitere Ideen und Weiterentwicklungen. Ein Wandel in der Kultur mit den Bereichen Einstellungen, Wertvorstellung oder Zusammenarbeit ist die Folge. Die wahrgenommene eigene Kompetenz beginnt, abhängig von den Erfolgen, sukzessive zu steigen.

6. **Erkenntnis**

   Mit weiteren Erfolgen und der damit verbundenen Veränderung setzt sich zunehmend die Erkenntnis durch, dass das PMO mit seiner Vereinheitlichung die Arbeit in den Windenergieprojekten verbessert. Neben den kleinen, beschriebenen Erfolgen unter emotionaler Akzeptanz sind nun auch größere Erfolge wie beispielhaft die erhöhte Transparenz in den Projekt-prozessen wahrnehmbar. In Teilen entspricht dies den Projektmanagement-Reifegradstufen 2 und teils 3, wie unter dem Abschn. 10.2.2 am Beispiel des PMRs IPMA DELTA beschrieben:

- Etablierte Regelkommunikation und Eskalation durch klare Verantwortlichkeiten
- Erste Portfoliosteuerung durch definierte Priorisierung und damit beschleunigte Projektbearbeitung
- Agile Planung durch Modularisierung und Beschreibung der Projektstruktur und der daraus resultierenden Reduktion der Projektkosten
- Erste Möglichkeiten von Projektcontrolling sowie Kosten- und Aufwandserfassung durch eine definierte Projektstruktur

7. **Integration**
Das PMO ist vollständig im Arbeitsalltag integriert. Die eigene wahrgenommene Kompetenz ist in dieser Phase am höchsten. Das PMO kann weiter stabilisiert werden, um einen Rückfall in alte Muster und Strukturen zu vermeiden. Im Zuge der Verfestigung sollte die Bereitschaft für künftige Weiterentwicklungen eines PMOs folglich zur weiteren Standardisierung führen. Das PMO erhält zunehmend seine Rolle in der Aufbau- und Ablauforganisation und damit eine Identität.

10.3.8 Kritische Würdigung zum PMO

Auch ein PMO kann die Grenzen der Standardisierung im Sinne eines Ereignishorizontes nicht überqueren. Je nach Layout und Zielwirkung kann ein PMO mit einer Vereinheitlichung die Individualität der Windenergieprojekte mehr oder weniger gut abbilden. Betroffene müssen dort abgeholt werden, wo sie stehen, um das Maß der Verhältnismäßigkeit an Standardisierung sowie die damit einhergehenden Aufgaben für ein PMO zu bestimmen.

Ein PMO ist nicht zwingend für ein professionelles Projektmanagement notwendig. Es kann jedoch als Institution den Grad der Standardisierung und den Projektmanagement-Reifegrad entscheidend erhöhen, gerade dann, wenn ein einheitliches Vorgehen in den Windenergieprojekten mit den Vorteilen von Projektmanagement verbunden werden soll. Dies geschieht über größere Transparenz bei 3P, ein verbessertes Erfahrungslernen oder durch eine unterstützende Projektkultur.

Kultur ist es auch, die eine Einführung eines PMOs maßgeblich prägt. Speziell die Veränderungsfähigkeit einer Organisation bietet den Nährboden, um ein PMO erfolgreich einzuführen. Die Veränderungsfähigkeit ist es aber auch, die meist erst durch ein PMO entsprechend ausgerichtet wird. Kulturwandel und Verhaltensänderung sind somit zugleich Voraussetzung und Ziel der Einführung eines PMOs.

Eine Möglichkeit, die Einführung eines PMOs zu begünstigen, ist, dieses als Veränderungsprojekt aufzusetzen, um den sozialen Veränderungsprozess professionell zu begleiten. Dazu sind Voraussetzungen vom Projektteam und den künftigen Mitarbeitern im

PMO zu erfüllen. Dies können beispielsweise praktische Erfahrung im Projekt- und Veränderungsmanagement sein.

10.4 Standardisierung durch ein Projektmanagement-Office

10.4.1 Projektmanagementprozesse

Damit eine Standardisierung durch ein PMO funktionieren kann, sollten die in Tab. 10.6 dargestellten Prozessarten in Anlehnung an das Prozesshaus der DIN 69901 bekannt und verstanden sein.

Während in den oberen „Etagen des Prozesshauses" im Sinn von Führungs-, Projektmanagement- und Unterstützungsprozesse ein Arbeiten *am* Prozess stattfindet, ist der Projekt-prozess als ein Arbeiten *im* Prozess zu verstehen.

Nach Erfahrung des Autors ist die Unterscheidung von Projektmanagementprozesse und Projekt-prozesse gerade bei den stark operativ ausgerichteten Projektierern noch nicht durchgängig präsent. Folglich sollen in einem Projektmanagement-Prozessmodell die wesentlichen Projektmanagement-prozesse in Anlehnung an die DIN 69901-2 skizziert werden (siehe Abb. 10.7).

Die Einteilung der Projektmanagement-Phasen in „Initialisierung", „Definition", „Planung", „Steuerung" und „Abschluss" orientiert sich an den logisch zusammenhängenden Aktivitäten des Projektmanagements. Im Gegensatz dazu unterteilen die Projektphasen den Projektlebenszyklus in zeitlich zusammenhängende Abschnitte. Projektmanagement-Phasen können mehrmals in einer Projektphase durchlaufen werden. Folgende Hinweise

Tab. 10.6 Prozesshaus. (Quelle: in Anlehnung an DIN 69901-2 2009, S 6)

Prozessart	Beschreibung	Beispiele
Führungsprozesse	Prozess zur Festlegung der Ziele im Unternehmen, die Vereinbarung der Zielwerte und ihre Verfolgung	Strategische Zielvorgabe für Akquiseregionen und zu realisierende Windenergieanlagen
Projektmanagement-prozesse	Prozess zur Planung, Überwachung und Steuerung von Projektprozessen	Projektansätze bewerten und priorisieren, Windenergieprojekt planen, Netzanschlussplanung
Unterstützungs-prozesse	Prozess zur Unterstützung von Projektprozessen, um diese flankierend zu begünstigen	Buchhaltungsprozesse, Personalprozesse, EDV-Prozesse
Projektprozesse (Wertschöpfungsprozesse)	Prozess, der unmittelbar die Erzielung von Projektergebnissen bewirkt	Weißflächenkartierung, Prüfung Naturschutzbelange, Planen des Windenergieparklayouts, dingliche Sicherung

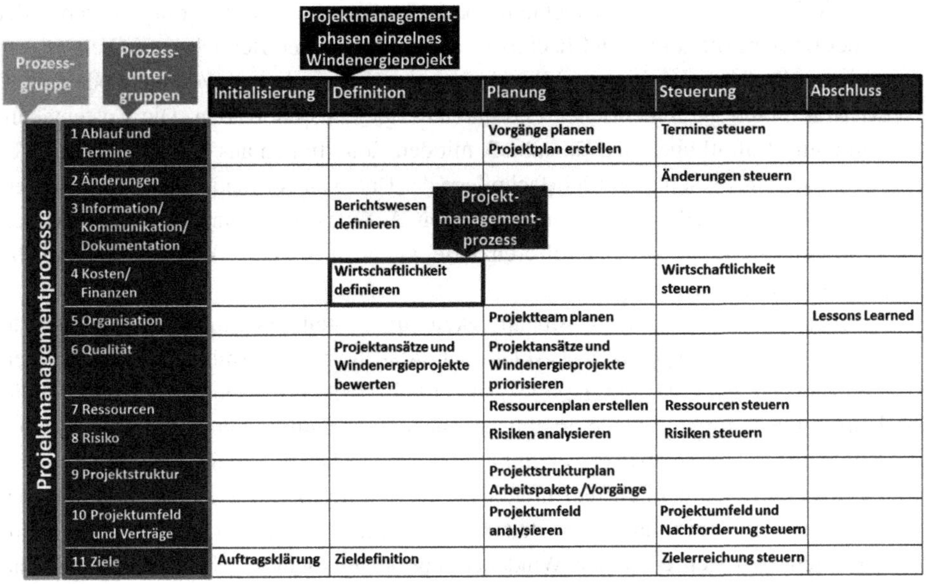

10 Projektmanagement-Office – Auf dem Weg zur Standardisierung

Prozessgruppe	Prozessuntergruppen	Initialisierung	Definition	Planung	Steuerung	Abschluss
Projektmanagementprozesse	1 Ablauf und Termine			Vorgänge planen Projektplan erstellen	Termine steuern	
	2 Änderungen				Änderungen steuern	
	3 Information/ Kommunikation/ Dokumentation		Berichtswesen definieren	Projektmanagementprozess		
	4 Kosten/ Finanzen		Wirtschaftlichkeit definieren		Wirtschaftlichkeit steuern	
	5 Organisation			Projektteam planen		Lessons Learned
	6 Qualität		Projektansätze und Windenergieprojekte bewerten	Projektansätze und Windenergieprojekte priorisieren		
	7 Ressourcen			Ressourcenplan erstellen	Ressourcen steuern	
	8 Risiko			Risiken analysieren	Risiken steuern	
	9 Projektstruktur			Projektstrukturplan Arbeitspakete/Vorgänge		
	10 Projektumfeld und Verträge			Projektumfeld analysieren	Projektumfeld und Nachforderung steuern	
	11 Ziele	Auftragsklärung	Zieldefinition		Zielerreichung steuern	

(Projektmanagementphasen einzelnes Windenergieprojekt)

Abb. 10.7 Projektmanagement-Prozessmodell. (Quelle: in Anlehnung an DIN 69901-2 2009, S 11)

dienen zur Unterstützung, die ein PMO beim Verstetigen von Projektmanagementprozessen beachten sollte:

- **Abhängigkeit und Wechselwirkungen**
  Zwischen den Windenergieprojekten bestehen Abhängigkeiten und Wechselwirkungen. Beispielsweise greifen mehrere Windenergieprojekte auf ein Umspannwerk oder die Infrastruktur (Anfahrtswege, Bau, etc.) zurück. Daraus entstehen Wechselwirkungen. Eine Veränderung in einem Projekt beeinflusst weitere Windenergieprojekte. Eine softwareseitige Unterstützung, sei es in Form von MS-Excel oder mit Hilfe einer Projektmanagement-Software, sollte projektübergreifende Verknüpfungen enthalten. Diese Verknüpfungen können hart oder weich sein. Ersteres bedeutet, dass bei einer Verschiebung in einem Windenergieprojekt die anderen betroffenen Windenergieprojekte ohne nachzufragen verändert werden. Im Gegensatz dazu wird bei einer weichen Verknüpfung zunächst der Projektmanager der betroffenen Windenergieprojekte befragt, ob eine Verschiebung in seinem Projekt erzeugt werden darf.

  Eine Besonderheit der Windenergieprojekte sind die innewohnenden Interdependenzen, die sowohl Projektmanagement- als auch Projektprozesse betreffen. So sind Stakeholder und deren Einstellung zwangsweise mit den Chancen/Risiken im Windenergieprojekt verbunden. Daraus ergeben sich entsprechende Akquisestrategien wie auch Verträge respektive Vertragsmodelle und die Höhe der Konditionen, die wiederum direkten Durchschlag auf die Wirtschaftlichkeit des Windenergieprojektes und damit auf die Wirtschaftlichkeitsberechnung besitzen. Eine Synchronisierung zwischen den in der Branche oft geführten Checklisten aus verschiedenen Bereichen wie Vertragsverwaltung, Projektcontrolling und Buchhaltung zu Kostentabellen, Vertragsmodellen und Risiken führen zu einheitlichen und damit vergleichbaren Werten. Die Kostentabelle sollte im Idealfall über eine Datenbank mit den Konditionen aus den bestehenden Verträgen verbunden sein, um Mehrfachpflege der Daten zu vermeiden. Aus einer einheitlichen Kostentabelle, einer standardisierten Aufwandserfassung und von erfassten Projektrisiken lässt sich eine differenzierte wie auch fundierte Wirtschaftlichkeitsberechnung ableiten.

Ebenso ergibt sich aus der Abhängigkeit zur Einstellungen und dem Verhalten der Stakeholder ein entsprechender Ablaufplan. Stakeholder determinieren die Zwischen- und Endziele im Windenergieprojekt in zeitlicher Natur. Eine systematische Umfeldbetrachtung kann helfen, die erhebliche Anzahl von Einflussfaktoren wie Eigentümer, Kommunen, avifaunistische Einflüsse durch beispielsweise Rotmilan oder Schwarzstorch einheitlich und möglichst ganzheitlich zu erfassen, zu bewerten und entsprechende Maßnahmen einzuleiten. Gerade die Umfeldbetrachtung macht Abhängigkeiten zwischen einzelnen Windenergieprojekten sichtbar. So kann ein einzelner Eigentümer in mehreren Windenergieprojekten ein Stakeholder sein. Dieser kann darüber hinaus unterschiedliche Wertvorstellungen und Einstellungen zu den jeweilgen Windenergieprojekten besitzen.

Die Projektorganisation bestimmt maßgeblich den Ablauf der Windenergieprojekte.

So kann eine Vor-Ort-Präsenz den Projekterfolg begünstigen. Ebenso bestimmen Qualifikation und Erfahrung der Projektmitarbeiter den Werdegang des Windenergieprojektes. Neben Fachkompetenz sollten diese Flächen in Persönlichkeits-, Methoden- und Sozialkompetenz besetzen.

Eine Zertifizierung kann insbesondere im Sinn einer Standardisierung einen ersten Schritt zum Aufbau benötigter Kompetenzen bedeuten. Ein weiterer gangbarer Weg, den ein PMO anregen und mit beispielsweise dem Personalbereich begleiten kann, ist die Rotation von Mitarbeitern durch verschiedene Bereiche, frei nach dem Gedanken von Antoine de Saint-Exupéry: „Um klar zu sehen, genügt oft ein Wechsel der Blickrichtung" (Saint-Exupéry 1948). Der Durchlauf hat ein verbessertes Verständnis durch einen Perspektivwechsel auf vor- oder nachgelagerte Prozesse zur Folge. Er fördert damit die Projekt- wie auch Prozessorientierung der Betroffenen. Ebenso können gezielte Maßnahmen zur Teambildung für ein gemeinsames Verständnis und damit für synchronisierte Denk- und Handlungsweisen sorgen. Was einem PMO in diesem Kontext bewusst sein sollte, ist die gruppendynamische Reife der Projektgruppe, die den Erfolg des Windenergieprojektes maßgeblich bestimmt. Auf die Signifikanz von menschlichen Einflussfaktoren wurde bereits im vorangegangenen Kapitel bei der Einführung eines PMOs am Beispiel von IT-Projekten hingewiesen.

Für viele der beschriebenen Interdependenzen kann eine einfache Lösungsmöglichkeit in Form von Verknüpfungen zwischen den Daten innerhalb von Datenbanken gefunden werden. Ebenfalls hilfreich ist eine hinreichend definierte Änderungsanfor-

derung (Change Request), die alle Änderungen sicht- und beherrschbar macht. Dazu ist jedoch ein Minimum an Standardisierung mit beispielsweise beschriebenen Arbeitspaketen erforderlich.
- **Projektplanung**
Für die Projektplanung ist eine Modularisierung in Form von vordefinierten und klar beschriebenen Arbeitspaketen von Vorteil, um flexibel auf Veränderungen reagieren zu können. So kann schnell auf erprobte Arbeitsabläufe zurückgegriffen werden, die sich wie in einem Modellbaukasten austauschen oder hinzufügen lassen, sodass nicht jede Planung wieder neu zu erarbeiten ist. Maßgebend und Ausgangsbasis ist ein modularer Projektstrukturplan (PSP).

Zur Überwachung von Fristen wie zur Kabeltrassen-Planung, Gutachten-Beauftragung, Beauftragung von Lageplänen, Eintragung der Baulasten, Dienstbarkeiten-Netzplanung oder Optierung sollten entsprechende Eskalationsmechanismen hinterlegt sein. Für ein Projektcontrolling empfiehlt der Autor die Nutzung einer Meilenstein-Trendanalyse, eines Kanban-Boards oder die Aufgabenverwaltung von MS-Outlook, die gerade bei kleineren Projektierern zur schnellen und einfachen Unterstützung eingerichtet werden kann. Unter Projektcontrolling ist die Steuerung der Dimensionen Kosten, Zeit, Qualität und Stakeholderzufriedenheit zu verstehen.

Für einen Meilenstein-Entscheid, im Sinne eines Qualitätstors (Quality Gates), sollten die Kriterien einheitlich definiert sein, die für die Freigabe der Folgephase, der Revision der aktuellen Projektphase, der Zurückstellung oder des Abbruches des Windenergieprojektes stehen. Insbesondere die Abbruchkriterien für Windenergieprojekte sind essenziell, da sie den Akteuren Orientierung geben und eine Kultur des Scheiterns nach sich ziehen. Ein Projektabbruch ohne Gesichtsverlust ist dann möglich. Letztlich bleibt die Frage im Sinne des Erfahrungslernens: Bin ich gescheitert oder bin ich gescheiter?
- **Risiken**
Das einheitliche und systematische Herangehen im Umgang mit Risiken verhilft dazu, diese rechtzeitig und in ihrem Ausmaß erkennen zu können. Risiken über den Projektverlauf der Windenergieprojekte verhalten sich dynamisch. Sie müssen daher vom PMO im Rahmen der Standardisierung einheitlich klassifiziert und im Windenergieprojekt entsprechend permanent überwacht und angepasst werden.
- **Arbeitsschleifen**
Viele Vorgänge in der Projektentwicklung sind Arbeitsschleifen, die mehrmals durchlaufen werden müssen, bis ein konkreter Ergebnisstand erreicht und freigegeben wird. Die Planung des Layouts vom Windenergiepark wird auf Grundlage von Berechnungsergebnissen, Grundlagenerkenntnissen und Statusmeldungen zum Akquisestand permanent modifiziert.

Praxishinweis: Arbeitsschleifen in einer Projektmanagement-Software darstellen
Vorgänge, die selbst nicht zeitbestimmend sind, sondern deren Start, Ende und Dauer von anderen Vorgängen bestimmt werden, sind als Begleitvorgänge (Hammock = Hängematte) in einer Planungssoftware anzulegen respektive zu planen. Dies trifft auf

Vorgänge wie beispielsweise Dokumentation oder Qualitätssicherung zu, aber in den Windenergieprojekten ebenfalls auf die Wirtschaftlichkeitsberechnung, das Risikomanagement oder die Umfeldbetrachtung, da diese kontinuierliche, über den Projektverlauf hinweg wiederkehrende Prozesse sind.

- **Aufteilen von Windenergieprojekten**
Windenergieprojekte verhalten sich nicht immer homogen. Sie können über die Zeit fragmentieren, sodass einige Teile eines Windenergieprojektes abgespalten und im weiteren Projektverlauf voneinander losgelöst verfolgt werden. Es kann jedoch passieren, dass die Teile zu einem späteren Zeitpunkt ganz oder in Teilen wieder zusammengeführt werden. Dies geschieht nicht im Sinn „scheitert ein Teilprojekt, scheitert das gesamte Windenergieprojekt". Dies stellt eine besondere Anforderung an die softwareseitige Unterstützung dar, die einer Abwägung zwischen größerer Detaillierung bis auf die Ebene der einzelnen Windenergieanlage oder der Betrachtung des gesamten Windenergieparks bedarf. Eine Empfehlung des Autors ist, so grob wie möglich und so fein wie nötig zu planen.
- **Wirtschaftlichkeitsberechnung**
Die Wirtschaftlichkeitsberechnung nimmt innerhalb der Windenergieprojekte eine besondere Rolle ein. Als wiederkehrender Projektmanagement- *und* Projektprozess hilft es, die folgenden Punkte zu ermitteln:

  – Wirtschaftlichkeit des Windenergieprojektes
  – Wirtschaftlichste Planvariante im Vergleich der planbaren Windenergieanlagen
  – Möglicher Kosten- und Konditionsrahmen
  – Die Findung der wesentlichen Stellschrauben im Projekt wie auch darüber hinaus
  – Die Auslotung des Zeitrahmens der Inbetriebnahme des Windenergieparks
  – Ableitung möglicher Gebotsstrategien in Betrachtung der EEG-Ausschreibung

  Die Wirtschaftlichkeit der Windenergieprojekte wie auch des gesamten Portfolios genau zu kennen ist deshalb so wichtig, weil sich daraus auch das benötigte Eigenkapital ergibt. Dieses muss vom Projektierer zeitlich als auch in der jeweiligen Höhe vorgehalten werden.
- **Methodeneinsatz**
Die bereits erwähnten Spezifika der Windenergiebranche erfordern bei der Wahl der Methoden ein besonderes Augenmaß. Der Methodeneinsatz orientiert sich an den situativen Gegebenheiten. Dazu gehört die Flexibilität, die gewählten Methoden anzupassen oder zu wechseln. So kann von einer Kreativitätsmethode, wie der 635-Methode, auf einen Entscheidungsbaum gewechselt werden, wenn es nicht mehr um Quantität, sondern um die Eingrenzung von Lösungen geht. Hier ist die Akquisestrategie mit einem Großeigentümer beispielhaft anzuführen, in der erst mögliche Lösungen gesucht werden und anschließend eine Entscheidung zur richtigen Akquise getroffen wird.

Ob Methodenkompetenz oder Erfahrung: Beides muss zusammenspielen und situativ eingesetzt werden können. Die Verantwortung für den Erfolg einer Methode bleibt immer beim Anwender einer Methode, niemals bei der Methode selbst! Eine Auswahl nützlicher Methoden kann unter dem Methodenwürfel der GPM abgerufen werden (GPM 2017).

- **Kommunikation**
Kommunikation entscheidet maßgeblich über den Projekterfolg, weswegen hohe Anforderungen an diese zu stellen sind. Kommunikation generiert den Rahmen für direkte Resonanz, die insbesondere beim Umgang mit Eigentümern, Bewirtschaftern, Kommunen aber auch Banken wichtig ist, um deren Wünsche und Anforderungen an das Windenergieprojekt zu ergründen und einzubinden. So können Betroffene dort abgeholt werden, wo sie stehen. Bei den Projektierern in der Windenergiebranche haben sich gerade aufgrund der flachen Hierarchien regelmäßige Abstimmungsrunden zwischen dem Vorstand/der Geschäftsleitung und den Projektteams herausgebildet und etabliert. Diese nicht immer formalisierten Besprechungen helfen, den kurzfristigen Veränderungen im Windenergieprojekt entgegenzutreten.

- **Berichts- und Vertragswesen**
Im Rahmen der Standardisierung sollte ein PMO ein einheitliches Berichts- und Vertragswesen fördern. Der Vorstand/die Geschäftsleitung muss sich dadurch nicht in unterschiedliche Berichts- und Vertragsstrukturen immer wieder neu einarbeiten. Nach Empfehlung des Autors sollten die etablierten Checklisten und Projektakten zuerst vereinheitlicht werden. Dadurch wird mit überschaubarem Aufwand ein erster größerer Nutzen im Rahmen der Standardisierung für die Entscheidungsträger, aber auch für die Betroffenen sichtbar. Die Modularisierung von Vertragsbestandteilen kann nach Einschätzung des Autors ein hohes Einsparpotenzial in zeitlicher und damit auch in finanzieller Dimension erzielen. Dies ist auf den hohen Anteil von Vertragsabschlüssen, sei es in schuldrechtlicher oder dinglicher Natur, in den Windenergieprojekten zurückzuführen.

- **Projektdokumentation**
Die Projektdokumentation muss dem Erfahrungslernen dienen und verbindlich sein. Die Dokumentation der Projektmanagementprozesse wird über ein PMH abgebildet. Es beschreibt, wie Windenergieprojekte generell abgewickelt werden sollen. Ein PMO sollte das PMH mit den Betroffenen erarbeiten und idealerweise an der bestehenden Softwarelandschaft ausrichten. Als Empfehlung des Autors sollte ein PMH der Zeit angemessen sein und nicht in physischer Form vorgehalten werden. Vielmehr sollte es im Intranet leicht zugänglich und mit entsprechenden Verknüpfungen hinterlegt sein. Ein Commitment für Vertrauen, Fairness und Kultur in einem PMH wäre hilfreich und wünschenswert, da diese Termini die Grundpfeiler für die Planung von Windenergieprojekten im Umgang mit allen Betroffenen, sei es innerhalb als auch außerhalb eines Projektierers, sind. In einem PMH sollten mindestens folgende Planungsfelder thematisch enthalten sein:

– Kommunikation
– Projektorganisation und Projektplanung
– Umfeld/Akzeptanz sowie Chancen/Risiken

- Technische Anforderungen, wie Natur- und Artenschutz, Windhöffigkeit, Netz, etc.
- Gesetzliche Anforderungen, wie EEG-Ausschreibung, MaStR, Bauplanungsrecht, etc.
- Projektrahmenparameter, wie Due Diligence, Projektabbruch, Eskalationsmechanismen, Wirtschaftlichkeit, Verträge, etc.
- Veränderungen und Projektcontrolling

Das PMH umfasst dazu die Ebenen des Projekt-, Programm- und Portfoliomanagements. Je einfacher das PMH gehalten ist, umso größere Flexibilität und Akzeptanz erfährt es. Angelehnt an ein PMH kann ein Projekt-Handbuch für ein konkretes Windenergieprojekt erarbeitet werden. Dieses kann die Projektarbeit spezifisch flankieren. Ein Projekt-Handbuch kann nach Auffassung des Autors Sinn ergeben, wenn das Windenergieprojekt sehr weit vom Standard entfernt ist. Das Projekthandbuch wird üblicherweise zum Projektstart erstellt und kontinuierlich fortgeschrieben.

- **Ressourcen**
Eine aktive Planung von Ressourcen hilft, die in der Praxis häufig anzutreffende Wellenbewegung zwischen Über- und Unterlast der Mitarbeiter in den Windenergieprojekten besser auszugleichen und somit eine verbesserte Ressourcenauslastung herzustellen.

- **Softwarelandschaft**
Aufgrund der zunehmend größeren Bedeutung der Digitalisierung in der Windenergiebranche sollte ein PMO eine angemessene IT-Unterstützung anbieten. Damit ist jedoch nicht die Aufgabenausrichtung einer IT-Organisationseinheit gemeint. Vielmehr liegt der Fokus auf der Verzahnung von IT mit Projektprozessen durch methodische, beratende Unterstützung. Dazu zählt beispielsweise der Aufbau von Medienkompetenz durch Anwenderschulungen von Projektmanagement-Software, die Durchführung von Telefonkonferenzen in der Zusammenarbeit von virtuellen Teams oder die Anwendung von neuen Methoden auf einem Whiteboard.

Windenergieprojekte mit vereinfachten Anforderungen benötigen nicht zwingend eine ausgewachsene, professionelle Softwarelösung. Vielmehr sind für den Anfang Planungen als verdichtete Balkenpläne in MS-Excel oder PowerPoint ausreichend. Vereinfachte Anforderungen können beispielsweise Eigentümer mit einer positiven Einstellung für die Nutzung von Windenergie oder geologisch wenig anspruchsvolles Gelände sein. Windenergieprojekte mit erhöhten Anforderungen sollten mit professioneller, integrierter Projektmanagement-Software geplant und gesteuert werden. Ein professionelles Planungsprogramm enthält Kennzahlen wie die Wirtschaftlichkeit, die Genehmigungsrisiken, die Stakeholderstruktur mit den inhärenten Eigentümern und Pächtern, den Stand der Flächensicherung oder die Standort-Windgeschwindigkeit. Der Schwerpunkt des Softwareeinsatzes liegt dabei auf der Aufgabenebene. Neben der Abbildung der Prozesslandschaft sollten ein einheitliches Berichtswesen existieren und Checklisten eingebunden werden können.

Beim Einsatz typischer Software in der Windenergiebranche, sei es zur Betriebsführung, zum technischen Zeichnen, zum Micrositing, zur Turbulenzberechnung, zur Buchhaltung oder zur Projektplanung, gilt: Informationen sollten direkt zwischen den eingesetzten Systemen ausgetauscht werden können. In der Praxis findet dieser Austausch meist nur über Umwege, wie mit dem Einsatz von Comma-Separated-Values-Dateien (CSV-Dateien) statt. An dieser Stelle möchte der Autor im Rahmen einer Standardisierung und im Interesse der Windenergiebranche an die Softwareanbieter appellieren, Interoperabilität und entsprechende Schnittstellenoffenheit zwischen den Softwarelösungen herzustellen.

10.4.2 Wertschöpfungskettenorientierte Betrachtung der Projektmanagementprozesse

Um den Einsatz und die Nutzung von Standardisierung im Kontext von Projektmanagement zu konkretisieren, sollen nachfolgend beispielhafte Projektmanagementprozesse und die praxisnahe Unterstützung durch ein PMO im Projektablauf an den wesentlichen Projektphasen verzahnt dargelegt werden. Auf die ausführliche Beschreibung von Projektprozessen wird bewusst verzichtet. Sie werden zur Sinngebung für die Projektmanagementprozesse jedoch angedeutet.

- **Vorprojektphase**
Eine Besonderheit von Windenergieprojekten ist die vorausgehende Analyse- und Sondierungsphase. In dieser kurzen Phase vor dem eigentlichen Projektstart werden die Projektansätze identifiziert, qualifiziert und aufbereitet, um später als Windenergieprojekt initiiert zu werden. Schnellstmöglich wird die Erfolgswahrscheinlichkeit insbesondere hinsichtlich Wirtschaftlichkeit, Windhöffigkeit, Genehmigungsfähigkeit sowie möglicher Netzanbindung bewertet. Die Kurzlebigkeit der meisten Projektansätze beträgt wenige Wochen. Die Verhältnismäßigkeit der Planung ist in dieser Phase erfolgsentscheidend. Um die Erfolgswahrscheinlichkeit zu bemessen, benötigt es ausreichend Zeit, gleichzeitig zwingt der Wettbewerb zum schnellen Sichern der geeigneten Flächen. Diese Planungsschere bedingt einen hohen Grad an Standardisierung. Flexible und dennoch vereinheitlichte Instrumente, wie standortspezifische Checklisten zu harten und weichen Ausschlusskriterien, können helfen, die Analysephase zeitlich zu verkürzen und mögliche Planungsfehler zu vermeiden. Ebenso hilfreich ist ein modularer Aufbau von verschiedenen Prozessabläufen für die Analysephase. Dazu sind Prozesse zu erfassen, zu beschreiben und an die Standortspezifika respektive der Akquisestrategie, wie beispielsweise Windenergieprojekte im Wald, Bürgerenergiegesellschaften oder Kooperationsprojekte, anzupassen. Abschließend wird die Priorisierung der Projektansätze mittels Portfoliomanagement durchgeführt, um die Ansätze als Windenergieprojekte in das Projektportfolio aufzunehmen. Dieses Instrument gewinnt im Ausschreibungszeitalter zunehmend an Bedeutung. Ein PMO kann mit vereinheitlichten und transparenten Kriterien zur Priorisierung unterstützen.

- **Projektentwicklung**
In der anschließenden ersten Projektphase ist die Akquise und Sicherung geeigneter Flächen unter Berücksichtigung der jeweiligen Standortbedingungen von zentraler Bedeutung. Basis hierfür ist ein vorausgehendes Umfeld- und Risikomanagement hauptsächlich technischer und wirtschaftlicher Natur. Beispiele dazu sind die Bemessung der Abstände zur Wohnbebauung oder die Allokation des nächsten Netzverknüpfungspunktes. Letztlich münden die Erkenntnisse des Umfeld- und Risikomanagements in der Entwicklung eines optimalen Layouts für einen Windenergiepark sowie der dazu gehörenden Projektplanung. Diese wird iterativ im Nahbereich angepasst und an den sich anschließenden Projektphasen verfeinert. Die Entwicklung des Windenergieprojektes ist in dieser Phase von der Koordination vieler Beteiligter geprägt. Intention hierbei ist, dadurch eine möglichst hohe und breite Akzeptanz bei den Betroffenen, insbesondere bei Eigentümern, Bewirtschaftern und Gemeinden, zu schaffen. Zwischen den Fachbereichen des Projektierers bestehen erfahrungsgemäß die stärksten Konfliktquellen, wie in Abb. 10.8 symbolisch dargestellt. Die jeweilige prozentuale Angabe in Abb. 10.8 stellt das Verhältnis aus einer Befragung unter 440 Beschäftigten eines Industrieunternehmens dar. Es wurde erfragt, wo die stärksten Konflikte entstehen.

Eine Standardisierung in Form einer übergreifenden und klar definierten Regelkommunikation mit einer gemeinsamen Sprache verhindert Missverständnisse. Ein PMO kann zudem die Zusammenarbeit mit einer zunehmenden Projekt-/Prozessorientierung weiter verbessern.

- **Genehmigung**
In der Phase der Genehmigungsplanung wird ein schnelles und konfliktfreies Genehmigungsverfahren angestrebt, um das Windenergieprojekt von der Genehmigungsreife zum Erhalt der BImSchG-Genehmigung zu führen. Die Phase ist durch stark regulatorische Einflüsse des Genehmigungsverfahrens nach dem BImSchG gekennzeichnet. In der Praxis ist eine entsprechend höhere Standardisierung der Projektprozesse gegenüber der vorangegangenen Projektphase die Folge. Die Einheitlichkeit besteht dabei

Konfliktquellen der Zusammenarbeit

Abb. 10.8 Konfliktquellen der Zusammenarbeit. (Quelle: in Adaption von Wunderer 1985)

auf Bundes- und mit Varianzen auf Länderebene. Dennoch ist gerade in dieser Phase ein aktives, standardisiertes und auf Genehmigungsbehörden ausgerichtetes Risiko- und Stakeholdermanagement essenziell, um den Erhalt positiver Stellungnahmen zu begünstigen und zeitlich zu verorten. Ein vordefinierter Flussablauf im Rahmen des Änderungsmanagements hilft dabei, möglichen Nebenbestimmungen zeitlich und wirtschaftlich verträglich für das Windenergieprojekt zu begegnen. Bereits bei Einreichung des Genehmigungsantrages steht der geplante Windenergieanlagentyp fest, aber erst nach Erhalt der BImSchG-Genehmigung ist bekannt, mit wie vielen Windenergieanlagen und unter welchen Auflagen das Windenergieprojekt in die Ausschreibung gehen kann. Dies bestimmt maßgeblich die Wirtschaftlichkeit. Hier ist eine weitere Besonderheit in der Windenergiebranche zu beobachten. Selbst nach Genehmigungserhalt kann es unter Umständen wirtschaftlich sinnvoller sein, mit einem bereits neuen Anlagentypen ein erneutes, dann jedoch vereinfachtes Genehmigungsverfahren anzustreben. Ein modular aufgebauter und an verschiedene Szenarien und Projektprofile angepasster PSP, mitunter vom PMO mit den Beteiligten erarbeitet, ermöglicht ein flexibles, schnelleres und damit wirtschaftlicheres Handeln.

- **EEG-Ausschreibung**
Nach dem Erhalt der BImSchG-Genehmigung schließt sich die Phase des mit dem EEG 2017 eingeführten Ausschreibungsverfahrens an. In diesem stehen Windenergieprojekte aus dem gesamten Bundesgebiet im Wettbewerb, um einen Zuschlag für eine Vergütung nach dem EEG zu erhalten. Diese Phase ist analog zur vorangegangenen Phase starken regulatorischen Einflüssen gemäß EEG unterworfen, sodass sich eine entsprechend hohe Standardisierung der Projekt-prozesse nach kürzester Zeit manifestiert hat. Am Punkt der Gebotseinreichung interagieren die wesentlichen Projektmanagementprozesse mit der abschließenden Prüfung und Bestimmung der Wirtschaftlichkeit, der Portfoliobetrachtung und dem Risikomanagement. Ein darauf abgestimmtes Konzept kann eine erfolgreiche Gebotsabgabe begründen. Hier ist es die Aufgabe eines PMOs, insbesondere den Zugriff auf die benötigten Daten den Entscheidungsträgern für eine Gebotsabgabe zur Verfügung zu stellen.

Dies kann mit Excel-Tools oder mithilfe von Projektmanagement-Software geschehen. Prämissen sind jedoch einheitlich und übergreifend definierte Kennzahlen zur Risikoeinschätzung und der Wirtschaftlichkeit. Die Portfoliobetrachtung ist dabei nicht nur auf die eigenen, sondern auch auf alle weiteren potenziellen Windenergieprojekte ausgerichtet, die sich um den Zuschlag bewerben. Mit erteiltem Zuschlag beginnt eine gesetzlich vorgeschriebene Kaskade von Terminfristen, die es durch eine entsprechende Ablaufplanung und Eskalationsmechanismen zu überwachen gilt.

- **Netzplanung**
Längs der Projektphasen wird der notwendige Netzanschluss für den Windenergiepark geplant. Damit verbunden sind die Planung von Kabeltrassen und erforderlichen Umspannwerken. Die Netzanschlussplanung als Teilprojekt macht eine multidimensionale Sicht auf der Ebene Projekt, Programm und Portfolio als Besonderheit von Windenergieprojekten notwendig. Diese Spezifika gründen sich in der Zuordnung des Netzan-

schlusses zu den Windenergieparks. Ohne Netzanschluss können ein Windenergieprojekt oder gegebenenfalls auch mehrere Windenergieprojekte scheitern, da diese unter Umständen auf denselben Netzanschluss zugreifen. Bei Umspannwerken verhält es sich ähnlich, jedoch ist die Abstraktionsebene höher, da regional eine ganze Gruppe von Windenergieprojekten, mitunter auch von Mitbewerbern, auf ein Umspannwerk zurückgreift. Dies führt zu einer mehrschichtigen Betrachtungsweise in den Dimensionen Koordinierung aller Gewerke, übergreifende und vereinheitlichte Umfeld- und Risikobetrachtung und sowie ein durch ständige Änderungen in den Windenergieprojekten induziertes Änderungsmanagement.

Wenn Risiken einheitlich erfasst und klassifiziert sind, können diese für das Windenergieprojekt zu einer Gesamtrisikozahl zusammengezogen werden. Entsprechende Regelkommunikation und Prozessabläufe kann die Koordinierung aller Beteiligten unterstützen.

Der methodische Ansatz dazu kann vereinheitlicht und über ein PMO als Beratungsangebot erfolgen. Für die wesentlichen Planungsdokumente wie Zeichnungen, Konstruktionspläne und technische Spezifikation sind ein einheitliches Begriffsverständnis und Koordinatensystem sowie kompatible Planungssysteme Grundvoraussetzungen.

- **Baurealisierung**
Sind alle gesetzlichen Fristen erfolgreich eingehalten, ist der Fokus in der Phase der Baurealisierung auf die Koordinierung aller Gewerke sowie Steuerung der Ressourcen, die Umfeldbetrachtung und ein etabliertes Änderungsmanagement gerichtet. Unterstützung kann durch die Festlegung der Verantwortlichkeiten und Verfügbarkeiten erfolgen. Grundlage hierzu sind entsprechend festgelegte Regeln zur Kommunikation sowie den Prozessabläufen. Planungsdokumente, die erhöhte Anforderungen an die Projektdokumentation und das Berichtswesen stellen, sind für den Bauträger Zeichnungen, Konstruktionspläne und technische Spezifikation. Ein einheitliches Begriffsverständnis und Koordinatensystem sowie kompatible Planungssysteme sind hierfür Grundvoraussetzungen.
- **Finanzierung**
Entlang zur Phase der Genehmigungsplanung und Baurealisierung beginnen die Aktivitäten zur Finanzierung und des Verkaufs. Ziele dieser Phase sind, die Betreibergesellschaften mit Fremdkapital zu bestmöglichen Konditionen auszustatten und den höchstmöglichen Verkaufspreis zu erzielen. Wesentliche Projektmanagementrozesse finden sich in der Darstellung der Wirtschaftlichkeit und der Portfoliobetrachtung sowie in der Projektdokumentation wieder. Letztgenannte ist unter anderem für die technische, wirtschaftliche, rechtliche und steuerliche Due Diligence erforderlich. Einheitliche Strukturen in beispielsweise Cloud-Lösungen können ein Hilfsmittel zum Datenaustausch zwischen Projektierer und externen Institutionen sein. Die Wirtschaftlichkeitsberechnung, die überwiegend in MS-Excel-Programmierlösungen abgebildet sind, folgt dem Schema der Anforderungen von Käufern und Banken. Hier ist das Zusammenspiel zwischen den Beteiligten permanent fortzuführen und bei Änderungen zu steuern. Vereinheitlichte, definierte Prozessabläufe können Auswirkungen schnell sichtbar und flexibel gestaltbar machen.

- **Erfahrungslernen (Lessons Learned)**
Nach der Inbetriebnahme des Windenergieparks beginnt vor dem Projektabschluss die Phase der Nachbetrachtung. Hier sind durch ein abschließendes Erfahrungslernen alle wesentlichen Erkenntnisse zu konservieren und zentral für bestehende oder potenzielle Nachfolgeprojekte verfügbar zu machen. Nicht nur am Ende des Windenergieprojektes, sondern gerade aufgrund der hohen Änderungsdynamik sollte ein Erfahrungslernen beständig über den Projektablauf vom PMO gefordert und gefördert werden. Eine weitere Besonderheit bei Windenergieprojekten sind die durchzuführenden Restarbeiten, die Monate oder gar Jahre nach dem Projektabschluss bestehen. Beispiele sind die Meldung der Inbetriebnahme beim MaStR oder das naturschutzfachliche Monitoring, das sich aus der Erfüllung der Nebenbestimmungen aus der BImSchG-Genehmigung ergibt. Mittels eines „After Sales Bereiches" in der Linie könnten die Restarbeiten begleitet werden, wodurch das Projektmanagement respektive die Projektmanager entlastet werden.

10.5 Zusammenfassung

Ansätze zur Standardisierung sind in der Windenergiebranche durchaus erkennbar. Sie sind jedoch noch nicht überall durchgedrungen und ganzheitlich umgesetzt. Der Vorteil erzielbarer Kosteneinspareffekt im Kontrast zum bestehenden Kosten- und Marktdruck durch sinkende EEG-Einspeisevergütung und die erhöhten Anforderungen aus Politik und Gesellschaft macht eine künftige Vereinheitlichung als gangbaren Weg vorstellbar. Vor- und Nachteile einer Vereinheitlichung sind dazu spezifisch abzuwägen. Nach Empfehlung des Autors sollte eine Vereinheitlichung so grob wie möglich und so fein wie nötig mit definierten Freiräumen erfolgen. So können für unterschiedliche Standorte gewollte Substrukturen und -kulturen aufgrund der unterschiedlichen Ländergesetzgebung helfen, diesen Individualität und damit Identität und Flexibilität zu geben.

Da der Grad der Standardisierung über den Reifegrad bestimmt werden kann, liegt die Nutzung von Reifegradmodellen nah. Mit der Nutzung dieser geht jedoch auch ein gewisses Maß an Individualismus verloren, der unter Umständen das differenzierende Merkmal zum Mitbewerber darstellt. Am Beispiel des PMR IPMA DELTA konnte gezeigt werden, wie eine mögliche Reifegraderhöhung anzustreben ist. Es sollte den Beteiligten klar sein, dass eine Erhöhung des Reifegrades eine langwierige Entwicklungsarbeit sowie ein umfangreiches Erfahrungslernen nach sich zieht. Erst ab der dritten Reifegradstufe findet eine konsequente Anwendung von Projektmanagement im Sinne einer Standardisierung in allen Bereichen einer Organisation statt.

Die institutionelle Begleitung der Reifgraderhöhung kann über ein PMO erfolgen. Hierzu muss ein PMO im Rahmen eines sozialen Veränderungsprozesses aufgebaut und in der Organisation verankert werden. Letztlich entscheidend für die Einführung und den Betrieb eines PMOs ist die Akzeptanz und damit einhergehend der Nutzen für die Betroffenen. Erst sie entscheiden, welche Vereinheitlichungen zum Standard werden und welche nur auf dem Papier bestehen.

Es lohnt sich daher nicht, darauf zu warten, dass etwas besser wird. Besser ist ein Handeln nach der Aussage des m Management-Soziologen Leon C. Megginson: „Es ist nicht die stärkste Spezies, die überlebt, auch nicht die intelligenteste, sondern eher diejenige, die am ehesten bereit ist, sich zu verändern." (Megginson 1963)

Literatur

ACER – Agency for the Cooperation of Energy Regulators. (2011). European Register of Market participants. https://www.acer-remit.eu/portal/european-register. Zugegriffen am 08.04.2018.
AdV – Wandinger, M. (2018). Amtliches Liegenschaftskatasterinformationssystem (ALKIS®). http://www.adv-online.de/AAA-Modell/ALKIS/. Zugegriffen am 08.04.2018.
Angermeier, G. (2018). Reifegrad. https://www.projektmagazin.de/glossarterm/reifegrad. Zugegriffen am 08.04.2018.
Bohn, U. (2015). Superkräfte oder Superteam? Wie Führungskräfte ihre Welt wirklich verändern können. Change Management Studie 2015. https://www.capgemini.com/consulting-de/wp-content/uploads/sites/32/2017/08/change-management-studie-2015_5.pdf. Zugegriffen am 08.04.2018.
BMJV – Bundesministerium der Justiz und für Verbraucherschutz. (2018a). Das Erneuerbare-Energien-Gesetz. https://www.erneuerbare-energien.de/EE/Redaktion/DE/Dossier/eeg.html. Zugegriffen am 08.04.2018.
BMJV – Bundesministeriums der Justiz und für Verbraucherschutz. (2018b). Gesetz zum Schutz vor schädlichen Umwelteinwirkungen durch Luftverunreinigungen, Geräusche, Erschütterungen und ähnliche Vorgänge. https://www.gesetze-im-internet.de/bimschg. Zugegriffen am 08.04.2018.
Bridges – OITE. (2014). Making-the-most-of-your-transition-to-nih. https://oitecareersblog.wordpress.com/2014/06/02/making-the-most-of-your-transition-to-nih. Zugegriffen am 08.04.2018.
BUND – Steffen, A. (2018). Bund/Länder-Arbeitsgemeinschaft Immissionsschutz (LAI). https://www.lai-immissionsschutz.de. Zugegriffen am 08.04.2018.
DIBT – Breitschaft, G. (2012). Richtlinie für Windenergieanlagen - Einwirkungen und Standsicherheitsnachweise für Turm und Gründung. https://www.dibt.de/en/Departments/data/Aktuelles_Ref_I_1_Richtlinie_Windenergieanlagen_Okt_2012.pdf. Zugegriffen am 08.04.2018.
DIN Deutsches Institut für Normung e.V. (2009a). *Projektmanagement – Projektmanagementsysteme -Teil 5: Begriffe DIN 69901-5 2009* (S. 14). Berlin: Beuth.
DIN Deutsches Institut für Normung e.V. (2009b). *Projektmanagement – Projektmanagementsysteme -Teil 5: DIN 69901-5 2009* (S. 15). Begriffe. Berlin: Beuth.
DIN – Winterhalter, C. (2014). Windenergieanlagen - Teil 12-2. Leistungsverhalten von Elektrizität erzeugenden Windenergieanlagen mit Gondelanemometer. https://www.beuth.de/de/norm/din-en-61400-12-2/195226576. Zugegriffen am 02.07.2018.
DIN – Winterhalter, C. (2018). DIN e. V.. https://www.din.de/de. Zugegriffen am 08.04.2018.
Drucker, F. P. (1980). *Management in turbulenter Zeit*. (S. 226). Berlin: Düsseldorf.
EU – Logemann, T. (2018). Datenschutz-Grundverordnung DSGVO. https://dsgvo-gesetz.de/. Zugegriffen am 08.04.2018.
FGW – Rauch, J. (2014). Bestimmung von Leistungskennlinien und standardisierten Energieerträgen. https://wind-fgw.de/produkt/bestimmung-von-leistungskurve-und-standardisierten-energieertraegen. Zugegriffen am 02.07.2018.
FGW – Rauch, J. (2017a). Bestimmung der Standortgüte nach Inbetriebnahme. https://wind-fgw.de/produkt/tr-10-bestimmung-der-standortguete-nach-inbetriebnahme. Zugegriffen am 08.04.2018.

FGW – Rauch, J. (2017b). Bestimmung und Anwendung des Referenzertrages. https://wind-fgw.de/produkt/bestimmung-und-anwendung-des-referenzertrages. Zugegriffen am 02.07.2018.

FGW – Rauch, J. (2017c). Technische Richtlinien. https://wind-fgw.de/shop/technische-richtlinien. Zugegriffen am 08.04.2018.

Gessler, M. (2014). *Kompetenzbasiertes Projektmanagement (PM3): Handbuch für die Projektarbeit, Qualifizierung und Zertifizierung auf Basis der IPMA Competence Baseline Version 3.0.* Nürnberg: GPM Deutsche Gesellschaft für Projektmanagement.

GPM – Meier, D. (2015). Studie 2015 Projektmanagement in der Windenergie. https://www.gpm-ipma.de/fileadmin/user_upload/GPM/Know-How/Umfrage_PM_Windenergie_2015.pdf. Zugegriffen am 08.04.2018.

GPM – Stoehler, C. (2017). Methodenwürfel. http://gpm-hochschulen.de/methoden/methodenwuerfel. Zugegriffen am 08.04.2018.

Grolman, F. (2015). Die besten Change Management-Modelle im Vergleich. https://organisationsberatung.net/change-management-modelle-im-vergleich. Zugegriffen am 08.04.2018.

König, M. (2018). Aphorismen. http://www.koenig.cc/de/news-and-views/aphorismen. Zugegriffen am 08.04.2018.

Kotter, J. P. (2013). *Leading Change: Wie Sie Ihr Unternehmen in acht Schritten erfolgreich verändern* (S. 73). München: Vahlen.

Kübler-Ross, E. (1969). *On Death and Dying* (S. 73). New York: Scribner.

Lynch, J. (2014). CHAOS report. https://blog.standishgroup.com/post/18. Zugegriffen am 08.04.2018.

MaStR – Wulff, F. (2018). Marktstammdatenregister. https://www.bundesnetzagentur.de/DE/Sachgebiete/ElektrizitaetundGas/Unternehmen_Institutionen/DatenaustauschundMonitoring/MaStR/MaStR_node.html. Zugegriffen am 08.04.2018.

Megginson, L. C. (1963). Lessons from Europe for American Business. *Southwestern Social Science Quarterly, 44*(1), 3–13. (S. 4). Hoboken/New Jersey/Vereinigte Staaten von Amerika: Wiley-Blackwell.

Molch, D. (2018). Veränderungsmanagement. https://www.uka-gruppe.de. Zugegriffen am 02.07.2018.

NABU – Tschimpke, O. (2015). Abstandsempfehlungen für Windenergieanlagen zu bedeutsamen Vogellebensräumen sowie Brutplätzen ausgewählter Vogelarten. https://www.nabu.de/imperia/md/content/nabude/vogelschutz/150526-lag-vsw_-_abstandsempfehlungen.pdf. Zugegriffen am 08.04.2018.

Saint-Exupéry, A. (1948). *Die Stadt in der Wüste*. (2009). (S. 331). Düsseldorf: Karl Rauch.

Sauer, I. (2016). Warum IT-Projekte ohne Changemanagement scheitern. https://upload-magazin.de/blog/12871-it-projekte-changemanagement/. Zugegriffen am 08.04.2018.

Schütz, M. (2014). IPMA Delta® – Zertifizierung von Organisationen im Projektmanagement. http://www.spm.ch/fileadmin/user_upload/IPMA/IPMA_Delta_Produktbroschuere_DE_DS__2014-05-06_pdf. Zugegriffen am 08.04.2018.

Shaw – Christoph, B. (2017). Richtig kommunizieren. Ausgabe 4/2017. https://www.fachmedien.de/changement-ausgabe-4-2017. Zugegriffen am 08.04.2018.

Toffler, A. (1970). *Der Zukunftsschock in der beschleunigten Gesellschaft*. New York: Random House.

UKA – von Oehsen, H. (2016). Planungsprozess Windenergieprojekte. https://www.uka-gruppe.de. Zugegriffen am 08.04.2018.

von Schneider, W. (2010). Project Management Office – Leitstand für die Projektlandschaft. https://www.projektmagazin.de/spotlight/project-management-office-leitstand-fuer-die-projektlandschaft. Zugegriffen am 08.04.2018.

Wunderer, R. (1985). *Integriertes Management*. Bern: Probst, G. & Siegwart, H.

David Molch ist Leiter der Koordination Projektentwicklung in der UKA-Unternehmensgruppe. Während seines Studiums der Informationstechnologie arbeitete er im Bereich IT-Dienstleistung und später im Projektbüro eines Chipentwicklers in Dresden. Der Einstieg in die Erneuerbare-Energien-Branche folgte nach Abschluss des zweiten Studiums zum Industriemanagement bei einem Projektierer. Als Projektentwickler bearbeitete er internationale Windenergieprojekte in Südamerika, Südafrika und Südostasien. Anschließend wechselt er zur UKA-Unternehmensgruppe. Als Leiter Projektbewertung baute er zunächst den Bereich mit den Schwerpunkten Auswertung von Wind- und Ertragsgutachten, Windmessung und Wirtschaftlichkeitsberechnung mit auf.

Sein aktueller Themenschwerpunkt in der Koordination Projektentwicklung ist die Einführung von Projektmanagement als Veränderungsprojekt in der UKA-Unternehmensgruppe. Die Inhalte des Projektes umfassen prozessuale und methodische Beschreibungen. Begleitend dazu leitet er die auf UKA angepassten Projektmanagement-Schulungen.

Interview: Vorbereitung und Durchführung zum Bau eines Windparks aus der Sicht von Best Practice und Lesson Learned

11

Oliver Patent

Zusammenfassung

Im Interview von Daniel Meier mit Oliver Patent werden die vielseitigen Schnittstellen zur Umsetzung eines Windparkprojektes besprochen. Dabei wird der Übergang eines Projektes von der Projektentwicklung zur Bauausführung thematisiert und die zahlreichen besonderen Themen und Interaktionen aus der Sicht eines Bauleiters aufgeführt. Das Gespräch orientiert sich inhaltlich an den drei Säulen Bauplanung, Bauführung und Baukontrolle, die für die erfolgreiche Bauabwicklung eines Windenergieprojektes von großer Bedeutung sind. Basierend auf zahlreichen Erfahrungen werden Tipps und Ratschläge zur Bauvorbereitung sowie Lösungsmöglichkeiten für die typischen Herausforderungen aus der Praxis und an Beispielen vorgestellt.

Daniel Meier: Was ist das Besondere bei der Bauausführung eines Windenergieprojektes?

Oliver Patent: Die Ausführung bzw. der Bau eines Windenergieprojektes mag die Königsklasse, jedoch in der Regel die kürzeste Phase in einem Windparkprojekt sein, gemessen an der Gesamtlebensdauer eines Windenergieprojektes. Die Anzahl der Projektentwickler, die zusätzlich den Bau selbstständig durchführen, war in der Vergangenheit begrenzt. Das lag wohl an den hohen Entwicklermargen und wurde durch die „Develop and Sell"-Mentalität unterstützt. Bei einigen mögen auch die möglichen Baurisiken und/oder der Kapitalbedarf bzw. die Finanzierung ein begrenzender Faktor gewesen sein. Während die Projektentwicklung eine Genehmigungsplanung ist, die lediglich theoretische

O. Patent (✉)
Husum, Deutschland
E-Mail: info@patent.de.com

Annahmen beinhaltet, werden bei der Bauausführung nach einer zunächst intensiven theoretischen Bauausführungsplanung die theoretischen Annahmen der Genehmigungsplanung und der Bauausführungsplanung in die Praxis und Realität umgesetzt. Bei der Bauausführung wird sich herausstellen, ob die zuvor getroffenen theoretischen Annahmen aus den Genehmigungs- und Bauausführungsplanungen, die in Plänen, Verträgen, Abläufen, etc. dargestellt sind, berücksichtigt wurden und zutreffen.

Mit einem professionellen Projektmanagement können die Herausforderungen in der Projektplanung und der Bauausführung frühzeitig erkannt und es kann ihnen begegnet werden.

Daniel Meier: Sind die Schnittstellen zwischen der Projektentwicklung und der Bauausführung erfahrungsgemäß klar definiert und arbeiten diese Hand in Hand?

Oliver Patent: Da vor allem in größeren Unternehmen die Projektentwicklung und die Projektabwicklung von verschieden Abteilungen und Mitarbeitern durchgeführt werden und dabei sehr häufig keine konsequente Projektorganisation geführt wird, sind häufig noch fehlende oder falsche Daten und Annahmen vorzufinden, die während der Bauausführung behoben werden müssen. Dieses können zum Beispiel falsche oder fehlende technische Spezifikationen, Verträge oder wirtschaftliche Annahmen sein. Die Schnittstelle zwischen Projektentwicklung und Bauausführung ist zwar zeitlich aufeinanderfolgend, jedoch nicht die Schnittstelle zwischen Projektentwicklung und Bauplanung. Daher muss die Kommunikation zwischen den Bereichen Projektentwicklung und Bauausführung vom Beginn der Projektentwicklung sichergestellt werden. Die Strukturen und Abläufe der Projektentwicklung sollten die Bauausführung kontinuierlich einbinden, um bei Übergabe des Projektes vollständige und korrekte baurelevante Daten und Annahmen vorzufinden.

Daniel Meier: Wie wichtig sind die Planungsarbeiten in der Projektentwicklung für die anstehende Bauabwicklung eines Windparks?

Oliver Patent: Schon während der Projektentwicklung und der Genehmigungsplanung müssen grundlegende baurelevante Annahmen getroffen werden. Es ist somit zwingend erforderlich, bereits während der Projektentwicklung mit der grundlegenden Bauausführungsplanung zu beginnen. Diese besteht u. a. aus der Planung der Wege und Kranstellflächen gem. der Spezifikation des Windenergieanlagenherstellers, der elektrischen Infrastruktur wie Kabelsysteme, Übergabestationen/Umspannwerke und Fundamente. Weiterhin müssen Projektverträge hinsichtlich baurelevanter Inhalte geprüft werden, wie zum Beispiel Lieferverträge für Windenergieanlagen, Pachtverträge, etc.

Aus diesen grundlegenden Bauausführungsplanungen kann eine Baukostenabschätzung, auch Baubudget genannt, erstellt werden, die während der Projektentwicklung zur Ermittlung der Wirtschaftlichkeit des Projektes berücksichtigt werden wird.

Spätestens nach Übergabe des Projektes von der Projektentwicklung an die Bauausführung kann mit einer detaillierten Bauausführungsplanung begonnen werden.

Daniel Meier: Was ist der nächste Schritt nach der Übergabe der Projektentwicklung an die Bauausführung?

Oliver Patent: Nachdem die Projektentwicklung die grundlegende Bauausführungsplanung übergeben hat, wird die detaillierte Bauausführungsplanung erstellt. Mit dieser lassen sich die Mengen und zu erbringenden Leistungen der verschiedenen Tätigkeiten ermitteln und können ausgeschrieben werden.

Je detaillierter die Ausschreibung ist, desto geringer ist das Risiko eines möglichen fehlenden Lieferumfangs, auch „Scope Gaps" genannt. Ferner können die Angebote besser mit den von Ihnen kalkulierten Preisen und mit dem Baubudget, das Sie von der Projektentwicklung erhalten haben, überprüft werden.

Alternativ kann auch eine funktionelle Ausschreibung durchgeführt werden, indem eine bestimmte Funktion ausgeschrieben wird, wie zum Beispiel „Ein Stück Fundament gem. Spezifikation des Windenergieanlagenherstellers, Bodengutachten und Standort". Dies hat zur Folge, dass eben diese „Scope Gaps" vermieden werden, jedoch die Angebote möglicherweise insgesamt teurer werden, da die Risiken eingepreist werden. Aufschläge von 20 % sind keine Seltenheit.

Daniel Meier: Wie kann denn das Projektmanagement bereits während der Entwicklungsphase eines Projektes den Besonderheiten und Anforderungen während des Bauvorhabens im Projektablaufplan gerecht werden und diese mitberücksichtigen?

Oliver Patent: Im Projektablaufplan, der während der Projektentwicklung erstellt und aktualisiert wird, sollte die Bauausführung zumindest in Form von Meilensteinen für Baubeginn, Anlagenlieferung, Netzzuschaltung und Abnahme in Absprache mit der Bauausführung berücksichtigt worden sein. Anhand dieser Meilensteine kann ein eigenständiger Bauablaufplan oder „Construction Program" zum Beispiel in Form eines Gantt-Diagramms erstellt werden, der Teil des Projektablaufplanes ist.

Mit Identifizierung der benötigten Gewerke aus dem Stakeholder Management können die zeitlichen Abfolgen und Abhängigkeiten übersichtlich dargestellt werden. Dabei sollten nicht nur Meilensteine und/oder Zeitbalken für ganze Gewerke gesetzt werden, sondern die verschiedenen Gewerke und Schritte sollten mittels Zwischenschritten aufbereitet werden, um nicht nur später den Baufortschritt besser kontrollieren zu können, sondern auch, um die Arbeiten und Tätigkeiten planerisch einschätzen zu können. Der Fundamentbau zum Beispiel kann unterteilt werden in Baugrubenaushub, Baugrubenabnahme, Lieferung Ankerkörbe, Sauberkeitsschicht, Bewehrungsarbeiten, Abnahme Bewehrung, Betonage und Aushärtung. Auch die Stahllieferung für die Bewehrung kann gegebenenfalls von Interesse sein, um den Vorlauf der Arbeiten kontrollieren zu können.

Im Zweifelsfall kann sich bei bekannten Unternehmen über deren Prozesse informiert werden, um deren Arbeitsschritte auszuprobieren und diese im Bauablaufplan implementieren zu können.

Planen Sie verschiedene zeitliche Risiken bzw. Unwägbarkeiten in ihrem Bauablaufplan ein, die den kritischen Pfad beeinflussen können. Wägen Sie jedoch Risiken und Chancen ab und erstellen nicht unnötige zeitliche Reserven, um das Risiko von zeitlichen Abweichungen jederzeit kompensieren zu können. Denn die Konsequenz eines zusätzlichen Zeitpuffers verlängert die Bauzeit und könnte beispielsweise auch Folgen für den sogenannten „Cash Flow", also den Geldfluss des Windparks, haben. Bis die Einnahmen aus dem Energieverkauf generiert werden können, müssten die laufenden Kosten der Bauausführung über diesen Zeitraum zusätzlich getragen werden.

Daniel Meier: Gilt dies unabhängig davon, wie die Bauausführung vertraglich gestaltet ist?

Oliver Patent: Bei Erstellung des Bauzeitenplans ist es (zunächst) gleichgültig, ob Gewerke einzeln vergeben werden, ein Generalunternehmer für die Infrastruktur beauftragt wird oder ein sogenannter EPC-Vertrag[1] vorsehen wird, wobei Letzteres in Deutschland eher ein Sonderfall ist. Die Arbeiten, Schnittstellen, Meilensteine und das (Bau-)Ergebnis sind bei allen vertraglichen Konstellationen immer die gleichen.

Um die zeitliche Abfolge planen zu können und die Akteure und Gewerke vertraglich wie zeitlich zu verzahnen, sollten die unflexibelsten Akteure und Gewerke identifiziert und entsprechend eingeplant werden – meist sind dies die Vorlaufzeiten der Netzanschlusstermine und/oder die Lieferzeiten der Windenergieanlagen.

Entsprechend deren zeitlicher Anordnung sind anschließend die vor- und nachgelagerten Gewerke zu planen, wie Wegebau, Fundamente, Kabelbau, etc. Dabei sind einige Gewerke zwingend auf andere Gewerke angewiesen, andere können möglicherweise zeitlich parallel mit anderen Gewerken durchgeführt werden.

Achten Sie jedoch darauf, dass sich die Gewerke nicht gegenseitig in der Durchführungsplanung behindern. Anstatt direkt an die Vernunft zu appellieren, sollten Sie vorerst Ihre Planung möglichst konfliktfrei erstellen bzw. potenzielle Konflikte identifizieren und diese im Bauzeitenplan und im Vertragswerk regeln. Planen Sie zum Beispiel Lehrrohre für die Kabelquerungen bei dem neu zu erstellenden Weg und lassen Sie diese vom Wegebauer einbauen, dies erspart Ihnen Kosten für Bohrungen bzw. das Aufreißen der neuen Straße, wenn der Kabeltiefbauer das Kabel verlegen muss. Achten Sie auch darauf, dass die Gewerke sich nicht den jeweiligen Zugang zur Arbeitsstätte verbauen bzw. mit Baumaschinen versperren, zum Beispiel durch Kabelverlegearbeiten entlang der Zufahrt. Bedenken Sie, dass bei Windenergie-Bauvorhaben große Baumaschinen zum Einsatz kommen und diese einen entsprechenden Platzbedarf haben.

Daniel Meier: Was sind aus Ihrer Sicht die wichtigsten Projektmanagementthemen während der Bauvorbereitungen?

Oliver Patent: Investieren Sie Zeit für die Erstellung der detaillierten Bauausführungsplanung. Das Projekt sollte schon mindestens einmal erfolgreich theoretisch durchgeführt worden sein, um Schnittstellen wie auch den Lieferumfang zu verifizieren. Die detaillierte Ausführungsplanung beinhaltet sowohl die technische Detailplanung in Form von Plänen und Ausführungsdetails wie auch die zeitliche Detailplanung in Form eines Bauablaufplanes und der vertraglichen Detailplanung, die aus einer Vielzahl von Verträgen bestehen kann. Die Zeit, die Sie in der Ausführungsplanung investieren, wird Ihnen während der Bauausführung wieder zugutekommen!

---

[1] EPC bedeutet Engineering, Procurement and Construction.

Die Erstellung der Bauausführungsplanung ist keine lineare Tätigkeit, sondern die einzelnen Schritte werden parallel oder in nahezu beliebiger Reihenfolge durchgeführt, so dass es einer kontinuierlichen Anpassung der Prozesse und des Projektmanagements bedarf.

Daniel Meier: Welche Rolle spielen die Stakeholder aus der Projektentwicklung bei der späteren Bauausführung und worauf ist dabei zu achten?

Oliver Patent: Während der Projektentwicklung sind verschiedene interne wie externe Stakeholder involviert, wie zum Beispiel Genehmigungsbehörden, Grundstückseigentümer, Bewirtschafter der Grundstücke, Hersteller der Windenergieanlagen, Banken, Investoren, etc. Diese Stakeholder werden auch bei der Bauausführung weiterhin involviert bleiben, jedoch meist in einer anderen Art und Intensität. Nutzen Sie das Wissen und die meist langjährigen Beziehungen der Projektenwickler zu diesen Stakeholdern in ihrem Stakeholder Management.

Weiterhin werden diverse neue Stakeholder definiert werden müssen, die für die Bauausführung benötigt werden. Hierzu gehören die ausführenden Firmen für Wegebau, Fundamentbau, Elektro-Infrastruktur, sowie die unterstützenden Firmen wie Baugrundgutachter, Statiker, Vermesser, SiGeKo,[2] etc.

Im Stakeholder Management während der Bauausführung sollte berücksichtigt werden, dass vielen, vor allem den Nicht-Techniker-Stakeholdern, die technischen Besonderheiten der Bauausführung nicht bekannt sind. Daher ist darauf zu achten, dass es zum Austausch zwischen den Technikern und Nicht-Technikern kommt, um Missverständnisse und Abweichungen zu vermeiden. Der Projektmanager ist das Bindeglied zwischen den verschiedenen Stakeholdern.

Daniel Meier: Welche Rolle spielen die Verträge und deren Gestaltung für die anstehenden Bauarbeiten und was ist dabei zu beachten?

Oliver Patent: Einige der zu erfüllenden Verträge werden bereits während der Projektentwicklungszeit verhandelt und abgeschlossen. Zu den Projektverträgen gehört neben Grundstückspachtverträgen und Lieferverträgen der Windenergieanlagen zum Beispiel auch die Genehmigung des Windparks, aus der wiederum zusätzliche Auflagen und Bestimmungen zu erfüllen sind. Auch hier ist ein frühes Involvieren der Bauabwicklung bei der Vertragsverhandlung sinnvoll. Für die Bauabwicklung sind weitere Verträge, zum Beispiel mit den bauausführenden Unternehmen, erforderlich.

Mit den noch abzuschließenden Bauverträgen sollte sichergestellt werden, dass Risiken möglichst vermieden oder zumindest eingegrenzt werden. Das zeitliche Risiko wird eingegrenzt, indem die Unternehmer zum Einhalten bestimmter wichtiger Meilensteine des Bauablaufplans verpflichtet werden. So ist es beim Fundamentbau meist belanglos (mal abgesehen von der Kontrolle von Zwischenschritten), wann der Stahl angeliefert oder eingebaut wird. Die Fertigstellung des Fundamentes ist jedoch ein wichtiger Meilenstein. Bei zu vielen vertraglichen Meilensteinen jedoch, vor allem, wenn sie kurz hintereinander

---

[2] Sicherheits- und Gesundheitsschutzkoordinatoren.

folgen, ist die Überwachung und die mögliche Anzeige gegenüber dem betreffenden Akteur sehr zeitintensiv, ohne das Ziel dadurch besser erreichen zu können.

Das Risiko von Missverständnissen und Prozessen zwischen den Schnittstellen wird eingegrenzt, indem die Spezifikationen aus verschiedenen Leistungserstellungen der diversen Stakeholder vertraglich zugesichert werden. Setzen Sie zum Beispiel die Spezifikation des Kabeltyps in den Vertrag des Lieferanten der Übergabestation und des Kabeltiefbauers, um sicherzustellen, dass die Übergabestation und die darin befindlichen Komponenten für diesen Typ Kabel zugelassen sind bzw. die Biegeradien eingehalten werden können.

Das Risiko von sogenannten Scope Gaps, gemeint ist fehlender Lieferumfang, kann nahezu vermieden werden, wenn die Leistungen funktionell vertraglich vereinbart werden oder die Ausschreibung den gesamten möglichen Lieferumfang berücksichtig hat, inkl. Unsicherheiten und Unwägbarkeiten.

Daniel Meier: Wenn der zeitliche Ablauf und die Bauleistungen bereits in der Projektentwicklung durch das Projektmanagement vordefiniert werden, dann dürfte das wohl beim Thema Kosten und Budget auch so sein und müsste dementsprechend bei den Planungen berücksichtigt werden?

Oliver Patent: Ja, absolut richtig! Ein Baubudget sollte bereits während der Projektentwicklung erstellt werden und abgestimmt sein. Anfangs noch mit groben Kostenabschätzungen, zum Ende der Projektentwicklung aber mit möglichst belastbaren Kosten aus den Erfahrungen anderer Projekte oder den zugrunde liegenden Angeboten. Die Ermittlung und das Nachhalten der Kosten liegt in der Verantwortung der Projektausführung, das Controlling sollte hierfür Ressourcen zur Verfügung stellen, um dies übersichtlich im Unternehmen darzustellen.

Wenn dann das Projekt von der Projektentwicklung an die Projektausführung übergeben wird, steht damit der Projektausführung ihr Baubudget zur Verfügung. Das wäre übrigens auch ein Projektziel, welches zum Projektstart mitgenannt und definiert werden sollte.

Während der Ausführungsplanung sollten bisherige Annahmen und Kalkulationen mit der tatsächlichen Ausführungsplanung verifiziert und bisherige Unsicherheiten im Budget reduziert werden können. Wie der Bauablaufplan sollte auch das Baubudget jedoch nicht ohne Unsicherheiten, Reserven bzw. Unwägbarkeiten erstellt werden.

Daniel Meier: Und welche Projektmanagement-Werkzeuge sind dabei von besonders großer Bedeutung?

Oliver Patent: Das wichtigste Werkzeug scheint mir der Projektablaufplan bzw. der Bauablaufplan zu sein, denn mit diesem lässt sich der Fahrplan des Projektes erstellen und anschaulich darstellen. Sowohl Stakeholder wie auch die jeweiligen Abhängigkeiten der Aufgaben und Zeiten lassen sich damit übersichtlich darstellen und kontrollieren.

Ferner sind Checklisten für Übergaben und Kontrollen wichtig, um systematisch die verschiedenen Anforderungen im Blick zu haben.

Ein Dokumenten-Management-System, das in Form einer Ordnerstruktur oder als eigenständige Softwarelösung betrieben wird, ermöglicht es, kontinuierlich den aktuellen Stand der Dokumente zur Verfügung zu stellen.

Unverzichtbare Werkzeuge sind ferner Kommunikationswerkzeuge. Oft reichen Meetings, Telefon und E-Mail mit entsprechendem Ergebnis/Gesprächsprotokollen und Festlegung der Aufgaben aus. Es gibt diverse Software-Tools, mit denen Aufgaben an verschiedene Teilnehmer verteilt und überprüft werden können.

Daniel Meier: Ab wann sehen Sie die Bauausführungsplanung als abgeschlossen an, sodass die Baumaßnahmen beginnen?

Oliver Patent: Mit Fertigstellung der Bauausführungsplanung sind idealerweise alle Projektverträge mit den entsprechenden Stakeholdern abgeschlossen und der finale Bauablaufplan sowie das finale Baubudget liegen vor.

Nun sollte nur noch der Startschuss für die Ausführung der Arbeiten notwendig sein, vergleichbar mit dem Befehlscode eines Computerprogrammes, das mit dem Startbefehl vollautomatisch alle weiteren Schritte durchführt. Der englische Name „Construction Program" trifft daher den Zweck des Bauzeitenplans sehr gut.

Mit der Bauausführung zeigt sich die bisherige Qualität der Planungsphase, denn nun werden sich Ungenauigkeiten, Fehler und falsche Annahmen bemerkbar machen aber auch, ob bewusste Unsicherheiten und Unwägbarkeiten eintreten. Mit jedem Projekt kann ein Projektmanager aus den verschiedenen Situationen lernen und in Zukunft diese Situationen möglicherweise in seinen Planungen berücksichtigen oder während der Ausführung darauf achten, dass solch eine Situation vermieden werden kann.

Daniel Meier: Bestimmt wird bei der Vorplanung zum Bau von Windkraftanlagen an die typischen Herausforderungen gedacht. Dennoch wird es wohl immer noch Themen geben, die nur sehr schwer vorab einschätzbar sind. An welche Unwägbarkeiten muss man dabei denken, damit man durch diese nicht überrascht wird, und wie geht man damit um?

Oliver Patent: Zu den Unwägbarkeiten gehören hauptsächlich Wetter, Material, Stakeholder und der Faktor Mensch selbst. Alle diese Unwägbarkeiten sind nur bis zu einem gewissen Grad jeweils plan- oder auch unplanbar. Deshalb ist es wichtig, während der Bauausführungsplanung zumindest die planbaren Unwägbarkeiten zu berücksichtigen.

Gemäß VOB/B[3] in § 6 Abs. 2 Nr. 2 gelten Wetterbedingungen, mit denen unter normalen Umständen gerechnet werden muss, nicht als Behinderung. Somit sollte ein Auftragnehmer bei der Angebotsabgabe der Preise, Leistungen, Terminen und Qualität mit den ortsüblichen Wetterbedingungen rechnen. Egal ob der Projektentwickler auch gleichzeitig die Bauausführungen durchführt oder ob er ein externes Bauunternehmen hierfür beauftragt hat, planen Sie daher immer im Bauablaufplan das Wetter entsprechend der Jahreszeit ein.

Ein Sommer- und ein Winterprojekt unterscheiden sich in der jeweiligen Ausführungsart, gegebenenfalls auch bei den Kosten und der Ausführungszeit erheblich. Bei einer geplanten Sommerbaustelle, die jedoch in den Winter verschoben wird, werden sich die Bauzeiten nicht einhalten lassen und die verschiedenen Unternehmen reichen gegebenenfalls Nachträge für Mehrleistungen aufgrund der Witterung bei Ihnen ein. Dabei kann es

---

[3] Vergabe- und Vertragsordnung für Bauleistungen Teil B.

sich zum Beispiel um Wasserhaltung in den Baugruben, veränderte Betonrezepturen bzw. Betonzusätze oder um Mehraufwand für Betonarbeiten bei kalter Witterung handeln.

Daniel Meier: Und wie kann man diese Bauherausforderungen schon vorher bei der Planung berücksichtigen?

Oliver Patent: Während der Bauausführungsplanung sollten planbare und bekannte Wetterbedingungen zumindest teilweise in einem Terminplan und der Baustellenlogistik berücksichtigen werden. Dabei wird nicht zwangsläufig „Angsteisen"[4] benötigt, sondern es können durch eine standortspezifische optimale Ausführung die Konsequenzen von Wettereinflüssen vermieden oder zumindest vermindert werden. Dabei ist es hilfreich, bei der Auswahl der Bauunternehmen darauf zu achten, dass es sich hierbei um Fachunternehmen mit entsprechenden Referenzen handelt und dass diese Unternehmen sich zusätzlich in der Region, in der sich das Projekt befindet, auskennen.

Ein Fachunternehmen aus Mittel- oder Süddeutschland ist nicht zwangsläufig mit Böden und den teilweisen extremen Wetterbedingungen an norddeutschen „Küstenstandorten" vertraut.

Nicht nur im Bauablaufplan und den Bauausschreibungen ist das Wetter planbar, sondern es kann auch in den Projektverträgen berücksichtigt werden.

In den Verträgen mit dem Windenergieanlagenhersteller beispielsweise gibt es für Wetterbedingungen allgemein eine eigenständige Regelung. Bei der Errichtung der Windenergieanlagen ist der Wind maßgeblich der entscheidende Faktor, ob und wie schnell eine Windenergieanlage errichtet werden kann. Dass es im Herbst/Winter mitunter mehrere aufeinanderfolgende Tage gibt, die eine Errichtung verhindern, ist keine Seltenheit. Berücksichtigen Sie dies sowohl im Bauzeitenplan als auch in den im Anlagenliefervertrag genannten entsprechenden „Windtagen". Die Kosten für Wartezeiten von Transporten, Kränen und Teams kann sehr schnell in den fünf- bis sechsstellige Bereich ansteigen!

Unplanbares Wetter – welches wir als Unwetter bezeichnen – ist eine Unwägbarkeit, mit der jederzeit zu rechnen ist. In den vergangenen Jahren sind solche Phänomene immer häufiger vorgekommen, wie Stürme, Überschwemmungen oder sogar besonders intensive Hitze und Trockenheit. Solche Situation werden meist in den Projektverträgen gesondert behandelt durch „Höhere Gewalt"- bzw. „Force Major"-Regelungen. In der Planung ist daher darauf zu achten, dass Höhere Gewalt in allen Projektverträgen einheitlich geregelt wird. Auch sind der Gefahrenübergang und der Versicherungsschutz klar zu regeln. Der teilweise ungeplante Wettereinfluss hat nicht immer direkte Auswirkungen und Konsequenzen auf der Baustelle. Die indirekten Konsequenzen sehen Sie zunächst nicht. So können beispielsweise Wege- und Kranstellflächen, die bereits erstellt worden sind, bei länger anhaltendem Regen und/oder Starkregen durch benachbarte Wege aufgeweicht oder mit Schlamm von den benachbarten Ackerflächen bedeckt werden. Dies hätte zur Folge, dass die Anlieferungen der Windenergieanlagen aufgrund nicht tragfähiger, aufgeweichter und rutschgefährdeter Wege durch Sicherheitsbedenken gestoppt werden müssten.

---

[4] Eine Bewehrung im Stahlbetonbau.

Im schlimmsten Fall fahren sich die Transporte fest, kommen von den Wegen ab und/oder beschädigen Wege so stark, dass nachfolgende Lieferungen verhindert werden.

In solchen unplanbaren Situationen kann meist nur spontan reagiert werden, daher ist es hilfreich, eine funktionierende und agile Projektorganisation zu haben.

Daniel Meier: Die zuvor genannten Umwelteinflüsse haben sicherlich einen großen und schwer kalkulierbaren Einfluss auf das Projektmanagement auf der Baustelle als Ganzes. Ist auch das Baumaterial eine Herausforderung bei der Planung von Unwägbarkeiten auf der Baustelle und wie sichern sie deren Qualität?

Oliver Patent: Bereits während der Ausführungsplanung sollte die Materialwahl gemäß den örtlichen und regionalen Gegebenheiten ausgeschrieben werden. Es ist sehr wichtig, dass die ausführenden Unternehmen eine entsprechende Erfahrung in der Verarbeitung der Materialien haben.

Bei einem Kabelsystem als Beispiel, muss die Handhabung der Kabel und dessen Material dem Tiefbauunternehmen bekannt sein, um nicht durch falsche Handhabung, wie zum Beispiel zu hohe Zugkräfte, zu kleine Biegeradien, Missachtung der Verarbeitungsbedingungen etc., Schäden zu verursachen, die möglicherweise erst zu einem späteren Zeitpunkt in Erscheinung treten.

Um ungeplante Materialeinflüsse auf die Baustelle zu vermeiden, bedarf es einer laufenden stichprobenartigen Kontrolle der angelieferten und verbauten Materialien zur Sicherung der Qualität. Dies kann mittels Sichtprüfung vor Ort und Prüfung der entsprechenden Material- und Quantitätsbescheinigungen, durch zum Beispiel Lieferscheine, erfolgen.

Die Qualität von Recyclingmaterial, welches oft für den Wegebau verwendet wird, kann zum Beispiel sehr unterschiedlich ausfallen, trotz entsprechender Unbedenklichkeitsbescheinigungen. Das Material darf zum Beispiel diverse Fremdmaterialien enthalten, wie Stahlreste mit Armierungen oder Ähnlichem, die eine Gefahr für Reifen der Baustellenfahrzeuge darstellen. Auch Holz-, Flies- und Müllreste, die mit der Zeit verrotten und somit Leerräume im Boden entstehen lassen, können unter Last zusammenfallen und die Entstehung von Senken ermöglichen.

Mit der Überprüfung der verwendeten Materialmengen kann festgestellt werden, ob grundsätzlich genügend Material auf der Baustelle vorhanden ist. Gleichzeitig ist dies eine gute Möglichkeit, die angeschlagene Kosten im Budgetplan zu überprüfen. Vor allem beim sogenanntem „Sondermaterial" mit langen Lieferzeiten sind Mengenkontrollen ratsam, um ungeplante Verzögerungen aufgrund schwankender Lieferzeiten zu vermeiden.

Die Mengenkontrollen dienen auch dazu, die Qualität der erzeugten Gewerke zu verifizieren. Zum Beispiel kann mit den Mengen der eingebrachten Materialien im Wegebau überschlägig geprüft werden, ob die vorgegebenen Schichthöhen und somit die erforderlichen Festigkeiten erreicht werden können, oder ob trotz gegebener Schichthöhe eine Verdichtung stattgefunden hat.

Daniel Meier: Wir hatten eingangs schon über die Rolle der Stakeholder in der Entwicklung und der Bauausführung gesprochen. Wie verändert sich die Rolle der Stakeholder während des Baufortschritts?

Oliver Patent: Die verschiedenen Stakeholder, die bisher nur planerisch involviert waren, werden während der Bauausführung teilweise auch praktisch involviert sein.

Die Grundstückseigentümer und/oder Bewirtschafter der Flächen werden nun mit dem Einsatz von Baumaschinen konfrontiert. Dabei kann schon während der Projektentwicklung wie auch in der Bauausführungsplanung versucht werden, über eine Abstimmung der Ernte und des Bauablaufplans Ernteausfälle und Schäden zu minimieren. Die frühe Einbeziehung vermeidet ferner auch Situationen, in denen Flächen nicht zugängig sind, da dort die Ernte wie Heu, Rüben, etc. zwischengelagert werden.

Zu den Behörden, die bisher nur planerisch involviert waren, werden weitere Behörden für die praktische Bauausführung involviert werden, wie zum Beispiel Straßenbauamt für Bautätigkeiten an den öffentlichen Wegen oder das Amt für Straßen und Verkehr für Sondergenehmigungen der Schwerlasttransporte. In der Regel sind Behörden kooperativ und hilfsbereit, jedoch kann es aufgrund von Arbeitsaufkommen oder Urlaubszeiten in den Behörden vorkommen, dass Vorgänge länger dauern als erwartet. Im Bauablaufplan sollte für die behördlichen Belange ausreichend Zeit für Urlaub und Feiertage eingeplant werden, wenn die Jahreszeit dies erfordert. Zum Beispiel kann es sich für die Sondergenehmigung für Schwerlasttransporte, deren Bearbeitung mehrere Wochen dauern kann, anbieten, diese so zu beantragen, dass sie vor dem eigentlichen geplanten Termin liegen. Das hat den Vorteil eines zusätzlichen Zeitpuffers, bis der tatsächliche Termin eintritt. Ferner ist eine Verlängerung dieser Sondergenehmigung i. d. R. schneller bearbeitet, da nicht mehr der gesamte Antrag geprüft werden muss.

Auch bei den Stakeholdern gibt es nicht-planbare Situationen, beispielsweise aufgrund von Desinteresse, Unwissenheit, Terminen oder Krankheit. Um ungeplanten Einfluss von Stakeholdern zu vermeiden ist das Stakeholder Management mit entsprechender Kommunikation eine zentrale Aufgabe des Projekt- bzw. Baumanagements, um frühzeitig auf Abweichungen reagieren zu können.

Daniel Meier: Welche Rolle spielen die besonderen regionalen Einflüsse für den erfolgreichen Abschluss der Bauarbeiten?

Oliver Patent: Während der Projektentwicklung ist Regionalität eher im vermeintlich sichtbaren Bereich des geplanten Projektes definiert, bei der Bauausführung handelt es sich eher um ein großräumiges Infrastrukturprojekt.

Somit ist „regional" meist kein einheitlich festgelegter Begriff und entspricht vielmehr der jeweiligen Sicht des Betrachters. Eine Region kann u. a. über räumliche, soziokulturelle oder wirtschaftliche Faktoren definiert werden. Für den Bau eines Windparks kann die Region von der Kreisebene bis hin auf die Ebene eines Bundeslandes definiert werden. Es wäre eher ein Zufall, wenn für ein Bauvorhaben ein Fachunternehmen und seine Baumaterialien aus dem nächstgelegen Ort des Projektes kommen würden. Die Einbindung regionaler Besonderheiten kann durchaus eine große Rolle für den Erfolg eines Projektes spielen, obwohl es sich bei dem Bau eines Windparks um einen standardisierten Bau handelt. Die Standardspezifikationen der Hersteller wie zum Beispiel Kurven, Straßenbreiten, Achslasten und Fundamenttypenprüfungen werden ja unabhängig von der Region erstellt und eingefordert.

Wie bereits erwähnt, gibt es bei den Wetterkonditionen und den Baumaterialien regionale Besonderheiten. Die Unternehmen mit regionalem Bezug haben daher möglicherweise Vorteile gegenüber Unternehmen aus einer anderen Region, da diese örtliche Kenntnisse des Wetters und der Materialien haben und die damit verbundenen entsprechenden Bauausführungserfahrungen. Während zum Beispiel in verschiedenen Regionen Deutschlands Schottermaterial für den Wegebau aus einem Steinbruch beschafft werden kann, ist dies in Schleswig-Holstein in Ermangelung solcher Steinbrüche nicht möglich, bzw. nur mit erheblichen Anfahrtskosten. In Schleswig-Holstein wird für den Wegebau deshalb auf Recyclingmaterial zurückgegriffen. Die Materialwahl sollte somit immer nach regionalen Gegebenheiten erfolgen.

Die Regionalität hat ferner auch noch eine wirtschaftliche und soziale Komponente und kann die Akzeptanz des Bauvorhabens fördern. Wenn durch einen neuen Windpark regionale Unternehmen und somit regionale Arbeitskräfte eingesetzt werden können, ist es gegebenenfalls schon während der Genehmigungsphase des Projektes hilfreich, das zu kommunizieren.

Trotz des hohen Lobes der regionalen Unternehmen muss der Grundsatz in Form von Erfahrung, Qualität, Preis und Vertragsinhalte auch vor Ort stimmen. Jedoch sind bei unplanbaren Ereignissen regionale Unternehmer i. d. R. schneller dabei, Personal, Maschinen, Material und Hilfe herbeizuholen, als ein überregionaler Unternehmer. Hier besteht der Vorteil der „kurzen Wege" und der persönlichen Beziehungen der Akteure untereinander.

Daniel Meier: Sind es nur technische Themen im Projektmanagement während einer Bauausführung, die berücksichtigt werden müssen, oder sind auch nicht-technische Themen relevant?

Oliver Patent: Sicherlich sind die technischen Belange eines Windenergieprojektes während der Bauausführung maßgeblich und allein von den Kosten und den Größendimensionen her sehr ernst zu nehmen. Daher ist ein geregelter Tagesablauf auf der Baustelle unerlässlich. Jedoch ist ein nicht zu vernachlässigender Aspekt, dass Menschen mit der Ausführung betraut sind, die entsprechend geleitet werden müssen. Hier unterteilt sich das Projektmanagement auf einer Baustelle meiner Meinung nach in „harte" und „weiche" Aspekte.

Harte Aspekte wären demnach eben die technischen Anforderungen auf der Baustelle, die erfüllt sein müssen, während die weichen Aspekte all jene sind, die zur Steuerung der Teilnehmer erforderlich sind.

Daniel Meier: Dann sprechen wir also nicht nur von den „harten", sondern auch von den „weichen" Projektmanagementthemen, die berücksichtigt werden müssen. Welche sozialen Kompetenzen sollte man aus Ihrer Sicht als Bauleiter mitbringen?

Oliver Patent: Ganz klar sind bei der Leitung eines Bauvorhabens auch soziale Aspekte zu berücksichtigen, denn Sie arbeiten ja immer mit Menschen zusammen. Gehen Sie nicht nur von sich selbst aus, sondern versetzen Sie sich in die Lage der anderen beteiligten Personen. Denn Sie als Leiter des Bauprojektes haben den übergeordneten Überblick, kennen die Zusammenhänge und sitzen eher im warmen Baucontainer. Die einzelnen beteiligten Personen in Ihrem Projekt haben diesen Vorteil sehr wahrscheinlich nicht!

Beziehen Sie somit bei Ihren Vorgaben, Planungen und Anweisungen stets mit ein, dass Menschen diese Arbeiten ausführen. Ein mich prägender Satz stammt von meinem Vater, der sagte: „Ein Kapitän sollte wissen, was von den Maschinisten am Kessel verlangt wird, wenn er ein Schiff führen will."

Eine sozial verträgliche Planung sollte schon während der Bauausführungsplanung erfolgt sein. Überprüfen Sie die Umsetzung vor Ort, während der Ausführung der Arbeiten, bei „Wind und Wetter" und erkennen Sie das Engagement, die Arbeiten und Leistungen anderer an. Solche Anerkennungen sind kleine Gesten, schaffen Motivation bei den Ausführenden und größere Akzeptanz Ihrer Person. Behandeln Sie die Menschen als solche und nicht als Maschinen oder Leibeigene, es wird sich auszahlen! Begehen Sie auch nicht den Fehler vieler anderer und begeben sich in die Position des „Schlaumeiers", „Angstverbreiters" oder „Fachidioten". Erarbeiten Sie sich auf der Baustelle Ihr Ansehen, Ihre Akzeptanz und Ihr Durchsetzungsvermögen mit angemessener, fachlicher Härte, aber auch mit dem Willen und der Bereitschaft, zuzuhören und Kompromisse im Rahmen ihrer Möglichkeiten zu ermöglichen.

Daniel Meier: Wie kann man aus Ihrer Sicht den Tagesablauf auf der Baustelle sinnvoll leiten und wie findet dabei die Kommunikation statt?

Oliver Patent: Wurde bei der Erstellung der Bauausführungsplanung die zuvor beschriebene Sorgfalt verwendet, wird die Leitung und das Management der Bauausführung in seiner Durchführung erheblich erleichtert, da die Baustellenabläufe zielgerichtet geplant und koordiniert ablaufen. Der Bauzeitenplan ist dabei eine große Hilfe, um (zeitliche) Abweichungen im Voraus zu erkennen, die Auswirkungen abschätzen zu können und Empfehlungen bzw. Entscheidungen zu treffen. Sie können dem Bauzeitenplan durch seine übersichtliche Struktur entnehmen, welche Zwischenziele bzw. Meilensteine eintreten müssen und welche Zusammenhänge dabei bestehen, um zurück in die geplante Struktur des Planes zu gelangen.

Die Leitung des Bauvorhabens kann zum Beispiel mit den drei Maßnahmen Baubesprechungen, Baustellenkontrollen und Baudokumentation im Grundsatz sichergestellt werden. Mit diesen Maßnahmen können Sie Abweichungen in Qualität, Quantität, Dauer und Kosten schon vor dem Eintreten erkennen, um frühzeitig Maßnahmen einleiten zu können.

Für die Baubesprechungen laden Sie alle Baubeteiligten Bauunternehmen zu wöchentlichen Besprechungen vor Ort ein, um mit allen die aktuellen Tätigkeiten durchzugehen (u. a. einen Soll-Ist-Abgleich des Bauzeitenplans). Erstellen Sie entsprechende Besprechungsprotokolle, die an alle Teilnehmer zeitnah zugestellt werden. Überprüfen Sie bei den Besprechungen auch das jeweilige vorherige Protokoll, um zu prüfen, ob Zusagen und Abmachungen eingehalten worden sind oder ob es zu Abweichungen vom Plan kommen kann.

Mit regelmäßigen Baustellenkontrollen können Sie laufend prüfen, mindestens einmal pro Woche bis zu täglich, ob die Ausführungen der Arbeiten entsprechend der Bauausführungsplanung erfolgen oder ob zum Beispiel die im Bauzeitenplan vermerkten Meilensteine für die Baugrubenabnahme, Bewehrungsabnahme oder Betonierung eingehalten werden. Auch das Material in Quantität und Qualität gemäß Bauausführungsplanung und die Ausführung der Bauverfahren, Maschinen und die Mitarbeiteranzahl selbst können bei den Kontrollen überprüft werden.

Mit der Baudokumentation mittels Protokollen wie zum Beispiel Besprechungs- und Qualitätsprotokollen, sowie Fotos und Nachweisen wie bei einem Lieferschein, lässt sich sowohl der aktuelle Stand festhalten und dokumentieren als auch sicherstellen, dass die Ausführungen entsprechend der Ausführungsplanung erstellt wurden.

Daniel Meier: Was kann der Bauleiter machen, wenn trotz bester Planung und Vorbereitung, enger Kontrollen und bester Führung des Bauvorhabens doch noch eine Abweichung oder vielleicht sogar eine Störung eintritt mit der Möglichkeit eines Projektabbruchs?

Oliver Patent: Das Erste und wahrscheinlich auch Beste, was Sie in diesem Fall tun sollten, ist: „Don't panic!"

Analysieren Sie zunächst die vorgefundene oder gemeldete Abweichung von der Bauausführungsplanung. Dabei werden zunächst die Fakten zusammengestellt und ermittelt, welche Auswirkung die Abweichung auf das oder die Projektziele hat. Die Auswirkungen werden i. d. R. Verzögerungen durch Zeit und/oder Kosten bzw. Budget sein. Der Bauzeitenplan ist hier eine wichtige Grundlage und wirkungsvolle Hilfe, um Auswirkungen von Abweichungen erkennen zu können, da darin die Abhängigkeiten klar dargestellt sind.

Kommunizieren Sie dann die neuen Herausforderungen den beteiligten Stakeholdern, die die Auswirkung verursacht oder davon unmittelbar und mittelbar betroffen sind. Da verschiedene Gewerke meist zur gleichen Zeit während der Ausführung am Projekt arbeiten, ist es nicht ausgeschlossen, dass sich Gewerke in ihren Arbeiten möglicherweise gegenseitig behindern und eventuell haben Sie dies bereits bei der Erstellung des Bauzeitenplans als Risiko identifiziert. Meist können solche Situationen durch Kommunikation und guten Willen gemeinsam gelöst werden.

Akzeptieren Sie von Vornherein, dass grundsätzlich Abweichungen entstehen können und dies zu Mehraufwand und Mehrkosten führen wird. Ein klares Vertragswerk mit den beteiligten Stakeholdern ist dabei von Vorteil, um überprüfen zu können, ob Mehraufwand und Mehrkosten vertraglich gerechtfertigt sind.

Sinnvollerweise haben Sie bereits während der Bauausführungsplanung Unsicherheiten und Bedarfspositionen in Ihrem Budget und in den Verträgen berücksichtigt, die nun tatsächlich eingetreten sind.

Ob geplanter oder ungeplanter Mehraufwand und Mehrkosten: Berücksichtigen Sie, dass Entscheidungen oft schnell getroffen werden müssen. Sehr wahrscheinlich verzögern sich weitere Arbeiten, wenn die Entscheidungsfindung länger dauert und gefährdet somit weitere Ziele bis hin zum Projektziel selbst. Bei der Entscheidungsfindung kann es hilfreich sein, Dringlichkeit und Wichtigkeit zu differenzieren und in Kontext zu bringen. Hierzu bietet sich zum Beispiel das Eisenhower-Prinzip an.

Wenn der Ablauf des Projektes und somit möglicherweise Meilensteine oder gar das Projektziel gefährdet oder stark behindert werden und zum Beispiel Stillstandszeiten entstehen können, sollte Eile geboten sein! Denn die Kosten für solche Stillstandszeiten können schnell höher werden, als möglicherweise die erforderlichen Maßnahmen bzw. Mehraufwendungen, über die es zu entscheiden gilt.

Daniel Meier: Welche Maßnahmen können eingeleitet werden, um die auftretenden Auswirkungen von Störungen möglichst zu minimieren?

Oliver Patent: Es gibt verschiedene Möglichkeiten und Maßnahmen, um Abweichungen von Meilensteinen oder Zielen zu vermindern oder zu kompensieren, dabei ist natürlich zu berücksichtigen, zu welchen Kosten welche Chancen/Ergebnisse erreicht werden können.

Wenn Sie nicht den kritischen Pfad in Ihrer Bauausführungsplanung geplant haben, so sind wahrscheinlich noch Möglichkeiten vorhanden, um Abläufe zu optimieren. Dies ist jedoch meist nur möglich, wenn alle beteiligten Stakeholder den Optimierungen zustimmen können. Dabei ist der „Faktor Mensch" möglicherweise die Lösung des Problems, wenn Sie gute Überzeugungsarbeit für die angesprochenen Lösungen leisten. Die schon erwähnten „Softskills" in der Führung werden sich in solchen Situationen auszahlen. Verhandeln Sie mit allen beteiligten Stakeholdern, inwiefern der Bauablauf weiter optimiert werden kann, um ein definiertes neues Ziel (gegebenenfalls nur einen einzelnen Meilenstein oder aber auch das Gesamtziel) zu erreichen. Das neue Ziel mag dabei mit zusätzlichem Personal-, Material- und/oder Maschinenaufwand erreichbar sein, die jedoch nicht zwangsläufig zu Mehrkosten führen müssen. Möglicherweise bedarf es lediglich einer Umorganisation verschiedener Abläufe in der Ausführung, um das neue Ziel zu erreichen.

Daniel Meier: Welche typischen Optimierungsmöglichkeiten sehen Sie im Bau-Projektmanagement?

Oliver Patent: Die Möglichkeiten der Optimierung können in verschiedene Baubereiche unterteilt werden. Beim Wegebau, Fundamentbau und Kabeltiefbau können Personal und Maschinen für einen Mehrschichtbetrieb oder Parallelbetrieb die Arbeiten beschleunigen. Der Materialaufwand bleibt gleich, es sei denn, dass Massen falsch kalkuliert wurden. Es entstehen möglicherweise Kosten für Anfahrten von zusätzlichem Personal und Maschinen.

Bei den Windenergieanlagen können Personal, Maschinen und vor allem die Optimierung der Logistik für den Mehrschichtbetrieb das parallele Arbeiten beschleunigen. Die Logistik ist dabei jedoch mit zu berücksichtigen, um dem Projekt nicht mehr Material zuzuführen, als dieses verarbeiten kann. Hierzu sind detaillierte Planungen notwendig, wie auch die Bereitschaft und die Ressourcen, dies zu erreichen. Die Maschinen, bestehend aus Schwerlasttransporten und/oder Groß- und Kleinkränen, werden in der Regel langfristig geplant, nicht nur aufgrund der benötigten Fahrgenehmigungen, deren Erstellung vier bis sechs Wochen dauern kann. Die Mobilisierung eines Hauptkrans inkl. Abbau, Transport und Aufbau, vorausgesetzt Verfügbarkeit und Genehmigungen liegen vor, liegt im Bereich von ein bis zwei Wochen. Dabei werden ca. 30 bis 40 Tieflader benötigt, um diese Teile zu transportieren. Im Bereich der Windenergieanlage sind die Chancen einer Optimierung grundsätzlich schwieriger und je näher der Aufbautermin rückt, desto schlechter werden die Chancen.

Daniel Meier: Abschließend zusammengefasst: Was ist Ihrer Meinung nach das beste Rezept für ein erfolgreich umgesetztes Windparkprojekt?

Oliver Patent: Eine erfolgreiche und zielerreichende Ausführung eines Windenergiebauprojektes beruht im Wesentlichen auf den Säulen einer vorausschauenden Planung, einer sozialintelligenten Führung der Projektteilnehmer und der laufenden Ergebniskontrolle der Projekteinzelleistungen.

Die geschulten und in der Praxis erworbenen Erfahrungen eines Projektmanagers bilden für diese Säulen ein hervorragendes Fundament.

Daniel Meier: Vielen Dank für das sehr interessante Gespräch!

Oliver Patent hat Elektrotechnik studiert und bereits als Student in der Windenergiebranche angefangen zu arbeiten. Mit über 25 Jahren Berufserfahrung hat Oliver Patent umfangreiche Erfahrungen gesammelt in nationalen sowie internationalen Projekten sowohl bei Windenergieanlagenherstellern als auch bei Projektentwicklern in der Entwicklung und Bau von Windkraftprojekten. Seit neun Jahren arbeitet Oliver Patent bei der WKN GmbH und leitet derzeit die elektrotechnische Abteilung mit mehreren Mitarbeitern.

Baustellenmanagement und -organisation in der Windenergie

12

Eike Frühbrodt

Zusammenfassung

Dieses Kapitel gibt einen Überblick, wie eine typische Baustelle in der Windindustrie organisiert wird, welche Arbeitsschritte beim Errichten und Inbetriebnehmen einer Anlage bzw. eines Windparks nötig sind und vor welchen Herausforderungen die Verantwortlichen stehen. Dies soll am Beispiel eines Onshore-Windparks erfolgen. Auf die Besonderheiten einer Offshore-Installation wird hier nicht eingegangen.

12.1 Baustellen-Ablauf

Die folgenden Schritte sind bei der Errichtung eines Windparks rund um die Baustelle zu planen und durchzuführen. Je nach Anlagentyp und Verfügbarkeit der Ressourcen kann die Reihenfolge variieren.

1. Einrichten der Baustelle
2. Bau der Straßen und Baustellenwege
3. Gießen der Fundamente
4. Aufbau der Kräne
5. Anliefern der Komponenten und des Zubehörs
6. Errichten der Trafostation und Steuerung
7. Verkabeln des Windparks vom Netzverknüpfungspunkt bis zu den Anlagen
8. Vorerrichten und Vervollständigen der Anlagen am Boden
9. Errichten des Turmes

E. Frühbrodt (✉)
XYLON International GmbH, Hamburg, Deutschland
E-Mail: fruehbrodt@gmx.de

10. Ziehen und Montieren der Gondel
11. Montage des Rotorsterns, Ziehen und Befestigen des Rotors
12. Mechanischer Ausbau der Anlage
13. Abbau der Kräne und Baustelleneinrichtung
14. Zuschalten des Netzes, Inbetriebnahme der Trafostation
15. Inbetriebnahme der Windenergieeinlagen
16. Probebetrieb der Anlagen, Hochfahren auf Nominalleistung
17. Restarbeiten an den Anlagen
18. Restliche Außenarbeiten, Räumen der Baustelle und Übergabe an den Regelbetrieb

Detaillierte Ergänzungen zu einzelnen Punkten finden sich in Kap. 8 „Zertifizierung, Messung und Inspektion", sowie Kap. 11 „Vorbereitung und Durchführung zum Bau eines Windparks aus der Sicht von Best Practice und Lesson Learned".

12.2 Planung und Organisation der Baustelle

Die Komplexität und Vielzahl der Gewerke bei der Errichtung eines Windparks erfordern eine sorgfältige Planung und Organisation der Baustelle. In der Regel wird hierzu folgende Organisation unterhalb des Projektmanagers des Generalunternehmers aufgebaut:

1. Bauleiter
2. Baustellenassistenz/Backoffice
3. Sicherheit- und Gefahrgutbeauftragter/HSE-Manager
4. Qualitätsmanager
5. Bauaufsicht für Civil Works, Electrical Works, Windenergieanlagen

In der Regel installieren die größten Subunternehmer, zumindest jedoch der Hersteller und Errichter der Windenergieanlage, eine eigene ähnliche Baustellenorganisation.

Der Bauleiter ist i. d. R. für alle Arbeiten auf der Baustelle sowie die Sicherheit und Gesundheit der Mitarbeiter gesamtverantwortlich. Häufig setzt er Methoden des Projektmanagements ein, um seinen Arbeitsumfang zu managen. Dazu gehören i. d. R.:

1. Herunterbrechen des Bauumfangs/Scope in einzelne Arbeitspakete. Diese beschreiben die jeweilige Aufgabe, Zeit, Kosten, Qualität und die Übergabebedingungen. Die Pakete werden meistens einzelnen Dienstleistern zugeordnet.
2. Abschätzen des Zeit- und Kostenaufwands der einzelnen Arbeitspakete, Integration zu einem Gesamtplan
3. Kick-off der einzelnen Bauabschnitte mit den jeweils Verantwortlichen, i. d. R. werden hierbei die Pläne kommuniziert, geprüft und mögliche Risiken identifiziert.
4. Proaktives Management der Risiken und Chancen
5. Regelmäßiges Prüfen der Planeinhaltung mit den Verantwortlichen, ggf. Gegensteuern
6. Kontinuierliche Kommunikation des Status der Baustelle an den Projektmanager, z. B. im Rahmen von täglichen Baustellenberichten oder durch festgelegte Meldun-

gen nach bestimmten Arbeitsschritten, z. B. für „Turm errichtet" oder „Rotor fliegt". So ist sichergestellt, dass alle anderen Projektaktivitäten mit der Baustelle verzahnt sind und die nötigen Ressourcen rechtzeitig bereitgestellt werden.
7. Tägliches, i. d. R. morgendliches Briefing der jeweiligen Baustellenteams
8. Systematische Übergabe eines fertiggestellten Arbeitspakets an den Bauleiter, z. B. im Rahmen eines Walk-Down für Civil Works, Electrical Works und Anlagenerrichtung. I. d. R. werden hierfür standardisierte Checklisten verwendet. Auch empfiehlt es sich, mehrere Walk-Downs zu machen bzw. sehr früh damit zu starten, so dass genügend Zeit für Korrekturarbeiten bleibt.
9. Umsetzen von Änderungsanforderungen der Entwicklung, die nicht mehr in der Fabrik realisiert werden konnten, z. B. Nach- oder Umrüstung von überarbeiteten Bauteilen
10. Identifizieren und Dokumentieren von Abweichungen, um so eine Korrektur zu ermöglichen, aber auch als Voraussetzung für Mängelrügen und Claims gegenüber den Lieferanten
11. Nachverfolgen von Restarbeiten mit Hilfe von Non Conformity- bzw. Open Issue-Listen
12. Dokumentation aller Arbeiten und übergebenen Produkte

Je nach gewählter Organisation werden diese Aufgaben alle vom Bauleiter erledigt oder zwischen Projektmanager (vor allem Punkt 1–5) und Bauleiter aufgeteilt.

12.3 Management von Health und Safety

Die Gesundheits- und Sicherheitsrisiken einer Windpark-Baustelle erfordern große Sorgfalt. Typische Gefahren sind das Arbeiten in großen Höhen, das Arbeiten unter schwebenden Lasten, mögliche Unfälle mit Fahrzeugen, Arbeiten mit Hoch- oder Mittelspannung und dabei entstehende Gefahren wie z. B. Spannungsüberschläge, Quetschgefahr durch bewegliche Teile oder pendelnde Lasten. Die gesetzlichen und normativen Anforderungen unterscheiden sich von Land zu Land; die folgende Übersicht kann daher nur als Orientierung gelten.

Jeder Mitarbeiter ist für seine eigene Sicherheit verantwortlich. Darüber hinaus ist es die Verantwortung des Bauleiters, für ein sicheres Arbeitsumfeld und die Einhaltung aller Normen zu sorgen. Sie auch Kap. 2.5 Die juristische Verantwortung des Projektleiters.

Bevor die Baustelle eröffnet wird, wird dafür i. d. R. ein HSE-Managementplan erstellt. Dieser erfasst die möglichen HSE-Risiken und legt fest, wie sie mitigiert werden. Zudem werden die HSE-Organisation der Baustelle, die Verantwortlichkeiten, sowie die Kommunikationswege und Dokumentation definiert. Darüber hinaus sind folgende Punkte Inhalt des HSE-Planes: Schulungsplan, Festlegen von Notfallübungen, Evakuierungsplan, relevante Notfallnummern, zuständige Ärzte und Krankenhäuser, Verfügbarkeit von Erste-Hilfe-Sets, sowie der Entsorgungs- und Recyclingplan. Für kritische Arbeiten, wie z. B. das Entladen schwerer Lasten oder das Ziehen des Rotors wird ggf. ein Work Method Statement erstellt. Dieses beschreibt die einzelnen Arbeitsschritte im Detail und legt fest, wie sie ausgeführt werden, damit sicher gearbeitet wird.

Weitere Sicherheitsmaßnahmen und HSE-Verfahren haben sich in der Praxis bewährt:

- Verpflichtende Sicherheitsunterweisung für jeden Arbeiter, bevor er das erste Mal die Baustelle betritt
- Überprüfen der Qualifikation und Zertifikate der Arbeiter vor Arbeitsbeginn, z. B. Höhensicherheitstraining, Kran-Führerschein etc.
- Überprüfen der persönlichen Schutzausrüstung vor dem ersten Einsatz, z. B. beim Klettern im Buddy-Konzept
- Anwesenheitsliste, in die sich jeder Arbeiter, aber auch Besucher ein- und austrägt
- Besprechung gefährlicher Arbeiten als Teil des morgendlichen Baustellen-Briefings
- Kenntlichmachen kritischer Arbeitsschritte, z. B. durch Dokumentation der anstehenden gefährlichen Arbeiten im Aufenthaltsraum, Kennzeichnung der betroffenen Bereiche auf der Baustelle
- Zweites verpflichtendes Sicherheitsbriefing für alle Arbeiter nach Zuschalten des Netzes
- Regelmäßige Beurteilung der Dienstleister nach ihrer HSE-Performance, dies entscheidet mit über die nächste Auftragsvergabe
- Die Identifikation von Gefahren/Hazards, sowie die Dokumentation, Analyse und Kommunikation von Near Misses wird gefördert, z. B. durch einfache Erfassungsbögen, Incentive-Systeme, Audits der Baustelle
- Verpflichtendes Tool-Box-Meeting mit allen Betroffenen nach Gefährdungssituationen, vollständige Analyse, Entwicklung von Maßnahmen, um eine Wiederholung zu vermeiden

Darüber hinaus gibt es einige Regeln, die auf den meisten Baustellen umgesetzt werden, z. B.:

- Kein Arbeiten unter schwebenden Lasten
- Kein Arbeiten übereinander ohne geschlossene Falltüren
- Immer persönliche Schutzausrüstung verwenden
- Nur kalibrierte Werkzeuge und geprüfte Hebemittel verwenden
- Kein Arbeiten unter Alkohol oder Drogen, kein Rauchen auf der Baustelle
- Ruhezeiten einhalten
- Eindeutige Weisungsbefugnis des Bauleiters, ggf. mit Baustellenverbot durchgesetzt

12.4 Qualitätsmanagement auf der Baustelle

Die Planung und Überwachung der Qualität ist eine der Kernaufgaben des Projektmanagers. Einen Teil hiervon kann er an den Bauleiter delegieren. Dazu gehören in der Regel:

- Wareneingangsprüfung auf der Baustelle gemäß der vorliegenden Dokumentation. I. d. R. ist dies eine Sichtprüfung, in der vor allem Transportschäden wie z. B. Kratzer oder Oberflächenschäden an den Blättern identifiziert werden. Umfangreiche Qualitätsprüfungen finden in den Fabriken der Lieferanten statt, um ggf. schneller reagieren zu können.

- Überprüfen der Qualität der ausgeführten Arbeiten. Dies erfolgt nach kritischen oder wesentlichen Arbeitsschritten oder auf Anweisung, wenn es in der Vergangenheit Auffälligkeiten gab. Typische Prüfschritte sind mindestens: Abnahme der Straßen und Wege, Abnahme des Fundaments, Tower Walk-Down (inkl. Gondel und Rotor), Abnahme der Gesamtanlage des Windparks inkl. Trafostation und Steuerung. Die Abnahmen werden in der Regel cross-funktional zusammen mit den Lieferanten und Dienstleistern durchgeführt. Es ist üblich, dass hierfür standardisierte Checklisten vorliegen. Erfahrene Bauleiter prüfen zudem persönlich sicherheitsrelevante Arbeiten wie z. B. das Anschlagen des Hauptkrans an der Nabe.
- Sperren von Teilen mit Abweichungen: Diese werden im Auftrag des Bauleiters eindeutig gekennzeichnet, so dass sie nicht ungeplant verbaut werden können. Bei größeren Baustellen hat es sich bewährt, eine Sperrfläche einzurichten.

Eine wesentliche Qualitätsprüfung wird zudem vom Inbetriebnahmeteam verantwortet oder unterstützt, dies sind der Test der Anlage und die Überprüfung der mit dem Kunden vereinbarten Leistungsparameter. Zum Zeitpunkt dieser Tests, d. h. beim Hochfahren der Anlage auf Maximalleistung und ihrem Test in der vereinbarten Probezeit, ist i. d. R. kein Bauleiter mehr vor Ort, zudem erfordert diese Aufgabe elektrische und steuerungstechnische Erfahrung, die meistens nur das Inbetriebnahmeteam oder der Service mitbringen.

Bei jeglichen Qualitätsmessungen ist zu beachten, dass die Zielwerte und das Messverfahren im Vorfeld festgelegt und zwischen Lieferanten und Kunden vertraglich vereinbart sein sollten. Im besten Fall werden Qualitätsprüfungen an den Komponenten außerhalb der Baustelle vorgenommen, so dass der kontinuierliche Ablauf nicht gestört wird. Dies ist besonders wichtig, solange der Hauptkran arbeitet, da dieses Equipment hohe Standkosten verursachen kann (ca. 5oo,- €/Std.)

Es empfiehlt sich, die zu erreichende Qualität und wie, wann und von wem sie gemessen wird, in einem Qualitätsmanagementplan festzulegen. Hier sollte u. a. auch verbindlich definiert werden, wie mit Abweichungen umgegangen wird, wie Design Changes prozessiert werden und welche Dokumentation erforderlich ist. Der projektspezifische Qualitätsmanagementplan kann dann in Pläne der einzelnen Lieferanten und Dienstleister heruntergebrochen werden. Aus dieser Empfehlung kann eine Verpflichtung werden, wenn die Baustelle oder gar das gesamte Projekt Teil einer Auditierung sind.

12.5 Management des Baustellen-Ablaufs

Aufgrund der Vielzahl der in der Baustelle involvierten Gewerke ist es ratsam, bereits nach Vertragsabschluss, d. h. deutlich vor Baubeginn, zu einem TCI-Kick-off-Meeting einzuladen. Im Vorfeld wird in der Regel gemeinsam die Baustelle besucht, um z. B.

- die Planung von Baustellenstraßen und Fundament-/Kranaufbau-/Ablageflächen zu prüfen,
- baustellenspezifische Limitationen (Stromleitungen, Bäume etc.) aufzunehmen,

- den zur Baustelle am besten passenden Hauptkran zu identifizieren und
- mögliche Plätze zum Entladen/Zwischenlagern zu finden.

Am TCI-Kick-off nehmen i. d. R. der Projektmanager, die Spezialisten bzgl. Kranung und Logistik, die Einkäufer und das Baustellenmanagement teil. Sie entwickeln dabei ein erstes gemeinsames Liefer- und Installationskonzept und legen die Regeln und Pläne für die spätere Projektausführung fest.

In der Praxis hat es sich bewährt, direkt nach dem Kick-off-Meeting die Aufgaben auf der Baustelle detailliert runterzubrechen, Verantwortlichen (häufig Dienstleistern) zuzuordnen und hierfür Arbeitspakete zu vereinbaren. Diese sollten klar beschrieben sein und Zeit- und Kostenziele enthalten. Auch muss unbedingt angegeben werden, was der genaue Lieferumfang ist, wie die Fertigstellung gemessen wird und was der Auftraggeber beisteuern muss. Im besten Fall sind im Arbeitspaket und einem dazu gültigen Vertrag auch Regeln zur Lösung möglicher Konflikte festgelegt.

Wurden Arbeitspakete und Zeitziele hierfür definiert, so ist es leicht, ihren Fortschritt eng zu überwachen. Dies kann z. B. im täglichen Statusmeeting erfolgen. Zudem ist es hilfreich, wenn ein Projektplaner den Projektfortschritt mindestens einmal die Woche im System abbildet, einen neuen Forecast zieht und dem Projektmanager mögliche Gegenmaßnahmen vorschlägt.

Schließlich sollte der Bauleiter sicherstellen, dass alle auf der Baustelle Beschäftigten die notwendigen Informationen haben. Hierzu bewährt sich in der Praxis ein morgendliches Briefing. Übliche Agendapunkte sind:

- Heute anstehende Arbeiten
- Zuteilung der Ressourcen zu den Aufgaben, Ernennen von Verantwortlichen
- Besondere Anforderungen, Abweichung vom Standard
- Besondere Gefährdungen/Risiken
- Vorstellen von ggf. neuem Personal und erste Einweisung

Die wesentlichen Arbeitsschritte auf der Baustelle sind im Projektplan terminiert, die detaillierten Schritte i. d. R. in Installationshandbüchern oder anderen Verfahrensanweisungen festgelegt. Dennoch ergibt sich für den Bauleiter eine gewisse Flexibilität, da zahlreiche Arbeitsschritte parallel ablaufen können. So kann er auf mögliche Verzögerungen reagieren. Typische Verspätungen ergeben sich aus folgenden Situationen:

1. Wettereinflüsse: Frost verzögert die Bodenarbeiten, die im Straßenbau und bei der Errichtung des Fundaments nötig sind. Niedrige Temperaturen verzögern zudem das Aushärten des Betons der Fundamente. Hohe Windgeschwindigkeiten können den Einsatz der Kräne, vor allem des Hauptkrans, beeinflussen. Je nach Krantyp liegt die Grenze um die 10 m/s (als 10-Minuten-Mittelwert, gemessen in Nabenhöhe). Das Ziehen des Rotorsterns ist dabei der windanfälligste Arbeitsschritt, der zudem ein Windfenster (Zeitfenster mit zulässigen Windbedingungen) von ca. zwei Stunden benötigt.

2. Verzögerung im Transport: Zahlreiche Komponenten, z. B. Turmteile, Gondel, Rotorblätter und ggf. Nabe und Triebstrang (falls separat befördert) müssen in den meisten Ländern als Schwerlasttransport versandt werden. Dies erfordert i. d. R. eine Sondergenehmigung und ggf. Begleitfahrzeuge der Polizei. In den vergangenen Jahren waren die Begleitungen, speziell in Deutschland und in Großbritannien, aus Ressourcenmangel nicht zuverlässig einzuplanen und führten regelmäßig zu Verzug auf der Baustelle.
3. Qualitätsmängel der Komponenten oder ausgeführten Arbeiten: Regelmäßige Schäden erfolgen durch den Transport, aber auch Vorschäden aus der Fabrik sind möglich. Häufig ist es sinnvoll, die Schäden am Boden zu beheben und ggf. dafür den Bauablauf umzustellen, da eine Reparatur in der Luft evtl. Seilkletterer oder einen Hauptkran erfordert (Betriebskosten pro Stunde ca. 500-, € bis zu 900, -€ in Abhängigkeit vom Krantyp, der Mietdauer, der Vertragsgestaltung und der Berücksichtigung von Neben- und Folgekosten).
4. Verzögerte Genehmigung zum Zuschalten des Netzes. Dies können je nach Land mehrere Genehmigungsschritte sein und kann durch Genehmigungsbehörden oder den Netzbetreiber verzögert werden. In der Regel hat der Projektmanager keine vertragliche Handhabe dagegen.

Kommt es zu Verzögerungen, kann der Bauleiter z. B. an mehreren Anlagen parallel arbeiten lassen, dies ist z. B. im Rahmen einer Vorerrichtung möglich. Kritische Ressource, da teuer und meist nur einmal auf der Baustelle vorhanden, ist der Hauptkran. Daher können, um Verzögerungen auszugleichen, z. B. die LKWs mit günstigeren Hilfskränen statt mit dem Hauptkran entladen werden; auch das erste Turmsegment kann ggf. mit einem kleineren Kran gestellt werden. Dies ermöglicht es, solange mit dem Hauptkran bereits an anderen Anlagen zu arbeiten. Eine andere mögliche Reaktion ist es, auf Schichteinsatz zu wechseln und den Hauptkran Tag und Nacht arbeiten zu lassen. Dies hat zudem den Vorteil, dass der Wind in der Nacht meist schwächer ist, erfordert jedoch unter Sicherheitsgesichtspunkten besondere Aufmerksamkeit.

12.6 Baustellen-Ablauf

Der folgende Baustellen-Ablauf ist idealtypisch. Er kann sich in seinen Inhalten und der Reihenfolge ändern, je nachdem ob eine einzelne Anlage oder ein ganzer Park errichtet wird, in was für einem Umfeld die Baustelle liegt, wann die jeweiligen Komponenten und Dienstleister verfügbar sind etc.

12.6.1 Einrichten der Baustelle

Der eigentliche Baustellenbetrieb beginnt immer mit dem Einrichten der Baustelle. Da mit Civil, Electrics und später dem Errichtungsteam verschiedene Gewerke und Dienstleister federführend auf der Baustelle tätig sind, teilweise zwischen diesen Arbeiten die Baustelle auch wochenlang stillsteht, wird i. d. R. mehrfach eingerichtet.

Zur Einrichtung der Baustelle gehören u. a.:

- Baustelle sichern, Zäune, Kennzeichnungen etc. aufstellen
- Container für Bauleitung, Mannschaftsraum, Werkstatt etc. aufstellen
- Infrastruktur errichten, z. B. Baustrom, Beleuchtung, ggf. Druckluft, Internet, Entsorgung, Waschräume und Toiletten, Parkplatz, Lagerflächen, mobiles Tanksystem etc.
- Baustellengeräte und -fahrzeuge bereitstellen, z. B. Mobilkran, Teleskopstapler, Gabelhubwagen, Rollgerüst

Die Ersteinrichtung der Baustelle ist abgeschlossen, wenn die Dienstleister für Civil Works antreten und mit ihrer Arbeit beginnen können.

12.6.2 Civil Works

Als Civil Works werden in der Windindustrie die folgenden Baumaßnahmen bezeichnet:

1. Straßen- und Wegebau, dies umfasst sowohl die temporären Baustellenstraßen als auch alle permanenten Zuwege zum installierten Equipment
2. Bau von temporären Kranstellplätzen
3. Errichtung von Gebäuden für das Monitoring, ggf. Ersatzteilhaltung etc.
4. Bodenaushub, Gründung und Fundamentierung für Trafostation und Windenergieanlagen
5. Maßnahmen zur Entwässerung, Verlegung von Kabelkanälen etc.
6. Sonstige Bodenarbeiten zur Stabilisierung der Installationen, z. B. Verstärkung von Hängen, Flussufern etc.
7. Rückbau der temporären Einrichtungen und Wege, Renaturierung

Grundlage dieser Arbeiten ist das Bodengutachten, das bereits vor den Angeboten für die Civil Works erstellt wird. Da zum Beispiel bei der Fundamentierung für die Windkraftanlagen die aufwändigste Lösung (hartes Gestein, Sprengen von Bohrlöchern, Befestigen von Steinankern) zwei bis dreimal teurer sein kann als die günstigste (fester Erdboden, Ausheben Baugrube, ggf. Verdichten des Bodens, Erstellen der Bewehrung, Gießen des Schwerkraftfundaments), ist es entscheidend, wer vertraglich das Bodenrisiko trägt. Folgende Dokumente/Informationen sollten zum Baubeginn des Fundaments vorliegen:

- Baugenehmigung
- Bodengutachten inkl. aller Nachträge und Anhänge
- Bauzeitenplan
- Bestandspläne und ggf. Kampfmittelfreigabe
- Sicherheits- und Gesundheitsschutzplan
- Gefährdungsbeurteilungen und Testplan

- Ausführungsskizze der Leerrohrverlegung und Produktdatenblätter der Leerrohre
- Freigabe des Prüfingenieurs für die Fundamentstatik
- Skizze zur Ausrichtung der Tür, zur Position des externen Trafosystems, zum Auflager der Außentreppe
- Pfahllayout (falls erforderlich)

Zu beachten ist auch die Wetterabhängigkeit der Arbeiten, z. B. bei Bodenaushub im Frost und durch die verlängerten Trocknungszeiten des Betons. Zudem muss der Projektmanager berücksichtigen, dass ein Großteil dieser Bauarbeiten von Unternehmen ausgeführt wird, die im Tiefbau tätig sind und deren Verfügbarkeit und Preise daher stark von der Konjunktur einer anderen Branche abhängen.

Die Fundamentierung erfordert i. d. R. besondere baurechtliche Genehmigungen. Hierzu sind die Typenprüfung der Anlage, die Statik und weitere Unterlagen rechtzeitig einzureichen.

Es empfiehlt sich, den Abschnitt der Civil Works, speziell die Fundamentierung, mit fachkundigen Bauüberwachern zu begleiten. So wird eine ordnungsgemäße und termingerechte Bauleistung sichergestellt.

12.6.3 Electrical Works

Als Electrical Works werden in der Windindustrie die folgenden Baumaßnahmen bezeichnet:

1. Errichten der Trafostation und Schaltanlagen
2. Verkabelung von der Trafostation/Schaltanlage ans Netz, ober- oder unterirdisch
3. Verkabelung von der Trafostation/Schaltanlage zu den Windenergieanlagen oder weiteren dezentralen Trafostationen
4. Einrichten des Anlagen- und Parkmonitorings
5. Zuschalten des Netzes, Inbetriebnahme aller elektrischen Anlagen
6. Probebetrieb und Übergabe der elektrischen Anlagen

Größere Windparks werden in Stränge unterteilt, d. h. mehrere Anlagen werden hintereinander verkabelt, mehrere Stränge dann parallel geschaltet. In der Bauphase ist dieses Layout zu berücksichtigen; um die Anlagen möglichst schnell produktiv ans Netz zu bringen, wird ein Strang nach dem anderen errichtet und in Betrieb genommen.

Eine hohe Aufmerksamkeit muss in der Projektplanung dem Transformator geschenkt werden. Häufig liegen die Lieferzeiten bei ca. einem Jahr, so dass dieser sehr früh konfiguriert und die Bestellung ausgelöst werden muss. Einige Windpark-Betreiber entscheiden sich auch, statt eines großen Trafos zwei kleinere zu installieren, um so den Ertragsausfall bei einem möglichen Defekt eines Trafos zu minimieren.

12.6.4 Anliefern der Komponenten und des Zubehörs

Ein wesentlicher Teil der Komponenten einer Windkraftanlage wird über Großraum- und Schwerlasttransporte angeliefert. Dies betrifft i. d. R. die Turmsegmente, die Gondel, ggf. den Triebstrang, die Nabe, die Rotorblätter, ggf. auch den Ankerkorb des Fundaments und die Trafos. In der Regel wird eine Kombination von See- und Landtransport gewählt, wobei im besten Fall Gondel, Nabe, Triebstrang und Rotorblätter auf demselben Schiff transportiert werden.

Die Schwertransporte auf der Straße können, je nach Lage der Windfarm, einige Herausforderungen bringen:

- Enge Kurvenradien, Hindernisse wie Gebäude, Bäume oder Schilder am Straßenrand
- Große Steigung im Gebirge
- Für die Last nicht ausreichend befestigte Straßen
- Evtl. Sperrung der Straßen nötig, i. d. R. Polizei-Eskorte oder Begleitfahrzeug
- Zugang zu der Baustelle ggf. eingeschränkt, fehlende Warte- und Ablageflächen, dadurch u. U. Anlieferung der Komponenten in einer für die Errichtung optimalen Reihenfolge nicht möglich

Da die verspätete Anlieferung einer einzelnen Komponente massive Auswirkungen auf den Projektfortschritt haben kann, empfiehlt es sich, dass der Projektmanager besondere Maßnahmen zur Risikominimierung unternimmt:

- Aktuelle Road Survey, welche im Detail prüft, wie die Baustelle erreicht werden kann
- Testrun mit einem LKW rechtzeitig vor Beginn der Anlieferung
- Sicherstellen, dass alle Fahr- und Streckengenehmigungen rechtzeitig erteilt werden
- Verfügbarkeit von Transportgestellen sichern
- Schutz der Komponenten vor äußeren Beschädigungen und bei der Verschiffung vor Korrosion
- Ggf. Voranlieferung kritischer Komponenten, dieses erfordert u. U. einen eigenen Entladekran, der vor dem Hauptkran angeliefert und zugbereit gemacht wird
- Gemeinsame Planung der Anlieferung auf der Baustelle in enger Abstimmung zwischen Transportdienstleister, Krandienstleister und Errichtungsteam
- Enges, tagesgenaues Tracking des Status aller Transporte, um so rechtzeitig auf Verschiebungen reagieren zu können

Neben den Schwertransporten müssen noch zahlreiche Kleinteile zur Baustelle gebracht werden, ebenso das Werkzeug (z. B. Hebemittel) und die Kräne und anderen benötigten Maschinen. All dies muss rechtzeitig und vollständig eingeplant werden.

12.6.5 Errichten der Windenergieanlage

Das Errichten der Windenergieanlage beginnt mit dem ausreichenden Aushärten des Fundaments. Dies ist i. d. R. und je nach Wetterbedingungen ca. 3 bis 5 Wochen nach dem Gießen des Betons möglich. Zudem muss eine ausreichende Erdung sichergestellt sein.

Wichtigstes Werkzeug zur Errichtung sind die Kräne, i. d. R. ein Hauptkran mit einer Last von meistens 50 bis 80 Tonnen und ein deutlich kleinerer Hilfskran. Der Hilfskran wird zum Entladen der LKW genutzt, sowie um die Turmsegmente und den Rotor bei seiner Errichtung auszubalancieren. Bei den Kränen unterscheidet man u. a. Mobilkran, Fahrzeugkran, Raupenkran und Schwerlastkran, die sich durch unterschiedliche Eigenschaften auszeichnen, z. B.:

- Dauer des Aufbaus des Krans, bis dieser zugbereit ist
- Dauer, um den Kran auf einen neuen Standplatz zu transportieren, inwieweit muss der Kran dafür abgerüstet werden
- Maximale Traglast des Krans
- Maximaler Kragarm des Krans
- Windlimit, bis zu dem mit dem Kran gearbeitet werden kann, dies hängt nicht nur vom Kran, sondern auch von der Last ab
- Erforderliche Verstärkung des Bodens (Kranstellfläche)

Die Auswahl des richtigen Krans hat einen hohen Einfluss auf die Geschwindigkeit der Anlagen-Errichtung und deren Kosten. Hierbei empfiehlt es sich, auch die Winddaten der Baustelle zu berücksichtigen, damit es nicht zu überproportionalen Ausfallzeiten wegen zu starkem Wind kommt. Da zudem die Verfügbarkeit der Kräne eingeschränkt sein kann, muss der Kranauswahl rechtzeitig erfolgen.

Es hat sich in der Praxis bewährt, jeden einzelnen Hebevorgang auf Basis der Last- und Geometriedaten der Komponenten vom Krandienstleister detailliert planen und dokumentieren zu lassen. Dabei werden auch die Ablageflächen für die Komponenten definiert und freizuhaltende Schwenkradien der Kräne eingezeichnet, so dass später nicht ein Container o. ä. im Weg steht. Diese Unterlagen sind für den Bauleiter sehr hilfreich, um die Abläufe und Struktur der Baustelle richtig planen zu können.

Sind die Komponenten bereits auf der Baustelle angeliefert, wird normalerweise in folgender Reihenfolge errichtet:

1. Ggf. Errichten der Bodenplattform
2. Ziehen des ersten Turmsegments, dieses wird am Ankerkorb bzw. dem Fundament verschraubt. Hierfür werden wahlweise hydraulische Kraftschrauber oder elektrische Schlagschrauber eingesetzt, welche die Verbindung auf ein vordefiniertes Anziehdrehmoment bringen. Dieser Arbeitsschritt (und je nach Turmtyp evtl. auch die Montage des 2.ten Segments) kann auch als Vormontage erfolgen. Weitere Turmsegmente werden möglichst ununterbrochen an einem Tag installiert, um zu verhindern, dass der unfertige Turm im Wind schwingt und instabil wird.

3. Ggf. Montage des Eingangspodests und der Außentreppe
4. Ggf. Heben und Montage der Elektroschränke (Trafo, Mittelspannungsschaltanlage, Generator-Stator-Feld, Kombiwandler etc.), sowie der Lüftungs-/Kühlungssysteme auf die Bodenplattform
5. Ziehen der folgenden Turmsegmente, diese werden eines nach dem anderen gehoben, von einem Team, das auf dem Turm steht, empfangen und die Flansche verschraubt. Anschließend werden die innen angebrachten Leitern und Sicherheitssysteme (Fallschutzschiene etc.) komplettiert und geprüft, so dass das Team sicher auf- und absteigen kann. Zudem werden die Erdung sowie eine externe Spannungsversorgung hergestellt, so dass Beleuchtung und Werkzeuge im Turm betrieben werden können. Werden Stromschienen verwendet, werden diese unmittelbar nach der Montage des Segments verbunden, um eine spätere Setzung zu vermeiden.
6. Ziehen und Befestigen der Gondel, ggf. wird der Triebstrang aus Getriebe und Generator separat gezogen, um das Gewicht zu reduzieren. Nach Montage von Gondel, Triebstrang und Dach kann die Anlage auch bei hohem Wind stehen bleiben.
7. Montage des Rotorsterns am Boden, d. h. Befestigen der drei Blätter an der Nabe. Dazu wird ein sogenanntes Nest errichtet, dazu die Nabe und die einzelnen Rotoren auf Unterlagen aufgebockt, so dass die durchhängenden Rotorspitzen beim Anheben des Rotorsterns nicht den Boden berühren. Bei unebenem Gelände oder auch auf bewaldeten Flächen muss der Ort für die Rotormontage sorgfältig ausgesucht werden.
8. Ziehen und Installation des Rotorsterns. Dies ist der kritischste, weil windanfälligste Arbeitsschritt.
9. Als Alternative zur Rotorsternmontage kommt die Einzelblattmontage in Frage, welche besondere Montageeinrichtungen erfordert, dafür aber mit weniger Platz auskommt. Hierbei wird ein einzelnes Blatt am Boden in eine Traverse gehängt, diese ausbalanciert und vom Hauptkran angehoben. Das einzelne Blatt wird nun auf Höhe an der Nabe befestigt. Dieser Arbeitsschritt wiederholt sich für jedes der drei Rotorblätter.
10. Innenausbau von Turm und Gondel. Dieser kann teilweise bereits vor Montage des Rotorsterns erfolgen, so dass z. B. windige Tage optimal genutzt werden können. Dazu gehören u. a.:
    – Ausbau und Inbetriebnahme der Befahranlage
    – Ablassen und Verlegen der Kabel des Kabelloops
    – Anschließen der Kabel im Einspeisekasten bzw. Trafo
    – Steuerkabel, 230V-Versorgungskabel, USV-Kabel, Messkabel, Lichtwellenleiter etc. verlegen
    – Fehlende Erdungen ergänzen
    – Fehlende Teile ergänzen, z. B. Sensorik
11. Komplettierung der Anlage und Übergabe an die Inbetriebnahme. Dies beinhaltet u. a. die Überprüfung und Dokumentation des Anziehdrehmoments der wichtigsten Schraubverbindungen

Werden Hybridtürme verwendet, also die unteren Segmente aus Beton und die oberen aus Stahlröhren gebaut, ergibt sich ein veränderter Ablauf, auf den hier nicht eingegangen werden soll.

12.6.6 Inbetriebnahme, Probebetrieb und Hochfahren

Voraussetzung für die Inbetriebnahme ist der Abschluss der mechanischen Installation sowie die Verfügbarkeit des Stromnetzes und aller erforderlichen Einspeisegenehmigungen. Ziel der Inbetriebnahme ist es, die Anlagen an das Stromversorgungsnetz anzschließen und stabil Energie zu produzieren. Das Inbetriebnahme-Team besteht aus hoch qualifizierten Elektrikern, die den jeweiligen Anlagentyp sehr gut kennen. Die Inbetriebnahme erfolgt i. d. R., wenn mehrere Anlagen bzw. ein kompletter Strang mechanisch fertiggestellt wurden. So werden Wartezeiten für das Team vermieden.

Folgende Schritte gehören u. a. zur Inbetriebnahme:

1. Sichtprüfen der Anlage, Installation und Dokumentation vor Inbetriebnahme
2. Test der Not-Halt-Funktion
3. Überdrehzahl-Test
4. Test der Sensoren der Sicherheitskette
5. Hochlaufversuche inkl. Manueller Stopp, Schnell-Aus und Not-Halt
6. Test des Netzbetriebs, inkl. Not-Halt und Stopp
7. Übergang in den Automatikbetrieb
8. Endarbeiten, wie z. B. Einstellen der Parameter und Zurücksetzen der Steuerung

... ergänzt um einige formale Anforderungen, wie z. B. der Zertifizierung und Abnahme der Anlage (Siehe dazu auch Kap. 8 zur Zertifizierung). Anschließend wird die Anlage i. d. R. dem Service übergeben und von der zentralen Monitorstelle über einen Zeitraum von mehreren Tagen stufenweise bis auf Volllast hochgefahren. Dabei wird das Anlagenverhalten beobachtet und ggf. eingegriffen.

Zahlreiche Verträge in der Windindustrie sehen einen Probebetrieb vor. Meistens wird eine Verfügbarkeit der Anlage von z. B. 90 bis 95 Prozent über mehrere Wochen gefordert. Der Probebetrieb muss vom Projektmanager (und/oder dem Bauleiter) sorgfältig geplant werden, z. B. indem zusätzliche Troubleshooter oder auch Ersatzteile bereitgehalten werden.

12.6.7 Restarbeiten, Räumen der Baustelle und Übergabe

Parallel zum Probebetrieb kann vom Projektmanager die Abnahme der Anlage, im Fachjargon „Tower Walk-Down" genannt, zusammen mit dem Kunden geplant werden. Im Walk-Down wird i. d. R. anhand einer Checkliste vor Ort geprüft, ob die Anlage vollständig und richtig montiert ist und die zugesagten Funktionen und Eigenschaften hat. Mängel werden in einer „Offenen Postenliste" oder NC-Liste (NC= Non Conformity) dokumentiert und wahlweise vom Baustellenteam oder von einer spezialisierten NC-Mannschaft abgearbeitet. Parallel dazu muss der Projektmanager sicherstellen, dass die vertraglich zugesagte Dokumentation vollständig ist.

Währenddessen räumt das Bauteam die Baustelle, d. h. die Kräne werden abgebaut und abtransportiert, ebenso weiteres Werkzeug, die Container etc. Falls erforderlich werden Wege und Abstellflächen zurückgebaut und renaturiert.

Die finale Übergabe an den Kunden erfolgt i. d. R., wenn alle wesentlichen offenen Punkte abgearbeitet sind. Eine Liste mit noch offenen, kleineren Restarbeiten kann Teil der Übergabe sein. Die Übergabe ist ein wesentlicher Termin im Projektablauf, da hiermit der Kunde schriftlich dokumentiert, dass seine Anforderungen erfüllt wurden. Wird die Anlage auch intern an den Service bzw. die Betriebsführung übergeben, kann der Projektmanager das Projekt beenden.

12.7 Verzeichnis einschlägiger Abkürzungen und branchenspezifischer Fachbegriffe

Civil Works	Tief- und Hochbau auf der Baustelle, ohne Errichtung der Windenergieanlage und der elektrischen Einrichtungen
Design Change	Änderung des Anlagendesigns, im Projekt relevant, wenn dieses nach Vertragsschluss bzw. nach Beginn der Produktion erfolgt und zu Nacharbeiten auf der Baustelle führt
Electrical Works	Elektrische Arbeiten auf der Baustelle, ohne Errichtung, Ausbau und Inbetriebnahme der Windenergieanlage
HSE	Health, Safety and Environment (dt.: Gesundheit, Sicherheit und Umweltschutz)
Incident	Unfall und Beinahe-Unfall
NCR	Non Conformity Report (= Report zu einer Abweichung)
Near Miss	Beinahe-Unfall, bei dem kein Schaden an Person oder Sachgütern eingetreten ist, aber ein Unfall nur durch maximal eine eingreifende Größe abgewendet werden konnte
Road Survey	Straßenstudie, d. h. die Überprüfung der Transportstrecke von Fabrik/Hafen zur Baustelle auf Machbarkeit und notwendige verbessernde Maßnahmen
TCI	Transport, Cranage and Installation (dt.: Transport, Kran und Installation)
TQI	Technical Quality Instruction, ein i. d. R. gelenktes Dokument, das eingesetzt wird, um kurzfristige Design Changes durch die Organisation zu prozessieren
Tower Walk Down	Inspektion der errichteten Anlage inkl. Turm, Gondel und Rotor auf Einhaltung der Spezifikation bzw. der vertraglichen Vorgaben. Der Fokus liegt hierbei auf der Sichtprüfung bzw. der mechanischen Prüfung
USV	Unterbrechungsfreie Stromversorgung. Stellt eine Versorgung der Windenergieanlage, insbesondere der sicherheitsrelevanten Funktionen, bei Netzausfall sicher
WEC	Wind Energy Converter (dt.: Windenergieanlage)
Work Method Statement	Beschreibung einer Arbeitsmethode, besonders unter dem Gesichtspunkt des sicheren Arbeitens

12.8 Anhang A: Beispielhafte Dokumente und Arbeitsunterlagen für die Planung und Steuerung der Baustellenaktivitäten

Beispielhaft sollen nachfolgend einige Dokumente, Arbeits- und Planungstemplates vorgestellt werden, die das zur vorgestellten Planung und Steuerung passende Informations- und Dokumentenmanagement verdeutlichen. Die Dokumente sollen Anregung sein, in gleichen und vergleichbaren Projekten mit ähnlichen oder situationsspezifisch angepassten Dokumenten zu arbeiten.

Notwendig und hilfreich sind u. a.:

1. Protokoll zur Fundamentfreigabe vor Beginn der Erdanfüllung
   (vgl. Abb. 12.1; Beispiel Senvion, 27.10.2015)
   → Weitere Protokolle existieren in der Regel zur Abnahme des Betongusses. Sie stellen sicher, dass dieses kritische Bauteil fehlerfrei hergestellt wurde und die Statik der Anlage gesichert ist.
2. Global Incident Report (Baustellen-Reporting for Incidents und Near Misses)
   (vgl. Abb. 12.2; Beispiel Senvion, 22.07.2014)
   → Üblicherweise werden solche Dokumente verwendet, um Unfälle und Beinah-Unfälle aufzunehmen und die Weiterverarbeitung und weltweite Kommunikation durch die HSE-Abteilung zu ermöglichen.
3. Arbeitspaket für Logistik und Anlieferung (Work Package Logistics & Installation Projects) (vgl. Abb. 12.3; Beispiel Senvion, 24.07.2014)
   → Es definiert die Aufgaben der internen oder externen Logistiker, z. B. ob die Anlagen Just-in-time zur Errichtung geliefert oder zwischengelagert werden sollen.
4. Qualifikationsmatrix für Installationsteams (Qualification Matrix Installation Subcontractor)
   (vgl. Abb. 12.4; Beispiel Senvion, 01/2016)
   → Sie dokumentiert alle erforderlichen Zertifikate und Schulungen für das jeweils eingesetzte Installationsteam.
5. Fehlererfassungsblatt für die Baustelle
   (vgl. Abb. 12.5; Beispiel Senvion, 28.04.2011)
   → Hiermit werden vom Bauleiter jegliche Abweichungen von der Spezifikation dokumentiert, an den Projektmanager weitergeleitet und mögliche Gegenmaßnahmen und Nachträge vorbereitet.
6. Arbeitspaket für Inbetriebnahme
   (vgl. Abb. 12.6; Beispiel Senvion)
   → Es definiert die Aufgaben für die interne oder externe elektrische Inbetriebnahme, z. B. ob die Anlage nach Zuschaltung des Netzes oder mit Generator gestartet werden soll.

7. Inspection-Checklist „Site is Ready for Installation"
   (vgl. Abb. 12.7; Beispiel Senvion, 01.02.2011)
   → Eine solche Checkliste wird i. d. R. eingesetzt, bevor der Hauptkran auf die Baustelle gebracht wird, um sicherzustellen, dass alle Voraussetzungen für den Installationsbeginn gegeben sind.
8. Status-Reporting der Baustelle/Wochenbericht
   (vgl. Abb. 12.8; Beispiel Senvion, 11.04.2014)
   → Mit ähnlichen Dokumenten, häufig auch automatisiert im Excel oder SAP, wird i. d. R. täglich (mindestens wöchentlich) der Status der Baustelle an den Projektmanager berichtet.
9. Beispielhafter Auszug aus der Streckenplanung (vgl. Abb. 12.9)
   → Streckenplanung eines deutschen Windenergie-Projektes. Vor dem ersten Transport, am besten bereits in der Angebotsphase, wird die vorgesehene Transportstrecke von den Fabriken bzw. Häfen zur Baustelle abgefahren und alle nötigen verbessernden Maßnahmen, wie z. B. Fällen von Bäumen oder Abbau von Schildern, zu planen.
10. Beispielhafter Auszug aus der Kranplanung (Beispiel für Nabenhöhe = 143 m) (vgl. Abb. 12.10)
    → Dieses Dokument wird i. d. R. vom Kranlieferanten zur Verfügung gestellt. Eingezeichnet sind der Hauptkran, der Hilfskran, das Fundament der Windenergieanlage sowie evtl. Ablageorte für Turm, Gondel, Rotor. Mit Hilfe der hier definierten Schwenkradien kann die Baustelle geplant und vorbereitet werden.
    Abdruckrechte: Nicht notwendig

12 Baustellenmanagement und -organisation in der Windenergie

Beispielhaftes Protokoll zur Fundamentfreigabe vor Beginn der Erdanfüllung

	Bewertung i.O.	Bewertung n.i.O.	Bemerkung/ Maßnahme	Mangel beseitigt am:
Arbeitssicherheit / Umweltschutz				
Zugang zum Fundamentkörper sicher	☐	☐		
Baugrube frei von Beton- und Müllresten	☐	☐		
Kranstellfläche frei von Betonresten	☐	☐		
Fundamentkörper/-oberfläche	☐	☐		
Fundamentoberfläche (vertikal / Sporn / Sockel) - Risse und Lunker innerhalb der zulässigen Rissbreiten	☐	☐		
Betonoberfläche besitzt durchgehend ein ausreichendes Gefälle (Kein Stauwasser möglich)	☐	☐		
Betondeckung von Bewehrungsstählen am Fundamentkörper (vertikal / Sporn / Übergang zum Sockel) gemäß Ausführungsplan	☐	☐		
Instandsetzungskonzept liegt freigegeben vor	☐	☐		
Systemtreue der Instandsetzungsmaterialien bewahrt	☐	☐		
Unzulässige Rissbreiten / Kiesnester / Betonunterdeckung gemäß gültiger Normen instandgesetzt?	☐	☐		
Erdung				
Erdungsring an Anschlussfahnen angeschlossen	☐	☐		
Erdungsring an mind. 2 Stellen bis OK Gelände verlängert (für ggf. nachträgliche Tiefenerdung)	☐	☐		
Erdungsring an Tiefenerder angeschlossen	☐	☐		
Anschlussfahnen Turm u. Trafo vorhanden	☐	☐		
Treppengeländer geerdet	☐	☐		

Restarbeiten / Offene Pkt. werden bis zum: ▇▇▇▇▇▇ abgestellt.

Datum / Firma / Abteilung / Vor und Nachname   Unterschrift

Abb. 12.1 Beispielhaftes Protokoll zur Fundamentfreigabe vor Beginn der Erdanfüllung

Beispielhaftes Reporting für Incidents und Near Misses auf der Baustelle

1. General

Date of Incident:		Type of Event	☐ Commuting Accident
Location:			☐ Environmental Incident
Project:			☐ Hazardous observation
Activity:			☐ Near Miss
			☐ Injury without lost time
			☐ Lost time injury
			☐ Fatality

2. Injury Details

Type of Injury	☐ Cut / stitch	Injured body part	☐ Arm / shoulder
	☐ Slip / trip / fall		☐ Eye
	☐ Sprain		☐ Feet
	☐ Bruise		☐ hands / finger / wrist
	☐ Contusion		☐ Head
	☐ Electrical shock		☐ Leg
	☐ Physically assaulted		☐ Respiratory system
	☐ Exposure to haz. substance		☐ Torso
	☐ Fall from height		☐ Others:
	☐ Medical emergency		
	☐ Others:		
Impact		Lost days estimate)	

3. Description

4. Immediate measures

Stop of work recommended	☐ Yes	Ad.hoc info to other sites recommended	☐ Yes

5. Suggestion for long-term solution

Abb. 12.2 Beispielhaftes Reporting für Incidents und Near Misses auf der Baustelle

12 Baustellenmanagement und -organisation in der Windenergie

Beispielhaftes Arbeitspaket für Logistik und Anlieferung

1. Dates & Delivery				
Dates of Completion for Components (EXW)	Nacelle:		Blades:	
	Hub:		FET / TFS:	
	Tower:		Other:	
Single Blade Installation	☐ Yes:		☐ No	

2. Transportation		
Unloading of FET/TFS	☐ Manufacturer	☐ Customer
Intermediate Storage	☐ Possible	☐ Desired
Delivery Concept	☐ Pre-Delivery	☐ Just-in-Time
Port of Entry, Date		Batch Size of Shipment
Delivery Sequence / Week		

3. Installation		
Installation Concept	☐ Installation incl. pre-Installation	☐ Installation exc. pre–installation
Turbines / week		Site Conditions
Order of Installation		Additional Scope
Preoperational Site Visit	☐ Required	☐ Not Required
Service Lift	☐ Yes:	☐ No

4. Required measures / activities	
Preparatory Measures	☐ Site-check before signing of the contract
	☐ Route survey
	☐ Development of a transportation concept
	☐ Costing of transportation
	☐ Organization of transport permit, escort service and police escort
Supporting and Main Measures	☐ Traffic provisions according to authorities
	☐ Traffic provisions within wind park
	☐ Execute delivery (at agreed route & according to delivery planning)
	☐ Coordination of the convoy
	☐ Delivery of auxiliary and tool container
	☐ Return of frames and containers
	☐ Lifting set for port handling
	☐ Intermediate storage on site or at warehouse
	☐ Unloading of components on site
	☐ Temporary wooden tower supports for storage

Abb. 12.3 Beispielhaftes Arbeitspaket für Logistik und Anlieferung

Beispielhafte Qualifikationsmatrix für die Installationsteams

Required Qualifiation		Minimum per team	Valid period
Certification	Training SCC / OSHAS / ISO for Operational Managers	LM/TL	10 years
	Training SCC / OSHAS / ISO for Operational Personal	all	10 years
	Yearly Induction SCC/ OSHAS/ ISO	all	1 year
Safety relevant qualifications/Examinations	PPE & Rescue Training work at heights	all	1 year
	ASTER, Rescue from Hub and cellar	min. 4	2 years
	First Aid training	all	1 year
	Training for electrical works for non electricians	min.2	1 year
	Yearly Induction for certified & skilled Electrician	Cert El.	1 year
	Medical Examination for noisy works (>80 dB)	all	indiv.
	Medical Examination for operation of vehicles (incl forklift & cherry picker)	Drivers	indiv.
	Medical Examination for work at heights	all	indiv.
	Licence for the operation of telescope forklift	min. 2	5 years
	Licence for the operation of cherry pickers	min. 2	5 years
	Training Fire Control	all	unlimited
	Banksman/Slingers	min. 4	4 years
	Training Tie-Down (container loading for transport)	min. 1	unlimited
Technically relevant qualification	Hailo Service Lift Modul I (Operations)	all	unlimited
	Hailo specialist training Service Lift Modul III (assembling/Commissioning Qualification)	min.1	2 years
	Power Climber specialist training Service Lifts	min. 2	2 years
	Avanti specialist training Service Lifts	min. 2	2 years
	Fixed Ladders and Sliders in WTG & HACA Fall protection system	min. 2	1 year
	Goracon specialist training Ascent System	min. 2	2 years
	Siemens Bus Bar Training	min. 4	1 year
	Siemens Self Study	all	1 year
	Training anchor bolt prestressing tool	all	5 years
	Training bolt prestress. tool	all	5 years
	Electrical Chain Hoist Operation	min.4	2 years
Specials	Training Single Blade Installation	min. 5	4 years
	Generator Alignment with Easy Laser or comparable	min 2	5 years

Abb. 12.4 Beispielhafte Qualifikationsmatrix für die Installationsteams

12 Baustellenmanagement und -organisation in der Windenergie

Beispielhaftes Fehlererfassungsblatt für die Baustelle

1. Allgemein			
Lfd. Fehler Nr.		Bauleiter	
Ansprechpartner		Tel. / Email	

2. Fehler

Sachverhalt / Fotos	
Priorität	☐ Niedrig ☐ Mittel ☐ Hoch ☐ Sehr Hoch
Fehlerbehebung für Inbetriebnahme nötig	☐ Ja ☐ Nein

3. Verursacher		4. Beanstandungen	
☐ Hersteller:		Komponente:	
☐ Lieferant:		Hersteller:	
☐ Transportfirma:		Anzahl:	
☐ Subunternehmer:		Typ:	
☐ Kranfirma:		Seriennr.:	
☐ Kunde:		Lieferschein-Nr.:	
☐ Sonstiger:			

5. Erledigte und ausstehende Maßnahmen

☐ Haftbarhaltung veranlasst über:
☐ Nachgearbeitet vor Ort durch: Arbeitsaufwand:
☐ Nacharbeit veranlasst; Termin:
☐ Materiallieferung veranlasst; Termin:
☐ Material aus Ersatzteilcontainer entnommen

Ausstehende Maßnamen:

☐ Nacharbeit veranlassen:
☐ Materiallieferung veranlassen:
☐ Versicherung informieren

Abb. 12.5 Beispielhaftes Fehlererfassungsblatt für die Baustelle

Beispielhaftes Arbeitspaket für die Inbetriebnahme

1. WEC				
General information	WEC Type:		Gearbox:	
	Generator:		Converter:	
	Blades:		Aviation Lights:	
	Ice Sensor:		Transformer:	

2. Commissioning planning			
Generator commissioning planned	☐ Yes	☐ No	
Location of generator	☐ Turbine	☐ Substation	Location: / Responsible:
PMU	☐ Yes	☐ No	Location: / Responsible:
Meteostation	☐ Yes	☐ No	Location: / Responsible:
Combox	☐ Yes	☐ No	Location: / Responsible:
SCADA cabinet	☐ Yes	☐ No	Location: / Responsible:

3. Communication Connection							
Location of Master							
Utility Signal Transmission	☐ Yes		☐ No				
SCADA Layout	☐ Yes		☐ No				
Fibre Optic Cables	☐ Single Mode		☐ Multi Mode				
SCADA Interface	☐ OPC DA	☐ FTPS		☐ IEC 61400-25		☐ Other	

4. Required and provided documents – to be specified if required by project manager / client				
a)	Site map	r)	Daily Report Site Management
b)	Switching permission	s)	NCR Overview
c)	Single Line Diagram	t)	TQI Overview
d)	Health& Safety protection concept	u)	Switching Order
e)	Factory Commissioning Protocoll	v)	Measurement for Foundation Grounding
f)	Commissioning Report of Blade Pitch	w)	Measurement for compact transformer station
g)	Test report inspection electrical equipment	x)	Fibre optic patchplan and hardware layout
h)	Commissioning Protocoll aviation lights	y)	Fibre optic attenuation study
i)	Commissioning Protocoll Backup protection	z)	Wiring diagram of transformer station
j)	Commissioning Protocoll PMU	aa)	Certificate of conformity for transfer station
k)	Commissioning Protocoll Park Communication	ab)	Proof of state-of-the-art of cable laying
l)	Commissioning Protocoll Meteo Station	ac)	Insulation measurement protocol
m)	Commissioning Protocoll aviation CMS	ad)	Specification obstruction light
n)	Quality Passport On Site Erection	ae)	Post Commissioning Protocoll
o)	Outdoor Commissioning Report	af)	Others:
p)	Site Folder (Emergency phone nr, medical etc.)		
q)	QS Checklist		

Abb. 12.6 Beispielhaftes Arbeitspaket für die Inbetriebnahme

Beispielhafte Checkliste „Site is Ready for Installation"

1. General			
Project:		Inspector:	
Inspection Date:		Attendees:	
WEC / Hardstand Nr:			

2. Hardstand and Access Roads					
Size / Geometry	☐ Ok	☐ Rework	Rotor assembly area	☐ Ok	☐ Rework
Levelness	☐ Ok	☐ Rework	Crane assembly area	☐ Ok	☐ Rework
Access path to foundation	☐ Ok	☐ Rework	Curve rade	☐ Ok	☐ Rework
Distance to foundation	☐ Ok	☐ Rework	Load bearing certificate	☐ Ok	☐ Rework
Material	☐ Ok	☐ Rework	Ground failure analysis	☐ Ok	☐ Rework
Drainage	☐ Ok	☐ Rework			

3. Foundation					
Backfill complete	☐ Ok	☐ Rework	Levelness (measurement)	☐ Ok	☐ Rework
FET (cleanliness, damages)	☐ Ok	☐ Rework	Cable ducts	☐ Ok	☐ Rework
Earthing complete	☐ Ok	☐ Rework	Water holes	☐ Ok	☐ Rework
Earthing mesurement	☐ Ok	☐ Rework			
Others					

Inspection result:

☐ Site is built according to specifications.

☐ Site is not built according to specifications, but still safe for transport/installation. Additional costs may be incurred. Further actions required (see below)

☐ Site is **not** ready fora safe installation. Further actions required (see below)

Actions required:

Nr	Observation / Comment	Action required	Owner	Date

Date   inspector's signature

Abb. 12.7 Beispielhafte Checkliste „Site is Ready for Installation"

Beispielhaftes Status-Reporting der Baustelle

1. Projekt			
Projektname:		Bericht-Nr:	
Erstellt von:		Datum:	

2. Witterung							
Wochentag	Mo	Di	Mi	Do	Fr	Sa	So
Wetter							
Durchschn. Windgeschwindigkeit [m/s]							
Max. Windgeschwindigkeit [m/s]							

3. Personal			
Firma	Gewerk	Verantwortliche Person	Anzahl Mitarbeiter

4. Equipment	
Firma	Geräte (Kräne, Telestapler, Generatoren, etc.)

5. Wareneingänge (Komponenten)			
Material	Serien-Nr.	Geliefert	Entladen

6. Aktivitäten je WEC: Pre-Installation, Installation (Turmsegment x, Gondel, Rotor), Innenausbau, Inspektion durch Hersteller, Abnahme durch Kunden etc.

7. Wochenvorschau / Planung

8. Besondere Vorkommnisse und Vorfälle (Unfälle, Beinahe-Unfälle, Störungen, Verzögerungen, Besprechungen, Besucher etc.)
Datum, Vorfall, Ort, Zusätzliche Arbeitszeit / Stand-by-Zeit von Kran & Personal

9. Abweichungen / Non-Conformities
NCR-Nummer, WEC-Seriennr., Verantwortlich, Status, Aufwände (Arbeitszeit, Hauptkran etc.)

Abb. 12.8 Beispielhaftes Status-Reporting der Baustelle

12 Baustellenmanagement und -organisation in der Windenergie

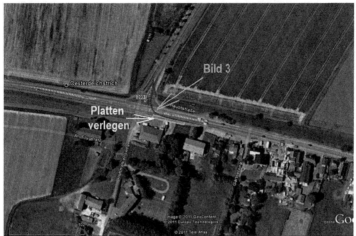

Km 11,7/Bild 3: Ort Oesterdeichstrich rechts abbiegen auf die L156 Richtung Reinsbüttel.

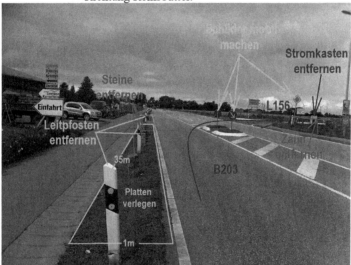

Stromkasten und Zaun entfernen, Platten verlegen 35m x 1m, Steine entfernen
Vier Leitpfosten entfernen. Drei Schilder mobil machen.

Abb. 12.9 Streckenplanung

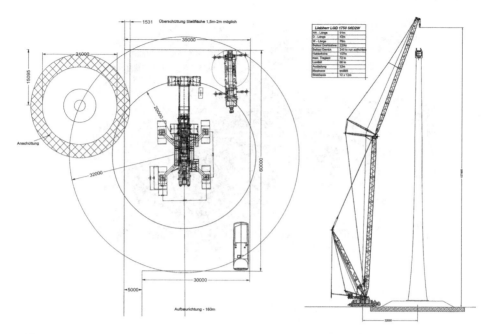

Abb. 12.10 Kranplanung

12.9 Anhang B: Fotodokumentation in groben, aber mit den wesentlichen Schritten der Errichtung einer Onshore Windenergieanlage

Bild 1 Anlieferung der Gondel (hier eine Senvion MM) auf der Baustelle mit einem Schwerlast-Transport.

Bild 2 Die Schaltschränke werden auf die Plattform gehoben und befestigt.

Bild 3 Die Anschlagmittel werden an einem der Turmsegmente befestigt, das Heben wird vorbereitet.

Bild 4 Das erste Turmsegment wird vom Schwerlast-Transporter abgeladen.

Bild 5 Stromschienen und Leitern werden im liegenden Turmsegment geprüft.

12 Baustellenmanagement und -organisation in der Windenergie

Bild 6 Sicherheitsböcke werden unter dem schwebenden Turm positioniert, so dass von unten kleine Lackschäden ausgebessert werden können.

Bild 7 Turmbolzen werden am Einbauteil/Fundament bereitgelegt, bevor das erste Turmsegment montiert wird.

Bild 8 Das erste Turmsegment wird installiert. Ein Mitarbeiter positioniert es über ein Führungsseil, während es am Hauptkran hängt.

Bild 9 Das erste Turmsegment wird abgesetzt. Ein Führungsdorn stellt sicher, dass es richtig ausgerichtet ist. Anschließend werden die Turmbolzen gesetzt und verschraubt.

12   Baustellenmanagement und -organisation in der Windenergie

Bild 10 Die Außentreppe wird montiert.

Bild 11 Das zweite Turmsegment wird installiert. Dazu werden Haupt- und Hilfskran gemeinsam verwendet.

Bild 12 Das dritte Turmsegment wird installiert.

Bild 13 Die Gondel wird am Hauptkran angeschlagen. Das Bild zeigt den Blick durchs geöffnete Gondeldach auf den Haken des Hauptkran, in orange sind die Hebemittel zu sehen.

Bild 14 Die Gondel wird vom Hauptkran angehoben, so dass von unten Schmier- und Lackierarbeiten ausgeführt werden können.

Bild 15 Die Gondel wird angehoben. Zwei Teams mit Führungsseilen stellen sicher, dass sie beim Hochheben im Wind nicht mit dem Turm kollidiert.

Bild 16 Die Gondel wird angehoben. Der Vorgang dauert je nach Turmhöhe und Kran zehn bis fünfzehn Minuten.

Bild 17 Die Gondel wird auf dem obersten Turmsegment abgesetzt und anschließend von einem Montageteam im Turminneren verschraubt.

Bild 18 Die Nabe wird angehoben.

Bild 19 Die Nabe wird auf dem Nest abgesetzt. Das Nest ist provisorisch eingerichtet und schafft den Bauraum und die Zugänglichkeit für die Montage der Rotoren.

Bild 20 Anlieferung eines Rotorblattes auf der Baustelle. Dies bedarf gründlicher Planung, da die Zufahrt häufig durch Bäume, enge Kurvenradien oder andere Hindernisse erschwert wird.

Bild 21 Das Rotorblatt hat die Baustelle erreicht.

Bild 22 Ein Hebemittel wird an einem der Rotorblätter befestigt.

Bild 23 Das Rotorblatt wird aus dem Transportgestell entfernt. Sehr gut sind im Bild die Rotorbolzen zu erkennen.

Bild 24 Das erste Rotorblatt wird vor der Nabe positioniert.

Bild 25 Das schwebende Rotorblatt wird ausgerichtet.

Bild 26 Die Rotorbolzen werden in die Nabe eingeführt und anschließend verschraubt.

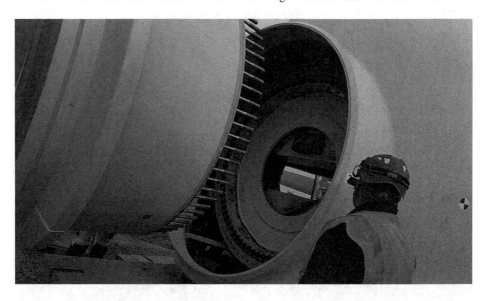

Bild 27 Das Verschrauben der Rotorbolzen erfolgt aus der Nabe von innen.

Bild 28 Ein Gestell wird unterhalb des Rotors abgestellt, so dass der Hauptkran seine Last absetzen kann.

Bild 29 Panorama-Aufnahme der Nabe auf dem Nest mit zwei montierten Rotoren einer Senvion MM. Ebenfalls zu sehen auf dem Bild sind Hauptkran (links) und Hilfskran (rechts).

Bild 30 Alle drei Rotorblätter sind montiert. Der Rotorstern wird für den Hebevorgang vorbereitet.

Bild 31 Der Rotorstern wird angeschlagen, d. h. mittels eines Hebemittels am Hauptkran befestigt.

Bild 32 Am schwebenden Rotorstern werden letzte Arbeiten ausgeführt, zum Beispiel ein Führungsdorn befestigt und Schmiermittel aufgetragen.

Bild 33 Der Hauptkran hebt den Rotorstern an. Er ist an der Nabe befestigt. Der Hilfskran ist an der Spitze eines der Rotorblätter befestigt und hilft dabei, den Rotor während des Hebevorganges auszurichten.

Bild 34 Der Bauleiter beobachtet das Anheben des Rotorsterns. Dies ist eine der kritischen Montagevorgänge beim Aufbau einer Windenergieanlage.

12 Baustellenmanagement und -organisation in der Windenergie

Bild 35 Der Rotorstern wird im Hebevorgang in die Senkrechte gebracht. Ab einem bestimmten Punkt kann der Hilfskran abgeschlagen werden, von da an erfolgt die Ausrichtung nur noch über den Hauptkran.

Bild 36 Der noch am Hauptkran hängende Rotorstern wird an der Gondel montiert.

Kompetenzen im Internationalen Projektmanagement der Windenergiebranche

13

Daniel Meier

Zusammenfassung

Alles begann mit der Idee, die kostenlose Ressource Wind an den küstennahen Standorten mit Windkraftanlagen zu nutzen, um eine regionale, nachhaltige und umweltfreundliche technische Lösung zu schaffen. Aus diesem regionalen Ansatz entstand eine ganz eigene Branche, die über die Zeit hinweg versucht hat, diese Idee auch international umzusetzen. Dies gelang bislang sehr erfolgreich, jedoch war und ist dieser Weg begleitet von zunehmenden Herausforderungen. Insbesondere treten diese dann auf, wenn heimische Unternehmen ihr Geschäftsmodell im Ausland erweitern wollen. Zahlreiche Erkenntnisse und Gewohnheiten aus dem deutschen Markt lassen sich nicht so ohne Weiteres in das Ausland übernehmen und dort anwenden, sondern benötigen eine spezielle Adaption der Erfahrung und des Projektmanagement-Wissens. Doch welche Kompetenzen und welches Wissen schaffen einen Mehrwert für den Projektmanager und das Projektmanagement im Allgemeinen, wenn internationale Projekte umgesetzt werden sollen?

In diesem Beitrag wird eine Auswahl der wichtigsten Kompetenzen des internationalen Projektmanagements in der Windenergiebranche vorgestellt. Dazu werden auch zahlreiche Beispiele aufgezeigt, die bei der Durchführung von internationalen Projekten und internationalem Projektmanagement hilfreich sein können. Insgesamt fließen auch die zahlreichen internationalen Erfahrungen des Autors in die Bewertung dieser Kompetenzen mit ein, da es bislang zu diesem Thema noch keinen Branchenleitfaden oder vergleichbare Branchenveröffentlichungen gibt.

D. Meier (✉)
Husum, Deutschland
E-Mail: d.meier@gpm-ipma.de

13.1 Die wichtigsten Erfolgsfaktoren beim Aufbau eines Auslandsmarktes

Grundsätzlich muss man festhalten, dass ein Großteil des in Deutschland angewendeten Projektmanagement-Kow-hows sich auch ohne Weiteres im Ausland einsetzten lassen.

Als geschulte(r) ProjektmanagerIn werden die Standards nach bspw. PMI,[1] DIN,[2] ISO[3] oder ICB[4] auch in der Windenergiebranche erlernt und trainiert und für mehr oder weniger allgemeingültig erklärt. Idealerweise sind alle Beteiligten davon überzeugt, dass durch die Vermittlung von einer einheitlichen Sprache und einheitlichen Projektwerkzeugen, die Projekte national wie auch international einfacher, effizienter und zielführender zu steuern sind.

Das wäre auch der Fall, wenn es sich um eine Branche handelt, in der zahlreiche Akteure sich durch z. B. Projektmanagement-Schulungen dieses Fachwissen angeeignet hätten. Jedoch ist die Windbranche eine der wenigen Branchen, die noch zu „jung" sind in ihrer Entstehungsgeschichte, um auf einen einheitlichen Branchenstandard zurückzublicken, aber auch noch nicht zu den „alten" Branchen gehört, die mit zahlreichen und bewährten Standards entlang der Wertschöpfungskette kooperieren können, wie das bspw. in der Automobilbranche der Fall ist.

In dieser Übergangszeit befindet sich die Windbranche zusammen mit allen anderen Erneuerbare-Energien-Branchen weltweit auf Wachstumskurs und auf der Suche nach den höchsten Renditen. Eine Vereinfachung und Vereinheitlichung der Wertschöpfungskette, verbunden mit einem globalen einheitlichen Projektmanagement-Ansatz mit internationalen Normen und Definitionen wäre demnach ein Mehrwert für die Windbranche und könnte der nächste logische Entwicklungsschritt sein.

13.1.1 Die Einbindung von Auslandsprojekten in die Unternehmensstruktur

Bedeutung des Portfolio- und Programmmanagements
Entscheidet sich eine Firma aus der Windbranche dafür, auch außerhalb Deutschlands tätig zu werden, stellen sich zunächst zahlreiche Fragen zur Organisation und zum Ablauf der Ressourcenverteilung aller zukünftiger Projekte am Stammsitz und ggfls. am ausländischen Sitz der jeweiligen Firma oder Firmen.

Das Portfolio- und Programmmanagement stellt dabei eine Möglichkeit dar, das teilweise dynamische Unternehmenswachstum im Ausland zentral zu steuern und eine Schnittstelle zum Stammsitz des Unternehmens zu schaffen, um dieses Wachstum mit ausreichenden Ressourcen zu unterstützen und zu begleiten.

---

[1] PMI (Project Management Institute).
[2] DIN (Deutsches Institut für Normung).
[3] ISO (International Organization for Standardization).
[4] ICB (Individual Competence Baseline).

13 Kompetenzen im Internationalen Projektmanagement der Windenergiebranche

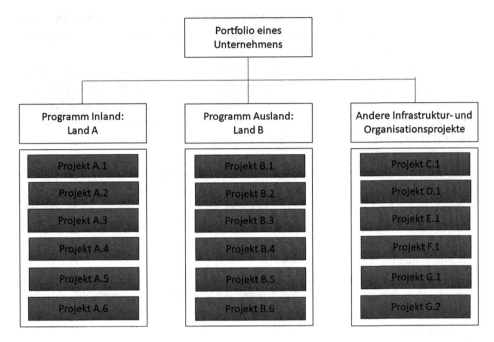

Abb 13.1 Gliederung eines typischen Windportfolio- und Programmmanagements mit Auslandsprojekten

Das Portfoliomanagement hat dabei das Ziel, wie auch in Abb. 13.1 dargestellt, die Ressourcenplanung als Ganzes mit allen Projekten und den Produkten auf Unternehmensebene im Blick zu behalten, zu optimieren und idealerweise in Programme zu unterteilen. Das Portfolio- und Programmmanagement dient dabei als langfristige strategische Unterstützung aller Geschäftsbereiche.

Das Portfolio- und das Programmmanagement bieten dabei u. a. folgende Vorteile:

- Zentralisierte Ressourcenkommunikation
- Projektübergreifende Schnittstellenplanung
- Ein hauseigenes/ergänzendes Frühwarnsystem
- Übergreifendes Risikomanagement
- Gemeinsames und abgestimmtes Änderungsmanagement
- Abgestimmte, übergreifende Termin- und Meilensteinplanung

Teil der Gesamtorganisation

Dabei kann das Portfolio- und Programmmanagement als Stabsstelle der Geschäftsführung eingerichtet sein oder als Arbeitsgruppe einer themenverwandten Abteilung. Wie beim Projektleiter eines Projektes auch, ist es dabei von hoher Bedeutung, die Verantwortungen, Kompetenzen und Befugnisse eines Portfolio- und Programmmanagers klar und zielgerichtet zu formulieren, um mögliche Missverständnisse vor allem im Ausland zu vermeiden und um die Schnittstellenfunktion in das Ausland sicherzustellen. Diese sind grundsätzlich klar abzugrenzen von den Kompetenzen, Aufgaben und den Befugnissen eines Projektleiters.

Je nach strategischer Ausprägung des Auslandsgeschäftes kann es auch sehr sinnvoll sein, wenn man das Portfolio- und Programmmanagement selbst ins Ausland verlagert. Dies ergibt besonders dann Sinn, wenn ein Großteil des Geschäftsmodells sich bereits im Ausland befindet oder ein Teil des Auslandsgeschäftes von besonderer hoher (strategischer) Bedeutung ist für den unternehmenseigenen Gesamtumsatz und -gewinn.

Portfolio- und Programmmanagement ist dabei nicht zu verstehen als Kontrollinstrument, sondern vielmehr als Steuerungsinstrument der benötigten Ressourcen- und Entscheidungsplanung für die betroffenen Geschäftsbereiche – eben auch für das Ausland. Daher kann es durchaus sinnvoll ein, Synergien zu nutzen zwischen einem Project Management Office (PMO) und einer Abteilung für Portfolio- und Programmmanagement.

Die Steuerung im Auslandsgeschäft
Um nun auch die ausländischen Projekte und Produktionsstätten sinnvoll zu steuern, können – je nach der geschäftlichen Ausrichtung des Portfoliomanagements des Unternehmens – die Windparkprojekte in Cluster unterteilt werden, wie bspw. Geografie (z. B. nach Ländern), Technologie (z. B. Windparks mit speziellen Technologielösungen) und Umsetzungsjahren (z. B. die nächsten drei Geschäftsjahre).

Zum Aufbau eines internationalen Portfolio- und Programmmanagements sollten folgende Voraussetzungen idealerweise sowohl im In- als auch im Ausland erfüllt sein:

a) Akzeptanz durch eine Inthronisierung durch die Geschäftsführung
b) Definition von Befugnissen, Verantwortung, Kompetenzen und einem unmissverständlichen Auftrag
c) Eine eigene Zielbeschreibung der Portfolio- und Programmmanagements
d) Einbindung in eine Prozessbeschreibung und Definition einheitlicher Werkzeuge innerhalb der Organisation
e) Die Schnittstellendefinition zwischen den inländischen und ausländischen Mitarbeitern, Abteilungen und Firmen

Da die Windbranche in erster Linie Infrastrukturprojekte über mehrere Jahre plant und umsetzt, haben zudem die Bewertungen von projekt- oder ländertypischen Risiken direkte Auswirkungen auf die Investitionsvorhaben, die das Portfolio- und Programmmanagement steuert. Vor allem die typischen Risiken wie bspw. Gesetzesänderungen, Änderung der politischen Stabilität und Wechselkursänderungen führen zu einem Umlenken der Investitionsentscheidungen innerhalb eines Unternehmens, sodass das Portfolio- und Programmmanagement sofort auf diese Änderungen reagieren kann, um die bestehenden Unternehmensressourcen effizient auf andere Vorhaben im Unternehmen umlenken zu können.

13.1.2 Die Optimierung von Produkt- und Technologiemanagement

Internationale Bedeutung von Windparkprodukten und -techniken
Die Windparkbranche wird wie viele andere Branchen in der Kraftwerksplanung auch, stark dominiert von den zur Verfügung stehenden Technologien mit den wirtschaftlich optimalsten Wirkungsgraden.

Nach der anfänglichen Pionierarbeit in den 80er und 90er-Jahren des 20. Jahrhunderts, entstand die Branche aus dem klassischen Maschinenbau und vereint zusätzlich das Fachwissen aus Elektrotechnik und Informatik. Die Windparkanlagen wurden zunächst noch in Form einer Manufaktur hergestellt und waren, je nach ihren technischen Spezifikationen, nur für bestimmte geografische Regionen wirtschaftlich einsetzbar. Dies waren zunächst die küstennahen Standorte.

Das bedeutet, dass es sich bei der Windtechnologie, anders als bei Großkraftwerken, die ihrerseits fossile Brennstoffe verwenden und eine zentralisierte Energiebereitstellung anbieten, um regional angepasste Lösungen für windreiche (windhöffige) Standorte handelt und sie damit geografisch ungleich verteilt ist.

Dazu kommt in den letzten etwa zehn Jahren eine schneller werdende Dynamik innerhalb der Produktentwicklungszyklen der Windkrafttechniken. Durch die konsequente Weiterentwicklung der Produkte, die Zunahme von Erfahrungen und die Einbindung anderer Industriezweige (z. B. Werkzeugbau) hat insgesamt dazu geführt, dass die Windkraftanlagen für zahlreiche zuvor unwirtschaftliche Standorte nun wirtschaftlich erschließbar wurden und auf die regionalen Besonderheiten (z. B. geringe regelmäßige Windgeschwindigkeiten, Naturschutz, Klima) angepasst waren. Genau diese Entwicklung führt dazu, dass zuvor unwirtschaftliche Standorte im Ausland nun wirtschaftlich erschlossen werden können.

Folgende Besonderheiten gilt es dabei zu beachten, die sich auf die technologische Nutzung der Windparkplanung im Ausland auswirken:

a) Die unterschiedlichen Windstärken und deren Spitzengeschwindigkeit
b) Das Klima im Allgemeinen (Temperatur, Feuchtigkeit, Dauer der Jahreszeiten)
c) Zugang zur örtlichen Technologie, deren Firmen und Forschungseinrichtungen
d) Örtliche (industrielle) Infrastruktur und die Art deren Erschließung
e) Rechtliche Sicherheiten durch z. B. Patentschutz
f) Örtliches Fachwissen zum Bau und zur Durchführung von Windparkprojekten
g) Finanzierungsmöglichkeiten bei Banken
h) Die Möglichkeit der (örtlichen) Netzanbindung

Um weltweit das technische Potenzial zur Verfügung zu haben, um die unterschiedlichsten technischen Anforderungen an die Windparkprojekte zu erfüllen und umzusetzen, hat die Branche bisher zahlreiche regionalspezifische technische Lösungen erarbeitet, die den Bau und den Betrieb der Windkraftanlagen an fast jedem Standort auf der Erde ermöglichen. Dabei kommt durchaus auch Technologie zum Einsatz, die es bislang in Deutschland nicht gibt oder die aufgrund der Topografie und der Windverhältnisse nicht notwendig war (z. B. Enteisungstechniken, Hurrikaneschutzsysteme).

Technologiemanagement ausländischer Windparkplanung
Die Windbranche in Europa hat sich sehr frühzeitig einen technologischen Wettbewerbsvorteil erarbeitet, der bei der Erschließung von Auslandsmärkten ein wesentlicher Vorteil für die europäischen Firmen, insb. deutsche Firmen darstellt. Es gilt, sich diesen Vorteil zu bewahren und durch einen anhaltenden technologischen Vorsprung wettbewerbsfähig zu bleiben.

Bei der ausländischen Windparkplanung hat das Projektmanagement auch die Aufgabe, die aktuellen und die zukünftigen technologischen Entwicklungen weitestgehend zu berücksichtigen, die zu einer verbesserten wirtschaftlichen Situation eines Projektes führen können oder vielleicht sogar ein Projektrisiko darstellen werden, wenn die bisher geplante Technologie nicht mehr zur Verfügung steht. Technische Innovationen können aus Deutschland kommen und ausländische Projekte beeinflussen, oder es entstehen ausländische Innovationen, die den Heimatmarkt in Deutschland beeinflussen. Dabei gibt es mehrere Aspekte zu beachten.

a) Die technischen Entwicklungstrends aller Hersteller
b) Die technischen Entwicklungstrends von Zulieferern
c) Die Überalterung bisheriger technischer Entwicklungen aller Hersteller
d) Die technische und infrastrukturelle Entwicklung am Standort der Windparkplanung
e) Die technische und infrastrukturelle Entwicklung eines Landes insgesamt
f) Die globale technische Entwicklung von sog. Schlüsseltechnologien (z. B. Mobilfunktechniken, 3D-Druck)

Sinnvollerweise sollte man hierfür im Unternehmen ein eigenes Technologiemanagement aufbauen und durchführen. Abb. 13.2 stellt den Prozess aus der Sicht des Projektmanagements vereinfacht dar.

Im Wesentlichen ist Technologiemanagement das Erkennen, Planen, Umsetzen und der Transfer von Wissen und Erfahrungen.

Das Ziel wäre demnach, die andauernde technologische Entwicklung innerhalb der hauseigenen Projektzyklen zu berücksichtigen, eigene technologische Adaptionen zu ermöglichen und das Geschäftsmodell als Ganzes um neue Technologien zu bereichern und (international) umzusetzen.

Das Produkt „Windpark" besteht aus mehreren komplexen Planungsschritten wie bspw. Genehmigungsplanung, Netzplanung und Errichtungsplanung, die allesamt durch einen laufenden technischen Fortschritt geprägt sind und sich als Ganzes technisch weiterentwickeln. Das Projektmanagement sollte daher idealerweise grundsätzlich die unterschiedlichen Aspekte des Technologiemanagements in der Planung mitberücksichtigen.

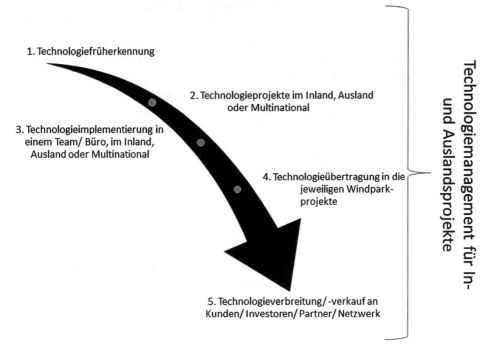

Abb. 13.2 Übersicht Schritte des Technologiemanagements mit Auslandsprojekten

Das bedeutet konkret die Unterteilung der Wertschöpfungskette in einzelne herausragende technische Merkmale sowie deren fortlaufende Optimierung für den Projekterfolg.

Folgende wichtige Themenfelder gibt es hierzu zu beachten:

a) Einführung von neuen Projektmanagement-Techniken
b) Durchführung von neuen Genehmigungspraktiken
c) Einbindung neuer komplementärer Technologien (z. B. Speichertechniken)
d) Verwendung neuer Werkstoffe und Geräte
e) Neue komplementäre Dienstleistungskonzepte (z. B. im Vertrieb und der Projektfinanzierung)

Für das internationale Projektmanagement bedeutet dies, dass man häufig mit mehreren und/oder sogar komplementären technischen Anforderungen in einem Unternehmen konfrontiert wird, die länderspezifisch, länderübergreifend oder projektspezifisch auftreten können.

Daraus ergibt sich eine fortlaufende Aufgabe im Projektmanagement, diese technischen Besonderheiten für die Projekte, die Produkte und für den jeweiligen Markt zu kennen, ggfls. zu optimieren und deren Entwicklung für die Zukunft mitzuberücksichtigen. Für viele Branchen ist dieses Prinzip bereits zu einer Selbstverständlichkeit geworden – für die deutsche Windbranche ist diese Einsicht noch nicht vorhanden, eben weil die meisten Firmen sich noch auf den Heimatmarkt fokussieren.

Optimieren von Produkten und Technologien im Auslandsgeschäft
Um Produkte und Technologien sinnvoll in einer Organisation zu steuern, bedarf es einer ausführlichen Produktdokumentation, in der die technologischen Eigenschaften und Leistungen ausführlich zu erkennen sind und in der diese Eigenschaften in einem ständigen Verbesserungsprozess technisch und wirtschaftlich optimiert werden.

Zunächst sollten die technischen Anforderungen an das Projekt und die dazugehörige Technik aus wirtschaftlicher und genehmigungsrechtlicher Perspektive geklärt werden. Dazu zählen geografische Einflussgrößen wie bspw. Klima, Relief, Windcharakteristiken und auch bestehende und geplante Infrastrukturbebauung.

Anschließend wird eine technische Projektdokumentation angelegt, die auf zwei Wege erfolgen kann: Einmal gibt es die Möglichkeit, die Wertschöpfungskette in ihre technische Einzelkomponenten zu zerlegen und jedes dieser Wertschöpfungselemente wird für sich einzeln betrachtet und bewertet. Dafür werden Leistungsmaßstäbe bestimmt, die erfüllt sein müssen, um das Projekt erfolgreich umzusetzen zu können. Zum anderen kann man das Gesamtprodukt auch als Summe seiner Genehmigungen betrachten und damit die einzelnen Genehmigungsprozesse verbessern, indem bspw. ausschließlich nur die dazugehörigen Gutachten und behördliche Auflagen betrachtet werden. Für ausländische Projekte ist das besonders herausfordernd, da zahlreiche Parameter sich jederzeit ändern können (z. B. Wechselkurse, Gesetzgebung).

Sollte sich eine technische Änderung während der Projektlaufzeit ergeben haben und es ergibt Sinn, diese in das Projekt mitaufzunehmen, so ist häufig eine Umplanung des Projektes erforderlich. Damit verbunden sind erst einmal Mehrkosten durch Terminverschiebungen und/oder Kostensteigerungen im Projekt möglich.

In der Windparkplanung wiederholen sich sehr häufig zahlreiche technische Arbeitsschritte und inhaltliche Themen. Man kann hieraus durchaus eine gewisse Verlässlichkeit feststellen und sich diese zunutze machen, indem man vordefinierte Module für ein Standardprojekt erstellt, die auf die verschiedenen, sich wiederholenden Situationen angewendet werden können.

An dieser Stelle kann man durchaus von einer *Projektmodularisierung* sprechen, wie sie in Abb. 13.3 beispielhaft für die Flächensicherung dargestellt wird.

So ist bspw. der Bau eines Windparks geprägt von einer gewissen logischen Abfolge, die jedoch in einem flachen trocknen Gebiet anders aussehen wird als in einer Gebirgsregion. Der Prozess der Modularisierung beinhaltet also die Standardisierung von immer wiederkehrenden Ereignissen bei unterschiedlichen Annahmen. Die Modularisierung bietet dabei vor allem im Auslandsgeschäft die Möglichkeit, die bisherige Expertise mit der vor Ort zu kombinieren, um damit die Voraussetzungen zu schaffen, das Vorhaben vor Ort mit wenig Aufwand zu optimieren.

Für das Projektmanagement bedeutet dies, die bisherigen Erfahrungen aus dem Unternehmen in mehreren zusammenhängenden Abschnitten zu bündeln, um daraus (technische) Fallanwendungen zu entwickeln, die vor Ort angewendet und optimiert werden können bzw. sollten.

Abb. 13.3 System der Modularisierung von Prozessen

13.1.3 Projektumfeld im Zeichen von Kultur und Werten

Projektsprache als Erfolgssprache

Die Sprache ist der Schlüssel zu anderen Menschen und da Projekte in der Regel von Menschen stark beeinflusst werden, ist die Sprache damit auch der Schlüssel zum Projekterfolg. Sehr schnell wird man sich also überlegen müssen, was die Projektsprache sein wird. Sehr häufig lehnt man sich in der internationalen Zusammenarbeit an die „Weltsprache" Englisch an.

Es gibt zahlreiche technische, wirtschaftliche und juristische Fachausdrücke in der Branche, aber auch innerhalb der Unternehmen selbst, die im Wesentlichen aus der englischen Sprache stammen und gerne im Alltag verwendet werden. Jedoch gibt es auch zahlreiche Begrifflichkeiten in der Windbranche, die sehr unterschiedlich benutzt werden und sich zwar an der englischen Sprache anlehnen, in dieser Form in der Muttersprache Englisch aber nicht vorhanden sind.

> **Beispiel 1**
> Der englische juristische Fachausdruck „easement" bedeutet eine (Grund-)Dienstbarkeit. Sehr gerne wird der Begriff im Ausland auch als Synonym für alle Verträge der Flächensicherung verwendet.

> **Beispiel 2**
> Die in den Gemeinden erstellten Bebauungspläne heißen im Englischen „zoning plan" oder auch „local development plan". Häufig werden daraus willkürliche Sprachwortkombinationen gewählt, die diesen Begriff be- oder umschreiben, wie z. B. „communal planning" oder „local construction plan". Diese Wörter werden aber von englischen Muttersprachlern inhaltlich ganz anders verstanden.

Für ein Unternehmen, das in zahlreichen ausländischen Märkten Windparkprojekte verwirklichen will, bedeutet dies in erster Linie, dass es nicht nur mit mehreren Heimatsprachen konfrontiert wird, sondern auch mit unterschiedlichen Kreuzungssprachen aus Englisch und der örtlichen Sprache, mitsamt eher willkürlichen Interpretationen. Das kann sehr schnell zu Missverständnissen führen, die sogar noch zunehmen werden, wenn über mehrere Sprach- und Unternehmensgrenzen hinweg gearbeitet wird.

Es ergibt daher Sinn, frühzeitig die Mitarbeiter auf eine zentrale und eigene Unternehmenssprache zu schulen und eben diese Sprache für die zahlreichen Projektschnittstellen zu definieren. Abb. 13.4 stellt dabei die Abhängigkeiten dieses Entwicklungsprozesses dar.

Wie aus der Grafik hervorgeht, ist es wichtig, an dieser Stelle den Auftraggeber recht frühzeitig in diesen Prozess mit einzubinden, da dieser im internationalen Kontext von den Sprachentwicklungen innerhalb des Projekt(teams) direkt betroffen ist.

Hilfreich ist an der Stelle bspw. ein Glossar mit definierten Begrifflichkeiten und ihrer Übersetzung in der jeweiligen Fremdsprache zu erstellen. Auf diese Weise wissen dann alle Projektteilnehmer, was bei Besprechungen z. B. unter dem Begriff eines CAPEX[5] hausintern und projektbezogen zu verstehen ist.

Internationale Projektkultur im Zeichen der Globalisierung und regionale Werte
Ein Windparkprojekt ist von zahlreichen kulturellen Besonderheiten geprägt und der Projekterfolg eines Windparkprojektes hängt ganz wesentlich von der örtlichen (auch kulturellen) Akzeptanz ab.

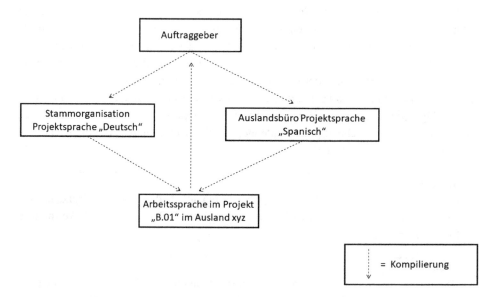

Abb. 13.4 Beispielhafte Entwicklung einer Arbeitssprache in einem Auslandsprojekt

---

[5] Engl. Capital Expenditure = Investitionsausgaben

Dazu gehören, auf der kleinsten Ebene angefangen, die persönlich gelebte Kultur, dann die Teamkultur, die Firmenkultur, die Kultur des Auslandsbüros mit seinen Mitarbeitern, die regionale, die nationale und die internationale Kultur bis hin zu einer globalen Kultur. Was auf den ersten Blick nach einem komplexen Thema für die Projektzusammenarbeit aussehen mag, ist auch eine Chance, die internationale Zusammenarbeit zu vereinfachen und sich auf ein Minimum kultureller Werte zu verständigen.

Das bedeutet insbesondere, die Gemeinsamkeiten hervorzuheben, die zwischen den unterschiedlichen kulturellen Wahrnehmungen bestehen, so z. B. die Schaffung von Arbeitsplätzen und von Wohlstand durch Stromverfügbarkeit, Einklang mit der Natur, das persönliche Einkommen verbessern, Anerkennung von Leistungen etc.

Das Projektteam hat somit zwei Aufgaben zu erfüllen: zum einem den kulturellen Bezug zu den örtlichen Stakeholdern zu pflegen und zu fördern und zum anderem, sich einer (speziellen) internationalen Projektkultur bewusst zu sein und für sich selbst zu definieren. Der Projektleiter hat dabei die Aufgabe, diese Spannung zwischen regionaler und globaler Kultur zu lösen, das Team inhaltlich vorzubereiten und die Einhaltung der Verhaltensregeln und der Sprache einzufordern.

Eine Möglichkeit, dies praktisch umzusetzen, wäre bspw., das internationale Team aus Personen zusammenzusetzen, die bereits Auslandserfahrung haben und die ihre eigenen Erfahrungen weitergeben können. Ferner können z. B. ebenso alle ausländischen und inländischen Projektteilnehmer bei den Vorbereitungen eines Kick-off-Workshops eines Projektes miteinbezogen werden oder idealerweise sogar selbst daran teilnehmen (siehe auch Abb. 13.6).

Compliance[6] – eine zweite erweiterte Kompetenzanalyse
Das Thema rund um Compliance ist eines der wenigen Themen, die bei der Durchführungen von Windparkprojekten im internationalen Projektmanagement gerne ausgeblendet werden. Das hängt mit den zahlreichen schwierigen, juristischen und sozialen verwandten Themen zusammen, die im Allgemeinen als unangenehm, wenig lösungsorientiert und rechtslastig empfunden werden und damit als insgesamt als eine besondere Belastung.

Das kann schnell dazu führen, dass man mögliche Risiken im Umgang mit diesen Themen und seinen Teilnehmern ignoriert und dies zu einem Projektstopp bis hin zu einem Projektabbruch führen kann. Daher ist das Thema von so großer Bedeutung, dass man es als Projektleiter nicht ignorieren kann. Abb. 13.5 bietet eine einfache Übersicht der compliance-relevanten Themen innerhalb des Projektmanagements.

Bei der Windparkplanung im Ausland werden schnell bei der örtlichen Bevölkerung all jene Erwartungen geschürt, die Compliance-relevant sind, so bspw. Lokalpolitiker, die sich einen persönlichen wirtschaftlichen Vorteil durch das Vorhaben versprechen, als Zeichen positiver Wertschätzung und ihrer persönlichen Unterstützung für das Infrastrukturprojekt. Oder auch die Mitarbeiter lokaler Behörden, die absichtlich Gesetze falsch auslegen und Prozesse verschleppen, um „Druck" auszuüben, der durch z. B. finanzielle

---
[6] Englischer Fachausdruck für Regeltreue in juristischer und wirtschaftlicher Hinsicht.

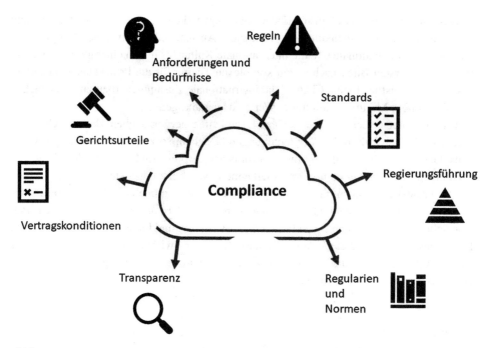

Abb. 13.5 Internationale Projektmanagementthemen im Zeichen von Compliance

Zuwendungen aufgehoben werden kann. Gerne werden diese Ansprüche auch verdeckt, um Werbung zu machen für finanzielle und/oder gütliche Zuwendungen für die örtlichen Schulen, lokale Vereine usw.

Bei Auslandsprojekten sollte man daher grundsätzlich immer davon ausgehen, dass Compliance-relevante Themen deutlich häufiger entstehen werden. Damit offen umzugehen, hilft sowohl bei der Projektvorbereitung als auch bei der projektinternen Kommunikation. Daher sollten länderspezifische Compliance-Themen mindestens ein Teil der Risikoanalyse, Budgetplanung und auch der Stakeholderanalyse sein.

Zwischenfazit
Ein eigenes Portfolio- und Programmmanagement ist ein wichtiger Baustein von ausländischen Investitionsvorhaben, um effizient hausinterne und -externe Ressourcen zu verteilen und bei plötzlichen Änderungen von bspw. ländertypischen Risiken das ganzheitliche Unternehmensziel im Blick zu behalten.

Dafür ist eine feste Einbindung in die Stammorganisation notwendig, mit fest definierten Aufgaben, Verantwortlichkeiten, Kompetenzen und Schnittstellen.

Die Technik, aus Wind Strom zu erzeugen, mag zwar weltweit vergleichbar sein, jedoch ist die eingesetzte Technik stark geprägt von den unterschiedlichen örtlichen Gegebenheiten. Im internationalen Projektmanagement ist es dabei sinnvoll, die wiederkehrenden Prozesse und Abläufe sowie deren einzelne Bausteine zu standardisieren und zu formalisieren, sodass eine globale Anwendung als Vorlage jederzeit möglich ist. Unabhängig davon ist eine Anpassung an die örtlichen Gegebenheiten zur Optimierung des Vorhabens notwendig, auch im Rahmen eines Technologiemanagements, um ständig den Projekterfolg technisch und wirtschaftlich sicherzustellen.

Windparkprojekte sind in besonderer Weise auf die örtliche Akzeptanz angewiesen, da sie in der Regel einen starken regionalen Bezug haben. Dafür ist es von Vorteil, zu Projektbeginn eine einheitliche Sprache und gemeinsame kulturelle Werte festzulegen, damit die Zusammenarbeit innerhalb des Teams wie auch mit seinen Stakeholdern sich einfach und möglichst konfliktfrei gestalten kann und der eigentliche Projekterfolg im Mittelpunkt steht. Unangenehme, Compliance-relevante Themen wie bspw. Korruption sollten dabei frühzeitig im Projekt offen angesprochen und Regeln im Umgang mit diesen festgelegt werden.

13.2 Die wichtigsten Erfolgsfaktoren bei der Umsetzung von Auslandsprojekten

Das Besondere in der Windparkbranche ist die häufig mangelhafte technische und wirtschaftliche Projektintegration der Marktteilnehmer in die horizontale und vertikale Wertschöpfungskette – im Ausland noch viel stärker als im Inland. Anders als in einigen anderen bedeutenden Industrie- und Kraftwerksprojekten, ist die fachliche und inhaltliche Zusammenarbeit bei den technischen Themen des Projektmanagements zwischen den Teilnehmern quasi inexistent.

Als Konsequenz sind die Projektmanagement-Fähigkeiten entlang der Wertschöpfungskette und zwischen den Marktteilnehmern unterschiedlich stark ausgeprägt und inhaltlich wenig aufeinander abgestimmt. Für das internationale Projektmanagement ergibt sich daraus ein schwieriges Abstimmungsverhältnis zu den Projektbeteiligten entlang der Wertschöpfungskette. Nicht selten können allein daraus Leistungsdefizite, Verzögerungen oder Mehrkosten in der Windparkplanung und deren Umsetzung entstehen.

13.2.1 Projektanforderungen und Projektziele

Projektanforderungen
Ein Windparkprojekt ist in der Regel eine individuelle Kraftwerkslösung für eine sehr begrenzte Geografie. Bei der Vorbereitung eines internationalen Windparkprojektes gilt es, zahlreiche Anforderungen zu definieren, die vorab festgelegt und abgestimmt sein sollten. Dabei sind sowohl „harte" Projektkriterien als auch „weiche" Projektkriterien zu berücksichtigen.

Bespiele für „harte" Projektanforderungen im Projektmanagement sind:

- Auftragsklärung mit dem Auftraggeber
- Vordefinition von Zielvereinbarungen
- Die Erstellung eines Zeitplans mit Meilensteinen

- Die Abstimmung einer Kommunikationsmatrix
- Die Abstimmung eines Projektorganigramms mit personeller Ressourcenplanung
- Die Freigabe eines Projektbudgets, inklusive Risikovermeidungskosten
- Eine umfangreiche Stakeholderanalyse
- Die Zusammenfassung aller Informationen vorab in einem Projekthandbuch
- Die technischen Spezifikationen der Windkraftanlage und ihrer dazugehörigen Infrastruktur

Beispiele für „weiche" Projektanforderungen sind:

- Erstellung einer Sozialmatrix
- Definition von kulturellen Projektwerten und einer gemeinsamen Sprache
- Definition von Wissensteilung und -speicherung
- Gesundheitliche Eignung der Mitarbeiter für Auslandseinsätze
- Örtliche kulturelle Anpassungsfähigkeit der Organisation
- Konfliktfähigkeit vor Ort
- Politische Vernetzung vor Ort

▶ Als besonders hilfreich hat sich herausgestellt, vor der Durchführung eines (ersten) Auslandsprojektes dieses skizzenhaft auf Papier „durchzuspielen". Dadurch erhält man ein Projekthandbuch (und einen Businessplan) mit einem Überblick darüber, welche Planungsinformationen vorhanden sind und welche noch fehlen, sowie eine Prozessklärung zur Durchführung des Projektes über alle Schnittstellen hinweg.

Projektziele
Sicherlich gibt es neben den wirtschaftlichen Zielen auch zahlreiche weitere Ziele, die ein Windprojekt für eine Organisation zu erfüllen hat. Häufig wird jedoch angenommen, dass ein Standardprojekt und eine Standardtechnologie – wie eben ein Windparkprojekt – weitestgehend ohne die Nennung von ergänzenden Zielen umgesetzt werden kann. Vereinfacht gesagt: Viele Marktteilnehmer gehen davon aus, dass mit den bisherigen Erfahrungen und dem bisherigen Wissen die Umsetzung eines inländischen Windparkprojektes eins zu eins ins Ausland kopiert werden kann.

Daher wird die Anwendung klassischer Projektmanagement-Werkzeuge wie bspw. einer Zielhierarchie in der Regel nicht systematisch angewendet. Stattdessen orientieren sich die Ziele meist an den wirtschaftlichen Kriterien der Stammorganisation mit der Konsequenz, dass die Lücken der Zielbeschreibung im Ausland durch die ausländischen Partner/Mitarbeiter mit der Zeit aufgefüllt oder ersetzt werden (z. B. bei sozialen Themen, Wissensthemen oder auch Lobbythemen).

Dadurch droht ein Machtverlust der Stammorganisation in den jeweiligen Projekten und dieser kann sich auf den Gesamtmarkt übertragen. Beides beeinflusst wiederrum entscheidend den Ausgang des Projekterfolges und die Zusammenarbeit innerhalb der Organisation.

Und dies zu vermeiden, ist es sinnvoll, für ein Windparkprojekt Ziele im Sinne einer klassischen Zielhierarchie zu definieren und diese in einen Businessplan/ein Projekthandbuch ganzheitlich einzubinden.

Folgende komplementäre Themen sollten daher für Auslandsprojekte in den Zielformulierungen mitberücksichtigt werden, um einen positiven Projekterfolgt zu ermöglichen:

- Fort- und Weiterbildung von Mitarbeitern
- Aufbau einer oder mehrerer örtlicher Spezialkompetenzen
- Ressourcenschonung und Umweltschutzaspekte
- Einbindung örtlicher Bildungseinrichtungen
- Mitwirken bei Verbänden
- Soziale Präsenz/Medienpräsenz
- Einbindung der Landwirtschaftsinteressen
- Verhältnis zur örtlichen Politik und Justizsystem

Neben den Zielen, die erreicht werden sollen, ist es gerade bei Auslandsprojekten besonders sinnvoll, Nicht-Ziele zu definieren, also genau jene „Ziele", die nicht erreicht werden sollen. Auf diese Weise unterstützt man das örtliche Team dabei, sich laufend daran zu erinnern, welche Ziele nicht gewollt sind, und kann so frühzeitig einen Beitrag leisten, Konflikte zu vermeiden.

13.2.2 Projektorganisation, Projektstrukturen und Teamarbeit

Projektorganisation
Bei Windparkprojekten gibt es im Wesentlichen zwei Arten von Teamkonstellationen. Zum einem ein inländisches Team, das temporär ins Ausland versendet wird, und ein ausländisches Team, das vor Ort dauerhaft die Aktivitäten steuert.

In der Regel handelt es sich hierbei um zwei voneinander getrennte Teams. Die Verwendung von Teamsubstrukturen ist bislang eher unüblich. In dem Fall gibt es eine dauerhafte ausländische Präsenz, die sich mit einem leitenden Mitarbeiter oder Team im Inland (regelmäßig) austauscht und abstimmt. Die Einbindung der ausländischen Mitarbeiter in die Stammorganisation ist dabei die herausforderndste Aufgabe. Dabei gibt es drei klassische Ansätze, um grundsätzlich die Projektorganisation aufzubauen, die man auch für das internationale Projektmanagement anwenden kann:

- Als eine reine Projektorganisation
- Als eine Stab- und Linienorganisation
- Als eine Matrixorganisation

Bei der Auswahl der geeigneten Projektorganisation müssen hierbei auch die ländertypischen Organisationsformen und ihre Erfahrungen berücksichtigt werden.

Typische Herausforderungen der Projektorganisationen in der länderübergreifenden Zusammenarbeit sind:

- Einbindung der Stammbelegschaft
- Schnittstellendefinitionen zu den internen Abteilungen/ Mitarbeitern
- Schnittstellendefinitionen zu den externen Abteilungen/ Mitarbeitern

- Unterschiedliche Erfahrungen im Umgang mit Autoritäten
- Kosten der Organisationsumstellungen
- (Kulturelle) Missverständnisse
- Unklare Verantwortlichkeiten
- Unklare Befugnisse
- Unklare Kompetenzen

Um diesen Herausforderungen zu begegnen, können folgende Maßnahmen definiert und umgesetzt werden:

- Die Abstimmung eines gemeinsamen Organigramms
- Die Einbindung der ausländischen Mitarbeiter in die Kommunikationsmatrix und in das Berichtswesen der Stammorganisation
- Ein klarer und unmissverständlicher schriftlicher Auftraggeberauftrag
- Interne Stakeholderanalyse
- Klare und unmissverständliche schriftliche Stellen- und Rollenbeschreibungen

Ziel ist es daher immer, die Projektorganisation so harmonisch wie möglich an der Stammbelegschaft auszurichten, zu dokumentieren und die gemeinsamen Inhalte zu verwenden.

Herausforderungen bei den Projektmanagement-Methoden
Die Durchführung der Projektarbeit ist immer stark abhängig von der zuvor abgestimmten Planung während der Projektvorbereitungszeit.

Es ist daher besonders hilfreich bei Auslandsprojekten, die inländischen wie auch die ausländischen Teilnehmer in den geplanten Projektablauf sehr frühzeitig miteinzubeziehen. Dabei gibt es eine Vielzahl von besonderen Herausforderungen bei der Vorplanung von Auslandsprojekten zu berücksichtigen:

- Eine Einschätzung zum Zeitverlauf des Projektes
- Eine Einschätzung zum Kostenverlauf des Projektes
- Eine Einschätzung zum Leistungsverlauf des Projektes
- Die juristische Auslegung der erforderlichen Genehmigungen und Auflagen
- Die Einschätzung von möglichen Risiken
- Die notwendige Abstimmung mit den Stakeholdern
- Die Erwartungshaltung von finanzierenden Banken und möglichen Investoren

Die Vielzahl dieser Themen gibt auch einen guten Überblick darüber, bei welchen Projektaufgaben Missverständnisse möglicherweise schon beim Projektstart auftauchen könnten. Um diesen sehr frühzeitig zu begegnen, sollte man folgende Maßnahmen ergreifen:

- Klärung von Projektzielen
- Erstellung eines Projektstrukturplanes

- Erstellung eines Zeitplanes
- Erstellung eines Budgetplanes
- Abstimmung aller Inhalte eines Arbeitspaketes
- Klärung von Aufgaben, Verantwortungen und Befugnissen
- Abstimmung des Entscheidungsprozesses
- Priorisierung der durchzuführenden Aufgaben
- Zusammenarbeit mit externen Partnern und Stakeholdern (Projektmarketing)
- Das Berichts- und Dokumentationswesen

Eine Möglichkeit, sinnvoll den Projektstart eines internationalen Projektes einzuläuten, zeigt Abb. 13.6 am Beispiel eines Kick-off-Meetings auf.

Mit der Durchführung dieser Maßnahmen schafft man eine gemeinsame Projekt-, Produktidentifikation und Kooperationsbasis, die es dem Projektteam, unabhängig von weiteren persönlichen und kulturellen Grenzen wie bspw. die der Sprache, ermöglicht, ein gemeinsames Bild vom Ablauf der Projektentwicklung und des Gesamtproduktes zu erhalten.

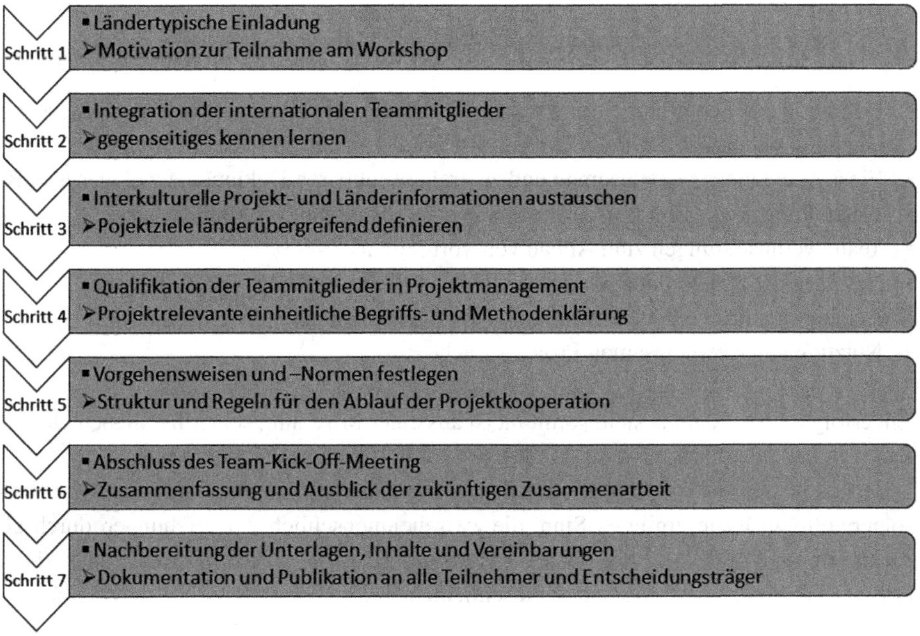

Schritt 1
- Ländertypische Einladung
- Motivation zur Teilnahme am Workshop

Schritt 2
- Integration der internationalen Teammitglieder
- gegenseitiges kennen lernen

Schritt 3
- Interkulturelle Projekt- und Länderinformationen austauschen
- Pojektziele länderübergreifend definieren

Schritt 4
- Qualifikation der Teammitglieder in Projektmanagement
- Projektrelevante einheitliche Begriffs- und Methodenklärung

Schritt 5
- Vorgehensweisen und -Normen festlegen
- Struktur und Regeln für den Ablauf der Projektkooperation

Schritt 6
- Abschluss des Team-Kick-Off-Meeting
- Zusammenfassung und Ausblick der zukünftigen Zusammenarbeit

Schritt 7
- Nachbereitung der Unterlagen, Inhalte und Vereinbarungen
- Dokumentation und Publikation an alle Teilnehmer und Entscheidungsträger

Abb. 13.6 Praxisempfehlung eines Team-Kick-off-Meetings für ein internationales Projekt

Teamarbeit
Abhängig von der Konstellation der Teammitglieder, kann die Teamarbeit in unterschiedlichster Ausprägung stattfinden.
Wichtige Merkmale einer guten Teamarbeit bei internationalen Windprojekten sind:

- Fachliches Wissen der Teammitglieder und dessen Anwendung
- Altersübergreifende Zusammenarbeit
- Die persönlichen Erfahrungen im Umgang mit Ausländern
- Die Ausprägung einer kulturellen Offenheit
- Anwendung von Kommunikationsmedien und -techniken
- Erfahrungen in Fremdsprachen
- Politische und religiöse Einstellungen
- Einstellungen zum Natur- und Klimaschutz
- Offenheit gegenüber gesellschaftlichen Problemen

Mit anderen Worten, die Teamarbeit ist im Wesentlichen geprägt von den persönlichen Lebenserfahrungen der Teammitglieder und den Gemeinsamkeiten aller persönlichen Werte und Einstellungen.

Um diese zu fördern, kann man gezielt folgende Maßnahmen anwenden:

- Definition und Schaffung eigener Projektwerte mit einem kleinsten gemeinsamen Nenner
- Nutzung moderner Kommunikationsmittel und -kanäle
- Einrichtung eines gemeinsamen und zentral erreichbaren Dokumentenablagesystems
- Unternehmensinternen Leitfaden zum Thema Teamarbeit erstellen
- Team-Veranstaltungen zum Abbau von Vorurteilen
- Hervorheben von Leistungen und regelmäßige Wertschätzung der Teilnehmer
- Etablierung eines eigenen Konfliktmanagements (z. B. Beschwerdestelle)
- Nutzung einer gemeinsamen Projektsprache

Ein erfolgreiches Team besteht somit meist aus einer Mischung seiner fachlichen Qualifikationen und der Harmonisierung seiner Sozial- und Kulturkompetenzen.

Dennoch sind auch bei internationalen Teams jederzeit Konflikte möglich. Um diese folgerichtig zu lösen ergibt es Sinn, die zwischenmenschlichen Beziehungen durch gemeinsame und ländertypische soziale Veranstaltungen zu stärken und bei Bedarf durch eine vordefinierte lokale Mediation zu schlichten.

13.2.3 Qualitätssicherung

Die Qualitätssicherung eines Windparks oder dessen Projektentwicklung kann zahlreiche sehr unterschiedliche Facetten aufweisen.

Für die Projektentwicklung ist in der Qualitätssicherung maßgebend, alle erforderlichen Schritte zu unternehmen, die den Bau und den Betrieb eines Windparks technisch, wirtschaftlich und juristisch ermöglichen.

Für die Projektumsetzung sind alle erforderlichen Schritte zu unternehmen, um den Bau und die Inbetriebnahme der Windkraftanlagen zu ermöglichen.

Für die Betriebsführung sind maßgebend alle erforderlichen Schritte zu unternehmen, um die laufende Einnahmesituation des Windparks zu erhalten.

Um diesen Anspruch zu erfüllen, bedarf es einer laufenden internen Due Diligence[7] mit dem Ziel, die Finanzierungssicherheit und damit auch die Verkaufs- und Umsetzungsmöglichkeiten eines Windparkprojektes inhaltlich zu prüfen. Dabei kommen unterschiedliche Checklisten, Vorlagen, Gutachten und Software zum Einsatz, um die Qualitätssicherung des Projektes auf hohem Niveau zu gewährleisten.

Formel zur Qualitätssicherung
Die Qualität eines Windparks kann man verkürzt in einer Formel darstellen:
    Qualität des Windparkprojektes =
    Qualität des Produktes (gewählte Anlagentechnik sowie seiner technischen, wirtschaftlichen und genehmigungsrechtlichen Struktur) x
    Qualität des Projektmanagements (Systemart, Wissen und Leistung der Projektumsetzung)

Das bedeutet, wenn einer der Faktoren gleich Null ist, dann ist das ganze Produkt Null und damit nicht technisch/wirtschaftlich/juristisch umsetzbar.

Wie bei vielen andere Produkten auch, ist die Qualität eines Windparkprojektes sowohl im In- als auch im Ausland im Wesentlichen geprägt von:

- Den gesetzlichen Auflagen und behördlichen Bestimmungen
- Den juristischen Absicherungen durch Verträge und den Genehmigungen
- Der Einhaltung bestehender Normungen und Definitionen
- Den spezifischen Anforderungen der Kunden
- Der Durchführung von haus- und branchenininternen Prozessen und Standards

Die zuvor genannten Qualitätsmerkmale lassen sich direkt auf die internationale Arbeit anwenden mit dem Unterschied, dass diese sich in ihrer Ausprägung von der Heimat der Stammorganisation unterscheiden können und daher einen anderen Einfluss auf das Projekt haben dürften.

Qualität des Produktes
Alle Parameter, die die Qualität der Anlagentechnik sowie ihre technische, wirtschaftliche und genehmigungsrechtliche Struktur betreffen, verändern sich laufend und müssen daher regelmäßig erneuert und aktualisiert werden.

Für das Projektmanagement bedeutet dies, eine eigene und dynamische Qualitätssicherung über die Projektlaufzeit aufzubauen und zu pflegen mit dem Ziel, eben diese Parameter laufend zu aktualisieren und an das Projekt anzupassen.

---

[7] Eingehende technische, wirtschaftliche und juristische Prüfung der Projektunterlagen.

Zu den wichtigsten Qualitätsparametern der internationalen Windparkprojekte zählen:

- Spezifikationen der Anlagentechnik
- Spezifikationen der Fundamente, der Zuwegung und der Stellplätze
- Spezifikationen der elektrotechnischen und telekommunikationstechnischen Anforderungen
- Technische, kaufmännische und rechtliche Anforderungen an das Betreiben von Windparks
- Rechtliche Anforderungen an die Bau- und Betriebsgenehmigung(en)
- Rechtliche Anforderungen an der Vertragsgestaltung mit den Stakeholdern
- Alle Anforderungen der finanzierenden Banken und mögliche Investoren

Während der Gesamtprojektdauer können z. B. über die Stakeholderanlayse die notwendigen Anforderungen über einen Leistungskatalog mit Checklisten definiert und laufend abgefragt werden, um die erforderlichen Anforderungen an das Projekt über die Projektzeit hinweg qualitativ zu optimieren.

Qualität des Projektmanagements

Die Qualität des internationalen Projektmanagements wird im Wesentlichen von zwei Faktoren beeinflusst:

- Ob ein Projektmanagement(-Standard) bewusst angewendet wird und
- wie zuverlässig dieser gewählte Standard umgesetzt wird.

Um die Prozesse im Projektmanagement in der internationalen Zusammenarbeit eines Projektes optimal auszurichten, ist es daher zuallererst notwendig, sich zunächst über die Prozessordnung im eigenen Unternehmen und den jeweiligen Auslandsprojekten Gedanken zu machen und sie ausführlich zu dokumentieren. Das Ziel dabei sollte immer die Finanzierbarkeit eines Projektes sein. Wenn die finanzierende Bank mit der Qualität des Projektes zufrieden ist, wird sie auch bereit sein, das Projekt zu finanzieren.

Das Projektmanagement-Handbuch, das hieraus entsteht, lässt sich mit denen aus dem Ausland abgleichen, ggfls. angleichen und laufend aktualisieren.

Damit man eine Brücke schlagen kann, wenn es innerhalb einer Organisation mehrere und teilweise sehr unterschiedliche Standards geben sollte, kann man bspw. über eine zentrale Kommunikationsplattform transparent darstellen, mit welchen Werkzeugen, Checklisten und Prozessen hausübergreifend zusammengearbeitet werden soll.

Sicherlich lassen sich auf diese Weise auch Synergien finden, die die internationale Zusammenarbeit zukünftig verbessern und die Akzeptanz des Projektmanagements zur Qualitätssicherung unternehmensweit über Ländergrenzen hinweg erhöht.

Zwischenfazit

Auch wenn es sich bei Windkraftanlagen um eine weitestgehend standardisierte Technologie handelt, ist diese eben auch immer eine individuelle örtliche Kraftwerksplanung. Daher sind insb. in Auslandsprojekten die Ziele eines Projektes vorab weitestgehend zu bestimmen und deren Umsetzung im Rahmen eines Businessplans oder Projekthandbuchs zu dokumentieren. Dabei sollen nicht nur die wirtschaftlichen und „harten" Ziele im Fokus der Betrachtung stehen, sondern besonders auch die „weichen" und sozialen Ziele, die bei der örtlichen Projektumsetzung eine mindestens ebenso große, wenn nicht sogar eine größere Rolle innehaben. Es droht andernfalls ein Projektkonflikt, wenn die ausländischen Partner/Mitarbeiter diese Ziele selbst definieren und umsetzen oder es zu Missverständnissen kommt aufgrund unterschiedlicher Vorstellungen von Werten, Sprache und dem Qualitätsanspruch. Dies beeinflusst direkt und indirekt die Qualität des Produktes und des Projektmanagements, das in seiner Folge ineffizient wird und damit zu sinkender Wettbewerbsfähigkeit beiträgt.

13.3 Fazit und Zusammenfassung

Im Rahmen des internationalen Projektmanagements erhöht sich die Komplexität der Projektarbeit deutlich, auch wenn zahlreiche, im Inland altbekannte und bewährte Gemeinsamkeiten von Projektmanagement-Konzepten und Werkzeugen im internationalen Umfeld angewendet werden.

Zahlreiche neue und veränderte Aspekte treten in den Fokus des Projektmanagements und erfordern weitreichende Anpassungen in Prozessen, Kommunikation, Aufgabenbeschreibungen, Zielsetzungen, der Kooperation und Wertschätzung.

Das bedeutet wiederum, dass die Planung von Auslandsprojekten für das Projektmanagement nicht im gewohnten Rahmen erfolgen kann und einer speziellen Vorbereitung bedarf, die mit zahlreichen Änderungen in der Stammorganisation einhergeht.

Das notwendige Wissen dazu muss zwangsläufig vorab recherchiert und so gut wie möglich aufbereitet werden, um die technischen, wirtschaftlichen und juristischen Konsequenzen für die Qualität des Produktes Windpark und das Projektmanagement zu kennen und bestmöglich zu steuern.

Zudem muss der Projektmanager eine weltoffene und multikulturelle Persönlichkeit sein, um sich regionaler Themen bewusst zu werden und sich den örtlichen Herausforderungen so gut wie möglich stellen zu können.

Nicht selten können dabei der Projektmanager und das Projektmanagement als Ganzes selbst einen Teil der Konflikte zwischen der Stammorganisation und der ausländischen (oder zwischen den ausländischen) Einrichtungen sein oder auslösen.

Damit verbunden ist eine deutliche Ausweitung der bestehenden Verantwortlichkeiten, der Kompetenzen und der Befugnisse eines Projektmanagers, die eng mit dem Auftraggeber und der Stammorganisation abgestimmt sein sollte, damit schnell und effizient auf wechselnde Herausforderungen reagiert werden kann.

Nicht immer ist es dabei notwendig, alle Projektmanagement-Kompetenzen zwischen den Teilnehmern zu harmonisieren. In so einem Fall wäre es ratsam, nur die betroffenen Schnittstellen innerhalb der Organisation abzustimmen und zu dokumentieren, damit zum Ende des Produkt- und Projektzyklus der zuvor gesetzte Qualitätsanspruch erreicht werden kann.

Daniel Meier studierte Wirtschaftsgeografie mit den Schwerpunkten Wirtschaftsförderung, Volkswirtschaftslehre und internationale Zusammenarbeit an der RWTH Aachen und arbeitet seit 2007 in der Windbranche. In seiner Funktion als langjähriger Projektleiter verfügt er über ein sehr ausgeprägtes und interkulturell fundiertes Fachwissen in der Planung und Durchführung von Organisationsprojekten und ausländischen komplexen Infrastrukturprojekten, sowie bei der Entwicklung von neuen Geschäftsideen. Als zertifizierter Projektmanager nach IPMA Level B nutzt er sein Fachwissen zur Qualitätssicherung der Projekte und deren wirtschaftlicher und technischer Optimierung. Mit der Durchführung von Fachveranstaltungen durch seine ehrenamtliche Mitarbeit als Fachgruppenleiter bei der „Deutschen Gesellschaft für Projektmanagement e.V." engagiert er sich für die Weiterentwicklung des Projektmanagements innerhalb der Windbranche.

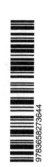